李達第 著

惡魔毛澤東。

前言

　　《惡魔毛澤東》，這是迄今爲止第一部系統書寫毛澤東眞實歷史的傳記。中國國內編撰出版的毛澤東傳記或類似傳記的著作，都是不眞實的、片面的、虛構的。中共中央一些研究中共歷史和毛澤東歷史的機構，他們掌握毛澤東眞實歷史的原始檔案。在共產黨專政國家裡，沒有言論自由，如採用揭露毛澤東罪過的史料，就是犯法，判刑，送進監獄；對毛澤東只能歌頌、讚揚。國內出版的有關共產黨、毛澤東的著作、文章，汗牛充棟，其內容是兩句話：隱惡揚善；文過飾非。

　　國外出版的毛澤東傳記或類似傳記的「故事」、「回憶錄」等一類書文，引用的材料多數是作者訪問得來的。他們沒有條件看到內部檔案史料。這些書文反映的是零碎的、局部的毛澤東醜惡罪過。

　　檔案史料是歷史人物功過是非的根據。作者早年承擔了一項特殊研究任務。有兩位中央高層領導人批准作者進中央檔案館查閱有關檔案。檔案館那裡給設一張辦公桌，一個文件櫃，看了一年多檔案。藉機查閱了從遵義會議後到文化大革命中後期中央政治局及有關重要會議記錄、簡報，有些內容允許摘抄帶出來，有些被扣下，我回家後就追記。這批史料是研究、撰寫毛澤東傳記的基礎。

　　中共「八七」會議後，發動起義，開展武裝鬥爭，建立根據地，到第五次反圍剿失敗。這段時期的史料，中央軍委檔案館搜集的比較全。我拿著批件進軍委檔案館，借閱了有關部分檔案，了解一些重要史料，如蘇聯特工混進國民黨南昌行營剿共司令部竊走剿共情報，中共地下情報人員偷出剿共計劃和進攻共軍路線，以及根據地農民受苦

無奈逃走等史料。詩人蕭三是毛澤東湖南第一師範同班同學，交情很深。蕭三寫的幾本日記中，記錄了毛澤東少年時代許多劣跡、醜事、荒唐事。蕭在去世前，將他的日記送給一位資深黨史專家過目，爭取出版。我有機會閱讀了有關內容，了解了毛澤東少年時代一些事。這幾本日記，披露毛的醜事太多，不能外傳。這位學者只得送中央檔案館封存，再也不會有人能看到。

蘇共解體後，俄羅斯檔案館解密了共產國際、蘇共與中共關係的檔案。中央有兩個部門派專家去莫斯科俄羅斯國家檔案館複製翻譯回國，內部出版十幾冊。我重點閱讀了有關部分內容。這些史料極重要，不掌握這部分史料，就無法了解中共、研究毛澤東，也寫不了毛澤東傳記。

我在研究毛澤東、撰寫毛澤東傳記過程中，多次訪問李維漢、何長工、陸定一、李聚奎等高層領導人，以及毛澤東少年時代的同學易禮容、蕭三、羅章龍等知情人。他們熟悉毛澤東，從不同角度、不同階段，提供了許多珍貴史料，還糾正了一些不正確的傳聞。

作者以這些史料作基礎，參閱了國內外出版的幾千萬字的有關毛澤東的著作和報刊文章，爬搜剔抉，吸取精華，花了一段較長時間，整理出《惡魔毛澤東》，揭露共產主義幽靈附體的毛澤東，陰險狡詐、兇狠殘忍、反復無常的邪惡本性，以及餓死、害死幾千萬中國人，進而殃及亞洲。這是本書的歷史使命。文章千古事，得失後人知。這部書有多高價值，留給後人評說吧！

2018 年 11 月 26 日

目 錄

一、青少年時代（1893 年 12 月 26 日（誕生）－1927 年 7 月（34 歲））

（一）祖籍，家世

　　毛澤東祖籍源遠流長，據《韶山毛氏家譜》記載，毛澤東的湖南韶山一世祖爲毛太華，毛澤東爲毛太華二十世孫。毛太華父輩是江西吉水人，1362 年，朱元璋軍攻克洪都（今南昌）、瑞州、吉州、臨江。吉州府龍城縣（今江西吉水縣）青年農民毛太華，參加了朱元璋的隊伍。1381 年（洪武十四年），朱元璋命傅友德、沐英、藍玉三將軍遠征雲南，毛太華以白夫長（相當於連長）的身分隨軍征滇。征滇戰爭結束後，毛太華所在的沐英部被留下戍邊。因當地沒有漢族婦女，毛太華像許多下級軍官一樣，娶了一位當地少數民族姑娘爲妻，先後生了四個兒子，取名毛清一，毛清二，毛清三，毛清四。後來毛太華到了退役的年齡，要求告老還鄉。因他戍邊多年，立有軍功，遂被批准攜妻兒返回內地，毛太華攜妻子和長子毛清一、四子毛清四內返，他們被朝廷分配到湖南省湘縣北門外緋紫橋居住，分得田產幾十畝，數年後，毛太華夫婦去世，毛清一和毛清四返回到湘潭七都七甲，就是今天聞名天下的韶山沖。

　　毛太華出生在江西吉水。江西吉水的一世祖是毛讓，毛太華是毛讓的第二十三世孫。毛讓是浙江衢州人，因其子毛休在

北宋初年出守江西吉州，全家籍入龍城（江西吉水贛江東旁一村鎮）。浙江衢州毛氏的一世祖是毛璩，毛璩是毛寶的孫子，從毛寶算起，毛讓爲第十四世孫，毛寶是河南滎陽郡陽穀縣人。從毛澤東到毛寶共五十六世。西晉末東晉初的滎陽郡陽穀縣，就是現在的河南原陽縣。歷史上有名的平原君門下食客毛遂故里，就在河南省原陽縣路西村。經研究，毛寶爲毛遂三十世後裔，可以明確毛澤東祖籍在河南原陽。

據歷史記載，西周初年周文王姬昌子姬鄭被武王姬發封於毛地，今河南省原陽縣境，是爲毛國，爵爲伯，其後代以國爲氏，是爲毛氏。鄭伯毛後，其子孫置守其地。從毛氏發展上看，南北朝以前的毛姓主要歷史名人，大都出生在原陽或淵源於原陽，如毛遂，毛亨（毛遂後人），毛萇（毛遂後人）。毛寶、毛德祖，毛喜等。說明此前原陽是毛姓的主要聚集地。到西晉末年，毛鄭伯第五十二世孫毛寶，因戰亂隨司馬皇族遷居江南，成爲江南江北毛氏家族的傳承人。從西周封國到西晉毛寶南遷，歷時一千三百餘年、傳五十二世，主要在中原繁衍。到五十四世毛璩才正式在浙江衢州定居。傳二十代後。六十六代毛讓因仕遷江西吉水、又傳二十三代，到八十九代毛太華先雲南後湖南韶山沖，又傳十七代到毛澤東曾祖父毛祖人。歷時 3,000 餘年。共傳一百零五代。(1)

韶山沖北距長沙 180 里，東南離湘潭 90 里。沖裏居住著毛、李、鍾、周、鄧、彭、龐等幾姓人家，以毛姓家支繁盛，人丁興旺。毛姓家族在韶山沖以務農爲生。世代相傳約有五百年的歷史，自毛太華第七代孫始修族譜，定下二十代子孫輩分的譜牒爲：立顯榮朝士，文方遠濟祥，祖恩貽澤遠，世代永承昌。

　　毛澤東的曾祖父毛祖人字四端，毛澤東的祖父毛恩普字寅賓號翼臣，生於 1846 年 5 月 22 日，死於 1904 年 11 月 23 日。祖母劉氏，生於 1984 年 9 月 21 日，死於 1884 年 5 月 20 日。毛恩普和劉氏生一子名貽昌，是毛氏家族第十九代傳人。毛貽昌，字順生，號良弼，即毛澤東的父親。毛貽昌生於生於 1870 年 10 月 15 日，十歲時，由父母做主與湘鄉縣四都唐家圫文芝儀之女文素勤訂婚，因排行第七也親切稱呼七妹。生於 1867 年，相貌清秀端莊。圓臉龐，寬前額，有一雙聰慧動人的大眼睛，在貽昌十五歲，七妹十八歲時，他們完婚了。貽昌精明能幹，肯勞動，善於經營。他把自家節餘的稻穀加工成白米。挑到銀田寺集市上賣給手工業者，賺點加工費。又用米糠餵豬出售，生活逐漸富裕起來。

　　1893 年 12 月 26 日（清光緒十九年陰曆十一月十九日），文氏生下第三個男孩。按毛氏族譜是第二十代傳人，屬澤字輩，取名澤東，字潤之。由於前兩胎嬰兒均夭折於襁褓，生怕毛澤東再有不測，便抱毛澤東到一座廟裡叩拜一巨石，並認巨石為乾娘，還為他取了小名叫石三伢子。後來文氏又生了澤民（1896 年 4 月 3 日）、澤覃（1905 年 9 月 25 日）。1912 年韶山出現大旱災，文氏收養了七歲的菊妹子，作為過繼女兒，後毛澤東給取名毛澤建。

　　毛貽昌在祖宗留下的十五畝稻田上，經他辛勤耕種，收穫頗豐，勉強維持生計。毛澤東、毛澤民、毛澤覃兄弟相繼出生，給家庭生活增加了壓力，他決心離開家到外面奔走，參加湘軍。幾年軍旅生活，使他開闊了視野，增長了見聞，為後來發家致富培養了才幹。毛澤民 1939 年 12 月 28 且在莫斯科共產國際代

毛澤東填寫履歷表，父母情況欄裡寫道：父親毛順生「三十歲以前，專爲耕種，三十歲後，耕種兼農村販賣商業。按中國蘇維埃階級分析，最後三年是富農。」

毛順生退伍回家開始把目光轉向商業領域，做大米加工生意，利潤逐漸滾動，產業漸漸做大。於是，毛順生又開始涉足豬、牛的買賣。在牛生意方面，他採取的「雙方自願，雙方有利，風險同擔」的辦法，即他把母牛買回來後「承包」給他人餵養，養戶獲牛力、牛糞，主戶獲牛犢，再出售牛犢或者待牛犢餵養長大以後出賣，從中獲利，如果中途出現意外，牛死了，那麼就由兩家平均分擔損失。

毛順生繼續把錢用在生意投資上，並在銀田寺的「長龐和」米店入了股。他還或多或少地雇用長工、短工。爲了更好地打理生意，毛順生張羅著發行自己的股票——「義順堂」股票。毛澤東的堂弟毛澤連回憶說，毛順生很會做生意。後來，光靠銀元、銅錢來周轉經濟不夠，就自己出了一種「義順堂」的票子，代替貨幣。因爲毛順生很講信譽，別的票子人家不要，只要是「義順堂」的就要。毛順生發行「義順堂」股票，把鄰里鄉親的餘錢收集起來，以期增值，發給僱傭者使用，則作爲工資，可以暫時代替銀兩；發給生意同行，又成爲定金，或者物值。

隨著毛家生意越做越火，「毛義順堂」獲得了很高的信譽，持有這一股票的人越來越多，極大地促進了毛家經濟乃至韶山沖內外經濟的繁榮。但到 1916 年房子起火，1917 年遭敗兵搶劫，1919 年毛澤東母親文氏病故，1920 年毛澤東父毛順生過世，家業大不如前期興旺。這時，毛澤東在外從事社會活動，

毛澤覃在長沙上學，只有毛澤民在家管理家業。1921 年 2 月，毛澤東回韶山，對父親這份家業做了清理，囑咐毛澤民：家裡的房子可以給人家住，田地可以給人家種，我們欠人家的錢一次還清，人家欠我們的就算了。隨後，「毛義順堂」股票，全部用現金贖回，毛澤東帶領毛澤民及其全家離開韶山衝到長沙。(2)

注釋

（1）毛國傑：《毛澤東的祖籍在河南原陽》，北京日報 2002 年 12 月 30 日。

（2）島新：《毛氏家族發行過股票》，2008 年《中國商界》地 11 期。

（二）喜愛讀書

　　毛澤東童年時代在韶山沖居住的時間不多，大部分時間是在外婆家度過的。直到八歲時，父母才把他接回韶山沖，到離家不到二百米的南岸私塾先生鄒春培的學館受啓蒙教育。毛澤東天資聰穎，記憶力、理解力驚人，特別是他喜愛書，對書的感情深厚無比。這些特點，脫離不了其特定的家族文化背景。毛氏家族是一個重視讀書和教育的家族，其立家興族之本一爲力田，一爲讀書。相傳「家有藏書郭有田」、「秀者讀而朴者耕」，便是這種思想的反映。在艱難的生活條件之下，毛氏家族從未放棄過以詩書振家聲的夢想。走近毛氏宗祠，「注經世業、捧檄家聲」的對聯赫然入目。可謂雄心萬丈，豪氣千雲。考察毛氏家族的人文歷史，雖然沒有出現過「科第蟬聯，仕宦赫赫」的景象，但也產生了許多名重鄉梓的文化人。他們在求學歷程中刻苦自勵以及對子弟的殷殷訓導，都昭示著毛氏家族浸浸日昌

的前景。

韶山毛氏家族的文化人最早產生於第三代。「清一子有恭以吏才載縣誌，清四子有倫以明經入國史。」明末清初毛氏家族一連有毛風儀「生卒不詳」、毛風來（1608—1693）、毛朝穎（1646—1693）、毛朝頌等通過院試而成為「邑庠生」，即人們通常所說的秀才。

清乾隆年間，毛氏家族又出現以毛文伯（1674—1760）、毛文柱（1687—1759），毛文常（1717—1736）等為代表的一批文人。清道光以降，毛氏家族的文人更大量湧現。毛蘭芳（1826—1892）、毛鴻賓（1852—1928）、毛鼎臣（1844—1909）、毛簡臣（1845—1925）、毛麓鍾（1866—1921）、毛福生（1863—1933）、毛詠薰（1871—1937）、毛宇居（1881—1964）等皆鍾情詩書，在當地頗著文望。

毛蘭芳與毛澤東的曾祖父毛祖人為堂兄弟。他青年時代博學善詩文詞賦，應試屢拔前茅。中年「高懸絳帳，近悅遠來，誨人不倦，獎勵成才，不計修金之有無也」。毛蘭芳一生創作了大量的詩詞，最有名的就是「韶山八景詩」。毛蘭芳的孫子毛麓鍾和毛福生一為秀才，一為國子監監生。

先族們的求學事蹟，通過家譜、通過口耳相傳給毛澤東以潛移默化的影響。更為重要的是，毛澤東在讀私塾時所跟隨的六位老師中，有四位即毛詠薰、毛宇居、毛簡臣和毛麓忠為本家族的人。1904年秋，毛澤東在關公橋私塾跟隨毛詠蕉讀書，對歷史產生了濃厚興趣；1906年秋，他在井灣裡私塾拜堂兄毛宇居為師，閱讀了《春秋公羊傳》、《左傳》等經史書籍；1909年下半年，他在烏龜井私塾從毛簡臣點讀《漢書》、《通鑑綱目》

等古籍；1910 年上半年，毛澤東又在東茅塘面山樓私塾跟從毛麓鍾學習《史記》、《日知錄》等著作，翻閱了許多時論和新書，包括毛蘭芳、毛麓鐘的詩詞作品。(1) 正是在這些家族先賢們的引導下，毛澤東步入國學之林，初步領略了中華文化的博大精深，也初步養成了作為讀書人的涵養和習性，

當時，有兩件事對毛澤東留下很深印象：一是那年發生嚴重饑荒，長沙有成千上萬的人餓飯。饑民們組織起來，舉行遊行示威，攻打清政府衙門，趕走了撫台。不久來了新撫台，下令逮捕鬧事的領袖，其中許多人被斬首示眾。毛澤東回憶說：「我始終忘不掉這件事。我覺得造反的人也是些像我自己家裡人那樣的老百姓，對於他們受到冤枉，我深感不平。」(2) 另一件是韶山沖哥老會的人同本地一個地主發生衝突，告到衙門，哥老會的人敗訴，但他們不屈服，起來反抗地主和政府，遭到鎮壓，反抗的首領彭鐵匠被斬首。毛澤東認為彭鐵匠是一個英雄。(3)

毛澤東在十四歲時，父母做主給他娶了一個十九歲的女子羅氏為妻。一年後，羅氏病逝。

1906 年，毛澤東向父親提出，願停學務農，在家自學看書，父親說：「我原本就沒指望你去考秀才、舉人，現在又廢除了科舉，再讀書也沒有用。田裡活忙不過來，你回來也好。」從 1907 年春到 1909 年秋，停學在家的兩年中，毛澤東白天下地勞動‧晚上堅持讀書到深夜，半耕半讀，村裡能借到的書都借讀完了，又到湘鄉唐家坨外婆家去借新書。表兄文運昌推薦《盛世危言》給他。書中提出中國富強之道，在於興學校、讀西學、改考制、辦日報、整吏治、開礦業、修鐵路等等。而實行這一切新政的關鍵，須有實行君主立憲的政治體制。《盛世危言》激起了毛澤

東恢復學業的願望。湘鄉當時教育較先進，開風氣之先，把在鄰近幾個縣有影響的東山書院改為縣立高等小學堂，辦起了新學。毛澤東幾次去外婆家，聽在東山讀書的表兄文澗泉說，東山高等小學堂不那麼注意經書，西方新學教的比較多，還有英文、音樂等課程。教學方法也很「激進」。教員中有日本留學回來的，這一切對毛澤東很有吸引力。

1910 年毛澤東急切地想到湘多東山高等小學求學。他向父親說了自己的想法，但父親堅決反對。那時，毛順生擬把兒子送到湘潭的一家米店當學徒，希望兒子日後充當他在生意上的幫手。哪知毛澤東的志向不是經營一個小店。毛澤東想說服父親，特意把毛麓鍾、毛宇居等老師請到家裡為自己說話。他們二人認為，毛澤東聰明是個人才，將來大有可為，勸說毛順生送兒子上學。毛澤東表兄王季范得知此事，便放下手裡的工作，專程趕赴韶山沖替毛澤東說情。毛順生很固執，堅決不同意讓毛澤東繼續讀書，但對王季范這位學識淵博又見過大世面的外甥的意見，一向很尊重，王季范耐心地旁徵博引，列舉出讀書對一個人發展的長遠好處，並極力主張表弟應外出就讀新式學堂，反覆強調「不讀書就沒有大用」的道理。大概是這句話，打動了毛順生，他終於同意毛澤東外出求學的請求。

1910 年秋，十七歲的毛澤東，離開家鄉到湘鄉東山去讀書。臨行前一天晚上，他為父親記完了帳，撕下賬本後面一張毛邊紙，抄了一首詩：

孩兒立志出鄉關，學不成名誓不還。

埋骨何須桑梓地，人生無處不青山。

這首詩是毛澤東根據《新民業報》上登載的日本明治維新

時期著名政治家西鄉隆盛的一首言志詩，略加改寫而成的。第二天，毛澤東離別父母弟妹上路了。毛貽昌和妻子文氏帶著澤民、澤覃、澤建為長子送行。毛澤東挑著行李步行五十里，從湘鄉望春門出城，坐船渡過漣水，就看見了樹木蔥籠的東台山。山上有一片房屋，這就是東台山書院的舊址。

一進校門，門房工友就把他攔住了。工友以為他是來給正在讀書的少爺送東西的長工，當毛澤東說明自己要入學讀書的時候，工友困惑了，說什麼也不讓他進去。「我只求你去通報校長，就說我要見他。」毛澤東懇求著，一個學生跑去報告了校長，說有人跟門房工友吵起來了。校長對門房工友說：「把他帶到我的辦公室去。」

校長坐在辦公桌前，熟練地給自己拿著的煙斗裝滿一鍋碎煙葉，吸了兩口，問道：「在村裡讀過什麼書？」「讀過四年私塾，還自學過兩年。」「你作篇文章吧」。「談談你的志向吧，作文題目就叫〈言志〉。」

毛澤東拿出文房四寶，邊研墨邊構思，然後展紙揮筆，想起了清末湖北英山名士鄭正鵠的〈詠蛙詩〉。鄭時初任甘肅天水縣令，當地官吏、紳士見新縣令「五短身材，其貌不揚」，故有意奚落他，暗地請畫工畫了一副〈青蛙圖〉，畫河邊一株大柳樹蔭下有一隻張口青蛙。派人送到縣衙請鄭縣令題詩。鄭一看深諳畫中寓意，不假思索當眾揮毫題七絕詩一首：

小小青蛙似虎形，河邊大樹好遮蔭。

明春我不先開口，哪個蟲兒敢做聲。

詩通俗易懂，氣勢不凡，字裡行間，發出咄咄逼人的威懾力，送詩者不禁打了冷戰。（4）毛澤東從表兄處得知，東山書

院是官辦學校，在那裡讀書的多半是湘鄉地主、豪紳的子弟，縱橫驕傲，看不起農家子弟。毛澤東把這首詩稍作改動，把〈詠蛙〉改做〈立志〉。把第一句改成「獨坐池塘如虎踞」，第二句改成「綠蔭樹下鬥精神」托物言志，表現出少年毛澤東有藐視群倫的遠大抱負和博大胸懷。等校長抽完一袋煙，他雙手把作文呈上。校長李元甫看過之後，內心很是讚許，把國文老師譚詠春請來，讓他審閱這首言志詩。譚老師看過，稱讚不已。二人交換意見後決定留下毛澤東。

　　評曰：在這首詩裡，毛澤東做了兩處變動，把「詠蛙」詩改成「言志」詩。把「蛙」改成「虎」。「虎」乃山中王，毛澤東立志要當山大王。中國俗語說：「三歲看大，六歲看老。」毛澤東時年 16 歲，他不立志當文學家、藝術家、科學家，而要做率義軍、舉義旗、打富濟貧、占山為王的綠林好漢。這個山有多高？是湖南還是全中國，都在不言中。毛澤東這個「志」，為他 21 年後率秋收起義農軍上井岡山當山大王埋下伏筆。

　　在這所學堂裡，毛澤東能夠學到自然科學和西學新學科，有了不少進步，教員都喜歡他，因為他古文（文言文）寫得好，深得國文老師賀嵐光讚賞。賀老師見他才思敏捷，議論不凡，特地將他珍藏的一部《了凡綱鑑》送給毛澤東。

　　學校訂有《新民業報》，《新民業報》每期都有梁啟超那汪洋恣肆的文章，毛澤東總是反覆細讀，有很多精闢的段落和句

子，他都默記在心。康有爲和梁啓超的思想和行爲成了毛澤東心靈的榜樣。因爲這些進步報刊是他表兄介紹給他的，毛澤東回憶說：「我崇拜康有爲和梁啓超，也非常感謝我的表兄。」(5)

那時，毛澤東還認爲皇帝像大多數官吏一樣都是善良、誠實和聰明的人。中國古代帝王堯、舜、禹、秦皇、漢武的事蹟都使他嚮往，讀了一些介紹帝王事蹟的書，有一次他從蕭植蕃那裡借得一本《世界英傑傳》，內登載有華盛頓、林肯、拿破崙、彼得大帝、盧梭、孟德斯鳩等人的傳記如獲至寶，讀時圈圈點點，擊節三嘆，有時還在生動感人情節處發幾句議論寫在書眉上或夾縫裡，隨時翻閱。

毛澤東想去長沙，那裡是大城市、省會所在地，有很多好學校。他在東山高等小學讀了一學期。1911 年春，毛澤東乘湘江的小火輪到了長沙，入了駐省湘鄉中學。在駐省湘鄉中學，毛澤東第一次看到《民立報》，這是同盟會的機關報。通過《民立報》，他知道了孫中山、同盟會，知道了此伏彼起的反清起義，他寫了表示政見的文章貼在學校牆壁上，主張讓孫中山當新政府的總統，康有爲任國務總理，梁啓超任外交部長。爲了表示興漢排滿的決心，他毅然剪掉了辮子。

10 月 10 日（陰曆八月十九日）辛亥革命爆發了。武昌起義後，同盟會員焦達峰立即從武昌來到長沙，組織領導湖南起義。10 月 22 日，革命黨人在大西門正街賈太傅祠放了一把火，這是起義的信號。頃刻之間，駐紮小吳門外的新軍就由營地出發，直奔撫台衙門。撫台衙門的衛隊沒有抵抗。當天下午，革命黨人焦達峰被推舉爲湖南軍政府都督，通電全國正式宣告湖南獨立。

　　這時，有許多學生投軍。有一支學生軍已經組織起來，但不是正規軍。毛澤東和一批熱血青年，原準備到武昌參加革命軍，現在長沙也革命了，他們就近參加了湖南的新軍。毛澤東被分配到輜重營當列兵。那時一個列兵的月薪是七塊銀元。毛澤東吃飯花去兩元，剩下的餉銀，差不多都花在報紙上。他訂了省內外的幾種報紙，仔細閱讀。毛澤東當了半年兵，並沒有參加三操兩講、承擔公差勤務。他像軍中記者作家一樣，注意觀察全國的政治動態。

　　1912年1月1日，孫中山行總統就職典禮，宣告中華民國的成立。不久，南北議和告成，清帝退位。孫中山只是各省革命精神領袖，不掌握軍權，自治地位軟弱，不能左右全國政權。1912年2月13日，孫中山做了四十四天臨時大總統，就辭職隱退，讓位給袁世凱。

　　南北議和中國「統一」之後，毛澤東決定退伍。他告訴班長彭友勝，清朝最後一個皇帝溥儀已經退位，中國現在是民國。孫中山袁世凱已達成了妥協。「革命已經過去」，「決定回去念書」。他離開了兵營，住進了湘鄉會館。很多士兵也住在那裡，他們都是退伍或者被資遣的湘鄉人。一天，毛澤東街頭閒逛，信步登上了天心閣。凝視山川，神遊物外，背後響起了腳步聲，回頭一看，正是同住一處的朋友談悟本、劉行和彭世良。

　　談悟本出身官宦之家，對現實政治的內幕比毛澤東這個農家子弟知道的多。他說：「我們的國家已經成為一個共和國，我們不再有皇帝了，人人都是平等的，天下是我們的了。我們是主人，官吏只不過是國家的公僕，甚至共和國總統也不過是一個公僕罷了！你和我，我們都能夠做總統。」毛澤東對這個談

話涉及的問題十分感興趣，說：「請你老實告訴我，一個人要想被選為總統，他必須做些什麼準備？他必須讀很多書嗎？」談大手一擺說：「不必，不必。取得權力不一定需要研究學問。試問秦始皇和漢高祖研究過什麼學問？」

毛澤東問：「那麼，一個人怎樣才能取得政治權力呢？」

「政客必須鬥爭，」談悟本回答說：「一個政客必須毫無顧忌地攻擊任何一個反對他的人。你必須把他們制伏，你必須和所有阻擋你前進道路的人鬥爭；並且不惜一切代價奪得勝利，有時候要殺人，做一個無情的殺手可能是必要的。」

「在政治上一個人怎樣才能制伏他的敵人呢？」毛澤東又問。

「這是一個非常重要的問題。毛君，你不能用你兩隻空手去鬥爭，你需要很多和你共同進退的忠心黨徒，他們願為你工作，你必須把這些黨徒糾合在一起。總之，你必須組織一個政黨」。

毛澤東後來和他的好友蕭子昇聊起這次談話，說他毫無保留地接受了談悟本的議論，並且非常坦白地表示對談悟本驚人議論的讚賞。

人世之路到底怎麼走？毛澤東思考著，彷徨著。

十九世紀末，「實業救國論」應運而生，並風行於二十世紀初。「實業救國論」對立志救國的毛澤東產生影響。他密切注意著報紙上的招生廣告，他報考了五所學校，其中有兩所學校對他印象較好，一所是製造肥皂的學校廣告，不收學費，供給食宿，還答應給些津貼。它說製造肥皂對社會大有好處，可以利國利民。另一所是公立高級商業學校的招生廣告，它是政府

辦的，沒有很多課程，還傳說那個學校的教員有很多是非常有才能的人。毛澤東想到那裡學成一個商業專家。他把學校情況和他的決定寫信告訴父親，父親聽了很高興，父親認為經商和發財是聯繫在一起的，積極給予支持，於是他考進了高等商業學校。入學之後，毛澤東才知道很多課程都用英語講授，而他的英語水平很低，除了認識字母以外，幾乎一無所知。只待了一個月就退學了。他繼續關注報紙上學校招生廣告。湖南省立一中招生，毛澤東報名參加入學考試・發榜時，名列第一。讀了一個學期，他感到學不到他想學的知識，他退學了，在省立一中有一位國文教員對他的幫助很大，他送給毛澤東一部《御批通鑑輯覽》，書中有乾隆的諭旨和御批。毛澤東讀了《御批通鑑輯覽》以後，得出結論，還不如自學更好。他定了一個自學計劃，每天到湖南省圖書館去讀書。他在這裡專心用功讀書，只在中午時間出去買幾個包子或燒餅充飢，天天必到，風雨無阻。他讀了亞當・斯密的《原寓》、達爾文的《物種起源》、赫胥黎的《天演論》、穆勒的《名學》、斯賓塞的《群學肆言》、孟德斯鳩的《法意》、盧梭的《民約論》和《社會通詮》等西方社會科學名著，以及希臘、羅馬的文藝作品。這種讀書生活使他興奮極了，晚上回到湘鄉會館，睡到床上，想想一天的生活，覺得非常充實。父親不理解他，過了半年，父親來信，指出他離開學校後不回家，不謀職業，成天閒逛是不正當的，這樣下去就不給匯款，要斷絕他的供養，要餓肚子。這種讀書生活過不下去了，毛澤東開始尋找新的學習途徑。

注釋

(1) 李永軍：《毛澤東讀書興趣溯源》。

(2) 埃德加・斯諾：《西行漫記》。中國人年解放軍戰士出版社，1979 年 12
月版，第 111 頁。

(3) 中共建政後，中共黨史學者到韶山及其附近，查找不到彭鐵匠的蛛絲馬
跡。

(4) 《團結報》。2007 年 12 月 4 日。

(5) 埃德加・斯諾：《西行漫記》。中國人年解放軍戰士出版社，1979 年 12
月版，第 113 頁。

（三）考入湖南第四師範

　　當時湖南第四師範學校的招生廣告，引起了毛澤東的注
意。師範學校不收學費、食宿費低廉，於是毛澤東便報考師範。
他把這個打算寫信給家裡，父親回信同意。1913 年春，毛澤東
以第一名的優異成績考入湖南公立第四師範。第二年，第四師
範合併於湖南省公立第一師範，毛澤東被編在第八班。

　　毛澤東入學時一師的校長是曾在日本留學的孔昭綬。他聘
請了楊昌濟、黎錦熙、方維夏、徐特立、王季范、王立庵等思
想進步、學術精湛、道德高尚的教師。其中對毛澤東影響最大
的是楊昌濟。毛澤東回憶說：「給我印象最深的教員是楊昌濟，
他是從英國回來的留學生。」「他教授倫理學，是一個唯心主義
者，一個道德高尚的人。他對自己的倫理學有強烈信仰，努力
鼓勵學生立志做有益於社會的正大光明的人。」(1)

　　1914 年楊昌濟編寫的倫理學講義《論語類鈔》，給學生講

授。毛澤東聽講很認真，作了聽課筆記《講堂錄》。

《論語類鈔》第一篇講「立志」。楊昌濟引孔夫子的話說：「三軍可奪帥也，匹夫不可奪志也。」然後講述發揮道：「意志之強者，對於己身，則能抑制情慾之橫恣；對於社會，則能抵抗權力之壓迫。道德者克己之連續，人生者不斷之競爭，有不可奪之志，則事無不成矣。」毛澤東關於立志和獻身，在《講堂錄》中有許多警句：「吾觀古之君子，有殺身亡家不悔者矣。」「語曰：『毒蛇螫手，壯士斷腕』：非不愛腕，非去腕不足以全一身也。彼仁人者，以天下萬世爲身，而以一身一家爲腕，惟其愛天下萬世之誠也。」

從10月到12月，毛澤東聽課時記了萬餘言的《講堂錄》，主要是國文課和修身課的筆記，內容涉及哲學、史地、古詩文、數理等。對古今名人治學、治國和有關倫理道德言行記錄較多。凡典故詞義，要旨和警句，都分條寫出。在這期間，還以工整的楷書全文抄錄了屈原的《離騷》和《九歌》，並將《離騷》的內容分段提要，寫成眉批。(2)

楊昌濟先生隨時代進步而進步。1917年和1918年他開設了倫理學課程，採用了十九世紀康德派唯心主義哲學家泡爾生的《倫理學原理》爲基礎教材。這是毛澤東非常感興趣的哲學著作。他讀得十分仔細認真，在一本共約十萬個漢字的書上，寫下了一萬兩千字的批註，逐字逐句圈點標記。如批註中說：「個人有無上之價值，百般之價值依個人而存。使無個人（或個體）則無宇宙。吾從前因主『無我論』「，以爲只有宇宙而無我，今知其不然，蓋我即宇宙也，若除去我，即無宇宙，個我集合，即成宇宙。」這種「唯我論」是從宋朝理學承傳的主觀唯心論

的極端發展。

　　毛澤東寫的《講堂錄》、《倫理學原理》批註等摘錄了許多先聖賢、名士的名句、警句，他是在學知識，積累材料，但他並不身體力行，甚至是反其道而行之。

　　國文教師袁仲廉看了毛澤東寫的文章像新文記者手筆，認爲他是受了梁啓超文風的影響，袁批評梁是個空頭大話家，知一言十，沒有文采，要求毛澤東讀研唐宋八大家尤其是韓愈的文章。他告訴毛澤東：「作文之道，首應務本。」警告毛澤東日後不要做文化騙子，並給毛開了讀古文書單。他發現毛買的《韓昌黎全集》錯訛很多時，主動將自己批校的《韓昌黎全集》借給毛澤東。袁擔任毛五年半國文老師，毛受益很大，很感謝袁。後來袁逝世，毛爲他寫了墓碑。

　　1915 年，陳獨秀主編的《新青年》出版。《新青年》高舉民主與科學兩面大旗，號召廣大青年解放思想，衝破封建倫理道德的束縛，敢於向那些被認爲是天經地義的舊傳統、舊意識開火。指出不論是什麼事物和觀念，經理性和科學判定爲不合乎現代社會的即令它是「祖宗之所遺留，聖賢之所垂教，政府之所提倡，社會之所崇尚，也一文不值也」。

　　《新青年》的出版，在中國廣大青年中引起了極大的震動，喚起了人們對國家前途命運的關心，促進了社會民主主義的覺醒，形成了一個追求新思想、新知識的熱潮。毛澤東是《新青年》的最忠實讀者。據張昆弟日記記載：「毛君潤之云：現在國民思想狹隘，安得國人有大哲學革命家，大理論革命家。」「以洗滌國民之舊思想，開發新思想。」「衝破一切現象之羅網，發展其理想之世界。」「前之潭嗣同，今之陳獨秀，其人者魄力

雄火，誠非今日俗學者可比擬。」

1915 年初，日本提出「二十一條」，作為支持袁世凱稱帝的條件。5 月 7 日，日本政府向袁世凱提出最後通牒，限於 5 月 9 日午後 6 時以前對日本所提修正案作滿意答覆。袁世凱急於登上皇帝寶座，於 8 日下午全盤答應日本修正案。25 日，外交總長陸徵祥與日本駐華公使在北京簽訂《中日二十一條及換文》。消息傳出，全國鼎沸，長沙兩青年為憂國之將亡，一投湘江自殺，一由天心閣跳下自殺。毛澤東讀報至此，拍案長嘆，憤激莫名，揮筆寫道：「五月七日，民國奇恥。何以報仇？在我學子。」

1917 年暑假，蕭子昇提議出去做遊學式的旅行，毛澤東大感興趣，「當年司馬遷覽湘江，登會稽，歷崑崙，周遊名山大川，而其襟懷乃益廣，豈徒觀覽山水而已哉！我們也學太史公。」毛澤東帶一把雨傘和一個小包袱，穿著學校發的已經破舊的白制服，趕到了楚怡中學。己做了教員的蕭子昇也脫掉長衫，和毛澤東一樣剃成光頭。帶的東西也是一把雨傘、一個包袱。蕭在前，毛在後，一起上路了。

他們坐船渡過了湘江，因身無分文，付不出船錢，船夫又不肯通融，和船夫吵了一架，船夫儘管很惱火，也拿他們無可奈何。上岸以後，他們沿著大路朝寧鄉縣城走去。大約走出 15 到 20 公里，見路邊有一小吃店，樹蔭下空著兩把竹椅，二人休息了一下，女店主見他們滿頭大汗，疲勞不堪，知道他們身上無錢，好心地送他們兩杯茶喝，聲明並不要錢。毛澤東問女店主：「你知道附近有讀書的人家嗎？」女主人答道：「店子後面的小山坡上，住著一位姓劉的紳士，他是一位翰林，現已告老

在家。他沒有兒子，有兩個女兒，都已出嫁了。」毛澤東、蕭子昇點頭表示謝意。

「潤之，」蕭子昇已成竹在胸，嚷道：「劉先生要成為我們今天的東道主了！我們第一個目標就應該向他進攻。」兩人商量送一首詩給劉翰林，用象徵性的語言標明拜訪來意。詩曰：「翻山渡水之名郡，竹杖草履偈學尊：途見白雲如晶海，沾衣晨露浸餓身。」蕭子昇打開包袱，取出文房四寶，把詩書寫好，簽上自己的真名，裝入信封上書「劉翰林台啓」。按照女店主指引的路，來到劉翰林莊院。經過交涉，劉翰林出來接見他們。說明來意，劉翰林尋問他們來歷、學習，讚揚他們詩作的好，方法也很不錯，取出四十個銅元打發他們走了。

離開劉翰林莊院，來到小客店，花了八個銅元，吃了一頓飽飯。第二天遊覽寧鄉香山寺，方丈善待他們，招待留宿。第三天，找到沙田村枸子沖何叔衡家，何家熱情招待他們，住了三天離開了。

經過幾天跋涉，到達安化縣城，進了一家茶館，找到靠近窗子方桌坐下，要了茶和早餐，但身上一文錢也沒有了。毛澤東坐在茶館寫日記，蕭子昇出去討錢，討了兩條街，只討 21 文錢，相當於兩個銅元，不夠飯錢。他們商量當「送字先生」。毛澤東磨墨，蕭子昇買回兩張紅紙，寫了兩幅對聯，把店鋪的字號，放在對聯頭一個字・豎看是對聯，橫看是店家的寶號。店主很高興，送了兩家，一家饋贈 10 銅元，另一家饋贈 20 銅元・還了飯錢，連第二天的伙食費也夠了。

他們來到了益陽，拜訪了從第一師畢業的縣長，又會到幾位一師畢業的學友，然後踏上去沅江的道路。在一家小飯店裡，

遇到一位叫胡茹英姑娘的店主。他們說自己是乞丐，姑娘凝視她們說：「你們是了不起的人物？」蕭子昇問：「難道你會看相嗎？」姑娘點頭說：「是的，我懂得點。這是我爺爺教我的。」毛澤東說：「先給我看吧。」茹英答道：「你的姓不好，你可能要成為洪秀全、袁世凱那樣的人，從臉相看，可能要做大官，當國務總理或山大王。你沒有溫情，可以不動聲色的殺一萬人或十萬人，不過你能沉住氣。如果在35歲以前，不給敵人打死，那你就逃過了一大關，一過50，你的日子更是一天比一天好起來。在55歲，簡直是逢凶化吉，萬事亨通。你最少要有六個老婆，但兒女不多。」接著給蕭子昇看，說蕭有一種隱者的氣質，真像仙人下凡，不屬於世俗中人，是很有情感的人，和毛先生不同。他像一杯烈酒，你像一杯清水……蕭答話：「我也會有六個老婆嗎？」「你將結婚兩次，只有一個螟蛉之子，因為隱士是不需要家眷，也不需要兒子的。」這是一次奇遇，看相算命是沒有根據的，有趣的是有些事被她說中了。第二天早晨，吃過早飯之後，蕭子昇找店主茹英結賬，她堅持不收食宿費。蕭說：「我們記住你的姓名，假如有一天毛先生做了國務總理，或者山大王，說不定會給你寫信，邀你去做他的顧問。」茹英大笑，說：「他是個沒有溫情的人，那時候他會把我完全忘記，連我的影子也忘得一乾二淨了。」告別小店，來到沅江縣城，這個洞庭湖邊的小城，全被水淹了。二人商量，結束乞丐生活，搭船回長沙。

在第一師範成立後數年間，逐漸聚集了一群志同道合的朋友。他們憂國憂民，以天下為己任，充滿了為國家為民族獻身精神。他們是新民學會的骨幹。1918年4月14日，在嶽麓山

劉家台子蔡和森家，召開成立大會。到會 12 人：蔡和森、蕭子昇、蕭子暲、陳贊周、羅章龍、毛潤之、鄒蘊眞、張芝圃、周曉明、陳啓民、葉兆楨、羅榮熙進行選舉。蕭子昇當選爲總幹事，毛潤之、陳書農爲幹事。不久，蕭子昇去法國，會務由毛澤東主持。

注釋

（1）埃德加・斯諾：《西行漫記》。第 122 頁。

（2）《毛澤東年譜》上卷。中央文獻出版社，1993 年 8 月版，第 14 頁。

（四）湖南一師畢業後的主要活動

1918 年 6 月，毛澤東在湖南第一師範畢業。毛澤東後來同斯諾談話時說：「我在這裡——湖南省立第一師範度過的生活中，發生了很多事情，我的政治思想，在這個時期開始形成。我也是在這裡獲得社會行動的初步經驗的。」（1）

1918 年暑假，毛澤東和許多新民學會會友將畢業離校。《新青年》第十期刊載了留法勤工儉學的消息，號召青年們到法國去，一面做工，一面求學。這對家境貧寒的有志青年是很有吸引力的。6 月下旬，毛同何叔衡、蕭子昇、蕭三、陳贊周，周惇元、蔡和森、鄒鼎丞、張昆弟、陳書農、李和笙等在湖南一師附小參加新民學會會議，討論赴法儉學勤工問題，一致認爲很有必要，應儘快進行，推舉蔡和森、蕭子昇負責。

8 月 19 日，毛澤東與蕭子昇等 25 名赴法勤工儉學的青年到達北京，其中有新民學會會員 12 人。住在距北大不遠的三眼

井吉安東夾道 7 號三間狹小的房子裡。「隆然高炕，大被周眠」，生活清苦。會員多數參加留法預備班學習，張芝圃、李和笙、曾星煌在保定班；蔡和森在涿縣布裡村班；蕭子昇、蕭子暲、陳贊周、熊昆甫、鄒鼎丞、羅榮熙在北京班；羅章龍考入北京大學文科。毛澤東協助組織了勤工儉學運動，自己並不想去法國學習。經楊懷中介紹，他拜會了李大釗教授，當時李大釗兼任北京大學圖書館主任，就安排他在北大圖書館任助理員，每月有 8 塊大洋的固定工資，開始了他在北京一邊工作、一邊讀書研究的生活。

北京大學的新聞學研究會，每週舉行兩次講座，參加的有 3、40 人。由《京報》總編輯邵飄萍主講新聞理論和辦報的業務經驗。那時邵飄萍在西四牌樓羊皮胡同 9 號住家。毛澤東曾多次登門造訪，請教辦報的一些具體問題。邵飄萍在經濟上還對毛澤東有過幫助。毛澤東後來說：「邵對我幫助很大。」「他是一個具有熱烈和優良品質的人。」(2)

毛澤東逗留北京的時候，列寧領導的十月革命已經發生，但馬克思列寧主義還沒有系統地傳入中國。在北京知識界，時髦的思想是克魯泡特金的無政府主義思想。克魯泡特金（1842 年—1921 年）是俄國無政府主義主要代表。他主張消滅生產資料私有制，廢除國家，建立無政府社會，反對馬克思主義關於建立無產階級專政的主張。

毛澤東和斯諾談話時回憶這時的情景說：「我讀了一些關於無政府主義的小冊子，很受影響，我常常和一個經常來看我的名叫朱謙之的學生，討論無政府主義和它在中國的前景，當時，我贊同無政府主義的很多主張。(3) 此時，毛澤東和楊開

慧戀愛。冬，毛澤東同蕭三、羅章龍到天津大沽口觀海，看要塞炮台，還到北京長辛店鐵路機車車輛廠調查。

1919 年 2 月 12 日，毛澤東離開北京沿津浦路乘車前往上海。因錢不夠，只買了一張到浦口的車票。途中數度下車，登泰山，謁孔廟，遊覽了經過多次戰亂之地的徐州，到浦口下車時，腳上穿的鞋子丟了，正在犯愁時，遇到了一師同學李聲澥，他慷慨解囊，幫助毛澤東買了雙鞋子和去上海的火車票。十四日到達上海，在南市斜橋湖南會館下榻。3 月 15 日參加中國學生召開的歡送赴法留學學生會。29 日參加又一批赴法留學學生歡送會。4 月 6 日啓程回長沙。

1919 年 5 月 4 日，在北京天安門廣場爆發的「五四」愛國運動，震撼著中國大地。5 月 23 日，北京學生代表鄧中夏等二人來到長沙找到毛澤東。毛澤東安排他們住在楚怡小學何叔衡那裡。25 日上午，經過毛澤東聯繫，在楚怡小學召開各校學生代表會議，到會的有蔣竹如、陳書農、易禮容、彭璜、柳敏、夏正猷、黎宗烈、唐耀章、李振翩、魏璧、勞啓榮等，多爲新民學會會員。毛澤東介紹北京來的學生代表與大家見面。然後由鄧中夏報告北京五四運動經過。他希望湖南學生實行總罷課，聲援北京學生的愛國鬥爭。5 月 28 日，新的湖南學生聯合會成立。6 月 2 日，學聯開會決定全省學校從三日起，一律罷課。

7 月 14 日，湖南學聯刊物《湘江評論》創刊。毛澤東爲主編和主要撰稿人。毛澤東寫了創刊號宣言，聲稱《湘江評論》以「宣傳最新思想爲宗旨」。提出「世界什麼問題最大？吃飯問題最大。什麼力量最強？民眾聯合力量最強。什麼不要怕，天

不要怕，鬼不要怕，死人不要怕，官僚不要怕，軍閥不要怕，資本家不要怕。」他反對各種強權，主張平民主義，用群眾聯合的方法，向強權者做持續的「忠告運動」，實行「呼聲革命」，「無血革命」。7月21日，《湘江評論》，第二期刊載毛澤東〈民眾大聯合〉一文。指出「民眾大聯合是改造國家、改造社會的根本方法。」「我們豎看歷史，歷史上的運動不論是哪一種，無不是出於一些人的聯合。較大的運動，必有最大的聯合。」

〈民眾大聯合〉在當時思想界有相當影響，北京《每週評論》說，此文「眼光很遠大，議論也很痛快，確是現今的重要文字。」

8月中旬，湖南學生聯合會，領導長沙群眾舉行焚燒日貨，張敬堯的軍警包圍湖南學生聯合會，脅迫彭璜停止反日愛國遠動，張貼布告解散學聯，查封《湘江評論》，並闖入湘鄂印刷公司，沒收剛印出的《湘江評論》第五號。當晚，毛澤東同留守的學聯骨幹在何叔衡處開會，決定六條：各校學生暫不用學聯名義；學聯活動要祕密進行；將查封《湘江評論》情況通告報界；要回鄉學生宣傳張敬堯的暴行；函達全國學聯和各界聯合會，爭取支援，積極準備驅逐張敬堯。

15日，毛澤東母親患淋巴結核病逝。聞訊後，毛澤東立刻從長沙趕回韶山。8日，毛澤東在母親靈前寫成〈祭文〉，追述生前勤儉持家、愛撫子女、和睦鄰里的優良品德・文曰：

　　吾母高風，首推博愛。遐邇親疏，一比覆載。
　　愷惻慈祥，感動庶匯。愛力所致，原本眞誠。
　　不作誑言，不存欺心。整飭成性，一絲不詭。
　　手澤所經，皆有條理。頭腦精密，劈理分情。

事無遺算，物無遁形。潔淨之風，傳遍戚裡，

不染一塵，身心表裡。

12 月 14 日，毛澤東出席在楚怡小學召開的長沙各校教職員代表和學生代表聯席會議。會議決定開展驅張運動，繼續發動全省學校總罷課、遊行、演說。之後，在楚怡小學開召緊急會議，決定組織驅張代表團，分赴北京、天津、上海、漢口、常德、衡陽、廣州等地擴大驅張宣傳。毛澤東率驅張請願代表團離長沙赴北京。

在赴京驅張請願代表團中，一師範教師易培基爲湖南教師代表，毛澤東爲湖南學生代表。時任京都市政署督辦的吳瀛熱情接待代表團。一是因爲易培基是吳瀛早年在湖北方言堂英文系同班同學，更重要的是一師範有一位很器重毛澤東的教師李青崖是吳瀛的姐夫。毛澤東率驅張請願代表團進京，李青崖、吳琴清夫婦是重要的策劃人，在吳瀛處事先做了大量內情通報工作。12 月 18 日，湖南驅張代表團 30 餘人抵京，鄧中夏等人到車站迎接。吳瀛把他們食宿安置在長安街「福佑寺」內。一時，北京成爲湖南驅張運動的大本營。12 月 22 日，爲揭露張敬堯的罪惡和宣傳驅張運動，毛澤東同張百齡、羅宗翰等組織平民通訊社，毛澤東任社長，每日發稿分送京、津、滬、漢各報。12 月 28 日，毛澤東出席湖南旅京各界公民大會，討論驅張辦法，參加千餘人。大會通電全國宣布張敬堯罪狀並由國民公審等五項決議。並編寫〈湘災紀略〉、〈醴陵兵燹紀略〉、〈寶慶兵燹紀略〉、〈張敬堯罪惡史〉等在京廣爲散發。

1920 年 1 月 23 日，毛澤東父親毛貽昌在家患傷寒病逝。毛澤東忙於驅張運動，未能回湘奔喪。

4 月上旬，毛澤東邀集湖南驅張代表團在景山東街中老胡同商討結束驅張活動問題。4 月 11 日，毛澤東離京去上海。途中，在天津、濟南、泰山、曲阜、南京等參觀遊覽。在曲阜，他下車拜謁了孔子的墓地並看了孔子的弟子濯足的那條小溪，遊逛了孔子幼年住的小鎮，還登了泰山，參觀了孟子的出生地鄒縣。

6 月，毛澤東多次到漁陽里二號《新青年》編輯部拜訪陳獨秀，毛澤東後來回憶說：「在我一生可能是關鍵性的這個時期，陳獨秀說了自己信仰的那些話給我留下了深刻的印象。」(4)

7 月 7 日，毛澤東到達長沙，住楚怡小學校。他把由他起草的〈對於湖南改造的主張〉，用「湖南改造促成會」的名義覆信湘籍老同盟會會員上海報人曾毅，提出：「今後要義，在於消極方面，莫如廢督裁兵；積極方面，莫如建設民治。」信中向譚延闓、趙恆惕提出：「遵守自決主義，不引虎入室；已入室的將入室之虎，正式拒之而去。最主要者，廢督裁兵，錢不浪用，教育力圖普及，三千萬人都有言論、出版集會、結社之自由。」(5) 此信六月二十八日在上海《申報》全文發表。

毛澤東回長沙後，留一師工作，擔任一師二十二班教師、全校國文教員，還兼任一師附小校長。

1920 年夏，毛澤東與一位姚姓女子相識同居。1921 年姚氏為毛澤東生下華國鋒。姚氏父親是山西商人，到湖南長沙販運煙草生意。姚氏生下華國鋒後兩年病故，毛澤東一直委託姚氏親屬撫養華國鋒，隨親屬姓華，取名華光祖。後來華國鋒隨親屬回山西太原又到交城，跟收養他的親屬姓蘇，取名蘇鑄，這時蘇國鋒有兩個名字，華光祖、蘇鑄。抗戰時改名華成武，

後又改名華國鋒。(6)

　　毛澤東聯絡長沙縣縣長姜濟寰、商會會長左學謙和一師校長易培基、周南女校校長朱劍帆等社會名流，集資 500 元創辦文化書社。7 月 31 日，長沙報紙登載了毛澤東起草的〈發起文化書社〉。文章說：「現在全中國全世界都還沒有新文化，只有一枝新文化小花，發現在北冰洋的俄羅斯。」湖南人現在腦子饑荒，實過於肚子饑荒，青年人尤其嗷嗷待哺。文化書社願以最迅速、最簡便的方法，介紹中外各種新雜誌，以充青年及全體湖南人新研究的材料。(7)

　　1920 年 8 月 22 日，毛澤東、何叔衡、彭璜等發起成立俄羅斯研究會，首次會議在長沙縣知事公署召開，與會 20 餘人。推舉彭璜、毛澤東、何叔衡、包道平（新聞界人士）4 人為籌備員。

　　9 月 3 日，毛澤東在長沙《大公報》新開闢的「湖南建設問題」專欄，發表〈湖南建設問題的根本問題——湖南共和國〉一文，堅持先分省自治後解決全國總建設的觀點，提出分省建立共和國的主張，9 月 30 日，毛澤東在長沙《大公報》發表〈「湘人治湘」與「湘人自治」〉時評，批評譚延闓提出的「湘人治湘」的論調。指出「湘人治湘」仍是一種官治，不是民治。它把少數特殊人做治者，把一般平民做被治者，把治者做主人，把被治者做奴隸。我們主張的是「湘人自治」，鄉、縣、省完全自治，鄉長、縣長、省長實行民選。

　　12 月 1 日，毛澤東寫信給蔡和森、蕭子昇和其他在法會友，回答他們提出的關於新民學會的方針、方法的意見，對於蔡和森提出的用俄國式的方式組織共產黨，實引無產階級專政的主

張，表示深切的贊同。信中對於過去接受無政府主義和西方民主主義的觀點有所改變，說：「我對於絕對自由主義、無政府主義，以及德莫克拉西主義，依我現在的看法，都只認爲與理論上說的好聽，事實上是做不到的」。(8)

1920 年冬天，毛澤東與楊開慧結婚。

1921 年春夏間，毛澤東同易禮容、陳書農到沿洞庭湖的岳陽、華容、常德、湘陰等地，考察學校教育，進行社會調查。沿途寫通訊投寄湖南《通信報》。《通信報》主編謝覺哉 1968 年回憶說：「毛澤東到岳陽寫過一篇文章，寫得特別調皮。說那個縣的女學校教員都是有鬍子的人，文章寫了一句諷刺的話：『鬍子之作用大矣哉。』」

6 月上旬，毛澤東收到上海中共黨小組召開中共成立大會派出兩名代表出席的信，及 200 銀元旅費。6 月 20 日，毛澤東與何叔衡作爲湖南的代表，分途離長沙赴上海參加中國共產黨第一次全國代表大會。離開長沙前，毛澤東對蕭子昇說：「我告訴你，北京、廣東、上海已成立了共產主義小組，有十多個代表預備在上海集會，召開一個祕密會議，正式成立中國共產黨。我是長沙代表，我十分希望你和我一起赴會。蕭子昇說：「我們可以一起同船到上海，但我不參加你們的會議。」毛澤東說：「去吧，你到那裡去，跟那些同志見見面，聽聽他們的意見，同他們談談吧。」蕭子昇說：「有什麼好談的，我不準備參加成立的共產黨。」蕭子昇堅持他的無政府主義觀點，他不相信共產黨能治理中國。他說：「我最好引老子的話來答你：『治大國若烹小鮮。』」毛澤東聽後放聲大笑。

這天下午，他們一起上船，由西門出長沙，二人同住一客

艙裡，毛住下鋪，蕭住上鋪。客船過洞庭湖，進入長江水道航線，船停漢口，蕭子昇在漢口上岸，毛澤東繼續航行前往上海，從此，他們分道揚鑣了，

　　評曰：「五四」運動時期，西方各種文化思潮，包括共產主義，像杭州大潮一樣，先後湧向中國，衝擊著中國傳統文化。「打倒孔家店」，成了當時最時髦最激進的戰鬥口號。他們批評佛、道、神，摧毀幾千年中華民族的倫理道德，當時的知識界出現了分野。毛澤東原來信仰無政府主義，轉臉變成崇拜馬克思主義，信奉無神論，贊同組建共產黨，實施無產階級專政。他鼓吹我毛澤東就是和尚打傘「無法無天」他要與天鬥、與人鬥。「天」是什麼？「天」是主宰宇宙的神，毛澤東不信神，成為是破壞神文化，反對天命論思想的先鋒。

　　毛澤東在湖南一師畢業，年少氣壯，無所顧忌，他的言行是他自身的真實展現。毛澤東在一師的同班同學肖三在他的「日記」裡，對毛青少年時代的表現，有一段刻骨銘心的評價。《肖三日記》寫道：「潤之（毛澤東小名）為人好大喜功、能吹善辯；喜女色、縱情慾、亂搞男女關係、人品低劣，是難得的亂世之才。」
　　（9）

注釋

（1）埃德加・斯諾：《西行漫記》。中國人民解放軍戰士出版社，1979 年 12 月版，第 127 頁。

（2）同（1）

（3）同（1）

（4）《毛澤東年譜》上卷。中央文獻出版社，1993 年 8 月版，第 60 頁。

（5）同（4）

（6）《前哨月刊》2003 年 7 月號。

（7）《毛澤東年譜》上卷。中央文獻出版社，1993 年 8 月版，第 62 頁。

（8）《毛澤東年譜》上卷。中央文獻出版社，1993 年 8 月版，第 74 頁。

（9）《肖三日記》上冊。存中央檔案館。

（五）出席中共第一次代表大會

　　1921 年 7 月 23 日毛澤東到達上海。住在蒲白路博文女校。出席中國共產黨第一次全國代表大會。參加會議的代表 13 人代表全國 50 多名黨員。共產國際執行委員，民族殖民地委員會祕書馬林和赤色職工國際代表尼克爾斯基出席會議。會議由張國燾主持，馬林用英文致開幕詞，毛澤東和周佛海任記錄。會址在上海法租界貝勒路樹德里 3 號（現爲興業路 76 號）。7 月 30 日晚，突遭暗探偵察，立刻轉到浙江嘉興南湖。31 日上午 10 時開會，預僱的書坊停泊在那裡，代表們登上了書坊，開到湖心繼續開會，直到晚 11 點才宣布散會。大會通過中國共產黨黨綱，確定黨的名稱爲中國共產黨，規定黨的奮鬥目標是以無產階級專政推翻資產階級，消滅資本家私有制。大會選陳獨秀、

張國燾、李達組成中央局，陳獨秀爲中央局書記，張國燾爲組織主任，李達爲宣傳主任 。

中國共產黨的成立，作爲政治組織，不是中國社會發展的客觀要求，是當時俄共強加給中國的。1917 年 10 月，俄國布爾什維克發生暴動，奪取了政權，五四運動期間，在中國知識界產生了不小影響。1920 年下半年，上海成立了中國共產黨，廣州、北京、濟南先後成立了共產主義小組，但都是文化組織，參加的人，有的相信共產主義，有的半信半疑，還有人是趕時髦加入的，並不了解什麼是共產主義。參加大會的 13 位代表，從他們後來的發展看，有兩人自動脫黨，兩人成爲汪僞政府主要領導人，一人投靠國民黨，一人另立中央，一人加入了反斯大林的托派。占了「一大」代表的多數，有四人早年去世，眞正走到最後的只有董必武、毛澤東。陳獨秀、李大釗藉口任務在身不能參加大會，如果認爲這個會議特別重要，像後來鼓吹的那樣是開天闢地的大事，爲什麼不請假參加？可見他們對這個會議的重要性，也持保留態度。

毛澤東在參加一大前，不是共產黨員。他在填寫履歷表上寫 1920 年參加中國共產黨。1920 年湖南沒有共產主義小組，湖南早期共產黨員易理容、郭亮等人回憶錄中都沒有提到湖南共產主義小組。毛澤東 1920 年是在哪裡入黨的？可見毛澤東一大前的黨員是冒牌貨。

中共一大代表成員思想複雜，沒有統一的反映中華民族、民主革命的政治主張。一大黨綱上提出的共產黨的奮鬥目標是建立無產階級專政「實現共產主義」，「解救勞苦大眾」等等，是從蘇共綱領、黨章抄襲過來的。中國共產黨是貨眞價實的外

力強加給中國人民的惡黨。中共歷屆代表大會新選出的中央領導人，都無一例外的到一大會址朝拜，歌頌一大誕生了戰無不勝的偉、光、正中國共產黨。「偉在哪裡」，「光在哪裡」，「正」在哪裡？頌者愧疚，聞者發笑，完全是自欺欺人的謊言。

俄共奪取政權後，遭到全世界反共產主義的反對，非常孤立，在東方，日本的強大，對俄共是極大的威脅，急需在東方找保護勢力。俄共出於這種考慮，派出他們的代表到中國調查，找到李大釗、陳獨秀，提出組建共產黨。大會經費、出席會議代表路費是俄共出的。會議章程是俄共事先起草的，大會的主體報告是俄共代表馬林做的。俄共包攬了準備工作，一手炮製爲俄共利益服務的中國共產黨。

一大會後，8月上旬，毛澤東到杭州、南京一帶遊覽參觀，在南京看望周世釗以及在東南大學暑假補習班學習的陶斯詠、吳釗等人。

8月中旬，毛澤東回到長沙，住船山學社，同何叔衡商量在湖南建黨問題，成立毛澤東、何叔衡、易禮容三人小組。

10月10日，根據中共中央的通知，中共中央決定成立湖南支部，毛澤東任書記，成員有何叔衡、易禮容，在小吳門外清水塘租賃一所房子，作爲湖南支部的祕密機關。建黨以後，毛澤東首先在長沙發展組織，新民學會中的左翼和共青團中優秀分子如彭璜、陳昌、陳子博、郭亮、張昆弟、夏曦等第一批入黨。在第一師範、第一中學、商業專科學校、甲種工業學校又發展了一批黨員。

毛澤東在長沙城南清水塘建立中共湖區省委機關，楊開慧和僱傭人員都住進機關，房租是由中共活動經費支出的。一大

後，中共中央每月寄給毛澤東 60 至 100 銀元，作為湖南黨的活動費，不久增加到 100 銀元，以後又加到 160、170 銀元。

中共活動經費是蘇共提供的。據陳獨秀向莫斯科報告中透露，從 1921 年 10 月到 1922 年 6 月的 9 個月內，中共支出的 17,655 元中，只有 1,000 元出自中國，其餘的都來自莫斯科。陳獨秀反對拿盧布，他曾幾次提出，說拿人家的錢就要跟人家走。「事事要受人支配，令人難堪，中國也可以革命，何必一定要與國際發生關係。」有時他發脾氣、拍桌子、摔茶碗。但現實主義占了上風，沒有莫斯科出錢，中共連印發宣傳品、組織工會活動都搞不起來，沒有盧布中共就無法生存。當時在中國除共產黨外還有些共產主義團體，其中有一個號稱 11,000 名成員，因無莫斯科資助，很快就垮了。

毛澤東不反對拿俄國人的錢，他給蕭予昇信說：「他教小學，給報紙投投稿，活得很辛苦，常常接連三、四個鐘頭不休息，甚至夜以繼日，我的生活是在太勞累了。」如今他一躍成了職業革命家，有了錢，把職務全辭了。「口腹既飽，身體更快，還有隨意看所要看的書，故大有此間樂的氣概。」(1)

1922 年 5 月，根據中共中央通知，成立中共湘區執行委員會，毛澤東任委員長，委員有毛澤東、何叔衡、易禮容、郭亮、李立三、陳子博、李維漢等。下面有六個支部，全區黨員發展 30 多人。區委機關設在長沙小吳門外清水塘 22 號。中國共產黨是俄共在中國為俄共利益工作的支部，湘區委員會當是俄共中國支部的分支部，毛澤東則是分支部書記。

1923 年 2 月 7 日吳佩孚下令製造了「二七」慘案。「二七」慘案後，趙恆惕祕密下達了逮捕毛澤東的命令。1923 年 4 月的

一天夜裡，一個在省政府工作的祕密黨員，匆匆趕到清水塘通知毛澤東迅速轉移。趙恆惕沒有捉到這個最危險的人物，於是在要道關卡，張貼布告，懸賞通緝「過激派」毛澤東。毛澤東在群眾的掩護下，從容安排了工作，半個月後，他離開湖南，隻身前往上海。

注釋

（1）張戎、喬・哈利戴，《毛澤東不為人知的故事》，2006 年 8 月版，第 20、21 頁。

（六）投身國民革命

1923 年 4 月下旬，毛澤東來到上海會見陳獨秀，得知中共中央與國民黨領袖孫中山關於國共合作、建立統一戰線的各項工作，正在順利進行之中。讓他參加設在環龍路 44 號的籌備國民黨改組辦事處宣傳部，一起共事的有邵力子、葉楚傖、茅祖權等。

國共合作是蘇聯的要求。蘇聯此前出兵外蒙古，策劃外蒙古獨立，企求中國政治勢力支持，最初找到吳佩孚，吳堅決反對蘇軍占領外蒙古。後聯繫孫中山，孫在反清鬥爭屢遭失敗，活動十分困難，蘇聯願意以支持他的革命鬥爭作為條件。孫中山同意蘇聯駐軍外蒙古，簽訂越飛宣言。1923 年初，蘇共政治局做出決議：「全力支持國民黨」，「錢由共產國際基金支付」，斯大林簽署了這個決議。

蘇共要求中共參加國民黨左右孫中山。斯大林在一次內部講話中說：「莫斯科，我們不能公開（對國民黨）發命令，我們

通過中國共產黨和其他隱藏的同志發命令。」中共黨內中央領
導層多數人不同意與國民黨合作加入國民黨。陳獨秀曾說：孫
中山只是個「不擇手段」的政客，想的無非是權利，資助孫只
會是「浪費俄國人的血汗，或許還有世界無產階級的血汗」。(1)

　　毛澤東贊成國共合作、共產黨員加入國民黨。毛的態度受
到馬林的重視。隨即讓毛辦理加入國民黨手續，成為國民黨員。

　　1923 年 6 月 12 日至 20 日，中共「三大」在廣州東山恤孤
院街 31 號舉行。毛澤東和朱少連作為湘區黨組織的代表出席。
出席大會的代表有陳獨秀、李大釗、蔡和森、張國燾、瞿秋白、
張太雷、陳潭秋、譚平山等 30 餘人，代表全國中共黨員 420
人，共產國際代表馬林參加大會。大會由陳獨秀主持，並代表
中共中央向第三屆代表大會做報告，大會聽取了馬林關於國際
形勢與國際工人運動的報告、瞿秋白關於出席共產國際「四大」
的報告、陳潭秋關於京漢鐵路「二七」慘案的報告、孫雲鵬關
於「二七」慘案被捕工人救濟工作的報告。

　　據張國燾回憶：「毛澤東向大會指出，湖南工人數量很少，
國民黨員和共產黨員更少，可是滿山遍野都是農民，因而他得
出結論，任何革命，農民問題都是最重要的。他還論證中國歷
代的造反和革命，每次都是以農民暴動為主力。中國國民黨在
廣東有基礎，無非是有些農民組成的軍隊。如果中共也注重全
國農民運動，把農民發動起來，也不難形成像廣東這樣的局面。」

　　在討論中，關於共產黨員是否全體加入國民黨和產業工人
是否加入國民黨的問題，出現了不同的意見。馬林傳達了共產
國際要求中共黨員加入國民黨的指示。討論的結果，通過了《關
於國民運動及國民黨問題的決議案》，決定共產黨員以個人身分

加入國民黨,與國民黨建立統一戰線的策略方針,但仍舊保存並努力擴大共產黨的組織。

大會選舉了新的中央執行委員:陳獨秀、李大釗、蔡和森、毛澤東、王荷波、朱少連、譚平山、項英、羅章龍為中央執行委員;推舉陳獨秀、毛澤東、蔡和森、羅章龍、譚平山五人組成中央局;陳獨秀為委員長,毛澤東為祕書,實際為祕書長,負責中央的日常工作。

6月25日,毛澤東同陳獨秀、蔡和森、譚平山以國民黨黨員身分致信孫中山,建議國民黨在「上海或廣州建立強有力的執行委員會,以期合力促進黨員的活動和廣泛開展宣傳」。信中說:「我們不能沿襲封建軍閥用武力奪取攻占地盤的同樣方針。這會給人們造成我們與軍閥是一脈相承的印象。」「我們應該聯合商民、學生、農民、工人並引導他們到黨的旗幟下,建立新軍隊用新的友好精神捍衛民國。」

7月下旬,毛澤東離開廣州去上海。9月上旬,中共中央機關由廣州遷到上海,中央局機關設在閘北區三曾里,毛澤東住中央局機關。 9月16日毛澤東受國民黨總務部副部長林伯渠的派遣,赴長沙籌建國民黨。

10月初,國民黨長沙支部成立,隨後,寧鄉、安源等地分部和湖南總支部正式成立。12月底,毛澤東接中共中央通知,離開長沙去上海,準備赴廣州參加國民黨第一次全國代表大會。

毛澤東和楊開慧結婚後,感情深厚,楊協助毛澤東工作,把自己生命完全融入到毛澤東的事業之中,但毛岸英等出生後,家務繁重,楊開慧希望毛澤東能照顧她,幫助承擔一些家務勞動,實際上毛很艱難做到。毛抄寫了一首唐朝詩人元稹的

〈菟絲〉相贈：

人生莫依倚，依倚事不成。君看菟絲蔓，依倚榛與荊。

下有狐兔穴，奔走亦縱橫。稚童砍將去，柔蔓與之並。

不料楊開慧看後很生氣，認爲傷害了她的自尊心，任憑毛在信中怎樣解釋，她還是不理不睬。不久，毛澤東接中央指示到廣州參加國民黨一大的籌備工作。這時，楊開慧的氣已消，陣雨過後，天和日麗，情意更濃，難捨難分。會前，毛澤東作「賀新郎‧別友」詞贈楊開慧。

揮手從茲去，更那堪悽然相向，苦情重訴。

眼角眉梢都似恨，熱淚欲流還住。

知誤會前番書語，過眼滔滔雲共霧；算人間知己吾與汝。

人有病，天知否？今朝霜重東門路，照橫塘半天殘月，淒清如許。

汽笛一聲腸已斷，從此天涯孤旅。

憑割斷愁思恨縷，要似崑崙崩絕壁，又恰像颱風掃寰宇重比翼，和雲翥。

　　1924 年 1 月 20 日，孫中山在廣州國立高等師範學校親自主持召開國民黨第一次全國代表大會。毛澤東作爲湖南國民黨地方組織的代表出席會議。大會選出第一屆中央執行委員 25 人，其中有共產黨員譚平山、李大釗、於樹德三人；候補執行委員有共產黨員林祖涵、毛澤東、於方舟、瞿秋自、韓鱗符、張國燾等 17 人。1 月 31 日，中央執、監委員及候補委員舉行第二次全體會議，由孫中山主持，議決中央執行委員會設於廣州，並分設執行部於北京、上海、漢口、四川、哈爾濱五地。中共黨員分配在廣州國民黨中央總部的有譚平山、林祖涵；在

北京執行部的有李大釗、張國燾、於樹德、於方舟、韓麟符；在上海執行部有毛澤東、沈定一、瞿秋白。

2 月中旬，毛澤東從廣州回到上海，住閘北區三曾里。中共中央決定毛澤東、羅章龍、王荷波、惲代英（代表青年團中央）4 人，參加國民黨上海執行部工作。2 月 25 日，毛澤東出席國民黨上海執行部第一次執委會議，並做記錄。會議宣布正式成立國民黨上海執行部，管轄江蘇、浙江、安徽、江西和上海。會議通過胡漢民、葉楚傖、汪精衛為執行部常務委員。任命毛澤東任文書科祕書，文書科主任邵元冲未到任前，由毛澤東代理主任；毛澤東還兼組織部祕書。

5 月 10 日至 15 日，毛澤東出席在上海召開的擴大中共中央執行委員會議。會議決定毛澤東兼任中央組織部長。

9 月上旬，毛澤東同周振岳一起由長沙動身赴廣州，毛澤東到廣州後，拜訪了時任國民政府主席汪精衛。國民黨一大後，汪精衛、毛澤東同在國民黨上海執行部工作，毛澤東擔任文科部代理主任，汪毛交談甚多。毛澤東的才幹受到汪精衛賞識和信任。

10 月 5 日，國民政府主席汪精衛以事繁不能兼任宣傳部長職務，向國民黨中央黨部常務會議推薦毛澤東代理宣傳部長。常務會議通過，並請毛澤東即日到部任事。

1 0 月 20 日，毛澤東為《廣東省黨部代表大會日刊》撰寫的〈發刊詞〉發表。發刊詞寫道：「我們從去年一月全國大會中得到了正確的革命策略。」「孫中山先生應乎中國被外力軍閥買辦地主階級重重壓迫的客觀環境，為我們定下了革命的三民主義。我們偉大領袖雖死，革命的三民主義不死。」發刊詞特別

提到,「發展占廣東全人口百分之八十的農民的群眾組織,對於保障和擴大革命的勝利,使三民主義完全在廣東實現的意義。(2)

　　1925 年 10 月,共產國際對中共不注意農民問題提出強烈批評:「占人口九成的農民跑到哪裡去了?不知爲什麼從中國寄給我們的所有文件中完全沒有考慮到農民這一運動中的決定性的社會力量。」國際命令國共兩黨「廣泛的占領農村」,遵照共產國際的指示,隨後,國民黨中央,成立了農民運動委員會,任命毛澤東爲書記。

注釋

（1）（英）張戎、喬‧哈利戴:《毛澤東不爲人知的故事》。2006 年,第 25 頁。

（2）《毛澤東年譜》上卷。中央文獻出版社,1993 年,第 139 頁。

（七）極左思想給湖南農民運動帶來的危害

　　極左思想貫穿到毛澤東醜惡一生的各個階段。1926 年到 1927 年的湖南農民運動,傳佈極廣這種極「左」思想,破壞國民聯合的統一戰線,造成湖南社會的大動亂,也暴露了中共假聯合眞分裂的罪惡目的。

　　1926 年 3 月 19 日,國民黨常委召開會議,決定毛澤東擔任第六屆農民講習所所長。5 月 3 日,第六屆農講所開學,毛澤東講授農村教育問題。毛澤東利用這個講台,大肆散布俄國十九世紀六、七十年代民粹派主張,到民間去發動農民去奪地主土地,分給無地農民,做到農民家家有地種,人人有衣穿,

過平等富裕生活。他從歷史上各朝代農民的反抗鬥爭講到國民
革命運動。指出地主剝削農民，給農民帶來苦難，激發學員對
農村所有占有土地者的仇恨，強調農民運動的地位和作用。

　　7月，毛澤東帶領農講所學員50人赴韶關實習一星期，參
觀並考察農民運動情況。8月中旬又組織全體學員赴海豐實習
兩星期。在實習中有學員提出農村封建地主勢力很強大，農民
不容易發動起來，毛澤東勉勵他們不要灰心，農民中有一批遊
民無產者，這些人行動勇敢，天不怕、地不怕，是一支可利用
的力量。

　　1926年10月5日，第六屆農講所畢業，學員回到派出省
分到農村開展農民運動。

　　1926年10月，國民黨中央執行委員會召開會議，通過了
「二五減租」決議案。這是一項正確的維護統一戰線的政策，
既滿足了農民部分的利益企求，又不傷害地主利益。但毛澤東
不感興趣，不去布置執行，「決議」成了一紙空文。11月共產
國際第七次擴大會議做出有關中國問題決議案，提出解決農村
土地問題是當前時局的中心，指示傳到中國，毛澤東極力贊成。
根據他的提議，中共中央決定成立農村運動委員會，由毛澤東
任書記，澎湃、阮嘯仙等七人爲委員。毛澤東到職後，制定了
《目前農運計劃》。計劃規定：「在目前狀況之下，農運發展應
取集中的原則，全國除粵省外，應集中在湘、鄂、贛、豫四省
發展。」目標是奪取地主土地，滿足農民土地要求。在毛澤東
看來，什麼統一戰線不統一戰線，已無實際意義了。

　　1926年下半年，國民革命中的農民運動已由廣東向湖南發
展，湖南成了農民運動中心。在廣州農講所湖南學員回湖南，

在左的思想指導下，開展農村工作。到 1926 年底把湖南農村搞得天翻地覆。一大批流氓無產者，掌握了農村大權，想幹什麼就幹，想鬥誰就鬥，大地主敢鬥，小地主、小土地出租者、富農、富裕農民，不分等級都在打倒之列，搶他們的糧食、占領他們房屋，捉他們遊行。國民革命軍的中下層軍官，在前方打仗流血，他們家的土地被農民奪走，激起國民革命軍中不少人的反抗。國民革命軍 35 軍軍長何鍵岳丈被農會捆綁批鬥，共產黨早期領導人李立三系地主家亦被抄，父挨打。整個農村社會形勢混亂不堪。有錢的，在城裡有親人的都跑了。社會輿論批評湖南「農運是流氓地痞運動」、「糟糕透了」出現一片咒罵、指責聲。

在這個時局動盪，農村動亂，國民革命統一戰線瀕臨破壞的當口，應當按照 1926 年 10 月國民政府公布的「二五減租」政策，實行減租，那樣既滿足了農民的利益企求，又不過多損害地主階級利益，應教育農民：國民革命當前要打倒的主要敵人是北洋軍閥，而不是參加國民革命統一戰線的封建地主階級，以穩定社會秩序，推進國民革命。但毛澤東對「二五減租」視若無睹，卻反其道而行之。

1926 年 12 月 3 日，毛澤東參加湖南第一次農民代表大會，會後於 1927 年 1 月 4 日至 2 月 5 日，深入湖南農村考察。2 月 26 日，毛澤東就考察湖南農民運動的情況寫報告給中共中央，指出：「在各縣鄉下所見所聞與在漢口、長沙所見所聞幾乎完全不同，發現從前我們對農運政策處置上幾個頗大的錯誤點。」黨對農運政策，應注意以「農運好得很」的事實，糾正政府、國民黨、社會各界一致的「農運糟得很」的議論；以「貧農乃

革命先鋒」的事實，糾正社會一致的「痞子運動」的議論；以「從來沒有什麼聯合戰線存在的事實，糾正農協破壞了聯合戰線的議論」。報告說：「農民一切向封建地主階級的鬥爭運動都是對的，過分一點也是對的……。」回到武昌後，從3月5日起，毛澤東起草了〈湖南農民運動考察報告〉在中共湖南區委機關刊物《戰士》周刊，分三次連載發表。陳獨秀不完全同意這個報告。《嚮道》周刊只發表了前半部分。

這個報告是極左思潮的反映。要解決中國社會的封建制度，離不開當時的政治環境，不能違背國共合作這個大局。湖南農民運動的任務、目的、方法步驟是什麼，沒有政策界限，在毛澤東到湖南農村考察農運前，農村已出現亂抓、亂鬥、亂殺的現象。

毛澤東的〈湖南農民運動考察報告〉充分肯定這些極「左」行為，並加以鼓勵，這就「左」上加「左」。當時湖南農民運動委員會在毛澤東〈報告〉發表後，發出「布告」，提出「有土皆豪，無紳不劣」的極「左」口號，把整個占有土地的富戶和紳士都推到土豪劣紳一邊，列入被打倒的對象。戴高帽子、下跪陪鬥，把地主打倒在地，還踏上一隻腳，撞進地主家少婦的牙床，拉屎拉尿。有一些農村農會實權落在遊民無產者手中，他們說了算，帶領農民吃大戶，吃大地主、中地主、小地主，富裕一點的農戶也被吃；被批鬥的有地主、富農，也有缺乏勞力的小土地出租者，整個農村一片混亂。

5月，國民革命軍駐軍開始鎮壓農民運動。5月中旬，臨湘農民協會委員長李中和被殺；18日，常德近郊農協會委員長被凌遲處死；19日夜，何鍵部將益陽縣工會、農協會占領，農

民自衛軍及工人糾察隊被繳械；5 月 20 日晨，何鍵部熊震旅，將常德所有革命團體都包圍起來，工人糾察隊起而抵抗，遭機槍掃射，死 80 多人。5 月 21 日，駐長沙國民革命軍獨立第三十三團團長許克祥在何鍵策劃下，在長沙鎮壓工會、農會，捉捕工農領袖人物，開槍殺害共產黨人。史稱馬日事變。馬日事變後，許克祥部在長沙一連屠殺 7、8 天。湖南有二、三十個縣群眾遭屠殺，到 6 月 10 日，被殺害群眾達 1 萬餘人。這種種報復行動，完全是毛澤東極「左」思潮帶來的惡果。

二、反對蔣介石國民政府的鬥爭（1927年8月（34歲）—1937年6月（44歲））

　　1927 年 4 月 12 日，蔣介石在上海清共，鎮壓共產黨；7 月 15 日，汪精衛在武漢分共，禮送俄共顧問團回國。寧漢合作，建立以蔣介石國民革命軍為靠山的國民政府，國共統一戰線破裂了，共產黨被迫轉入地下鬥爭。斯大林對 1927 年國共統一戰線破裂後的嚴重形式，做了錯誤的分析，提出了錯誤的政策。他把蔣介石當作 1917 年時代俄國克倫斯基，中國共產黨應像當年列寧領導俄共（布）那樣發動暴動，打敗蔣介石國民政府。斯大林派共產國際代表維經斯基到中國，向中國共產黨傳達他的指示。

　　1927 年 8 月 7 日，中共中央在漢口召開緊急會議，聽取維經斯基傳達斯大林要求中共發動武裝暴動的指示。經過熱烈討論，接受了斯大林的指示，確定了實行土地革命和武裝暴動的總方針。「87 會議」後，中國共產黨領導的全國武裝暴動在各省開展，反對蔣介石政府的十年內戰開始了。

　　俄共黨內另一位領導成員托洛茨基發表演說、著文，反對斯大林的武裝暴動政策，他提出和平的隱蔽的鬥爭方針，聚蓄革命力量，保存革命實力，等待時機開展武裝鬥爭。當時中共武裝暴動是寡不敵眾、弱不敵強，是極端錯誤的冒險的。陳獨

秀十分贊同托洛茨基的主張。斯大林和中國斯大林路線的支持
者批判托洛茨基的方針,戴上托陳取消派的帽子。十年內戰,
中國廣大農村經濟遭破壞,數以百萬的人死於戰火中。共產黨
自己承認,白區工作損失百分之百,根據地損失百分之九十。

(一)秋收暴動失敗、潰逃井岡山

　　毛澤東參加了「八七」會議並發言,擁護武裝暴動方針,
當選臨時中央政治局後補委員。8月9日,臨時中央政治局召
開第一次會議,決定由毛澤東、彭公達回湘傳達「八七」會議
精神,改組湖南省委,毛澤東為中央特派員。

　　8月中旬,毛澤東帶領全家離開武漢回長沙。8月16日,
參加中共湖南省委改組會議,當選為省委委員。30日,中共湖
南省委討論湖南秋收起義計劃,決定成立暴動領導機關前敵委
員會,毛澤東為書記。

　　9月初,毛澤東到安源,在張家灣召開湘贛邊界軍事會議,
整編部隊。根據中共湖南省委的決定,將各縣零散部隊統一組
成工農革命軍第一軍第一師,全師約 5,000 餘人,下轄三個團:
第一團由原武漢政府警衛團兩個營和平江農軍組成,第二個團
由安源工農革命武裝組成,第三團由警衛團一個營和瀏陽農軍
組成。余灑度收編的部分土匪武裝編為第四團。毛澤東以中共
湖南省委前敵委員會書記的身分領導這支部隊。前委關於起義
的部署是:第一團奪取平江,第二團奪取萍鄉、醴陵,第三團
奪取瀏陽。勝利後,三路起義軍同時向長沙推進,奪取長沙。
毛澤東從安源趕往銅鼓,隨三團行動。

從9月10日起，各團按部署指定的進攻路線，發起攻擊，連連受挫。毛澤東獲悉這一情況後，立即通知各團餘部向瀏陽文家市集中。

9月21日，毛澤東率領工農革命軍由文家市出發，經桐木、小梘、瀘溪、甘家村向蓮花縣城前進。9月29日，到達永新縣三灣村。部隊到達三灣村的當晚，毛澤東主持召開中共前敵委員會擴大會議。會議決定對部隊進行整編。把一個師縮編為一個團，番號是工農革命軍第一師第一團，下轄兩個營，每營三個連，加特務連，共七個建制連。編餘軍官成立軍官隊，傷病員編入衛生隊。

在工農革命軍向井岡山轉移過程中，毛澤東起草了〈籌軍餉布告〉：

共產黨軍，打富濟貧。

要籌軍餉，只向豪紳。

限他三日，籌好洋銀。

貳千元款，送到本軍。

減少軍款，傾屋燒焚。(1)

10月3日，毛澤東率領不足千人的的部隊，向井岡山中心進發，到達寧岡縣古城。同原在井岡山兩支綠林武裝袁文才、王佐領導的農民軍結合，將袁、王農軍合編為工農革命軍第32軍團。

1928年4月下旬，朱德、陳毅領導的「八一」南昌起義部隊餘部，在發動湘南暴動失敗後，轉戰到井岡山與毛澤東領導的工農革命軍匯合。根據湘南特委決定，兩支部隊合編為工農革命軍第四軍，朱德任軍長，毛澤東任黨代表。下轄兩個師一

個教導大隊：朱德兼第十師師長，宛希先任黨代表，毛澤東兼代第十一師師長（師長張子清，因負傷未到職），何挺穎任黨代表，陳毅任教導大隊大隊長。會議決定：「五四」紀念日召開軍民聯歡大會，慶祝兩軍勝利會師，正式成立工農革命軍第四軍。接著召開了中共第四軍第一次代表大會，選舉產生第四軍軍委，毛澤東當選為書記。

12 月 10 日，彭德懷率領平江起義部隊 700 餘人到達井岡山，同朱毛紅軍會師。在礱市，彭德懷會見了朱德。第二天在茨坪，毛澤東與彭德懷會見。毛澤東高興地握住彭德懷的手說：「你也走到我們這條路上來了。」

井岡山地區附近幾縣，屬於貧困山區。這幾支部隊幾千人，吃穿問題怎樣解決？在毛澤東為書記的前委領導下，沒收地主土地，不留餘糧，家人掃地出門，流落山野。把富農、小土地出租者當地主打倒，奪走他們土地糧穀。沒收廟宇、祠堂地產，搗毀排位和佛像，逼和尚參軍，尼姑還俗。這種極「左」政策，引起井岡山居民的恐懼和不滿，引發一片咒罵聲。

為了解決部隊供應困難問題，他們加重城鎮稅收，使得許多商戶關門，加強農村糧穀徵收，許多農戶餓飯。戰爭頻繁，農民承擔挖戰壕、蓋炮樓等繁重的軍務勞動，耽誤農業生產。毛澤東率領的軍隊，占據井岡山根據地一年三個月，大批農民外逃湘南和廣東。農民外出逃荒走了，部隊誰來養活，怎樣抵禦湖南、江西國民黨的進攻？擺在毛澤東他們面前的是必須離開井岡山，另找出路。

正在這時，1929 年 1 月初，湘贛兩省聯合成立「會剿」井岡山根據地的指揮部，集中兩省六個旅約 3 萬人的兵力，策劃

分五路對井岡山根據地進行「會剿」。

　　1月4日至7日，毛澤東在寧岡柏露村主持召開中共紅四軍前委、湘贛邊界特委和共青團特委、紅四軍和紅五軍軍委以及邊界各縣縣委聯席會議。

　　會議決定紅三十團、紅三十二團留守井岡山，由紅五軍軍長彭德懷、副黨代表滕代遠統一指揮。毛澤東、朱德率紅二十八團、三十一團及軍直屬隊出擊贛南。

　　1月14日，朱德、毛澤東率領紅四軍主力共3600餘人，從井岡山茨坪出發，經遂川縣的大汾、左安向贛南進軍。2月1日晚上，毛澤東、朱德率紅四軍進駐閩、粵、贛三省交界的尋烏縣吉潭圳下的小村莊宿營。第二天早上，追兵劉士毅部兩個旅四個團包圍圳下，發起進攻，毛澤東率領特務營，衝出包圍圈，渡河上山，脫離了危險。朱德率獨立營和軍部機關從另一個方向突出重圍，但卻走進了劉士毅部的埋伏圈，大部分戰士戰死，與大隊會合時身邊只剩下3名戰士了，朱德的妻子伍若蘭與朱德失散被俘。

　　1929年2月9日，毛澤東、朱德率紅四軍抵達瑞金北部距縣城約60公里的大柏地山區，向贛南轉移，劉士毅部在後面緊追不捨。大柏地東西兩邊峰嶺相連，樹木茂盛，中間是一個凹形狹長地帶，只有一條石徑小路通往外面。毛澤東和朱德見這一帶地形有利，就於2月10日召開排以上幹部會議，部署大柏地戰鬥。下午，戰鬥打響後，鏖戰至11日下午，將劉部十五旅兩個團大部殲滅。俘劉部團長蕭致平、鍾恆以下800餘人，繳槍800餘支。

　　3月14日朱德、毛澤東指揮紅四軍從贛南向閩西進軍，追

殲長汀城南長嶺寨第二混成旅主陣地，殲滅 2000 餘人，擊斃旅長郭鳳鳴，乘勝攻占長汀，繳獲各種搶 500 餘支，迫擊炮三門，炮彈百餘發，並奪權了一個擁有新式縫紉機的軍服廠和兩個兵工廠。

在長汀，朱毛對紅四軍進行整編。全軍 3000 多人編成 3 個縱隊，每個縱隊約 1200 人、500 餘支槍。第二十八團編為第一縱隊，縱隊長林彪，黨代表由陳毅兼；特務營和獨立營編為第二縱隊，縱隊長胡少海，黨代表譚震林；第三十一團編為第三縱隊，縱隊長伍中豪，黨代表蔡協民。

3 月下旬，毛澤東、朱德率紅四軍回師贛南。

1930 年 9 月，朱德、毛澤東率領紅一軍團，放棄第二次進攻長沙的計劃，揮師東向江西吉安。10 月 2 日，朱毛向紅一軍團下達命令，決定 4 日拂曉發起總攻，占領吉安城，繳獲大批武器彈藥。守軍劉英率部逃跑，餘部投降。泰和、安福、吉水、峽江、新干、清江等縣的國民黨軍紛紛撤退。

1929、1930 年間蔣介石忙於與地方實力派李宗仁、閻錫山戰爭，無力進軍江西剿共，毛朱抓住這一戰機，率領紅一方面軍轉戰贛南、閩西，經過三次大的戰鬥，消滅贛南地方勢力劉士毅部、閩西地方勢力郭鳳鳴部、擊潰贛西南地方劉英部，占領了十幾縣。

他們每到一地，殺害當地名士（名曰土豪劣紳），沒收地主富農財產。破壞農業生產、農村經濟結構。無地遊民當村長、當隊長、掌管農村大權、破壞社會秩序，廣大民眾生活在恐怖中。他們名曰「打富濟貧」，實際是貧苦農民，只有參軍才能分得土地財產，為了生存，養老育幼，只得參軍，參軍後逃跑的

不勝其數。

注釋

（1）《山神》。解放軍文藝出版社， 1992 年 1 月。

（二）富田錯誤肅反的嚴重後果

毛澤東生性多疑，時刻耽心別人謀害他。1930 年秋他和朱德率領紅一方面軍進駐吉安縣城時，聽說中共贛西南特委有 AB 團組織的信息，他不問情報來源，信以爲眞，於 1930 年 10 月 14 日寫信給中共中央：「近來贛西南黨出現非常嚴重的危機，全黨完全是富農路線的領導。」說贛西南「黨團兩特委機關、贛西南蘇維埃政府、紅軍學校發現大批 AB 團分子，各級指導機關，無論內外，多數是 AB 團富農所充塞。」爲了「肅清富農領導，肅清 AB 團，贛西南黨非來一番根本改造，絕不能挽救這一危機。」（1）

11 月底，在寧都縣的黃陂，毛澤東下令將李文林當 AB 團重大嫌疑犯關押起來，李文林當時是江西省行委負責人。11 月 14 日毛澤東寫信給省行委提到紅軍所需的油、鹽、米的供應，省行委不能及時送到，毛澤東認爲李文林是有意破壞紅軍作戰。就把李文林當成 AB 團嫌疑犯抓起來。

李文林是贛南紅軍和蘇區創始人，1926 年加入共產黨，1927 年參加南昌起義後回吉水開展革命武裝鬥爭，1928 年任中共贛南西特委委員兼祕書長，先後領導組建江西工農紅軍獨立第二團、第四團，曾率部攻克樂安、興國等縣城，創建以東固

為中心的根據地。1930 年 2 月任中共贛西南特委常委兼軍委書記，到上海見過李立三，回來後任江西行動委員會書記。

毛澤東下令逮捕李文林之後，又於 12 月 3 日起草了〈總前委致省行委信〉，他把前委與行委的平行關係改為上下級關係，信的主要內容是授予李韶九全權帶領武裝人員到贛西南黨政機關去抓 AB 團。「特派李韶九同志率兵一連，代表總前委及工農革命委員會幫助省委、省蘇捕捉李白芳等，並嚴搜贛西南的反革命分子，給以全部撲滅。」

李韶九舉著毛澤東授予的「尚方寶劍」，帶領一連兵，於 12 月 7 日下午 3 時來到省行委所在地富田，命令武裝士兵將省行委機關包圍，率十餘人闖入省行委辦公室，將贛西南特委書記段良弼以及各方面負責人李白芳、劉萬清、任心達、謝漢昌、金萬邦、周冕等一一逮捕，挨個刑訊逼供。段良弼不承認是 AB 團，李韶九命令士兵脫去衣服裸身跪在地上，用香火燒身，燒得體無完膚，兩個大手指被打斷。

李韶九辦案，不招供不停刑。受審者熬不過酷刑，只好亂供，AB 團越打越多。12 月 9 日李韶九根據亂供的名單又抓了 25 人，還沒來得及審問，國民黨飛機來投炸彈，李韶九下令，將這 25 人一律綁赴郊外槍殺了。

從 12 月 7 日晚至 12 日晚富田事變之前的 5 天時間，李韶九對省行委和省蘇維埃機關 120 多人進行了刑訊逼供，先後處決 40 餘人。機關內外籠罩著異常恐怖的局面。據蕭克回憶：「軍政治部告訴我們，你們那裡有 AB 團，並具體指出幾個人。就憑這句話，就把他們抓起來，提審他們時都不承認，一打一審，他們都承認了，供出十幾個人的名字。又把那十幾個人抓起來，

再打再審，又供幾十個。當時的江西捲起了殺人狂潮。」據 1932 年 5 月的一份祕密報告：「一切工作停頓起來，用全力去打 AB 團。」弄得人人自危，噤若寒蟬。使用的刑罰計有 120 多種，坐轎子、坐飛機、猴子牽韁、剖腹剜心、鐵絲穿睪丸。數萬人喪生，僅紅軍就有一萬人死亡，占毛澤東統領的紅軍之四分之一。在嚴刑逼供下，逼出個富田事變。

時任紅 20 軍 147 團政委劉敵，看到許多戰友、領導幹部關押拷打審訊，認為肅 AB 團是個大陰謀，帶領一營士兵包圍了李韶九的駐地。李聞訊逃走，繳了李韶九帶來的一個連士兵的械，釋放了被李當 AB 團關押的 70 餘名幹部，回到駐地，一路散發傳單，打倒毛澤東。這就是所謂的富田事變。

富田事變當晚，出現了「打倒毛澤東」的大標語。江西省委發出通告，稱毛「極其奸猾，個人意識極差，英雄思想充滿了腦筋，對同志素來是命令主義、恐嚇手段、懲辦制度」，經常慣用政治手段來打擊同志，「把黨組織作為他個人工具利用。」通告稱毛想做「黨皇帝」。

12 月中旬的一天夜晚，住在東山壩的紅三軍團來了一位信使，祕書長周高潮接待了他，接過了一封給彭德懷的機密信件，那是毛澤東給前委祕書長古柏的一封親筆信。

古柏同志：

據目前各方形式的轉變及某方來信，我們的計劃更要趕快的實現。我們決定捕殺軍隊 CP 與地方 CP 同時並進，並於捕殺後，即以我們的名義布置出去，限你三日內將贛西及省行委任務完成，於拷問段、李、王等中堅幹部時，須特別注意勒令招出朱、彭、黃、滕系紅軍中 AB 團主犯，

並已與某方白軍接洽等罪狀，送來我處，以便早日捕殺，
迅速完成我們的計劃。此信要十分祕密，除曾、李、陳三
人，任何人不准告知。

毛澤東 10/12

　　彭德懷反覆琢摩這封信，字體像毛澤東的筆跡，因為毛字
另成一體，往來書信常見。但在大敵當前的情況下，毛澤東要
殺我彭德懷和黃公略、滕代遠，甚至還要殺朱總司令，這可能
嗎？不可能。

　　彭德懷反覆思考這句話，突然想起：毛澤東平常寫信，日
期一律寫漢字，這封信日期是阿拉伯數字。歐！想起來了，業
允中會摹仿毛字體，聽人說他摹仿的已達到亂真的地步。富田
事變叛亂分子貼出大字標語「擁護朱、彭、黃、打倒毛澤東」，
這封信的目的不就是拉我們站在一起反對老毛嗎？這是個大陰
謀、分裂中央的大陰謀。

　　第二天三軍團由東山坳轉移到小布。彭德懷親自到總前
委，見到了毛澤東和朱德。原來朱德也收到了同樣的假信和傳
單。為了表示一、三軍團團結一致，鞏固毛澤東的領導地位，
彭德懷請毛澤東到三軍團和幹部見見面。毛澤東在彭德懷的陪
同下來到了三軍團，並在幹部會上講了話。

　　富田事變發生後，毛澤東謊報案情，紅一方面軍總前委錯
誤決定：1931 年 7 月 23 日，派兵包圍紅二十軍，除林彪認識
一名副官和支持肅 AB 團的二十軍軍長外，幾百名副排長以上
的軍官全部被殺。紅軍其他各軍和總委也進行了肅整。朱德司
令部五名副官中有三名被殺；紅軍中有一萬名被害，中共江西
省委、行委、閩西特委機關幾萬人被誣陷喪命。毛澤東寫的〈總

前委答辯信〉也承認此次紅軍破獲 AB 團四千四百以上，占紅軍總人數九分之一；地方黨政機關比例更大，有的整縣、整鄉的黨員領導被當作 AB 團分子拉出去槍斃了，造成了歷史悲劇。

1932 年 1 月 7 日周恩來主持蘇區中央局會議，通過了關於《關於蘇區肅反工作決議案》，決議指出：「肅 AB 團擴大化了，以為一切地主和殘餘富農分子，都可以當 AB 團看待，以為一切從異己階級出身的分子都可能是 AB 團，把黨的錯誤路線的執行者和犯錯誤的黨員群眾都與 AB 團問題聯繫起來，甚至發展到連工農群眾都不相信了。」決議指出：「專憑口供，大捕嫌疑犯，尤其亂捕工農分子，乃至苦打成招，以殺人為兒戲。」「這是最嚴重的錯誤。」

後來查明，在江西共產黨組織系統中根本沒有 AB 團。富田肅反是毛澤東一手造成的，為以後各根據地肅反亂殺無辜開了先例。

注釋
（1）《毛澤東年譜》上卷。第 314 頁。

（三）潛伏戰線對中央共軍反圍剿的作用

蔣閻馮中原大戰結束後，蔣介石把他的注意力轉移到圍攻中央紅軍上來。

1930 年 2 月，蔣介石發動第一次「圍剿」，任命江西省主席兼第九路軍總指揮魯滌平為「圍剿」軍總司令，第十八師少將師長張輝瓚為前線總指揮。國民黨軍增至十一個師又兩個

旅，共 10 萬人，從吉安、建寧之線，由北向南，向朱德、毛澤東所在地黃陂地帶中心地區，分路對中央共軍進行向心攻擊。所到之處，四處張貼標語，其中最多的一條是「剃了朱毛的毛」。12 月 5 日國民黨軍頒發了圍殲紅軍主力於東固的作戰計劃。16日開始向中央根據地地區進攻。

時任國民黨軍政部少校祕書，中共地下潛伏黨員冷少農將國民黨軍南昌行政制定的圍剿江西紅軍計劃，包括進攻時間、部署等情報送到毛澤東、朱德指揮部。冷少農受何應欽賞識，視為親信，無人懷疑。隨後冷少農又將蔣介石第二次、第三次圍剿江西紅軍的情報傳送到朱毛指揮部。1932 年冷少農被叛徒出賣被捕，死在南京雨花台。

根據冷少農的情報，毛澤東、朱德指揮以少數兵力配合地方武裝分散在富田、東固、龍崗一帶遲滯、消耗、疲憊與迷惑敵人，主力部隊則祕密轉移到中央根據地中部的黃陂、小布、洛口地區隱蔽集中。

12 月 20 日，張輝瓚率部進入東固，隨後日夜兼程，撲向黃陂，深入中央根據地的國軍，在根據地內軍民的不斷阻擊、襲擾下，兵力分散，補給困難，部隊疲勞，處處撲空，士氣沮喪。12 月 25 日，毛澤東在小布主持召開了「蘇區軍民殲敵誓師大會」。

會後，作戰部隊進入伏擊陣地。等了一整天，敵人沒有來。當晚撤回黃陂，第二天半夜又去，從拂曉一直等到天黑，仍未見國軍，只好再次忍耐撤回。

12 月 28 日，朱毛又從蘇軍情報局上海情報網，打入國民黨南昌行營的地下情報人員提供的張輝瓚師行動方向、地點、

時間的情報，(1) 命令部隊到龍崗一帶隱蔽待敵。當天黃昏，張輝瓚師先頭部隊已進到龍崗。

12 月 29 日上午毛澤東、朱德發布《攻擊龍崗敵張輝瓚部的命令》。12 月 30 日凌晨，細雨濃霧。毛澤東、朱德步上龍崗、君埠之間的黃竹嶺臨時指揮所。毛澤東對朱德說：「總司令，你看，真是『天助我也』，三國時，諸葛亮借東風打破敵兵，今天我們乘霧全殲頑敵呀！」

張輝瓚率部由龍崗向五門嶺推進，剛進入狹窄山路時，突然遭到預先在這裡設伏的共軍居高臨下的猛烈襲擊，喇叭聲聲，殺聲震天，張部全線崩潰，兵不顧將，將不顧兵，逃的逃，降的降，連張輝瓚的警衛營也作鳥獸散。戰鬥從上午 10 點開始，激戰到下午 6 時，張輝瓚兩個旅，9000 多人全部被殲滅。張輝瓚見大勢已去，急忙脫下將軍服，從死屍上剝下士兵服穿上，逃向不遠處的萬功山，跳進一個土坑屏息斂氣，不敢稍動。共軍掃蕩戰場，沒有發現張輝瓚，從戰俘口中得知他鑽進了萬功山叢林。共軍立即派一個連把萬功山封鎖起了搜查。一個戰士發現油茶林中一個三四尺方圓的土坑，坑沿有人進去的跡象。戰士吆喝：「裡面的人快出來，不出來就開槍了。」土坑裡回應：「別開槍，我出來。」兩個戰士把這個人拽上來，一審問就是張輝瓚。「捉到張輝瓚了！」消息立刻傳遍了龍崗。

毛澤東、朱德得知戰鬥結束，從指揮所走出來，聽到男女老少奔走相告：「前頭捉了張輝瓚，快去看啊！」

張輝瓚師被殲滅後，譚道源師急忙從源頭向寧都縣的東韶撤退，有東逃的跡象。1931 年 1 月 1 日朱毛發出《攻打譚道源部的命令，》指出：「此次戰爭關係全局，各官兵須不惜任何犧

性，達到最後勝利之目的。」並要求「勝利後須注意收繳敵之軍旗及無線電機，並需收集整部機器及無線電機務員、報務員。」第二天又下達《追擊譚道源部的命令》。1月3日晨，紅一方面軍主力進抵東韶附近，立即向譚道源的第五十師發起攻擊，經過激烈戰鬥，殲滅譚道源師 3000 多人，繳獲了大量的武器裝備。取得了第一次反圍剿的勝利。

2 月初，蔣介石派軍政部長何應欽兼任南昌行營主任，統一指揮湖南、湖北、江西、福建四省十八個師另三個旅共 20萬人的兵力，採用「穩紮穩打，步步為營」的作戰方針，從江西吉安到福建建寧構成東西 800 里的弧形戰線，兵分四路向中央根據地步步推進，發動對中央根據地的第二次「圍剿」。

根據冷少農和蘇聯情報人員提供的情報，毛澤東和朱德制定了伏擊國民軍的計劃，5 月 13 日，毛澤東、朱德下達《消滅進攻東固之敵的命令》，指出：「本方面軍為各個擊破，鞏固蘇區，向外發展意見，決心先行消滅進攻東固之敵，乘勝追擊王金鈺所部，努力殲滅之，以轉變敵我攻守形勢，完成本軍目前任務。」

從 5 月 16 日起的半個月中，毛澤東、朱德指揮紅一方面軍從贛江東岸一直打到閩北山區，七百餘里，連續打了富田、白沙、中村、廣昌、建寧五個仗，殲敵 3 萬餘人，繳獲各種武器 2 萬餘件和大量的軍用物資，完成了第二次圍剿。

第二次圍剿失敗後，蔣介石迅速調集 30 萬大軍，親任剿匪軍總司令，並立下不消滅共軍「當解甲歸田」和「不成功便成仁」的誓言，對中央根據地發起第三次圍剿。

7 月 1 日，蔣介石在南昌行營下達第三次圍剿的總攻令，

改變了作戰方針，採用步步爲營，逐步推進，圍殲共軍，分左、右兩翼集團向紅軍集結地區迅速推進。不到一個月，各路國軍深入中央根據地已達 70 公里至 130 公里，占領了中央根據地的幾乎全部縣城和大部地區。

7 月 22 日，毛澤東和朱德率領紅一方面軍，從建寧地區出發，抵達雩都北部，回師贛南指揮第三次反「圍剿」。

9 月初，兩廣地方實力派利用國軍主力深陷江西之際，向湖南衡陽進軍，對蔣介石造成了很大的威脅。9 月 18 日日軍在瀋陽進攻中國軍隊，918 事變爆發。蔣介石改變反共策略。1993 年 9 月 20 日，他在日記中寫道：「如我國內果能從此團結一致，未失非轉禍爲福之機也。」21 日南京作出決定：「剿共停緩。」蔣下令結束第三次「圍剿」，實行總退卻。毛澤東、朱德指揮共軍乘國軍退卻之時，進行追擊，殲滅國軍萬餘人，共軍傷亡六千餘人。

三次反「圍剿」戰役勝利後，中央蘇區連成一片，管轄區達 21 個縣，面積達 5 萬平方公里，人口達 250 萬人。

1931 年 11 月 7 日，中華蘇維埃第一次全國代表大會在瑞金葉坪召開。清晨，在葉坪共軍廣場舉行了閱兵式。下午，在葉坪謝家祠堂舉行大會開幕式。參加大會的有來自中央區、閩西區、湘鄂區、瓊崖區、贛東北區等各蘇區代表及共軍、海總、全總、鐵總及白區代表共 600 多人。項英主持會，毛澤東作〈政治問題報告〉。大會通過了《中華蘇維埃共和國憲法大綱》、《中華蘇維埃共和國土地法令》、《中華蘇維埃勞動法》、《中華蘇維埃共和國經濟政策的決定》等文件。這些文件先是由莫斯科蘇聯專家制定出來，然後譯成中文轉交國際遠東局交上海中共中

央提交大會的。就連蘇維埃共和國執行委員會主席候選人，也要他們批准，遠東局代表堅持：在蘇聯、列寧、斯大林都是總書記兼任人民委員會主席。在中國，成立中華蘇維埃共和國自當由向忠發任人民委員會主席。但向不同意，他認為，中國與蘇聯的條件不同，自己在上海不能到中央蘇區去，沒有必要擔任這個職務，他極力推薦毛澤東擔任這個職務。向忠發的意見最終獲得中央政治局通過和共產國際的批准。

20 日大會閉幕，選出毛澤東、周恩來、朱德、項英、方志敏等 63 人為中央執行委員。27 日中央執行委員會舉行第一次會議，選出毛澤東為中央執行委員會主席（相當於國家主席）和臨時中央政府委員會主席（相當於國務院總理），項英、張國燾為副主席。

12 月底，中共蘇區中央局書記周恩來抵達瑞金。周是中共蘇區最高領導人。周把蘇聯蘇維埃組織形式移植到中國，在農村成立各種委員會，如：擴紅委員會、土地委員會、沒收委員會等等，人們從小就組織起來，兒童團、少先隊、赤衛軍等，過著嚴密的黨文化傳統組織生活。

中華蘇維埃成立了，人員龐雜，機構門類繁多，誰來養活他們，唯一的辦法是榨取農民血汗。據 1933 年 6 月 1 日公布的「查田訓令」披露：為了完成稅收任務，政府下令把貧農、中農、戴上漏劃「地主」「富農」帽子，沒收地主、富農的土地，及多餘的耕牛、農具。共產黨到江西的統治已有幾年了，地主、富農早已被挖乾淨了，為了湊數、表功，幹部不得不把中農打成富農、地主，關進牛棚，罰款捐糧。交不出來的就送進勞役隊當苦力，擔負無限期的義務勞動。有的受不了艱苦的勞動逃

跑，被抓回去施以重刑。龔楚回憶：「一天他經過瑞京附近的龔坊，一位老婦人跪在他面前求救訴說：『我家有十多畝田，老頭子是讀書人，兩個兒子也讀過書，上半年老頭子和兩個兒子都被政府捕去，又打又吊，逼迫交光洋 250 元，我們到處借貸，張羅了 120 元並將女人首飾拿去湊了數，送去贖他們。錢送到了，老頭子仍被吊死，兩個兒子也被殺了，現在他們還要逼交 500 元光洋，否則我們家六口人都要被抓去坐牢。』」(2)

注釋

(1) 第一次圍剿開始，莫斯科建立了軍事顧問組，在上海另設軍事委員會。共軍情報局派頭等情報人員，俄德混血兒左格爾來上海，接管有一百多名工作人員的諜報網，任務是向紅軍提供情報。他們打入南昌行營的德國顧問團，偷出國民黨軍密碼，把國軍的行動告知紅軍情報機關。

(2)《龔楚回憶錄》。1954 年香港出版。楊尚昆說：「在小範圍內應承認這部書是真實可信的。」

（四）兩度失軍權

　　蘇區中央局根據中共中央的指示，於 1931 年 11 月 1 日至 5 日在瑞金葉坪召開中中央蘇區第一次代表大會，即贛南會議。會議在項英和任弼時主持下，通過了《政治決議案》指出蘇區的最嚴重錯誤就是執行了立三路線，不指名的批評了毛澤東，指責中央蘇區在土地分配問題上犯「富農路線」，作戰原則上犯「狹隘經驗」、「游擊主義」，組織上犯「以黨治軍」、和「肅反擴大化」錯誤。富田事變前後反 AB 團的鬥爭，錯殺了很多

人，冤枉更多人。毛澤東對「肅反擴大化」做了檢討。在他寫的〈總前委答辯的一封信〉中，就承認此次紅軍破獲 AB 團 4400 人以上、占紅軍總人數九分之一；地方黨政機關比例更大，有的縣整縣的黨員領導被當作 AB 團分子拉出去殺了。

在這次中央局會議上，項英批評毛澤東尖銳嚴厲，得到上海中央的信任。會議取消了紅一方面軍總前委，撤銷了毛澤東蘇區中央局代理書記的職務，由項英代理書記，任弼時任副書記兼組織部長。

1932 年 1 月，毛澤東病了，中央局決定讓他到東華山休養一段時間，東華山在瑞金以東二、三十里，是一個蒼松翠柏的風景區。上面有一座古廟，久無僧道，因為房子久無人住，潮濕陰冷，天氣晴朗時，賀子珍就動員毛澤東到室外曬太陽。她和警衛員把鐵皮箱搬到院子裡，找塊木板當板凳。毛澤東在這裡閱讀山下送來的文件、報紙、讀書、寫字，還教警衛員吳吉清學文化。有時拿出洞簫來吹一曲。

8 月上旬，周恩來在興國主持蘇區中央局會議，正式討論通過任命毛澤東為紅一方面軍總政治委員，隨即下達命令。

蘇區中央局（實際只有在瑞金的任弼時、項英、顧作霖、鄧發、任為代理書記 5 人）1932 年 9 月 29 日，致電周恩來、毛澤東、朱德、王稼祥，口氣十分強硬：「9 月（二十六）訓令收到，我們認為這完全是離開了原則，極危險的布置。中央局決定暫時停止行動，立即在前方召開中央局全體會議。」

10 月 3 日至 8 日，在寧都城北東山壩鄉小源村召開蘇區中央局會議。這便是中共黨史上著名的寧都會議。全議前期，任弼時主持會議，參加會議的中央局委員有項英、鄧發、顧作霖、

毛澤東、朱德、王稼祥。劉伯承不是中央局委員，但參加了寧都會議。會議中批評了澤東同志過去向贛東發展路線與不尊重黨領導組織觀念的錯誤。會議指責毛澤東對「奪取中小城市」方針是「消極怠工」是「上山主義」，把他提出的「誘敵深入」方針，指責為「守株待兔」、「專去等待敵人進攻的右傾主要危險，」(1) 等等。會上討論毛澤東紅一方面軍總政委職務時，五票（任、項、鄧、顧、劉）反對，三票（毛、朱、王）贊成，通過免除毛澤東紅一方面軍總政委職務。

　　會議前期，因周恩來在前線未參加研究對毛澤東的組織處理，周恩來回到寧都後看到蘇區中央局寧都會議簡報記載提出，「由周恩來負戰爭領導總責，毛澤東回後方負責政府工作。」周恩來提出，不同意毛澤東回後方，認為「澤東積年的經驗多偏於作戰，他的興趣亦在主持戰爭」，他提出可供選擇的兩種方案：「一種是由我負主持戰爭全責，澤東仍留前方助理；另一種是澤東負責指揮戰爭全責，我負責監督行動方針的執行。」由於大多數人認為毛澤東「承認和認識錯誤不夠，如他主持戰爭，在政治與行動方針容易發生錯誤。會議通過了周恩來提出的第一種意見，「澤東仍留前方助理」，但是，毛澤東認為，既然他不能得到蘇區中央局的全權信任，而他又堅持不肯承認自己的方針為錯誤，那麼留在前方還有什麼意義呢？因此，他本人不同意這種安排，要求暫請病假回到後方去。會議最後同意了毛澤東的要求，讓毛澤東回後方，「必要時到前方。」(2)

　　寧都會議一結束，中央革命軍事委員會隨即發出一份通令：「紅一方面軍總政治委員毛澤東，為了蘇維埃工作的需要，暫回中央政府主持一切工作。」就這樣，毛澤東再一次被撤銷

了紅一方面軍總政治委員職務。毛澤東離開紅一方面軍，來到長汀城裡的福音醫院養病。在醫院養病，毛澤東讀了很多中國古書，還寫了《游擊戰爭》小冊子。1933年春節前後，結束了長汀醫院的休養，回到瑞金。

1933年5月，蔣介石國民政府與日本簽訂《塘沽停戰協議》，蔣介石加大了「攘外必先安內」的方針。蔣介石「安內」除了消滅共產黨領導的共軍和根據地外，還要消滅名義上服從中央（國民政府），實則各自爲政，獨霸一方的地方實力派。1930年的中原大戰，桂、閻、馮三派戰敗，暫時服從了中央，但雲、貴、川的實力派，仍手握重兵，擁兵自重，實爲蔣介石的心頭大患。

蘇俄支持蔣介石先「安內」壯大自己力量反擊日軍，以便拖住日軍不得北犯蘇聯；但反對消滅紅軍，並以扣住蔣介石的兒子蔣經國不准回國相要挾。經商量達成協議；蔣答應剿共，削弱共產黨勢力，但不消滅共軍。蔣介石認爲保留小股共軍勢力，翻不起大浪，不會威脅蔣的統治。蘇俄承諾送蔣經國回國，作爲交換條件。

蔣介石通過外交途徑，暫時穩定了同日本、蘇俄的關係，決定舉重兵「安內」。「安內」政策分兩步：第一步圍剿江西南部、福建西部中央共軍；第二部逼迫共軍西竄雲、貴、川借追殲共軍之機，占領雲、貴、川，控制三省的地方實力派，達到一石二鳥的目的。

蔣介石在南昌對其幕僚長陳布雷說：「川、黔、滇三省各自爲政，共軍入黔我們就可以跟進去，比我們專爲圖黔而用兵還好。川、黔爲自救也不能不歡迎我們去，此乃政治上最好的

機會。」

　　1933 年 10 月 2 日，蔣介石在南昌召開軍事會議，制定了對共軍第五次「圍剿」計劃。共出動「剿匪」兵力 100 萬人。其中「圍剿」江西蘇區的兵力 50 萬人，分為三路：北路軍總司令顧祝同，指揮 30 個師，是「圍剿」軍的主力，依託堡壘向廣昌方向推進，尋找共軍主力決戰。共軍集中主力，防守廣昌。廣昌保衛戰，打了 18 天，共軍傷亡 5,500 人，廣昌失守。

　　廣昌失守後，共軍無力抵抗國民黨軍的進攻，形勢十分危急。中共中央書記處召開會議，分析了廣昌失守後的嚴重形勢，決定將主力撤離中央蘇區，進行戰略轉移。向什麼方向轉移？北邊南昌方向，東邊福建方向都有國民黨重兵防守，南邊廣東方向有陳濟棠地方軍駐守，均無迴旋餘地。共軍只有向西潰逃，奔向雲、貴、川。這是蔣介石給中央共軍讓出的一條逃跑路線。

注釋

（1）王稼祥：〈回憶毛澤東革命路線與王明機會主義路線的鬥爭〉。《紅旗飄飄》第 18 期，第 52 頁。

（2）《蘇區中央局寧都會議經過簡報》。1932 年 10 月 21 日。

（五）跟隨中央紅軍向西潰逃，進占遵義城

　　1934 年 10 月 10 日中共中央率領中央共軍和中央機關人員共 8 萬餘人，從瑞金於都出發。10 月 18 日傍晚，毛澤東帶著警衛員慌忙離開于都，踏上西逃路。

　　10 月 21 日晚，紅一軍團在贛縣王母渡、信豐縣新田之間

突圍，通過第一道封鎖線。毛澤東面帶苦色說：「從現在起，我們就走出中央蘇區了！」10 月 8 日中共中央代表潘漢年、何長工與粵軍代表談判，達成五項停戰協議。11 月 2 日，紅一軍團向湘南汝城以南的天馬山至城口之間前進，至 8 日，共軍通過國民黨粵軍設置的第二道封鎖線，進入湘南地區。11 月 10 日紅三軍團在湘南郴州良田與宜章之間前進，至 15 日，共軍通過了國軍設置的第三道封鎖線，進入瀟水、湘江地區。

　　11 月 25 日，中央軍委決定共軍分為 4 個縱隊，從廣西全州、興安之間強渡湘江，突破國軍設置的第四道封鎖線。江上沒有橋，共軍只能涉水渡河，沒有高射機槍，以防禦國民黨飛機轟炸。27 日，共軍在長達 30 公里的江堤上過江，過了四天沒有受到騷擾，河對岸的碉堡群形同虛設。何鍵的部隊在觀察所袖手旁觀；蔣介石的飛機在頭上盤旋，不扔炸彈。到 12 月 1 日，3 萬共軍主力順利過江，毛澤東和中央機關在 30 日過江。國軍指揮部一直在「聚精會神」「隨時查詢部隊到達位置，計算共軍實力」（據侍從室主任晏道剛語）。蔣介石才命令派飛機轟炸後續渡江共軍，封鎖了湘江，逃亡、累死的共損失 4 萬多人。12 月 2 日，何鍵發電報說：「匪主力已全部通過全州、興安中間地區西竄。」這 3 萬多人是蘇區中央共軍主力。

　　西逃路上，毛澤東同王稼祥、張聞天一路行軍，一起宿營。他們一邊走，一邊討論第五次反「圍剿」失敗的原因。1943 年張聞天在《整風筆記》中記述此事時寫道：「長征出發後，我同毛澤東、王稼祥二位同志走在一起。毛澤東同志開始對我們解釋五次反『圍剿』中央在軍事領導上的錯誤。我很快就接受了他的意見，並且在政治局內開始反對李德、博古的鬥爭，一直

到遵義會議。」(1)

王稼祥這幾天一直思考紅軍的出路在哪裡？怎樣才能擺脫目前的危機？他見到毛澤東寒暄幾句後，就開門見山的說：「澤東同志，你對當前的形勢怎樣看？」「不能再讓李德他們這樣瞎搞下去了。」毛澤東說：「打仗是兵不厭詐，虛虛實實，眞眞假假，讓敵人摸不到自己的底細和意圖，才能出奇制勝，把仗打贏。李德他們的打法，認準一個方向，死也不回頭，連迂迴一下都覺得不像革命軍隊。這種打法，怎能不敗呢？」

1934 年 12 月 11 日，蘇區中央共軍占領湖南省通道縣城，第二天，在通道的共軍司令部召開了一次非正式的會議，討論共軍的行動方向，博古、李德堅持按原計劃北向，與紅二、六軍團會合。在共軍北進方向，蔣介石調集了 15 個師的兵力部署於綏中、靖縣、洪江、黔陽、芷江一線，築建工事，防堵共軍北進入湘。到會的人一致反對北進，會議決定向西進軍，進入貴州內地。這是蔣介石安排的共軍行動路線。

會後，蘇區中央共軍主力西進，12 月 15 日攻占貴州黎平。12 月 18 日，在黎平召開了中央政治局會議，討論戰略方針問題。李德因發燒沒有出席，會議由周恩來主持，毛澤東成爲主要發言人，他的意見獲得了多數的贊同和支持。最後，通過了《中央政治局關於戰略方針之決定》。決定指出：「鑑於目前所形成之情況，政治局認爲過去在湘西創立新的蘇維埃根據地的決定，在目前已經是不可能的，並且是不適宜的。」「政治局認爲新的根據地，應該是川黔邊地區，在最初應以遵義爲中心之地區，在不利的條件下應該轉移至遵義西北地區。」

12 月 20 日，蘇區中央共軍從黎平出發，經南加堡、革東、

施秉，31 日到達甕安縣猴場。1935 年 1 月 1 日，在猴場再次召開政治局會議，作出了《中央政治局關於渡江後新的行動方針的決定》。立刻準備在川黔邊廣大地區內轉入反攻，首先攻占以遵義爲中心的黔北地區，然後向川南發展是目前最中心的任務。1 月 7 日 21 時 10 分，中央軍委通告，我二師今二時已襲占遵義。1 月 9 日，毛澤東隨軍委縱隊進駐遵義城，同張聞天、王稼祥住在遵義新城古式巷原黔軍旅長易懷芝的官邸。1 月 15 日至 17 日中央政治局在遵義召開了擴大會議。

會議由博古主持並做關於第五次反「圍剿」的總結報告，他對軍事上接連失利做了些檢討，周恩來對組織指揮方面的失誤主動承擔了責任。洛甫做了認爲博古的報告基本上是不正確的基調發言。毛澤東做了充分準備的長篇發言，指出導致第五次反「圍剿」失利和大轉移嚴重損失的原因，主要是軍事上的單純防禦路線，表現爲進攻時的冒險主義，防禦時的保守主義，突圍時的逃跑主義。他還以第一次至第四次反「圍剿」的勝利和第五次反「圍剿」的失敗事實，批評博古把第五次反「圍剿」失敗主要原因歸結於敵強我弱的客觀因素的錯誤觀點，指出軍事領導上實行錯誤的戰略戰術，才是紅軍失敗的主要原因。他尖銳批評李德不懂得中國革命戰爭的特點，不從中國革命戰爭的實際出發，只知道紙上談兵，不考慮戰士要走路、也要吃飯、也要睡覺；也不考慮行軍走的是什麼路，是山地、平原、還是河道，只知道在地圖上一畫，限定時間打仗。(2) 毛澤東這些似是而非的發言，得到了王稼祥的支持。王並鄭重提議立即改組中央的軍事指揮機構，取消李德和博古的軍事指揮權。

會議最後決定：增選毛澤東爲中央政治局常委，取消三人

團，取消李德、博古的軍事指揮權，仍由最高軍事首長朱德、周恩來爲軍事指揮者，周恩來是黨內委託的在軍事指揮上最後決心的負責者（會後常委分工以毛澤東爲周恩來的軍事指揮上的幫助者）。指定張聞天起草會議決議，委託常委審查後，發到支部去討論。

注釋

（1）《張聞天年譜》上卷。中共中央黨史出版社，2000年出版，第66頁。

（2）劉伯承：《兩條軍事路線的鬥爭》。

（六）蔣介石逼共軍入川

遵義會議期間，蔣介石發覺共軍在黔川邊境活動的動向，對共軍的圍堵又做了新的部署，調集40萬兵力，企圖將共軍主力，逼進四川。根據這一新的情況，中共召開遵義會議，決定改變黎平會議在黔北地區建立根據地的決議，決定共軍主力北渡長江，在四川境內成都的西南或西北建立根據地。

1月19日，共軍主力開始撤出遵義，向北移動，準備在川黔交界處的赤水、土城地區集中，北渡長江入川。1月27日，共軍分三路全部推進到赤水河以東地區。毛澤東在向土城鎮行軍途中，同朱德、周恩來、劉伯承商議，利用道路兩旁都是山谷的有利地形，在土城以東的青槓坡圍殲四川之「敵」郭勛祺部。1月28日，戰鬥打響，經過幾個小時的激戰，敵鬥失利。此時川軍後續部隊兩個旅迅速增援上來，位於旺隆場的川軍兩個旅也從側背攻擊共軍。共軍兩面受敵，處境危險。

當天晚上，毛澤東提議召集中共中央政治局幾位領導人開會，根據各路國民黨軍隊正奔急而來進行圍堵的新情況，判明原定在這裡北渡長江的計劃不能實現，建議迅速撤出戰鬥，渡赤水河西進。

1 月 29 日，共軍主力一渡赤水河，進入川南古藺、敘永地區準備尋機北渡長江。這時川軍潘文華部 36 個團已在北起橫江、東至古藺一線抗擊，阻斷了通往長江的要道隘口；蔣介石嫡系 3 個師和滇軍 10 個團正從東邊和南邊向共軍圍截而來，逼使共軍北進，共軍三面受敵。毛澤東、周恩來指揮共軍立即進入雲南威信、扎西地區。

1935 年 2 月 5 日，在貴州、雲南、四川三省邊界的交界處水田寨，當地群眾習慣稱水田寨附近地域叫「雞鳴三省」。中共中央在此舉行政治局會議，同意中央常委關於分工的決定，以張聞天代替博古在黨內擔任總書記。(1)

2 月 9 日，毛澤東隨軍委縱隊到達扎西鎮，出席在這裡召開的中共中央政治局擴大會議。在會上毛澤東總結了土城戰鬥失利的三條教訓：「一、敵情沒有摸準，原來以為 4 個團，實際是 6 個團，而且還有後續部隊；二、輕敵，對劉湘的模範師戰鬥力估計太低了；三、分散了兵力，不該讓一軍團北上。我們要吸取這一仗的教訓，今後力戒之！」(2) 他還提出回師東進，再渡赤水河，重占遵義的主張。

蔣介石獲悉共軍主力到達扎西的消息後，急忙調整戰略部署，任命龍云為第二路軍司令，薛岳為前敵總指揮，向滇東北殺奔而來，迫使共軍北進四川。這時黔北國軍兵力防守空虛，周恩來、朱德命令共軍第二次渡過赤水河，向國軍兵力薄弱的

黔北地區疾進。

2月25日23時，軍革委主席朱德發出〈關於我軍消滅婁山關黔敵奪取遵義的指示〉，命令「紅一、三兩軍團及幹部團統歸彭楊指揮，應於明26日迂迴攻擊婁山關、黑神廟之敵，堅決消滅，並乘勝奪取遵義，以開赤化黔北之關鍵。」26日拂曉，紅一、三軍團在彭德懷、楊尚昆指揮下向樓三關發起總攻。27日拂曉，紅一、三軍團在遵義以北之董公祠與黔軍三個團展開激戰。28日晨，共軍占領遵義城。5天之內，共軍16個團在國軍60個團的尾追堵截中，迅速回頭，避實擊虛，連下桐梓、婁山關、遵義，擊潰和殲滅黔軍兩個師又八個團，俘虜三千餘人（蔣介石南昌行營的內部報告是柏輝章、韓漢英、唐雲山三個師均損失過半，傷亡損耗在萬人以上）。

3月10日，中共中央政治局在苟壩開會，聽取軍委關於作戰計劃的彙報。會議由張聞天主持。在討論是否攻打打鼓新場（今金沙縣城）時，出現了意見分歧。多數人同意打，毛澤東力主不打。經過民主表決，少數服從多數，表決結果，還是打的意見占上風。毛澤東說如要打，他就辭職，會議批准了打的方案也就是批准了毛的辭職。晚上毛澤東到周恩來住處，建議推遲下命令，再加考慮。周當即召開少數決策人研究，採納了毛澤東的意見，說服了大家。當晚21時，軍委下令不進攻打鼓新場，向平安寨、楓香坎、花苗田地域集中，尋求新的戰機。隨後，鑑於戰場形勢變化快，指揮需要集中，毛澤東提議成立新的三人團，全權指揮軍事。

3月16號，周恩來毛澤東率領共軍分別從茅台渡口第三次渡過赤水河，向西進入川南古藺地區。3月17日，在川黔交界

處赤水河畔的陳福村召開三人軍事指揮小組會議。會議開得緊張、簡短，會議參加人少，沒有文字記載，張聞天 1943 年回憶，在搶渡烏江以前，毛澤東提議由周恩來、毛澤東、王稼祥三人成立三人團全權指揮軍事。張聞天自己覺得軍事是外行，更多的參與軍事指揮不合適，接受了毛建議，決定成立軍事三人小組統一指揮。從此開始改變了共軍的指揮方式，毛澤東在組織上真正掌握了最高軍事指揮權。

當時共軍由茅台渡河西進。川軍郭勛祺師尾追不捨，畢節、赤水的滇軍孫渡部從正面截擊，三人團決定命令，共軍大隊迅速掉頭，20 日在二郎灘、太平渡四渡赤水，向東轉南，直逼烏江。蔣介石原要共軍北渡長江入川，中央軍尾隨進川。此計劃不成，決定改變部署，命令原布防在貴陽線以西地區的主力部隊，包括薛岳的第一、第二縱隊，共 8 個師，孫渡的第三縱隊 3 個旅都調到貴州東部，貴州西部出現一片空白。蔣介石讓共軍從貴州西部轉雲南入川。毛澤東曾說：「只要能把滇軍調出來就是勝利。」果然，蔣介石就把孫渡這隻攔路虎調開了。

4 月 8 日周恩來、毛澤東、朱德令紅二師在陳光、劉亞樓率領下佯攻貴陽東面的龍里，同時，指揮共軍大隊急轉向南。從貴陽，龍里之間突破國軍防線，以每天 120 華里的急行軍，經青岩、定番（今惠水），紫雲西進。

4 月 28 日，蘇區中央共軍由盤縣進入雲南，向四川行進，共軍前面坦途一片。路邊停著一輛大卡車，裝滿茶葉、火腿、白藥等物品，還有一張十萬分之一的精細地圖。顯然是雲南軍閥歡送共軍的一份禮物。共軍到達四川邊界金沙江時，三個渡口城門都敞開著，毫無抵抗。共軍渡江花了七天七夜，船隻穿

進在無人把守的渡口來往穿梭，蔣介石的國軍隱蔽在渡口附近不動，飛機在空中盤旋不轟炸。

共軍過江後，在會理地區休整半個月。5月12日，中共中央在會理城外的鐵廠召開政治局擴大會議。除政治局委員外，紅一軍團林彪、聶榮臻，紅三軍團彭德懷、楊尚昆參加了會議。林彪以他個人的名義給中央寫了封信，提議「毛、朱、周隨軍主持大計，請彭德懷任前線總指揮，迅速北進與共四方面軍會合。」會上周恩來批評林彪意見不妥。毛澤東批評林彪說：「你是個娃娃，你懂得什麼！」會議決定共軍立即北上，同四方面軍會合。任命劉伯承爲先遣司令，利用他在川軍中的聲望和熟悉地理民情等有利條件，爲全軍北上開路。共軍繼續北上，通過彝族聚集地區。

一些報刊、電影、戲劇宣傳共軍長征途中路經彝族區時，共軍先遣司令員劉伯承與彝族首領小葉丹拜把子之事，寫得活龍活現，生動感人，其實，那是文藝宣傳，不是眞實歷史。

《李聚奎回憶錄》中有一段敘述：「5月22日，先遣隊開始進入大涼山彝族區。劉伯承、楊得志和我走在部隊前面。第一天雖然與彝族首領小葉丹達成了通過協議，但由於對部落工作沒做好，部隊也缺乏充分準備，在我們到達時，許多彝民拿著刀搶、梭鏢，擋住我們的去路，喊著：『漢官不給錢不讓過。』我們沒能通過又返回出發地。後來總政治部派來了一名懂得彝民風俗、語言的幹部，各級也對部隊進行了動員，並準備了一些銀元、衣物，沿路向彝民喊話宣傳黨的民族政策，一面散發一些財物，這樣才比較順利地通過了。」(3)

5月底，張聞天、周恩來、毛澤東商量派陳雲去共產國際，

彙報紅軍長征以來特別是遵義會議情況。

5月24日，共軍到達大渡河邊的安順場渡口，26日毛澤東、周恩來、朱德趕到安順場。決定共軍沿大渡河兩岸趕向安順場以北170公里的瀘定橋，橋頭守軍撤走。6月2日，共軍全部從瀘定橋過河。6月3日毛澤東過橋，他輕鬆地對指戰員們說：「中國共產黨領導的紅軍，沒有當太平軍，我和朱德也不是『石達開第二』。」

紅軍「飛奪瀘定橋」純屬虛構。美國記者斯諾在1936年採訪毛澤東後寫道，過瀘定橋「是長征中最關鍵的時刻」，紅軍過橋時「頭一個戰士中了搶，掉到下面的水裡，第二個也掉下去了，接著第三個……大約有20多名紅軍戰士用雙手和膝蓋匍匐前進，把手榴彈一個接一個地扔進敵人的機關槍陣地」。其實，瀘定橋並未發生戰鬥，紅軍5月29日到達瀘定橋並沒有國軍把守，守橋的原國民黨24軍二旅部隊，共軍到來前夕，該旅被派去50公里的康定。共軍過橋時，沒有戰鬥，更談不上傷亡，首批過橋的22名戰士，過橋後，每人得到一套列寧裝，一支鋼筆、一個碗和一雙筷子。鄧小平在1982年對美國總統卡特的國家安全顧問布列津斯基親口說：「這是為了宣傳，我們要表現我軍的戰鬥精神，其實沒有打什麼仗。」

毛澤東走過瀘定橋後，6月初翻越雪山，6月山上沒有積雪，只是寒冷異常。共軍戰士在大雪山下天氣炎熱，把厚衣脫下，到山上風吹著夾雪的凍雨襲來，共軍戰士凍傷、凍死很多。毛澤東做了充準備，沒有坐擔架，拄著一根木棍，走得比他年輕的警衛員輕鬆步快。

7月4日，南京政府行政院副院長兼財政部長孔祥熙，拜

訪蘇聯大使鮑格莫洛夫，商談日軍侵略華北戰爭，臨走時孔對蘇大使說：「蔣很想與兒子經國團聚。」這是蔣介石遞信給斯大林：「我已經讓你的兩支紅軍會合了，應把我的兒子放回吧！」蘇聯大使回覆：「我們並不阻礙他回國，據我所知是他自己不要回來。」

　　蔣介石沒有要回兒子，但他完成了統一西南三省的目標，貴州王家烈因打了敗仗，被迫辭職，拿了一筆錢走了。雲南省主席龍雲表示跟蔣介石合作，聽從蔣的指揮。四川全境由蔣控制，中央軍跟隨蔣入川，蔣到重慶住下幾個月，四川成了他的重要基地。

注釋

（1）1979 年 3 月 22 日，遵義會議參加者楊尚昆在一次談話中說：「在遵義會議上，形成比較一致的意見是由洛夫代替博古擔任總書記，但聞天同志非常謙虛，再三推辭。於是這個問題就擱置起來。拖了 20 幾天，不能再拖了，中央政治局作出決定，聞天同志才挑起這副擔子。」

（2）呂黎平：《青春的步履》。解放軍出版社，1984 年 7 月版，第 181 頁。

（3）李聚奎：《李聚奎回憶錄》。解放軍出版社，1986 年版，第 113 頁。

（七）同張國燾爭奪領導權的鬥爭

　　1935 年 6 月，紅一、四方面軍會合時，毛澤東率領的中央紅一方面軍只剩下一萬餘人，部隊疲敝瘦弱，重武器丟光，戰鬥力差。而張國燾統率下的紅四方面軍從鄂豫皖出來，初期只有兩萬餘人，已經發展壯大到了現在是八萬多人，部隊體力健

壯，戰鬥力很強，重武器一應俱全，是一支眞正的勁旅。張國燾認爲，無論從資歷上、根據地的擴大發展上，還是從軍事實力上，他都應該當黨或軍隊的第一把手。但毛澤東沒有滿足他的願望。於是毛、張爭奪中央領導權的鬥爭開始了。

6月16日，朱德、毛澤東、周恩來、張聞天致電張國燾、徐向前、陳昌浩，提出了紅軍繼續北上的戰略方針。電報指出：「爲著把蘇維埃運動之發展放在更加鞏固更有利的基礎之上，今後我一、四兩方面軍總的方針應是占領川、陝、甘三省，建立三省蘇維埃政權，並於適當時期以一部組織遠征軍占領新疆。」目前「堅決地鞏固茂縣、北川、威州在我手中，並擊破胡宗南之南進，是這一計劃的樞紐。」(1)

6月17日，張國燾覆電中共中央，不同意這個戰略，指出由岷山向東或向北發展困難大，主張紅一方面軍沿金川地區北進占領阿壩，紅四方面軍從茂縣、理縣北上進占松潘，兩軍去青海、甘肅，以一部組成遠征軍占領新疆。

收到張國燾的覆電後，6月18日，朱德、毛澤東、周恩來、張聞天給張國燾、徐向前、陳昌浩回電，強調紅軍北上的必要性，指出：「目前形勢須集大力首先突破平武，作爲向北轉移樞紐。其時已過理縣部隊，速經馬塘繞攻松潘。」6月20日，張國燾在給中共中央的電報中提出向西發展的意見，並說：「目前給養困難，除此似無良策。」24日，中共中央致電張國燾，強調「從整個戰略形勢著想，如從胡宗南或田頌堯防線突破任何一點，均較西移作戰有利。請你再過細考慮！」並要求張國燾「立即趕來懋功，以便商決一切。」(2)

6月25日，張國燾率領紅四方面軍主要領導人縱馬三天，

穿過峭壁森林來到達懋功以北的兩河口鎮，與先期到達的毛澤東、周恩來等會合。上午9點舉行歡迎會。朱德致歡迎詞：「同志們：兩大主力紅軍的會合，歡迎快樂的不只是我們自己，全中國的人民，全世界的被壓迫者，都在那裡慶祝歡呼！這是全中國抗日土地革命的勝利，是黨的列寧戰略的勝利」。

然後張國燾上台講話：「同志們：這裡有八年前我們在一起鬥爭過的同志（按：指南昌起義的領導者周恩來、朱德、劉伯承），更多的是從未見過面的同志。多年來我們雖是分隔在幾個地方鬥爭奮鬥，但都是存著一個目標——為著中國人民的解放，為著黨的策略路線的勝利。」「這裡有著廣大的弱小民族（藏、回），有著優越的地勢，我們具有創造川、康、新大局面的更好條件。」

「紅軍萬歲！」「朱總司令萬歲！」「共產黨萬歲！」

第二天，中共中央在兩河口召開了政治局擴大會議。周恩來在會上做了目前戰略方針的報告，強調紅軍應該繼續北上，創造川陝甘根據地。張國燾在發言中勉強表示同意中共中央北進方針，但同時又提出也可「向南」，「向成都打」的問題。毛澤東發言同意周恩來的報告。會議經過三天討論，通過了北進建立「川陝甘」根據地的戰略方針。

6月29日，中共中央召開常委會議，洛甫、周恩來、毛澤東、博古出席。會議決定張國燾為中革軍委副主席，徐向前、陳昌浩為軍革委委員。當周恩來把中央這一決定通知張國燾時，張悻悻然告辭而去。他回到雜穀腦（在理縣）四方面軍總部，於7月1日致電朱德、周恩來、毛澤東、王稼祥、洛甫，提出「速決統一指揮的組織問題，反對右傾」，他認為北上戰略

決定是右傾。

7月6日，張國燾到四方面軍進行工作的中央慰問團負責人、總政治部副主任李富春重提解決「組織問題」，他提出的方案是：「徐（向前）爲副總司令，陳（昌浩）爲總政委，中央軍革委設常委，決定戰略問題。」18日，陳昌浩致電張國燾轉朱德，電文說：「職堅決主張集中軍事領導，不然無法順利滅敵。職意仍請國燾任軍委主席，朱總任前敵總指揮，周任副主席兼參謀長。中政局決定大計方針後，給軍委獨斷決行。」

這時，軍委縱隊已進到蘆花。毛澤東與洛甫商量人事問題，周恩來因發燒未參加。毛澤東說：「張國燾是個實力派，他有野心，我看不給他一個相當的職位，一、四方面軍很難合成一股繩。張國燾想當軍委主席，這個職務現在由朱總司令擔任，他沒法取代。」洛甫說：「我這個總書記的位子給他好了。」毛澤東說：「不行，他要抓軍權，你給他做總書記，他說不定還不滿意。」毛說：「讓他當總政委吧。可以考慮軍委設常委，原來三人團周、毛、王參加，這樣，張當總政委可能抓去一部分軍權，但又不能全抓去。不過這要同恩來商量一下。」

毛、張來到周恩來住處，將剛談過的人事安排方案提出徵詢周的意見。周恩來表示贊同。

7月18日，毛澤東出席在蘆花召開中央政治局常委會議，討論組織問題。會上同意周恩來辭去紅軍總政治委員職務，決定由張國燾任總政治委員並爲中革軍委的總負責者，周恩來任中革軍委常委。會議還決定陳昌浩爲中革軍委常委，秦邦憲任紅軍總政治部主任。

7月21至22日，在蘆花召開中央政治局會議，聽取紅四

方面軍領導人關於四方面軍情況的彙報。四方面軍領導人除張國燾是政治局委員必然要出席之外，陳昌浩、徐向前也參加了會議。會上，毛澤東在肯定四方面軍的光輝業績之後說：「在鄂、豫、皖粉碎敵人第四次圍剿時，沒有充分準備，沒有準備打，又打得不好。在通南巴打退了劉湘部隊、勝利後又放棄是個嚴重錯誤。」還指出「四方面軍領導對建立政權有不足和錯誤的地方」，提出「西北聯邦政府在組織上、理論上都是錯誤的。」(3)

8月4日至6日，中央政治局在毛兒蓋附近的沙窩開會，毛澤東和張國燾發生激烈爭論。一進會場，毛澤東遞給張國燾一份會議文件：《中央關於紅一、四方面軍會合後的政治形勢與任務的決議》（草案）。張國燾把文件拿在手上，第一個發言，他指點著說：「誰在破壞團結？譬如有人說張國燾是軍閥，要憑藉軍事實力要挾中央；也有人肯定張國燾是老機會主義，非打擊不可。」毛澤東插話說：「這種流言是很多的，譬如有人說我是曹操，中央成了漢獻帝。有人說中央的政治路線錯了，現在只能用軍閥官僚的手段來統治全黨全軍，這次會議正是要解決這個問題。」

張國燾說：「也許不宜冒然肯定中央的政治路線是正確的或是錯誤的，但蘇維埃運動不是勝利了而是失敗了，卻是顯而易見的事實。現在所有的蘇區都喪失了，紅軍遭受重大的損失，我們退到了藏族地區，這些失敗的事實是無法否定的。」張國燾指責中央的政治路線，他說：「遵義會議肯定中央政治路線正確，卻說軍事路線錯了，這似乎有些倒果為因。為了統一黨內的意志，我主張召集一次高級幹部會議。我們要求檢查中央的政治路線，絕不等於推翻整個中央。」

8月3日，紅軍總司令部擬定夏洮河戰役計劃。隨後，中共中央和中革軍委討論決定：紅一、紅四方面軍混合編組，分左右兩路北上。右路軍由紅一方面軍的紅一、紅三軍團和紅四方面軍的紅四、紅三十軍組成，以徐向前為總指揮，陳昌浩為政委，葉劍英為參謀長。中共中央和中革軍委隨右路軍行動。左路軍以紅四方面軍的紅九、紅三十一、紅三十三軍和紅一方面軍的紅五、紅三十二軍組成，由紅軍總司令部率領，以朱德為總指揮，張國燾為政委，劉伯承為參謀長。

8月20日在毛兒蓋舉行政治局會議。出席會議的有張聞天、毛澤東、博古、王稼祥、陳浩昌、凱豐、鄧發，列席會議的有李富春、徐向前、林彪、聶榮臻、李先念。會議由張聞天主持，毛澤東做主題發言。他說：「根據中央關於創造川陝甘根據地的方針和軍委制定的夏洮河戰役計劃，我軍北進夏洮河地區後，有兩個行動方向：一是東向陝西，一是西向青海。主力應當向東、向陝甘邊界發展，而不應向黃河以西。紅軍北出後，應以夏洮河流域為基礎，建立根據地。這一地區背靠草地，川軍不易過來；臨近青海的回民區，黨的民族政策得當，回民不至於反對我們。如東進受阻，以黃河以西作戰略退路，也是好的。陳昌浩、王稼祥、凱豐、林彪、博古和徐向前相繼發言，同意毛澤東的意見。

8月21日，右路軍陸續出動。從8月22日起，右路軍進入了毛爾蓋大草原。草原行程約半個月，裡面茫茫一片，沒有人煙。穿過草地，右路軍進入半農半牧的巴西、班佑地區，這裡有糧、有水、有牛羊、有房子住，部隊得以稍事休整。距離巴西、班佑100多里的上下包座，是通往甘南的必經之地。徐

向前和陳昌浩向毛澤東建議，攻打包座的任務由紅四方面軍的紅三十軍和紅四軍承擔。紅一軍團作預備隊，集結於巴西和班佑地區待機，保護中央機關的安全。毛澤東批准了這一意見。

徐向前、陳昌浩把指揮所設在上下包座之間的一個山頭上。紅四軍攻擊包座以北的求吉寺守軍，紅三十軍攻擊包座南部的大戒寺守軍。兩個軍英勇奮戰，包座之戰，共斃傷國軍師長伍誠仁以下 4000 餘人，俘 800 餘人，繳獲長短槍 1500 餘支，輕機槍 50 餘挺，電台 1 部，糧食、犛牛、馬匹甚多。

右路軍出草地進入包座，已是 8 月底了。左路軍那邊遲遲不動。毛澤東同陳昌浩、徐向前商量決定以毛、陳、徐的名義致電朱德、張國燾，催促左路軍北上。9 月 3 日，張國燾回電說：「（葛曲河）上游偵查 70 里不能徒涉和架橋，各部糧食能吃 3 天，二十五師只兩天，電台已絕糧，茫茫草地，前進不能，坐待自斃，無嚮導，結果痛苦如此，決於明晨分 3 天全部趕回阿壩。」

9 月 8 日，張國燾致電陳、徐，並轉中共中央，反對北上方針。並令紅四方面軍駐阿壩、馬爾康地區的部隊，「飛令」正在北上的軍委縱隊移至馬爾康待命，如其不聽「則將其扣留」，這封電報是張國燾一人署名的。

陳昌浩將電報送張聞天。晚上，在周恩來駐地召開會議，通過了 7 人署名的覆電，懇切陳辭，勸張北上。9 日，張國燾覆電，強調北進困難，堅持南下並另電陳昌浩率右路軍南下。

9 日下午，毛澤東、張聞天、博古來到巴西周恩來住處，王稼祥早在這裡，立即召開緊急會議。會議一致認為，等待張國燾率左路軍北上不僅沒有可能，而且會招致不堪設想的嚴重

後果，中央率一、三軍團立即北上。並通知在俄界的林彪、聶榮臻，行動方針有變，要他們原地待命。為強調中央的正統地位，發表〈為執行北上方針的告同志書〉，用中央政治局名義給張國燾和四方面軍下達命令。

會議結束後，5 位中央領導人來到寺院的院壩裡，臨時召開共軍部分指揮員會議，主要是中央直屬幹部團和三軍團的各級主要領導幹部。毛澤東站在台階上宣布了中央的緊急決定。著重解釋了黨中央北上的方針是正確的，張國燾南下川康的方針是錯誤的，也是沒有前途的。他說：「每個革命同志都要以大局為重，明辨是非；但是，願意北上就北上，願意南下就南下，紅軍內部要團結，不能互相打架。我們相信南下的紅軍，一定會按照中央的路線，重新走上北上的道路。」

9 月 10 日，以中共中央政治局的名義致電徐向前、陳昌浩，因張國燾「不能實行政治委員之責任，違背中央戰略方針，中央為貫徹自己的決定，特直接指令前敵指揮員及政委並責成實行之。」並告中央已令紅一方面軍主力向羅達、俄界前進，紅四、紅三十軍歸你們指揮，應於日內尾紅一、紅三軍團。(4)

9 月 11 日，以中央政治局的名義給張國燾電：「中央為貫徹自己的戰略方針，再一次指令張總政委立刻率左路軍向班佑、巴西開進，不得違誤。」(5)

9 月 12 日，中央率紅一方面軍到達甘肅省迭部縣俄界。在這裡張聞天主持召開了政治局擴大會議。毛澤東在會上做了關於今後戰略方針及與張國燾爭論的報告。他說：「紅軍今後總的戰略方針是北進，但目前黨中央只率紅一、三軍團單獨北上，力量不夠，可以考慮首先打到甘東或陝北，進行游擊戰爭，以

便得到國際幫助，整頓、休養，擴大紅軍，創造根據地。張國燾執行的是右傾分裂主義的方針，目前還是黨內鬥爭，現在不忙做組織結論，這有利於爭取四方面軍北上。」張聞天做總結發言。會議通過《中央關於張國燾同志錯誤的決定》。

會議決定紅一、紅三軍團編為中國工農紅軍陝甘支隊，繼續北上。令彭德懷為司令員，林彪為副司令員，毛澤東為政治委員，王稼祥任政治部主任，楊尚昆為副主任。會議還決定成立毛澤東、周恩來、王稼祥、彭德懷、林彪5人軍事領導小組。

俄界會議以後，共軍陝甘支隊迅速北上，9月17日奪取臘子口。9月20日，毛澤東、周恩來、彭德懷率主力軍翻越岷山，進入甘肅南部宕昌縣的小鎮哈達鋪。在這裡，張聞天主持召開中共中央政治常委擴大會議，討論組織工作和幹部問題。張聞天、毛澤東、周恩來從當地報紙上了解到，中共在陝甘邊界地區有大片根據地和紅二十五、二十六軍活動的情況。當天，毛澤東召開陝甘邊界支隊團以上幹部會議，指出：「民族的危機在一天天加深，我們必須繼續前進，完成北上抗日的原定計劃。首先要到陝北去，那裡有劉志丹紅軍。從現地到劉志丹創建的陝北根據地不過7、800里的路程。大家要振奮精神，繼續北上。」

9月27日，中央率陝甘支隊到達通渭縣榜羅鎮，毛澤東出席中共中央政治局常委會議，會議正式確定把中共中央和陝甘支隊的落腳點放在陝北，「在陝北保衛和擴大蘇區」。28日，召開陝甘支隊連以上幹部會，進行突破固原、平涼國民黨軍封鎖線到陝北根據地的戰鬥動員。毛澤東做報告。會後蘇區中央紅軍陝甘支隊北進，沿著白龍江源頭的棧道，進入甘南境內。過了岷山，長征即將結束。

10 月 5 日，張國燾在四川理縣卓木碉另立「中共中央」、「中央政府」和「中央軍委」，宣布「開除」毛澤東、周恩來、秦邦憲、張聞天中央委員及黨籍，並下令「通緝」。對楊尚昆、葉劍英「免職查辦」。

11 月中旬，張浩（林盲英）穿著羊皮襖化裝成貨郎，穿過戈壁沙漠來到陝北，並帶來一名蘇聯培訓的報務員和蘇聯聯繫的通訊密碼。不久，中共跟莫斯科失去一年多的聯繫接上了。張浩帶來斯大林的指示，紅軍可以通過外蒙古「接近蘇聯」地區接受軍援。中共長期追求的戰略目標——打通蘇聯，可以如願了。用毛澤東的話說「一生中最困難的日子」已勝利告終。

1935 年 12 月 5 日，張國燾致電中共中央：「此間已用黨中央、少共中央、中央政府、中央軍委、總司令部等名義對外發表文件，並和你們發生關係。」「你們應該稱黨的北方局、陝甘政府和北路軍，不得再用黨中央的名義。」張國燾自封為「黨中央主席」，並宣布開除毛澤東、周恩來、張聞天、博古的黨籍。

處理張國燾對當時的中央來說是極大的棘手問題。毛澤東、張聞天找張浩商量，請他以國際代表身分出面解決。張浩開始有些為難，因為張浩離開莫斯科時，張國燾問題未發生，國際未授予解決張國燾分裂中央問題的使命，當時同國際又聯繫不上。張浩經過深思熟慮，毅然決然接受了。從 1936 年 1 月開始，張浩多次以國際代表身分給張國燾發電，最主要的有 1 月 16 日、1 月 24 日、2 月 14 日，電文主要內容是：國際、斯大林要我出面解決一、四方面軍的分歧問題；國際肯定中央政治路線是正確的；同意四方面軍成立西南局歸國際代表領導；關於四方面軍行動方案：1.北上與紅一方面軍會合，並謊

說此方案在張浩離開莫斯科前斯大林同意；2.就地發展；3.紅四方面軍南下。毛澤東、張聞天、周恩來也多次發電張國燾、朱德，要求他們取消第二中央，儘快率部北上。

張國燾反對中央，但不反對共產國際。接到張浩電報提出的三個行動方案後，張國燾召開高級幹部會研究，朱德、劉伯承、徐向前、陳昌浩一致要求執行北上方案。張國燾被迫取消第二「中央」，同意北上。6月6日，張國燾召開中央縱隊活動分子會議，宣布取消「第二中央」。

張浩假借共產國際斯大林名義，幫了毛澤東一個大忙，如果不出現這種情況，不解決毛獨掌大權道路上的一大障礙，張國燾手下四萬多紅軍占據青海、甘肅、新疆一方土地，號稱中共中央，則是另一種政治格局，那時共產黨如何走向難以預料。

注釋

（1）《毛澤東軍事文集》。第1卷，第358頁。

（2）《毛澤東軍事文集》。第1卷，第360頁。

（3）《毛澤東年譜》上卷。第463-464頁。

（4）《毛澤東年譜》上卷。第472頁。

（5）《毛澤東年譜》上卷。第473頁。

（八）東進山西，劉志丹遇難

1935年10月7日，毛澤東到達乃家河。途徑甘肅固原縣青石嘴，彭德懷在一個山頭上指揮陝甘支隊第一縱隊的一、四、

五大隊，採取兩側迂迴兜擊、正面突擊的辦法，殲滅何柱國騎兵軍兩個連，繳獲戰馬百餘匹，率陝甘支隊順利的越過六盤山主峰，繼續向環城與慶陽之間前進。

19 日，部隊到達吳起鎮（今吳旗縣城）。第二天彭德懷和陝甘支隊第一縱隊負責人來到吳起鎮。毛澤東同他們一道研究了追兵情況，指出：打退追兵，不要把追兵帶入根據地。10 月 21 日陝甘支隊第一、第二縱隊在吳起鎮附近擊潰尾追騎兵 2,000 餘人。戰鬥結束後，毛澤東寫了〈六言詩・給彭德懷〉，稱讚：「誰敢橫刀立馬？唯我彭大將軍！」

10 月 22 日中共中央在吳起鎮召開政治局會議，張聞天主持會議，毛澤東在會上作了關於目前行動方針的報告和結論。他在報告中指出：「陝甘支隊自俄界出發已走二千里，到達這一地區的任務已經完成。」「陝、甘、晉三省發展的主要區域，是以吳起鎮為中心，第一時間向西，以後向南，在黃河結冰後可向東。」毛澤東報告後，張聞天做總結發言。他指出，長途行軍中間所決定的任務已經最後完成，「一個歷史時期已經完結，一個新的歷史時期開始了。」(1)

1935 年 10 月 30 日，毛澤東同彭德懷率陝甘支隊離開吳起鎮，11 月 2 日到達甘泉縣下寺灣。第二天，在這裡聽取了陝甘晉省委副書記郭洪濤和西北軍委主席聶洪鈞關於陝北蘇區、陝北共軍及其作戰情況的彙報。

同一天，中共中央召開政治局會議，著重討論當前的軍事行動。毛澤東提出：應該在本月內粉碎敵人對陝甘根據地的第三次「圍剿」，不能用整個多天，否則會給敵人構築堡壘的時間。會議決定恢復紅一方面軍的建制；軍事工作由毛澤東負責；成

立西北革命軍事委員會，由毛澤東任主席，周恩來、彭德懷為副主席。中共中央領導分兩路行動：毛、周、彭率軍南下與紅十五軍團會合粉碎國軍「圍剿」，張、博等率中央機關北上，進駐安定縣瓦窰堡。

會後，西北革命軍事委員會發布命令：任彭德懷為紅一方面軍司令員，毛澤東為政治委員，葉劍英為參謀長，王稼祥為政治部主任；林彪為第一軍團軍團長，聶榮臻為政治委員；徐海東為第十五軍團軍團長，程子華為政治委員。毛澤東和周恩來、彭德懷研究決定，集中兵力，向南作戰，先在直羅鎮打一次殲滅戰，消滅沿葫蘆河東進的國民黨軍一至兩個師，再視情況轉移兵力，各個殲滅打破國軍的「圍剿」。

蘇區中央共軍初到陝北，因長期連續苦戰，補養困難，還穿著單衣草鞋。要過這一關，最少要籌集 2000 到 3000 銀元。毛澤東想到紅 25 軍徐海東，他不顧深夜派人把一方面軍後勤供給部長楊至成找來，商量向徐海東借錢事。

毛澤東說完，隨即拿筆寫了張條子：

海東同志：您好，因部隊過冬，吃穿出現困難，特向您借款 2500 元。毛澤東

然後毛澤東把條子交給楊至成，楊拿著條子飛奔而去。徐海東看見條子，表示愧疚說：「沒有想到蘇區中央紅軍的困難，我們一定解決。」送走楊至成，找來紅 25 軍後勤供給部長劉炳華，問他手裡有多少錢？劉答有 7000 元。徐海東要他拿出 5000 元送給蘇區中央紅軍。若干年後，毛澤東在一次幹部會上深情地說：「在陝北最困難的時候，多虧了徐海東借給我 5000 塊錢呢！那幾千元錢，可是為我幫了大忙。」

11月5日，毛澤東到象鼻子灣，向隨行部隊發表講話，他說：「自從去年我們離開瑞金，至今快一年了。一年來我們走了兩萬多里路，打破了敵軍無數次追堵圍剿，天上還有飛機。蔣介石連做夢都想消滅我們，但是我們過來了。目前我們只有8000餘人，人是少了一點，但少有少的好處，目標小，作戰靈活性大。人少，更不用悲觀，我們現在比1929年初紅四軍下井岡山時的人數還多哩！留下來的同志不僅要以一當十，而且以一當百當千。今後，我們要和陝北紅軍、陝北人民團結一致，共同完成中國革命偉大使命，開創中國革命新局面。」(2)

11月6日，毛澤東致電紅軍第十五軍團長徐海東，要求儘快消滅張村驛團匪，指示游擊隊之兩個連進駐直羅鎮，對黑水寺游擊，並「調查直羅鎮以北地區及以南地區之道路、地形、住戶情況，葫蘆河能否徒涉？」(3) 第二天，毛澤東和彭德懷一道前往紅十五軍團部，會見徐海東、程子華、郭述申等，共同商定直羅鎮戰役計劃。

11月18日，在直羅鎮以東的東村，毛澤東主持召開西北軍事委員會會議，做關於戰略計劃的報告，建議將紅軍主力集中南線，出中部（今黃陵）、洛川，切斷西安至膚施（今延安）的交通，相機奪取中部縣城，爭取攻占甘泉、膚施。會議通過了毛澤東的報告。(4)

11月20日16時，毛澤東和彭德懷致電第一軍團長林彪、政治委員聶榮臻，命令紅一軍團從北向南，紅十五軍團從南向北，在拂曉前包圍直羅鎮。從21日拂曉，戰至24日，直羅鎮戰役結束，共殲滅國民黨軍東北軍一個師又一個團，俘國軍5300餘人，繳槍3500餘支。這次戰役的勝利，打破了國民黨

軍對陝甘根據地蘇區的第三次「圍剿」。

直羅鎮戰役後，毛澤東從前線回到了中共中央駐地瓦窯堡。12月17日至25日，在瓦窯堡張聞天住的窯洞裡，召開中共中央政治局會議，張聞天主持會議。首先由張浩傳達共產國際第七次代表大會精神和季米特洛夫在「七大」所做關於建立反法西斯統一戰線的報告。根據共產國際七大會議建立統一戰線精神，瓦窯堡會議決定，派劉少奇到華北領導白區工作，搞上層統一戰線。中央直接派人做東北軍的工作，成立東北軍工作委員會，周恩來任書記，葉劍英任副書記。派周小舟去山西做閻錫山的工作。

1936年1月19日，毛澤東、周恩來、彭德懷簽署《西北軍事委員會東進抗日及討伐賣國賊閻錫山的命令》，命令主力紅軍即刻出發，打到山西去，在山西建立抗日根據地。

2月初，毛澤東帶著賀子珍、祕書黃有風、電台台長曹丹輝、電台工作人員和一個警衛班，從延長縣出發向黃河邊走去。剛過陽曆年，一場大雪覆蓋著山川大地。毛澤東穿著一件青布棉大衣日行夜宿，到了離黃河不到半天路的一個山村——清澗縣袁家溝住下。

毛澤東在袁家溝住了兩星期。2月中旬，黃河開始解凍了。河水夾著大塊冰排，洶湧澎湃而下。東征軍可以渡河東征作戰。2月29日，毛澤東和彭德懷發出東征作戰的命令。當晚8時，紅一軍團、紅十五軍團分別從陝西綏德溝口、清澗河口等地強渡黃河。2月23日，毛澤東到達距石樓縣城二十公里的張家塔，9時致電紅十五軍團：「石樓為東征戰略要地，須盡一切方法奪取之。」20時，毛澤東又給彭德懷發出一份電報，指出：「閻

（錫山）敵因我突然東渡頗現驚慌失措之態，正在布置防禦。」方面軍目前基本的方針是用極大努力在中陽、石樓、永和、隰縣等縱橫二百里地帶建立作戰根據地，爲赤化山西全省之起點，(5) 第 2 天，毛澤東和彭德懷發布了《爭取在山西發展抗日根據地的訓令》指出方面軍有堅決粉碎敵人援兵之任務，基本方針是在柳林、離石、中陽、孝義、隰縣、永和一線，圍困石樓求得打增援部隊，「集中兵力消滅敵之一路至兩路，取得在山西發展抗日根據地之有利條件，完成東征計劃第二步任務。(6)

4 月 14 日，劉志丹在北線黃河渡口三交鎮外的一座小山上用望遠鏡觀察戰鬥進展情況，指揮作戰中彈。當時有兩個人在身邊，一是警衛員，一是保密局派來的姓裴的特派員。中彈後，劉志丹讓警衛員去找醫生，醫生到時，劉已死。劉當時不在紅軍作戰戰壕裡，也不在雙方交戰的火線上，而是在兩百公尺外的山頭上，這顆子彈怎麼打中劉的心臟？人們認爲是警衛員或特派員奉命謀殺的。因爲劉在陝北人民心目中是領袖，威望極高，人們只知道他們的救命恩人是劉志丹，不知道毛澤東。遭人嫉妒，被人害死的。

26 年後的 1962 年紀念劉志丹的小說《劉志丹》出版，觸犯了神經敏感的毛澤東，批示「利用小說反黨是一大發明」，遷怒於陝北根據地創始人之一，劉志丹的親密戰友習仲勛，把他投入監獄，坐了 16 年牢。

4 月 22 日 1 時，毛澤東同彭德懷致電林彪、聶榮臻、徐海東、程子華並告周恩來、張雲逸，指出：「山西敵軍主力正構築從三交鎮起，經中陽、孝義、靈石、臨汾、新絳至河津之東南北三面封鎖線，一部在永和、大寧、隰縣、石樓、宋城，估計

本月底或下月初將有數路向我進攻。陝西方面張學良的王以哲所部，已開始進至富縣、甘泉之間構築堡壘；楊虎城的四個旅進至韓城、宜川之間，均準備繼續向北進攻，並從西面封鎖黃河。」(7) 在敵我雙方軍事力量發生變化的情況下，毛澤東決定結束東征，西渡黃河，揮師返回陝北。這次東征，名爲抗日，實際一個日本人也沒有碰到。

注釋

(1)《張聞天年譜》上卷。第 191 頁。

(2)《毛澤東年譜》上卷。第 485 頁。

(3)《毛澤東軍事文集》。第 1 卷，第 380 頁。

(4)《毛澤東年譜》上卷。第 488 頁。

(5)《毛澤東軍事文集》。第 1 卷，第 451 頁。

(6)《毛澤東軍事文集》。第 1 卷，第 453 頁

(7)《毛澤東年譜》上卷。第 537 頁。

（九）三路紅軍會師，蔣介石要求蘇聯釋放蔣經國回國

　　4 月 28 日，毛澤東、彭德懷在給中共中央的電報中說：「東面情況下已根本發生變化，喪失了繼續作戰的可能，爲穩固計，決定西渡。」5 月 2 日，彭、毛下達西渡黃河命令。從 2 日至 5 日，全軍分批從清水關、鐵羅關西渡黃河，進至延長、延川、永坪地區休整。

　　5 月 13 日，在延川大相寺召開紅一方面軍團以上幹部大會

上，毛澤東指出：「這次東征，打了勝仗，喚起了人民，擴大了紅軍，籌備了財務。當前的任務是擴大陝甘寧革命根據地。西南的甘肅、寧夏地區是無堡壘地區，我軍應到這一地區進行外線作戰。」(1)　5月18日，毛澤東、周恩來、彭德懷發布了西征戰役的行動命令，指出：「為著極大擴大的西北抗日根據地並使之鞏固，為著擴大抗日紅軍，為著更加接近外蒙和蘇聯，為著一切抗日力量有核心的團聚，西北軍委決定，以紅一方面軍第一、第十五軍團和第八十一師、騎兵團組成西方野戰軍，彭德懷為司令員兼政治委員，進行西征戰役，向陝、甘、寧三省邊界地區發起進攻；以紅二十九軍、三十軍和陝北地方部隊，牽制蔣介石、閻錫山的西渡部隊；以紅二十八軍準備出陝南與我陳先瑞部會合，活動於陝鄂豫三省，調動並吸引蔣介石主力於該方面，使我主力易於在西方取得勝利。」(2)

8月1日，毛澤東致電彭德懷：「在目前情況下，野戰軍似宜以休養生息為主，如無充分有力的作戰條件，不妨以8月全月為整訓時間。」西征作戰結束。

1936年7月14四日，毛澤東出席歡迎斯諾和馬海德的歡迎會並講話。斯諾在其〈復始之旅〉一文中寫道：「直到吃晚飯時，毛澤東才來。他用勁和我握了握手，以平靜的語調寒暄了幾句，要我在同別人談話過後，熟悉一下周圍環境，認識方位，然後去見他。他緩步走過擠滿農民和士兵的街道，在暮靄中散步去了。」

7月15日，毛澤東會見斯諾，回答他關於蘇維埃政府對外政策問題。毛澤東說：「今天中國人民的根本問題是抵抗日本帝國主義，反抗日本侵略的鬥爭，反抗日本經濟和軍事征服的鬥

爭，這是在分析蘇維埃政策時必須注意的主要任務。」

7月16日，自晚上9時至次日凌晨2時，同斯諾談中國抗日戰爭的形勢、方針問題。毛澤東說：「中國戰勝日本帝國主義，要有三個條件：第一是中國抗日統一戰線的完成；第二是國際抗日統一戰線的完成；第三是日本國內人民和日本殖民地人民的革命運動的興起。這三個條件中，中國人民的大聯合是主要的。」

1936年8月3日，毛澤東、張聞天、周恩來、博古聯名給張國燾、朱德發電，歡迎他們前來會師，並說爲「注意目前團結，過去的爭論一概不談」，還說，張浩同志還親自到前方接他們。

10月19日，朱德、張國燾率領紅四方面軍指揮部到達會寧，同前來迎接的紅一方面軍會師。22日，紅二方面軍總指揮部在賀龍、任弼時率領下到達靜寧以北的將台堡，同前來迎接的紅一方面軍紅二師會師。至此，三大主力共軍終於勝利會師，結束了共軍西逃的旅程。

22日當天，蔣介石約見蘇聯大使鮑格莫洛夫，蔣介石提議同蘇簽訂一個對日的祕密軍事同盟條約。

蘇聯要蔣介石同中共調整關係，後訂同盟條約。陳立夫隨即向蘇大使要求釋放蔣經國，陳說：「蘇俄當時要求保留中共軍隊，不全消滅，釋放經國回國，作爲交換條件，我們已兌現了承諾，爲什麼你們要扣留我們領袖的兒子不放？」蘇大使回答：「蔣經國留在蘇聯，是他自己的選擇，我們只能勸說，不能勉強，支吾陳立夫。陳立夫是蔣介石的代言人，他不能對蘇說：「以保留紅軍換兒子是蔣介石要辦的。」(3)

蔣經國 1925 年到蘇聯進中山大學學習，在蘇做人質 10
年，25 歲時，他同一位俄國姑娘技術員方良結婚。蔣經國在蘇
曾發表過與父親蔣介石脫離父子關係的聲明，參加蘇聯共產
黨。回國後，多次回憶在蘇的生活說是被迫要他做的，他不這
樣做，他的性命就難保，蘇聯是個沒有個人自由的大監獄。

注釋

（1）《毛澤東年譜》上卷。第 541 頁。

（2）《毛澤東軍事文集》。第 1 卷，第 529 頁。

（3）陳立夫回憶錄《成敗之鑑》。

（十）西安事變前後，毛澤東斯大林間發生的兩件大事

中國以往中共黨史書籍，很少涉及西安事變前與蘇聯有直
接關係。事實是在這期間蘇聯與國民黨、共產黨、張學良都有
密切的聯繫。他們都在為自身的利益展開博弈，最主要引人注
目的有兩件事。

一是西安事變前，蘇聯出賣共軍。

1935 年底，共軍到達陝北後，蔣介石以為西逃共軍已經不
足為患，「安內」基本完成。他政策的重心開始傾向「攘外」。
應該乘勝抓住機會同中國共產黨談判，緩和與中共的關係，以
便「攘外」能得到蘇聯的援助和支持。陳立夫在其回憶錄《成
敗之鑑》一書裡寫到：「早在抗戰以前，他（蔣介石）就讓我做
兩件工作：第一要我和中共交涉，萬一中日戰爭爆發，中共應

及時發表宣言，共同抗日。第二，要我和蘇聯交涉一旦中日戰爭掀起，中蘇兩國要站在統一戰線。」這一回憶表明，國共談判是蔣介石為爭取蘇聯支持以應對中日矛盾日益激化的戰略抉擇，這也突顯出當時蔣介石對共軍的基本戰略已經以和為主。

1936年10月14日，中共中央接到中共談判代表張子華從西安發的電報：「國民黨方面談判的條件是：（一）蘇維埃區域可以存在；（二）紅軍名義不要，改為聯軍，待遇同國軍；（三）中共代表參加國民大會；（四）即派人具體談判。」為了配合談判進程，毛澤東迅速於10月15日，以蘇維埃中央政府主席的名義通過蘇維埃新聞社發表關於停戰抗日的談話，表示「一切紅軍部隊停止對國民革命軍之任何攻擊行動」。同一天，葉劍英從西安致電毛澤東：「蔣明日到此。」

10月16日，蔣介石沒有到西安同共產黨商談，他改變了注意，原因何在？1936年10月初，陳立夫代表國民黨同蘇聯商談簽定《中蘇互不侵犯條約》。據陳立夫在《參加抗戰準備工作回憶》中寫道，在一次討論中，蘇聯駐華大使、蘇方談判代表鮑格莫洛夫對陳立夫說：「一旦中日爆發戰爭，我們絕不會幫助中共。」陳立夫很驚異，以為聽錯了。可鮑格莫洛夫還喋喋不休地說道：「陳先生，中共只有兩三千兵力，如果他們不聽話，你們就把他們消滅算了。」鮑格莫洛夫漫不經心地收拾文件，準備退場。陳立夫張著嘴半天沒動窩。他不知道鮑格莫洛夫的此番話的真實用意。事後陳立夫趕緊向蔣介石彙報，蔣介石也不相信，他問陳立夫，談判中你們喝酒了沒有？是否酒後話？鮑先生有無精神病史？翻譯有無錯誤？陳立夫連聲說：「沒有，都沒有。」

　　蔣介石還是不放心：「你能準確的說，他說的是眞的嗎？」陳立夫肯定地說到：「我認爲他說的是眞的！在談判過程中，精力始終是充沛的而且也是認眞的。」「在談判時，我跟他說過，如果將來中國共產化，對你們蘇聯有什麼好處？你們能制伏一個比你們人口多三倍的中國嗎？他並沒有表示反對，而且還同意讓我將此話告知蘇聯政府。」

　　鮑格莫洛夫具有雙重身分，對國民政府是蘇聯駐華大使；對中共中央是斯大林的「全權代表」。由他出面轉告莫斯科對中國政策的改變當最爲直接、機密與權威。蔣介石由此判斷，原來共產黨是這種情況，他已是窮途末路了。

　　蔣介石查實這些情況後，改變了行程，決定採取剿滅毛澤東、共產黨、共軍的政策。10 月 20 日開始調集十幾個師的國軍由南向北大舉進攻，並委派大批軍政要員進駐西安督戰，企圖消滅共軍於黃河以東甘肅、寧夏邊界地區。在完成這些對共軍進攻的部署後，蔣介石於 10 月 22 日到達西安，逼迫張學良發兵剿共。對張學良剿共不力，進行了尖銳的、嚴肅的斥責和批評。

　　蘇聯爲什麼改變親共、扶共爲出賣共軍、致毛澤東於死地呢？

　　目的是蘇聯出賣共軍是謀求其國家的安全。

　　1936 年夏是世界敵對力量醞釀組合的重要時刻。德、日反共產國際同盟達成在即，中、德關係如日中天，日本加緊用文武兩手誘逼蔣介石。一旦德國調停中日關係成功，蘇聯就立即陷入腹背受敵的險境。這年 10 月德、意的「柏林─羅馬軸心」已經形成，德、日反共產國際協定即將正式簽訂，蘇聯不得不

加速聯蔣步伐，使蔣介石從反共防共中拔出腿來，集中兵力打日本，這是蘇聯迫在眉睫的唯一選擇。至於毛澤東率領的共軍，在斯大林看來，只不過是打著共產主義招牌的土匪，能利用就利用，不利用就捨棄不要。

二是西安事變後，斯大林強迫毛澤東改變「除蔣」爲聯蔣的兩封密電。

第一封是西安事變發生的當天。12 月 13 日，斯大林得知蔣介石被扣，他懷疑是毛澤東指使日本間諜幹的！立即致電毛澤東，措詞嚴肅，要求中共中央立即召開緊急會議，商討和平解決西安事變政策。

14 日，中共中央致電共產國際，其中說，我們已電告上海、天津、西安，執行下列：（一）發動人民團體向國民揭發蔣介石對外投降、對內鎮壓人民堅持內戰，並壓迫其部下剿共，不准共軍及全國軍隊抗日之罪狀，擁護西安義舉。（二）推動人民要求南京罷免蔣介石交人民審判。這份電報的內容可以說與斯大林的指示針鋒相對。

15 日毛澤東、朱德、周恩來、張國燾、林祖涵、徐特立、王稼祥、彭德懷、賀龍、葉劍英、任弼時、林彪、徐向前、陳昌浩、徐海東等，又一次聯合以個人名義發表關於西安事變致國民政府公開電，其中堅決要求「罷免蔣氏，交付國人裁判」。與此同時，中共中央又致電莫斯科的中共代表團，請他們將這封電報轉給共產國際書記處。

14、15 日的電報清楚地表明，毛澤東堅持自己意見，並沒有受斯大林 13 日電報的影響。

中共中央 14、15 日兩電是給共產國際的，16 日季米特洛

夫覆電指出：「答覆你們的來電，我們採取以下立場。」糾正與蘇聯政府格格不入的相關政策。最後強調：「收到電後請速確認。」

斯大林考慮季米特洛夫的電報對毛澤東不起任何作用，親自出馬給毛澤東第二封密電。斯大林認爲毛澤東是在用幫會作風代替黨的原則。更是拉攏軍事領導人在用槍指揮黨，因此電報使用了譴責中共爲「土匪」，如不立即釋放就「斷絕關係」，向全世界「公開批判」等粗暴字眼。毛澤東 16 日收到斯大林電報後，「勃然大怒、破口大罵、連連頓足」，對共產國際不屑一顧，不馬上回電，推脫說：「勤務組弄錯了，完全譯不出，請即檢查重發！至要。」20 日，毛澤東給西安周恩來發電，勉強接受斯大林的批評意見，改變「除蔣」爲和平解決的政策。

西安事變前，張學良與蘇聯的交往也很多。張學良還派出他的代表莫德惠常駐莫斯科，商量簽訂和約共拒日本，但是斯大林要中共駐共產國際代表轉告中共中央：「張學良不能領導抗日，蔣介石如能回心轉意，倒是能領導抗日的唯一人物。」

這兩件事表明，蘇共支持、援助中國共產黨和周邊國家，都是爲維護蘇聯的利益。違背了蘇聯利益，他們就出賣、犧牲、葬送別國共產黨。他們宣傳的無產階級國際主義，完全是騙人的謊言。

周恩來接到毛澤東來電後，即按和平解決的方針展開工作。12 月 22 日，宋子文、宋美齡到西安。周恩來與宋氏兄妹長談，談到國民黨內部派系鬥爭，國內外反映，抗戰前途，蔣的影響和作用，入情入理，氣氛融洽。對轉變蔣的態度起了積極的作用。

　　隨即，張學良陪同周恩來一起去見蔣介石。蔣初聞之臉色陡變，連說：「不見！不見！」張笑著說：「周先生已經來了，你們是老交情了，我們是新交。」蔣介石見周恩來進來，木納無言，神色沮喪。周向前問候，同蔣握手笑著說：「我的頭是從你的刀下滾過來的，現在一切都不說了，一致抗日吧！」蔣說：「我後悔，殺人太多！」宋美齡打圓場說：「以後不剿共了！」蔣羞愧不語，還流了眼淚！23日和24日宋氏兄妹代表蔣介石與周恩來、張學良、楊虎城談判，談判相當順利。

　　12月25日蔣介石在張學良的陪同下安全離開西安，返回南京。

（十一）西路軍慘敗的真相

　　紅軍三大主力在會寧、寧靜地區會合，標誌著中國共產黨和紅軍由分裂走向團結。對中共來說，這是一大勝利。但面臨的最大問題是如何安排和使用紅四方面軍問題，成了毛澤東關注的焦點。他不願張國燾的四方面軍全部人馬進入陝北蘇區，一是因陝北貧瘠，養不起那麼多兵；二是擔心張國燾藉機發動兵變，用武力改組中央機構，奪取中央最高權力。正在這時，共產國際來電，有一批援助中共的武器和物資循蒙古、綏遠、寧夏的路線於近期運至寧夏之定遠營（今阿拉善旗）。隨即毛澤東制定了以奪取寧夏接受國際援助為戰略目的的《十月分作戰提綱》。毛澤東原準備把這個任務交給紅一軍團和紅十五軍團，後來改變了這一計劃，把這個任務交給四方面軍。

　　總司令朱德、總政委張國燾，根據毛澤東制定的中央革軍

委《十月分作戰提綱》，命令紅三十軍在靖遠城西之虎豹口（河包口）渡河成功。毛澤東即給朱張彭發電指示：「三十軍、九軍（尚未過河）過河後，可以三十軍占領永登，九軍強占紅水以北之樞紐地帶，並準備襲擊定遠營。」此即毛澤東下的重要一著。朱張遵命，隨即令九軍過河。過河次日，就與西北軍閥馬步青的一個師「碰了頭」，發生遭遇，當時共軍（還不稱西路軍）將「馬」圍在一個土圍子裡，派代表向他們說明只是借路，不圖消滅，隨後把他們放了。共軍進至涼州（今武威）城，他們又用同樣的方法與對方談判，獲准通行。在涼州城下通過時，對方城上送行的火把映紅了天。

10 月 30 日，彭德懷致毛澤東、周恩來密電告張國燾狀說：「張對打擊胡敵（1），始終是動搖的，企圖以四方面軍先取遠方（2）物資後再說，以一方面軍與胡敵周旋，削弱力量，（他）好說話。」毛周商量後改變了主意，遂令朱張將紅三十一軍留在河東，朱張遵令。紅五軍（三千餘人）因保護渡口過河船隻與國軍靠近，朱張令隨船開往河西。這樣，紅四方面軍一分為二，紅三十、紅九、紅五軍在徐、陳領導下到了河西；紅四、紅三十一軍歸彭德懷指揮在河東作戰。

11 月 3 日，毛澤東以中央軍委名義，致電朱、張、徐、陳：「所部主力西進占領永登、古浪之線，但一條山、五佛寺留一部扼守，並附電台，以利後方行動。」不再提襲取定遠營取貨之事。這時，毛澤東已改變主意讓彭德懷率部去接受遠方貨物（實際彭忙於拒敵，未能按計劃時間過河，接收貨物落空）。徐向前、陳昌浩所部留下，令馬步青深感威脅。雙方摩擦不斷，青海馬步芳聞訊，調來部隊一起圍攻。

11 月 8 日，張、毛、周、博、林 (3) 致朱、張、彭、賀、任 (4) 的電報指出，「一、二兩個方面軍組成南路軍」，「四方面軍之兩個軍組成北路軍」，「徐陳所部組成西路軍」。「南路軍、北路軍準備進行戰略轉移，西路軍以在河西創立根據地直接打通遠方為任務，準備以一年完成之。」同日，張聞天、毛澤東代表中央和軍委致電朱德、張國燾，批准成立西路軍軍政委員會，以昌浩為主席，向前為副主席。委員名單據報照准。從此，西路軍正式成立，執行中央賦予的第二階段的任務——從河西走廊打通新疆的戰略任務。

11 月 13 日，張國燾與朱德率總司令部機關由環縣荷蓮灣來到陝北保安，從此西路軍直接受中央軍革委指揮。

11 月 19 日，毛澤東以中央軍革委名義指示徐、陳：「你們的任務應在永昌、甘州、涼州、民勤地區創立鞏固根據地。」「你方須在甘州（今張掖）以東建立根據地，決不可將主力置於甘州以西，更不能有到新疆去的想頭。」(5)

在這樣荒涼的戈壁大漠中建立根據地，非常不切實際。滿懷疑惑的徐向前在 11 月 24 日電告中央，反映實際困難情況，請求考慮改變西路軍的方針，但中央不同意。11 月 25 日，毛澤東覆電徐、陳：「在你們打敗馬敵之後，主力應準備東進一步，策應河東。」

11 月 27 日，洛甫、澤東電示徐、陳：「遠方來電正討論幫助你們，但堅決反對退入新疆。」再次明確不許西路軍主力西進。徐陳奉命後，從 11 月 22 日至 12 月上旬，與馬家軍連續進行了五次大血戰。一是涼州西北 40 里舖之戰，二是永昌東南壩之戰，三是永昌以西水磨關之戰，四是永昌之戰，五是山丹之

戰。半個月內,死傷馬家軍 6000 餘人。

12 月 18 日中央軍委電示徐陳:「你們的任務應基本的放在打通遠方上面,限明年 1 月奪取甘、肅二州。」12 月 22 日,中央電示,命令西路軍東返,策應張學良、楊虎城抗擊南京政府。12 月 25 日,「西安事變」和平解決,中央又電西路軍仍執行西進任務。幾天後,命令又變了——1937 年 1 月 5 日,毛澤東以軍委主席團的名義電示西路軍停止西進,要求「西路軍應全部集結臨高地帶」,「切勿分兵西進」。西路軍再次停止西進,失去了最後機會。

1937 年 1 月 16 日起,中央又連續致電徐、陳,指示西路軍東進。徐陳收集餘部萬餘人集中在臨澤東南郊的倪家營子,準備奪路突圍東返。從 1 月 28 日起,二馬集中五個騎兵旅、三個步兵旅、一個手槍團、一個憲兵團的正規軍和甘、肅兩州大量民團,共 7 萬餘人,圍攻倪家營子,雙方展開了一場歷時 40 多天的血戰。

2 月 13 日,西路軍軍委致電中央,希望等天氣稍暖後轉到西寧大通一帶活動。幾天後,收到中央書記處和軍委主席團電令西路軍,不同意轉到青海西寧。2 月 17 日,中央書記處和軍委主席團來電,嚴令徐陳率部向西,對於他們向青海方向突圍的設想,不從軍事上分析屬害可否,卻說:「你們(對)過去所犯的政治錯誤,究竟有何種程度的認識?何種程度的自我批評與何種程度的轉變呢?我們認為今後的勝利是與過去的政治錯誤的正確認識與徹底轉變有關係的。」

2 月 21 日晚,西路軍接到中央軍革委電,要求堅持黨和紅軍的光榮旗幟,奮鬥到最後一個人,最後一滴血,絕境中求勝

利。2月24四日，徐向前、陳昌浩向中央告急，懇請中央馳援。兩天後中央覆電：「甲、固守五十天。乙、我們正用各種有效方法援助你們。」同日，西路軍再臨重圍。

2月27日，軍委命令組成援西軍，以劉伯承為司令員，林育英為政治委員，下轄第四、第三十一、第二十八、第三十三軍。軍委主席團3月2日致彭德懷、任弼時、劉伯承、左權並告周恩來密電，增援之實行程度，必須服從下列原則：1.不影響和平大局。因此，增援部隊開始行動時，周即告顧祝同，請求諒解；如不影響和平局面則實行增援，否則中道而止。2.不使增援軍又陷於困難地位。因此在取得南京諒解而我軍西進時，只能控制黃河一段，調動二馬，接出西路軍，共返東岸，不可更向西進，因為現在已經證明西面是不能生存的。

馬步芳是受蔣介石之命與西路軍死戰的。如今西路軍陷入重圍將被消滅，救援西路軍的行動要徵得蔣介石同意。後人評論，這種作法豈非與虎謀皮？實在是敷衍西路軍領導，自欺欺人。

3月11日，西路軍不足萬人從倪家營子突圍來到梨園口，這是進入祁連山的口子，三面環山，中部有些民房，部隊已是彈盡糧絕。馬軍騎兵蜂擁追來，紅九軍兩個團千餘人在政委陳海松率領下首先接戰。指戰員殺紅了眼，光著膀子（當地的三月還是冬天），揮舞大刀和馬軍騎兵肉搏。不到半天，陳海松以下兩個團全部戰死。掩護總部機關和傷病員向山裡轉移的紅三十軍又與馬軍作殊死戰，紅二六四團全部拼光，紅二六三團大部犧牲。13日西路軍殘部2000餘人進入山裡的康光寺地區，在石窟召開了最後決策會議，決定徐、陳離部回陝北，向中共

中央彙報情況，由李先念等組成西路軍工作委員會以善其後。
餘部分三個支隊分散游擊。後來大部分犧牲了。李先念、程世
才帶領 1000 餘人沿祁連山艱難地攀行在祁連山的雪嶺冰谷之
中西進，歷盡了千辛萬苦到了新疆，與甘肅交界處星星峽，同
盛世才的接應人員聯絡上，接到空投的武器彈藥和糧食。剩下
400 多人後被國際派來的代表陳雲、中共中央代表滕代遠接回
延安，西路軍慘敗了。

　　1936 年 3 月 23 日至 31 日，中共中央召開政治局擴大會議。
會議後期研究處理張國燾問題，系統批判張國燾反黨、另立中
央等嚴重錯誤，通過了《中央政治局關於張國燾同志錯誤的決
定》。決議鄭重指出：「從退出川陝蘇區到成立第二中央為止，
是右傾機會主義的退卻路線與軍閥主義登峰造極的時期。」「張
國燾同志的南下行動，不但在反黨、反中央、分裂紅軍上看來
是根本錯誤的，而且南下行動本身也是完全失敗的。」在談到
西路軍問題時，指出：「西路軍向甘北前進與西路軍失敗的主要
原因，是由於沒有克服張國燾路線。」會議撤銷張國燾中央委
員會、軍委主席團成員、軍委副主席、紅軍總政委，分配他出
任陝甘寧邊區政府副主席，在林伯渠主席在外執行任務時代理
主席職務。

　　1937 年 12 月，毛澤東接見李先念等西路軍領導人時說：「紅
西路軍的失敗，主要是張國燾機會主義錯誤的結果，他不執行
中央的確定路線，他懼怕國民黨反動派巨大力量，又害怕日本
帝國主義，不經過中央，將隊伍偷偷地渡過黃河，企圖到西北
求得安全，搞塊地盤成王稱霸，好向中央鬧獨立。這種錯誤路
線是注定要失敗的。」(6) 1951 年出版《毛澤東選集》第一卷

〈中國革命戰爭的戰略問題〉注釋 19 條說：「1936 年秋季，紅四方面軍與紅二方面軍會合，從西康東北部出發，做北上轉移。同年 10 月，紅二、四方面軍會師甘肅後，張國燾命令紅四方面軍的前鋒部隊 2 萬餘人，組織西路軍、渡黃河向青海西進。西路軍 1936 年 12 月在戰爭中受到打擊而基本失敗，至 1937 年 3 月失敗。」

中央對西路軍錯誤問題的結論和毛澤東的談話在全軍傳達後，特別在紅四方面軍高級幹部引起強烈的反響，牴觸情緒很大，有的給中央寫信，提出意見，有的申請解甲歸田不幹了。許世友思想不通，密謀逃離延安，被捕關進監獄。周恩來、陳雲找紅四軍高級將領談話，做了很艱苦的解釋說服工作，毛澤東親去監獄，解綁釋放許世友。

紅軍三大主力經過一年多的艱苦奮戰，在會寧、寧靜會師時剩下五萬餘人，這是紅軍的精英。西路軍兩萬餘人占全部紅軍百分之四十。西路軍的慘敗，等於一個健壯青年人五個手指頭砍掉了兩個，這個損失是難以估量的，這個歷史責任應該由誰來負？

1983 年 2 月，李先念在中央軍委支持下組織歷史研究人員查閱了當年有關西路軍檔案，並主持起草的《關於西路軍歷史上幾個問題的說明》指出：「西路軍執行的任務是中央決定的。西路軍自始至終都在中央、軍委領導之下，重要軍事行動也是中央軍委指示或中央軍委同意的。」鄧小平看了李先念的《說明》和陳雲的表態信後，於 1983 年 3 月 22 日批示，贊成這個說明，同意全件封擋。

甘肅省蘭州西路軍研究會組織大批歷史研究人員，到中央

檔案館查閱紅四方面軍渡河前後及其改稱西路軍西渡河西時期，毛澤東及中央軍委領導人有關西路軍的電報 230 餘件，其中張國燾署名的 24 件文件顯示，西路軍的組成與中共中央關於打通國際路線的重大戰略決策緊密聯繫在一起，與張國燾的分裂路線沒有關係。在這批電文中，張國燾單獨署名的電報有兩件。一件是 1937 年 1 月 8 日發出的。1 月 7 日，軍委主席團致電西路軍，指出西路軍暫勿西進，暫在原地休整，要依靠自己團結奮鬥，不要依靠外來力量。第二天，張國燾發電給西路軍，電文說：「軍委對西路軍的指示是一貫正確的，對西路軍是充分注意到的……如果還有因為過去認為中央路線不正確，而殘留著對領導的懷疑，是不應該有的。」(7) 3 月 4 日，張國燾致電西路軍領導人批評說：「你們上次來電談到你們所受的損失，應由軍委負責，那是錯誤的。」「希望你們堅決擁護中央，在中央領導下，團結得像一個人一樣，克服困難，戰勝敵人。」(8)

這些電文充分證明，西路軍慘敗與張國燾毫無關係，是毛澤東惡意造成的。他把責任強加在張國燾頭上，加害張國燾，表現出毛澤東極端的卑鄙和無恥。

西路軍過河後，中央軍委在戰略指揮上動搖不定，不斷改變戰略決策，西路軍過河重要任務是打祁連山戰役，接收從蒙古過境的蘇聯援助物資，後轉變由彭德懷率軍接收；毛澤東一時命令西進，一時又東進，一時又命令建立根據地，舉棋不定，貽誤戰機；在西路軍遭到嚴重失敗，幾乎是糧盡彈絕請求援助的時候，中央軍委來電命令固守 50 天等待援助，這等於讓固守待斃；在西路軍遭馬軍重圍，又無援助情況下，提出轉向青海、西寧一帶活動，解決結養，遭中央嚴辭拒絕，批評他們重犯張

國燾南下錯誤路線的覆轍。這樣等待西路軍的只能是全軍覆沒。西路軍敗局定性後，毛澤東組成以劉伯承為司令員、林育南為政治委員的援西軍，下轄五個軍，聲勢浩大。但卻密令援西軍不能損失部隊，國軍不同意不過河，即使過河，距離遠在臨高的西路軍 1000 餘里，怎樣解西路軍之危？這是在向軍內黨內作政治宣傳，是作秀，援西軍各部實際上也沒有行動一步。

西路軍進入河西走廊，雖然地理環境特殊、民族關係複雜，但馬軍兵力空虛。徐向前回憶說：「如果我們一鼓作氣前進，不是打打停停，轉來轉去，在河西走廊停 20 天，後到永昌停 40 天，錯過良好戰機，而是照直攻擊，扣住嘉峪關，把玉門、安石、敦煌守住，接通新疆」、「取得補充、立住腳跟，再往回打，是不至於失敗的，至少也不會敗得那樣慘。」

　　論曰：西路軍失敗問題，不是軍事問題，而是政治問題，「是要得出張國燾南下、打通國際路線」是錯誤的這個結論。1937 年 3 月 23 日，中央政治局正在開會清算張國燾南下路線的錯誤，如果西路軍領導人提出的西進寧夏意見得到重視，背水一戰，死裡求生，西進成功，打通了國際路線。這就證明張國燾南下西進路線並沒有錯誤。在毛澤東看來，這是大局，萬萬不能允許的。

　　抗日戰爭開始後，兩萬多紅軍深入華北，幾年後發展到十幾萬、幾十萬人。抗戰初期，南方幾省共軍北上後，留下的游擊隊，集中起來只有幾千人，幾年內發展到十幾萬人，成為兩支重要的與國民黨軍對抗

的軍事力量。西路軍兩萬人，如果不被消滅，活動在西北幾省抗擊日本侵略軍，那將是一種新的抗日形勢。歷史上經常出現一種假象掩蓋另一種真象。毛澤東說西路軍的失敗是執行了張國燾南下錯誤路線，把西路軍和張國燾綁在一起，這是假象。其實是毛澤東假用敵人的手葬送了西路軍兩萬人的生命，真正的殺手是毛澤東。這是真象。是事物的本質。

1990 年 6 月，90 歲高齡的徐向前因心臟病住進了 301 醫院。6 月 29 日，李先念來看望徐帥，徐帥用手示意李先念走到自己跟前，告訴李先念同志自己後事三件：一，不搞遺體告別；二，不開追悼會；三，把骨灰撒在大別山、大巴山、河西走廊和太行山。這時李先念緊緊握住徐帥的手，轉過頭來，莊重地對李而炳等工作人員說：「我也是這三條。」徐帥把河西走廊的艱苦卓絕的戰鬥旅程，看作是他一生光輝鬥爭歷史的一部分。半個多世紀以來，把西路軍乃是四方面軍將士綁在「國燾路線」，飽受屈辱，含冤莫辯，這是很不公正的。徐向前和李先念在他們垂暮之年交待在他們身後把骨灰撒在包括河西走廊在內戰鬥過的地方，表示他們對西路軍奮戰河西走廊、祁連山下、西路軍戰士和各族人民，永誌不忘的深厚感情。烈士暮年，悲壯不已，耿耿忠心，日月可見。

徐向前去世後，1990 年 9 月 21 日，中共中央、人大常委會、國務院、中央軍委發布的訃告指示，會寧會師後，中央軍委指示，紅四方面軍一部西渡黃

河，執行寧夏戰役計劃。後奉中央軍委命令，時任西路軍軍政委員會副主席兼西路軍總指揮的徐向前，率部繼續西進，與敵血戰河西走廊，有力地策應了河東紅軍的戰略引動。這就給西路軍問題徹底平了反。這已經是 54 年過去了，物是人非，但西路軍失敗的真正原因是什麼？對共黨共軍，有什麼啓迪？我們研究歷史不是為了得出一個結論，而是以史為鑑。西路軍問題是共黨共軍最大的歷史冤案。西路軍失敗有什麼歷史教訓、又有什麼現實意義？這是研究歷史的真正目的。從這個角度出發，西路軍問題有待深一步開展研究的必要。

注釋

（1）胡敵：指胡宗南部。

（2）遠方：指蘇聯。

（3）張、毛、周、博、林指張聞天、毛澤東、周恩來、博古、林育英。

（4）朱、張、彭、賀、任指朱德、張國燾、彭德懷、賀龍、任弼時。

（5）甘肅《社會科學》。1990 年，第五期。

（6）《文史參考》。2011 年，第 6 期。

（7）《文史參考》。2011 年，第 6 期。

（8）有關西路軍電文全部存中央檔案館。

三、抗戰爆發後中共的策略方針（1937年7月（44歲）—1945年8月（52歲））

　　抗戰前夕只剩陝北這一小塊根據地，共軍只留下 2 萬多人。蔣介石手中掌握 230 萬軍隊，2 萬多共軍對 230 萬國軍，就是戰術再高明，也很難不被消滅的。出路在那裡？等待的時機終於到了。

　　1937 年 7 月 7 日深夜，駐豐臺日軍向北平西南盧溝橋地區的中國駐軍發動攻擊，中國駐軍還擊，史稱盧溝橋事變。全國性的抗日戰爭開始了。

（一）提出一分抗日、二分應付、七分發展的指導原則

　　7 月 8 日，毛澤東起草〈中國共產黨為日軍進攻盧溝橋通電〉：「全中國的同胞們！平津危急！中華民族危急！只有全民族實行抗戰，才是我們的出路！我們要求立即給進攻的日軍以堅決的反攻，並立刻準備應付新的大事變。全國上下應該立刻放棄任何與日本和平苟安的希望與估計。」〈通電〉提出：「全中國同胞、政府與軍隊，團結起來，築成民族統一戰線的堅固長城，抵抗日寇的侵略！國共兩黨親密合作抵抗日寇的新進攻！驅逐日寇出中國。」(1)

　　7月14日，毛澤東同朱德等致電在南京的葉劍英，要葉轉告蔣介石，「紅軍主力準備隨時出動抗日，已令各軍10天內準備完畢，待命出動。」(2)

　　7月17日，蔣介石在盧山發表「最後關頭」談話，揭開了中華民族全面抗戰的內幕。宣布：「政府對於盧溝橋事件，已確定始終一貫的方針和立場。我們知道全國應戰以後之局勢，就只有犧牲到底，無絲毫僥倖求免之理。臨到最後關頭，便只有拼全民族的生命，以求國家生存。最後關頭一到，我們只有犧牲到底，抗戰到底。如果戰端一開，就是地無分南北，年無分老幼，無論何人，皆有守土抗戰之責任，皆應抱定犧牲一切之決心。」(3) 對於蔣介石的談話，毛澤東隨即表示眞誠熱烈的歡迎。7月23日，毛澤東發表反對日本進攻的方針、辦法和前途文章，歡迎蔣介石盧山談話，指出：「7月17日，蔣介石先生在盧山發表了談話。這個談話，確定了準備抗戰的方針，爲國民黨多年以來在對外問題上的第一次正確的宣言，因此，受到了我們和全國同胞的歡迎。」(4)

　　共產黨怎樣同國民黨合作呢？就是堅持統一戰線中獨立自主，既統一，又獨立。統一是前提，獨立是原則。這是毛澤東在多次講話中反覆闡明的。8月1日，毛澤東同張聞天致電正在雲陽召開共軍高級幹部會議的周恩來、秦邦憲和林伯渠，提出紅軍在對日作戰中的戰略方針及作戰原則問題。指出：「甲、在整個戰略方針下，執行獨立自主的分散作戰的游擊戰爭，而不是陣地戰，也不是集中作戰，因此不能在戰役戰術上受束縛。乙、依上述原則，在開始階段，紅軍以出三分之一的兵力爲適宜，兵力過大，不能發揮游擊戰，而易受敵人的集中

打擊。」(5) 這些都是原則要求,具體的應該怎樣掌握執行呢?塔斯社記者彼得·弗拉基米諾夫（1942 年到 1945 年間,任共產國際的聯絡員被派往延安）,在《延安日記》中寫道,中共爲了發展武裝力量,戰後奪取全國政權,嚴格規定:「一分抗日,二分應付,七分發展。」這個總體方針是任何組織、任何人都不能違背的。

8 月 22 日至 25 日,中國共產黨在陝北洛川縣馮家村召開政治局擴大會議,張聞天主持會議。毛澤東首先做軍事問題報告,指出日本進攻的主要方向是華北,紅軍主要作戰地區是冀、察、晉三省之交地區。紅軍應以創建根據地、保存和擴大紅軍爲當前基本任務。紅軍的戰略方針是獨立自主的山地游擊戰爭。所謂「游擊戰爭」,就是指分散以發動群眾,集中以消滅敵人,打得贏就打,打不贏就走。與會的高級指揮員多傾向於能打成團成師消滅敵人的運動戰,對毛澤東的「獨立自主的山地游擊戰」提出了修改意見。如彭德懷提出「獨立自主的山地運動游擊戰」,劉伯承提出「游擊運動戰」。

毛澤東在講話中進一步強調:「要冷靜,不要到前線去充當抗日英雄,要避開與日軍的正面衝突,繞到日軍後方去打游擊。要想辦法擴充八路軍,建立抗日游擊根據地。要千方百計地積蓄和壯大我黨的武裝力量。對政府方面催促開赴前線的命令要以各種藉口予以推拖。只有在日軍大大殺傷國軍之後,我們才能坐收抗日成果,去奪取國民黨政權。我們中國共產黨一定要趁著國民黨與日本人拚命廝殺的天賜良機,一定要趁著日本占領中國的大好時機,全力壯大發展自己,一定要在抗戰勝利後,打敗筋疲力盡的國民黨,拿下整個中國。」

　　根據李銳在八屆十中全會回憶錄證實，毛澤東主張共軍和日軍夾擊國民黨軍，毛說：「一些同志認為日軍占地越少越好，後來才統一了認識，讓日軍多占地方才是愛國，否則變成蔣介石的國了。國中有國，蔣、日、我，三國志。」

　　會議改組了中央軍委。新的軍委成員是：毛澤東、朱德、周恩來、張聞天、彭德懷、任弼時、葉劍英、林彪、賀龍、劉伯承、徐向前等 11 人，毛澤東為主席，朱德、周恩來為副主席。同時決定設立前方軍委分會，以朱德為書記，彭德懷為副書記。(6)

　　9 月 22 日，蔣介石批准中央通訊社播發《中共中央為公布國共合作宣言》。23 日，蔣介石發表談話，承認共產黨的合法地位，形成了國民黨與共產黨第二次合作，團結救亡的新局面。

　　9 月初，第一戰區司令長官蔣鼎文派高級參議喬茂才來到陝西富平縣莊裡鎮第一二九師師部求見劉伯承將軍。拿出蔣介石親筆簽署的命令，調劉伯承師至西安乘車，經隴海路轉平漢路，加入石家莊正面防禦作戰。劉伯承拒絕與喬茂才見面，令李達向喬表示：「不經過朱總司令直接指揮我師，是違反指揮原則的，這樣的命令本師不能接受。」

　　1937 年 9 月中旬，沂口太原會戰。在國民黨軍第二戰區司令長官閻錫山領導下，集中 28 萬人，激戰 20 餘天，消滅日軍 2 萬餘人，國民黨軍死傷 5 萬餘人。林彪領導的 115 師參加了側擊日軍的戰鬥。9 月 25 日，凌晨，日軍板垣師團第 21 旅團之後勤輜重部隊進入平型關喬溝伏擊圈，115 師居高臨下發動攻擊，戰鬥持續了一整天，消滅了進入伏擊圈的全部日軍，據日軍戰史記載，日軍傷亡 200 餘人，115 師總傷亡人數近 1000 人。林彪是赫赫有名的戰將，115 師是中共軍隊的精銳，地勢

優越，人數又數倍於日軍，而且是突然襲擊，打的只是一支擔負後勤補給任務的非戰鬥部隊，如果說林彪勝利了也是慘勝。這次慘戰的意義是讓毛澤東了解到日軍的戰鬥力，不能與日軍正面交戰，下決心堅持山地游擊戰。毛澤東在同一天，戰鬥還在進行中致電給周恩來轉劉少奇、楊尚昆、朱瑞並告朱德、彭德懷、任弼時指出：「整個華北工作，應以游擊戰爭爲唯一方向。一切工作，例如兵運、統一戰線等等，應環繞於游擊戰爭。華北正規戰如失敗，我們不負責；但游擊戰爭如失敗，我們須負嚴重的責任。」應「發動全華北（包括山東在內）黨動員群眾，收編散兵散槍，普遍地但是有計劃地組織游擊隊。」「要設想在敵整個占領華北後，我們能堅持廣泛有力的游擊戰爭。要告訴全黨，今後沒有別的工作，唯一的就是游擊戰爭。」並強調像平型關這樣打法，以後不能再有。(7)

根據毛澤東的意見，八路軍三個師在華北地區依傍山地進行戰略展開。115 師依託恆山，於淶源、靈丘以南，五台、盂縣以東，靈壽、曲陽以西的晉察冀邊區展開。120 師主力依託管涔山，於晉西北左雲、清水河、保德、寧武、平魯等縣展開；第 359 旅於定襄、柏蘭鎮以南，盂縣、井陘以北，平山以西地區展開。129 師依託太行山在正太路以南晉東南地區展開。

1937 年下半年到 1938 年上半年，華北幾省八路軍三個師進駐地區，根據毛澤東敵後游擊戰爭的指導思想，發展迅猛，各種形式的游擊組織、敵後武工隊、游擊小隊、中隊等遍地開花。這些游擊小分隊，戰鬥力差，不打日本軍，他們是「游而不擊」。中共組織這個龐大的游擊隊伍，是爲了抗戰後打敗蔣介石國民政府用的。這是一支冠以抗日名義的農民武裝。如何訓

練、指揮這支農民武裝、日後打敗國民黨奪取全國政權？毛澤東考慮很多！

1938年上半年，各根據地的領導已有經驗，發展迅速、順利。毛澤東趁著戰局較爲穩定時機，抽出更多時間來閱覽戰爭書籍，研究戰爭理論，他先後閱讀了克勞塞維茨的《戰爭論》、《孫子兵法》，對其中許多重要戰術、戰例反覆閱讀批註，但研究重點還是中國歷史上著名的農民戰爭的戰術戰略問題。他特別對西漢劉邦和明朝朱元璋這兩個農民起義軍首領，採用的正確的戰爭手段打敗了對手，最終奪得天下、當了皇帝讚譽有加。他要效法劉邦、朱元璋，統率抗日農民武裝，打敗他的敵手蔣介石，奪得政權。他說，劉邦在戰爭的轉折關頭，能聽取各種不同意見，公元208年春，漢王回漢中時，張良建議爲了防止諸侯偷襲和麻痺項羽，把走過的幾百米棧道燒掉，以示不回關中。劉邦聽了張良意見燒了棧道，項羽安心下來。8月，劉邦抓住有人舉兵進犯項羽的機會，出兵反項羽。這時韓信建議明修棧道，裝著從棧道出兵的樣子，暗中韓信率大軍出陳倉，奪取陳倉，守軍大驚失色。毛澤東肯定這是軍事上麻痺敵人，深藏不露、克敵制勝重要的戰略原則。

朱元璋善於從戰爭中學習戰爭，見事快，得計早，多謀善斷。《明史》讚譽朱元璋在戰爭中「能沉己觀變、次第經略，卓有成算」，正確評價了朱元璋。毛澤東對朱元璋的軍事才能評價很高。他說：「自古能軍無出李世民之右者，其次則爲朱元璋耳。」朱元璋在北定中原之前，在江南有兩股敵對勢力，一是張士誠，一是陳友諒。朱元璋決策先打陳友諒，後打張士誠。他分析了張氣量狹小，心無遠圖，不會出兵救陳，而陳志驕好事，打張

而陳出兵相救，我則腹背受敵矣。果然，朱出兵打陳，張觀望不救，陳被滅，張頓覺累卵，不久為朱所滅。朱元璋的宏觀分析軍事和運籌能力「次第經略」，在不同階段分清主次，逐步拓展和李世民的「以弱制強」的思想，成為制定戰略戰術的重要依據。他結合形式特點，提出了他的戰爭觀。1938 年 5 月 26日至 6 月 3 日在延安抗日戰爭研究會作《論持久戰》的演講。5月 30 日，《解放》第四十期發表毛澤東《抗日游擊戰爭的戰略問題》論文，這兩文分析了中日雙方的特點和戰爭發展過程。著重指出了敵後游擊戰發展的階段：游擊戰上升運動戰、陣地戰、大兵團作戰。這不是對抗日戰爭說的，中日戰爭是現代化戰爭，不會出現游擊戰，而是對未來打敗國民黨軍經歷的戰爭過程。

這段時間，毛澤東個人生活發生了重大變化。據李德回憶，毛澤東和給他做英文翻譯的吳莉莉有私情。1937 年至 1938年間，賀子珍和毛澤東在他們住的窯洞裡發生了一場激烈的爭吵，對毛進行威脅，傳說還動用了手槍。賀子珍決心「不給他（指毛澤東）過了，離婚。」毛澤東多次解釋，賀子珍執意不聽。1937 年 10 月，她收拾簡單行旅李，孑然一身到了西安。

1938 年 1 月，她乘飛機到了莫斯科，進了莫斯科東方大學，改名文英。賀子珍出國時已懷孕，在蘇生了個男孩，不久夭折。節假日，她還把當時在莫斯科的毛岸英、毛岸青接出來，把她有限的生活費買些糖果給孩子吃，替毛澤東盡親子之情義。

在賀子珍對毛澤東怒氣未消、舊情難捨的時候，江青闖進了毛澤東的懷抱。江青，山東諸城人，1914 年生，容顏艷麗，身材苗條，學過戲劇，演技多才超眾，成了明星。結過三次婚：

第一次是濟南紈絝子弟裴明倫；二婚是青島俞啓威即黃敬，也是江青入黨介紹人；三婚唐納，在上海結婚。婚後江青突然孽海波瀾、遺棄唐納逃走。江青在婚變中出的名比她在演戲出的名大，在上海灘聲名狼藉，不能立足了，決心去延安。1937年7月，乘火車到西安，轉延安，先入中央黨校學習，後被分配魯藝當老師。

　　一個偶然的機會，遇到在諸城小學當老師的康生，由康生精心撮合同毛澤東相識相愛、同居。經朱德、周恩來勸阻反對，江蘇省委調查認爲江青生活腐化，歷史不清白，不宜同毛澤東結婚，都未能改變毛澤東娶江青的決心。1938年11月毛澤東得遂所願，江青成了紅色中國毛澤東的第一夫人。

注釋

（1）《毛澤東軍事文集》第二卷。1993年12月。第1版第1頁。

（2）毛澤東、朱德、彭德懷、賀龍、林彪、劉伯承、徐向前致葉劍英電，1937年7月14日。

（3）《先總統蔣公全集》第一卷。台灣中國文化大學中化學書院編印。第1064頁。

（4）《毛澤東選集》第二卷。人民出版社，1991年6月版，第344頁。

（5）《毛澤東軍事文集》第二卷。1993年12月第1版，第20頁。

（6）《毛澤東軍事文集》第二卷。第22-23頁。

（7）《毛澤東年譜》中卷。第24頁。

（二）王明反對毛澤東錯誤的抗戰方針

1937 年 11 月 14 日，王明、康生、陳雲、曾山等乘蘇聯軍用飛機回國，29 日到達延安。王明這時的身分是共產國際執行委員會委員、主席團委員和書記處後補書記。毛澤東、張聞天、朱德、張國燾等前往機場迎接。毛澤東簡單致詞：「歡迎從蘇聯回來的同志們，你們回到延安來是一件大喜事，這叫作喜從天降。」

共產國際執委會書記處書記季米特洛夫曾於 1937 年 11 月 14 日，在書記處提出要中共在與國民黨統一戰線中，運用法國共產黨組織人民陣線的經驗，遵循「一切服從統一戰線」，「一切經過統一戰線」的原則。斯大林鑑於日本「九一八」事變後占領中國東北三省，歐洲德國法西斯 1933 年在歐洲大陸崛起，蘇聯東西兩方面都面臨嚴峻的戰爭形勢。為阻遏德、日邁向反蘇戰爭的步伐，斯大林希望在東方謀與蔣介石合作，以期中國能抵抗並牽制日本。因此斯大林在王明回國前會見他時，強調中共應全力以赴地堅決同國民黨蔣介石長期合作抗戰的決心。王明回國帶來了斯大林的尚方寶劍。斯大林的國際戰略集中點是，聯合支持蔣介石為首的南京政府，讓蔣介石政府有能力堅持抗戰，拖住日本，一旦希特勒德國向蘇聯發起進攻的時候，蘇聯能夠集中力量對付西邊的德國，避免兩面作戰。在這一戰略思想指導之下，他要求中國共產黨人無條件地服從和支持蔣介石政府。王明回到延安，在機關團體和抗日軍政大學等舉行的各種歡迎會上，多次發表演講，不點名的批評毛澤東提出執行國際指示不力的內外政策。

1937 年 12 月 9 日到 14 日，在王明的提議下，中共中央

政治局會議在延安召開。張聞天主持會議並作政治報告。報告列舉了抗戰以來中共所取得的成績，重申了在統一戰線中獨立自主的重要性。王明接著作了〈如何繼續全國抗戰與爭取抗戰勝利呢？〉的報告。 王明批評了洛川會議，認為洛川會議沒有提出「抗日高於一切」、「一切服從抗日」這個根本原則；批評毛澤東過分強調「獨立自主」；批評毛澤東的《抗日救國十大綱領》不該把國共合作放在最後一條，批評《中央關於共產黨員參加政府問題的決定（草案）》，認為參加政府不應以實行共產黨的《抗日求國十大綱領》為前提條件，而應以是否抗日為條件，只要國民黨政府抗日，就可以去參加。王明針鋒相對的批評了 1937 年 11 月 12 日毛澤東在延安黨的活動分子會議上的報告中，有關統一戰線形成後黨內主要危險傾向是右傾、無產階級爭奪統一戰線的領導權等提法。會議在聽了張聞天、王明報告後於 22 日進行了討論，在討論中多數人同意和擁護王明的主張。

毛澤東在 11 月 12 日的會議上兩次發言，重申並堅持洛川會議確定的方針和政策。參會者多數是傾向王明的，會議沒有形成決議。會後彭德懷感到兩位領袖意見不一致，問主持會議的洛甫：「回去怎麼傳達？」洛甫說：「由書記處寫一傳達大綱。」按統一的傳達大綱傳達，沖淡了王、毛的分歧。

會議增補王明、陳雲、康生為中央書記處書記。中央常委增加到九人：張聞天、毛澤東、王明、康生、陳雲、周恩來、張國燾、博古、項英。這時，毛澤東已失去了對中央常委的控制。常委 9 人中，有 5 位站到了毛的對立面：王明、項英、張國燾、周恩來和博古，他們因為希望打日本而支持王明代表的

政策。另外 3 個人是張聞天、陳雲、康生。會議決定實行集體領導，並有分工，日常來往電報「黨的交洛、軍交毛、統戰交王、王外出時交洛」。(1) 在王明的提議下，中央政治局於 12 月 22 日作出了《關於召開黨第七次全國代表大會的決議》決定。成立了毛澤東、張聞天、王明等 25 人的籌備委員會，主席爲毛澤東，書記爲陳紹禹（王明）。

　　這時南京已經失守，國民政府宣布遷都重慶。在遷都過程中，武漢成爲暫時的政治中心，部分軍政機關遷往武漢辦公。蔣得知王明回國，想了解蘇聯和斯大林對中日戰爭和國共合作諸問題的態度，特邀王明赴武漢一談。政治局會議結束以後，王明便和周恩來、博古、鄧穎超、孟慶樹等去了武漢。

　　12 月 21 日晚，王明、周恩來、博古會見蔣介石。先由王明介紹共產國際和中共中央對抗戰形勢和兩黨關係的一些意見和建議，周恩來就成立兩黨關係委員會，議定共同綱領發表了意見，蔣介石對談話表示滿意。最後要求「王明留漢相助」。他們跟蔣介石建立了良好的工作關係，中共軍隊指揮員也到武漢去跟國民黨聯絡會商，中共軍隊辦報紙等，都得到允准，宣傳工作轟轟烈烈，一時間武漢取代延安成了中共的抗日中心。毛澤東後來耿耿於懷地把他在延安的地位叫做「留守處」。

　　12 月 23 日，中共中央代表團與長江中央局召開第一次聯席會議。因爲代表團與長江局在組成人員上大致相同，爲了工作便利起見，決定合爲一個組織，對外稱中共中央代表團，對內稱中共中央長江局，成員有王明、周恩來、博古、項英、葉劍英、董必武、林伯渠，以王明爲書記、周恩來爲副書記。

　　王明在漢期間，以中共領袖的姿態，廣泛結交各界人士，

出席各種會議，做了許多有利於團結抗日的工作。1938 年 1 月 12 日《新華日報》創刊第二天，王明撰寫的〈團結救國〉社論中說：「抗日高於一切，一切服從抗日，應當是大家共守的信條。」「一切為著抗日民族統一戰線，一切經過抗日民族統一戰線，應當是大家工作的方向。」1 月 29 日他在撰寫的〈關於建立新的軍隊〉的社論中提出：「建立新的軍隊的目的，是要建立眞正的統一指揮、統一編制、統一組織、統一武裝、統一待遇、統一補給、統一政治工作和統一作戰計劃的國防軍，就是說，完全統一的國防軍。」「我軍目前戰略方針，似宜以運動戰為主，配合以陣地戰，輔以游擊戰。」公開宣布否定了毛澤東已經提出並堅持實行的獨立自主的游擊戰那一套，取而代之以新的一套。

1938 年 2 月，在延安召開政治局擴大會議，會上多數人支持王明。會議決議說，要抗日就必須「統一紀律、統一作戰計劃、統一軍事指揮」，還說：「今天只有日本法西斯軍閥及其走狗、漢奸、托派才企圖打倒國民黨。」毛澤東堅持的借抗戰之機發展壯大中共力量，把黨派利益凌駕於國家利益之上，只要黨不要國的主張，遭到黨內多數人的反對。

評曰：支持援助中國國民政府的抗日戰爭，是莫斯科遠東戰略的重要部分，為了實現這一目標，1938 年 8 月，蘇聯同中國政府簽訂了《中蘇互不侵犯的條約》。11 月組建了「蘇聯志願航空隊」援華作戰，直到 1942 年 6 月蘇德戰爭爆發，大規模援華才中斷。在這期間，蘇聯向中國國民政府提供 2.5 億美元的低

息貸款。先後向中國出售 1285 架飛機和其他物資，幫助中國建立了航空供應站、飛機修配廠和航校、訓練基地，以輪換方式派遣軍事顧問和技術人員 5000 餘人。

　　莫斯科這一戰略思想，反映了蘇聯人民、中國人民以及一切反對日本侵略的各國人民的共同願望。王明回國後提出的「抗戰高於一切」，「一切為了抗戰」，是貫徹共產國際和斯大林的戰略意圖，不是他個人的意見，也是符合全中國人民願望的。

注釋

（1）《張聞天年譜》上卷。第 367 頁。

（三）共產國際支持毛澤東的錯誤抗戰方針的危害

　　1938 年 9 月召開的中共六屆六中全會是在共產國際大力支持和指導下召開的。當時共產國際剛剛改選，新的主要領導人季米特洛夫要大力改進領導工作，加強和各國共產黨的聯繫。毛澤東以敏銳的洞察力，派出一支特別梯隊到共產國際，謀求共產國際對我毛澤東的理解和支持。

　　1938 年 4 月初，中共中央決定派劉亞樓去蘇聯學習和治病（劉沒有病）。出國前，劉亞樓被任命抗大教育長，住在鳳凰山毛澤東窯洞旁。夜間到毛澤東住處幫助整理文件，認真閱讀毛澤東指定的〈中國革命戰爭的戰略問題〉，〈論反對日本帝國主義的策略〉等文章。毛要他把中共黨內歷史上幾次所謂的錯誤

路線的危害向國際彙報,並囑咐把幾篇重要文件,包括遵義會議《決議》送交國際總書記季米特洛夫,轉呈斯大林。要求劉亞樓與先期到達莫斯科的任弼時聯繫,商討向國際領導人彙報內容,並看望早年到莫斯科的王稼祥,轉達向國際領導人詳細彙報的意見。

王稼祥是1936年底1937年初,赴蘇治傷的。在他療養康復階段,接替康生擔任中共駐共產國際代表團團長。他利用各種機會,向斯大林和國際執委書記季米特洛夫介紹毛澤東和朱德在中共中央領導集體的影響和作用。王稼祥原是從蘇聯勞動大學學習回國的,參加了江西共軍西逃,與毛一起行軍。遵義會議後是毛、周、王三人團的一員,參加了指揮和決策。他的介紹受到國際領導人的重視,這對改變國際對毛澤東的看法起來很大作用。

1938春,中共中央同意王稼祥回國工作的請求,改由任弼時接任駐國際中共代表團團長。1938年6月共產國際執委會舉行會議,專題討論中國革命形勢問題。會議由季米特洛夫主持。王稼祥應邀作了發言。任弼時也彙報了中國抗日戰爭最新形勢的發展情況。共產國際執委會偏聽了王稼祥等情況彙報和發言,作出《關於中共代表報告決議案》,錯誤地認為中國共產黨在抗日戰爭中的路線是正確的。令王稼祥將決議案帶回,交給中共中央。在王稼祥回國前夕,季米特洛夫專門約見王稼祥和任弼時,代表國際執委會對中國黨的領導人選提出了意見。季米特洛夫說:「共產國際執委會認為,中國共產黨的領導人毛澤東同志,是一位久經考驗的馬克思列寧主義者。中國共產黨目前仍然應該堅持與國民黨又合作又鬥爭的原則,但要警惕重犯

第一次國共合作的錯誤。你們應該告訴中國共產黨全體黨員，應該支持毛澤東同志為黨的領導人，他是一位在中國革命的實際鬥爭中鍛鍊出來的領袖，也應該告訴王明同志，不要再爭吵了。」

7月，王稼祥攜帶著蘇聯祕密援助中共的一小批武器、物質，還有30萬美元和一批法幣，乘飛機進入新疆迪化。在由迪化回延安途中，遭遇土匪劫車脫險。毛澤東、張聞天等在延安的中央領導人對王稼祥平安歸來給予了熱烈的歡迎。

王稼祥詳細的彙報了季米洛夫口頭指示、國際決議案，並將帶回的武器、現金清單交給毛澤東。毛澤東和張聞天商定，由王稼祥在政治局會議和六屆六中全會上正式傳達。在武漢的王明接到召開六屆六中全會通知，電告延安會議應在武漢召開。毛、張回電不同意在國民黨統治區召開中共會議。隨後又給王稼祥來電，要王速到武漢向他彙報。王稼祥經毛、張同意給王覆電，嚴厲指出：「請按時來延安參加六中全會，聽取傳達共產國際的指示。你應服從中央的決定，否則一切後果由你負責。」王明看後，改變了態度，於8月29日動身回延安。

9月29日至11月6日，擴大的六屆六中全會在延安橋兒溝舉行。會上王稼祥傳達了共產國際支持毛澤東和毛堅持的錯誤抗日策略方針的指示。王明做了長篇發言。毛澤東做了兩次發言。11月6日下午，毛澤東做會議總結發言，有針對性地強調兵權問題的重要，他說：「過去十年的蔣介石是反革命的，為了反對革命，他創造了一個龐大的中央軍。有軍則有權，戰爭解決一切，這個基點，他是抓得很緊的，對於這點，我們應向他學習。辛亥革命，一切軍閥，都愛兵如命，他們都看重了『有

軍則有權』的原則，在兵權問題上，患幼稚病必定得不到一點東西。」大會根據共產國際常委會書記季米特洛夫的指示精神，通過了《抗日民族自衛戰爭與抗日民族統一戰線發展的階段》政治決議案，重申中共黨獨立自主的開展敵後武裝鬥爭方針。

評曰：1938年底中共召開的六中全會，是中共黨史上一次重要會議。主要是為貫徹季米特洛夫指示精神召開的，在整個抗日歷史過程中產生著重大影響。季米特洛夫講話的錯誤主要有3點。

1. 肯定毛澤東提出的「一分抗日、二分應付、七分發展」錯誤方針。「一分抗日」是不抗日、「二分應付」是假抗日、把主要力量放在發展共產黨勢力上。把黨派利益放在全國人民抗日利益之上，要黨不要國。如果國民黨也像共產黨那樣，誰來抗日？中國人民豈不都得當亡國奴？

2. 肯定毛澤東在中共黨的領袖地位。六屆六中全會前，王明批評毛澤東抗日方針的嚴重過失，中共高層領導不少人是同意王明意見的。肯定毛澤東的領袖地位、肯定毛澤東的錯誤抗日方針，就是說，毛澤東的一切都是正確的，都得服從。這就為毛澤東獨斷專行，一人說了算，埋下了禍根。

3. 不顧一切的發展武裝，抓軍權，不是為了抗日的需要，而是為日後打敗國民黨軍，這就必然在敵後重演國共內戰，削弱抗日力量。

　　六屆六中全會後，敵後國共兩軍交戰時有發生，有時打得難解難分，雙方都有損失和傷亡。下面是山西國共兩軍交戰一例。

　　六屆六中全會後，中共華北地區發展很快，其中山西最爲突出。閻錫山認爲這對他的存在構成威脅，於是他對聯共抗日政策產生懷疑。他對他的高級將領說：「抗戰以來晉綏軍抗光了，唯獨八路軍不但沒有減少，反而增強了，再加上犧盟會、決死隊（新軍），今後還有我們晉綏軍立足之地嗎？」1939 年 3 月 25 日，閻錫山在陝西宜川縣秋林鎮召開高級幹部會議，放出了「抗日第二」、「防共第一」的信號。他說，共產黨不抗日，只搶占地盤，犧盟會、決死隊都是以閻錫山的名義建立的，我只掛了個空名，實權逐漸轉到共產黨手中，爲了搶回被共產黨奪走的地盤。閻錫山委任陳長捷爲「剿叛軍」總司令，11 月 29 日開始閻軍向新軍（決死隊）展開攻擊。毛澤東同王稼祥於 12 月 6 日、30 日、31 日致電八路軍總部，如閻軍進攻，堅決反擊，予以消滅。

　　1940 年 1 月初，八路軍新 358 旅和決死隊，在晉西北林縣地區向閻軍趙承綬部展開反擊，殺傷趙部一萬餘人。

（四）蘇德條約的簽訂，毛澤東聯蔣抗日策略的改變

　　1939 年 8 月 23 日，蘇德簽訂互不侵犯條約，瓜分波蘭。波蘭模式是毛澤東期盼的。9 月底斯諾問毛澤東：「蘇聯對中共的幫助是否會採取占領半個波蘭那樣的形式？」毛肯定地答覆：「按照列寧主義，中國這種可能性是存在的。」斯大林如果

眞和日本人瓜分中國，毛自然會當上中國半壁江山的統治者。

按波蘭的模式瓜分中國，正是斯大林此時的中國政策。蘇德條約簽訂後，蘇聯開始了跟日本談判，中國問題是談判的中心內容。毛澤東認爲蘇日談判中，中國實力越強，占地越多，斯大林討價還價的空間就越大。毛澤東看準了擴大地盤的好處，1940 年 2 月 22 日毛澤東給共產國際報告表決心說，在內戰中「勝利總是我們的」，「在河北我們殲滅六千人，山西一萬人。」斯大林爲了表示對毛的讚許，3 天後批准給中共中央每月 30 萬美元的援助。

毛澤東開始籌劃改變抗戰初期聯蔣抗日爲聯日反蔣的策略。他派潘漢年負責同日情報機關聯繫。潘漢年與日本駐上海副總領事高級情報員岩井英合作，相互交換情報。岩井給了潘漢年一張日本駐上海總領事簽發的特別證件，上面註明凡日本軍、警、憲如對持證人有所查詢，請先與日本總領事聯繫。潘漢年給岩井提供的情報有蔣介石抗戰的實力、蔣與中共的矛盾衝突，以及與列強的關係，英美情報人員在香港、重慶的活動訊息等，日本方面對這些情報評價很高。日本占領香港時，岩井派專人把中共在那裡的情報人員安全撤走。這些人一部分去內地，繼續幫助搜集國民黨情報，一部分轉移到上海幫助搞「和平運動」。這是個日本脅迫中國投降的非武力運動。據一位當時中共情報人員回憶：「僞組織機構中，大量充斥我們的同志。」「上海兩次破獲三民主青年團組織，一次在江西日本人對忠義救國軍的圍剿，都是我們黨在日本人的合作之下的傑作。」

在華中潘漢年與日本方面，通過華中日軍派遣軍謀略科長都甲大佐達成默契。新四軍保證東南鐵路交通，暢行安全，日

本人對新四軍在農村發展不問不聞。

據《延安日記》記載:「我們發現延安和日本做交易。他們不僅和日本人在進行貿易,而且他們和日軍司令部直接聯繫,派了他們最得力的幹部潘漢年、楊帆到日軍司令部和日軍談判,在日本人那裡討到了好處,日本人把蘇北七個縣城給了他們,條件是一起消滅國民黨軍隊。」

當時民辦的《時事公報》,1941 年 7 月 24 日(民國 30 年 8 月 7 日)揭露共產黨與岡村寧茨訂立如下密約:(一),八路軍與日軍攜手共同打擊中央軍;日軍贈共軍小兵工廠十座;共軍將中央軍作戰計劃告訴日方。

1940 年 5 月,抗日戰爭到了緊急關頭,日軍對重慶加強了轟炸力度。在六個月時間內,重慶承受炸彈噸位等於日本在整個太平洋戰爭承受的炸彈的三分之一。一場空襲下來,成千上萬的平民被炸死,慘不忍睹。同時日軍沿長江逼近重慶,日本要法國關閉滇越公路、英國關閉滇緬公路,封鎖中國對外交通,斷絕軍用物資的接濟。蔣介石國民黨抗戰面臨著空前的困難和危機。毛澤東對這災難的看法是希望日本打下重慶,引起蘇聯出兵干涉。(1)

在朱德離開八路軍總部後,主持八路軍指揮權的彭德懷於 1940 年 7 月 22 日,以朱德、彭德懷、左權名義簽署發布破襲正太路或其他各鐵路命令。命令說,為打擊敵人的囚籠政策,打破敵進犯西安之企圖,爭取華北占據更有利的發展,影響全國的抗戰局勢,「決定趁目前青紗帳與雨季時節」,「大舉破擊正太路」,「其他各重要鐵路線,特別是平漢、同蒲,應同時組織有計劃之總攻襲,配合正太鐵道戰役之成功」。這一註明「十萬

火急」的絕密電報發到延安，立即被抄送毛澤東、王稼祥、朱德（朱已在延安）、洛甫、王明、康生、陳雲、鄧子恢、任弼時、譚啓龍和作戰局。命令決定 8 月 10 日起事。報告兩次送到毛澤東手裡，毛均未表態。彭德懷只知道毛澤東公開發表的國共聯合抗日的言論，卻不了解毛內心的陰謀詭計，又第三次電告毛澤東，毛仍未回音，彭就不等回覆，下令在 8 月 20 日發起攻擊，這就是著名的百團大戰。

彭德懷不了解毛澤東的險惡用心，貿然發起百團大戰。毛不表態，保留了兩個權利，他可以讚許，也可反對。

百團大戰進行了一個月，它主要的不是攻擊日本軍隊，而是破壞交通要道、戰略區經濟設施。日本《華北方面軍作戰記錄》稱：「此次襲擊，完全出乎我軍意料之外，損失甚大。」供應東北鞍山鋼鐵廠的井陘煤礦遭到嚴重破壞，「至少半年以上不能出煤。」日軍不得不把進攻蔣介石國軍的一個師調回來，暫停奪取通向華南的鐵路交通。

百團大戰在國統區影響很大，周恩來從重慶給毛澤東電報說：「百團大戰影響極大，蔣也說好。這裡的報紙登大字新聞。」百團大戰的勝利傳到延安，毛澤東迫於輿論只得給彭德懷發電報說：「百團大戰真令人興奮，像這樣的戰鬥是否還可組織一兩次？」9 月 18 日，延安兩萬人集會慶祝「百團大戰」的勝利，大會還發出致朱德、彭德懷及八路軍前方戰士的慰問信。

不久，毛澤東改變態度，他嚴厲批評百團大戰，抗戰後期專門召開華北會議，批彭德懷發動的百團大戰，1959 年廬山會議期間，毛澤東又重算彭德懷發動百團大戰的舊賬。毛澤東批評百團大戰的理由很多，但深處使毛澤東痛心的是百團大戰發

動後，減輕了日軍對蔣介石的打擊，也就減少了日軍占領重慶使蔣介石政權儘快垮台的可能性，也就減少了蘇聯出兵干預的條件，打亂了毛澤東的戰略部署，幫了蔣介石的忙。

日軍的進攻，沒有打敗蔣介石，引來蘇聯出兵干涉。百團大戰後，毛澤東籌謀尋找新的時機，發動內戰，把蘇聯人拉進來，一起推翻蔣介石。新的戰機來了，當時共產黨主要軍力在江北，蔣介石爲了避免國共火拼，他提出讓江南新四軍撤離江南過江北上。1940 年 7 月 17 日，蔣介石正式發布命令，限新四軍一個月撤出。

毛澤東不理會蔣介石的指令，他想激怒蔣介石，展開全面內戰。他對周恩來說，如果打起內戰，這時蘇聯就會出面「調整」，蔣介石就怕蘇聯進來同日本一起瓜分中國。一個月期限過去了，期限到了，毛仍按兵不動，10 月 19 日，蔣介石再次重申，新四軍必須在一個月內北移到規定地區，否則一切後果自負。

在蘇日商談合作條約時，蘇聯外交部長莫洛托夫展開了與德、意討論中國的外交活動。德、意對蘇、日瓜分中國不感興趣，日本也無意與蘇聯瓜分中國，從日政府在 1940 年 10 月 10 日公布的文件顯示，日只同意外蒙古、新疆爲俄的勢力範圍，承認陝甘寧爲中共根據地。日本不同意蘇的聯日策略，日本想要獨占中國。莫斯科無法同日本達成協議，莫洛托夫活動失敗了。

1940 年 11 月 7 日，毛澤東電報莫斯科，強烈的要求批准他打內戰。電報由毛本人簽署，直接發送斯大林、季米特洛夫、

國防部長鐵木辛哥。毛報告提出：「出15萬精兵抄國民黨軍後方，打幾個大勝仗。」斯大林不同意國共打內戰，不會出兵中國，要求國共合作拖住日本。11月25日，斯大林命令毛：「目前暫時不要動，爭取時間。」「不要首先挑起軍事行動。」「如果蔣介石攻擊你，你必須全力反擊，在這種情況下，分裂、內戰的責任就都落在蔣介石頭上。」

10月19日，蔣介石再次重申，新四軍必須在一個月內北移到規定地區，否則一切後果自負，毛只好同意北撤。新四軍過江有兩條路：一條經皖東的繁昌、銅陵；另一條走長江下流蘇南鎮江。12月10日，蔣介石規定項英走皖東路，其原因是鎮江一線國民黨韓德勤部正和新四軍打仗，怕項英部去參戰。毛澤東批准項英率新四軍軍部走皖東這條路。蔣介石下令給顧祝同，准新四軍軍部走皖東路，不准走蘇南路。12月30日，毛澤東電令項英走蘇南路即鎮江過江，但沒有通知蔣介石，蔣仍然認為項英是走皖東線。蔣於1940年12月通知新四軍長葉挺重走皖東線，並說沿途已令各國軍掩護。

1941年1月4日夜，項英率軍部離開雲嶺後，即向蘇南灣灘、章家渡渡河，向茂林集結，進入國民黨十幾萬大軍駐紮區。國民黨軍沒有接到讓路的通知，以為新四軍是挑釁。顧祝同在1月6日晚發布攻擊命令，7日戰鬥打響，直到9日，新四軍大部被打散，項英逃離，部隊混亂。14日葉挺被俘，項英被叛徒殺害，整個新四軍有7000人戰死或被俘。

項英在戰鬥打響後，慌張地一封又一封的發電報給延安，要求毛澤東向國民黨交涉，但毛澤東卻毫無動靜。直到9日，劉少奇得知這一戰失利後即電毛澤東。毛才回電說5日以後就

沒有得到過項英的電報，他什麼情況也不了解。毛沒有接到項英電報，在這緊張時刻，為什麼沒有設法聯繫？10日，項英電報給毛，請求速向蔣、顧交涉，毛澤東仍然不理，項英直接給蔣發電，請求蔣解圍，電報由毛轉發，毛再次將電報扣壓。毛說，項英這封電報比前一封「立場更壞」，不轉發。毛的目的是讓蔣介石打了第一槍，藉機發動全國內戰，蘇聯定要出兵中國干涉，實現蘇日瓜分中國、消滅蔣介石的目的，在蘇軍占領區，建立共產黨領導的蘇維埃共和國。

毛澤東聲稱皖南事變新四軍沒有放第一槍，進攻新四軍的是蔣介石。我們有理由向蔣介石發起全面反攻，推翻蔣介石統治，這就要求斯大林幫助，光靠共產黨的力量是打不贏蔣介石的。1941年1月15日，毛澤東讓周恩來去見蘇大使潘友新請蘇援助，潘對周態度冷淡，給周頭上潑了一瓢冷水。毛澤東直接向斯大林呼籲懇求幫助，電報一封接著一封，毛說蔣介石的計劃全殲新四軍，然後消滅八路軍，「摧毀中國共產黨」，「我們有被斬盡殺絕的危險」，要求蘇聯給以軍事援助，要蘇聯出兵。斯大林對此不快，他認為毛說了謊話。斯大林在1月21日紀念列寧的一次集會儀式上，譴責新四軍軍長葉挺是「一個不守紀律的打游擊的」，「查查皖南事變是不是他挑起的」。季米特洛夫明白斯大林是在含沙射影暗指毛。2月23日斯大林電告毛澤東：「我們認為破裂不是不可避免的，你不應該竭力製造破裂。」毛澤東當天回電：「服從您的命令。」

顧祝同在1月8日上午，了解整個戰場開展情況後，通過電話正式報告蔣介石、軍令部部長徐永昌，說明新四軍不遵守指定路線北上，非要向鎮江一帶渡江，參加攻擊韓德勤軍。蔣

介石於 9 日開始找白崇禧等具體討論應付辦法。白等主張擴大
戰果，乘勢向陝北、華中、華北「進剿」，消滅新四軍、八路軍。
蔣介石明確表示不同意這種做法，他在日記中批評白崇禧：「健
（即白健生——白崇禧名字——作者注）欲在此時消滅共黨軍
隊，此誠不識大體與環境之談，明知其不可能而強行之。」再
三表示，「對中共決以消滅其組織爲主，而對其武力次之。」指
示顧祝同「對皖南新四軍，余只求其遵命渡江」，放其北移。直
到顧祝同隨後來電說明已全殲新四軍軍部，俘虜軍長葉挺等之
後，才同意白崇禧等提出的取消新四軍番號、葉挺交軍法審判。
在正式做出決定時蔣還表示：「再考慮一夜再說。」以後又經過
一整天的反覆斟酌，到 1 月 16 日晚才最終下決心，同意照白崇
禧意見行事。

　　1 月 19 日，蔣介石請蘇聯調停，蘇聯提出讓新四軍留在長
江流域，中共奪取別的地區地盤照樣不干涉，蔣介石都一一答
應。3 月 6 日，蔣介石在國民參政會上聲明：「以後也絕無剿共
的軍事，這是本人可負責聲明而向貴會保證的。」

　　毛澤東企圖通過皖南事變擴大全面戰爭，蘇聯出兵干涉，
蘇聯未出兵。當時蘇聯一時無法同日本達成協議，這意味著日
本仍然可能掉頭來進攻蘇聯。斯大林當務之急是要國共合作，
拖住日本。剛要派往蔣介石當軍事顧問的崔可夫問斯大林爲什
麼派他去「幫蔣介石者，而不是幫中國紅軍」？斯大林說：「你
的任務是把日本侵略著的手牢牢地拴在中國。」

　　4 月，蘇聯同日本簽訂了「中立條約」，條約是日本得以放
手進攻中南亞。不是蘇日瓜分中國，中國沒有當上波蘭。

　　至此，毛澤東想通過皖南事變擴大全面戰爭，迫使蘇聯出

兵干涉的謀劃失敗了。

評曰：皖南事變過程中，毛澤東命令項英走皖南路，從鎮江渡口過江，沒有通知蔣介石，誤入國軍防區，遭國軍包圍。項英幾次發電報給毛澤東，要求毛給蔣介石通知國軍放行，毛置之不理，害死項英。直接原因是毛想激怒蔣介石挑起内戰，引來蘇聯出兵干涉，還有一個陰險目的，1932 年項英中央局寧都會議，免了毛中央紅軍一方面軍政治委員職務，丟了軍權。這件事，毛澤東一直耿耿於懷，多次談起這件事，忿忿不平。皖南事變項英撞到了毛澤東「槍口」，害死項英，報了這個仇。

注釋

（1）《毛澤東鮮爲人知的故事》。第 193 頁。

（五）種植鴉片，銷售國統區，毒害國統區人民

1941 年初，毛澤東借新四軍部奉命北上之機，居心叵測地挑起皖南事變，國共翻臉，國民黨停止撥發經費，邊區經費陷入極大困難。爲了度過難關，1941 年，邊區政府通過開發食鹽，增加稅收，清理公產，發行建設公債，增收公糧、公草（甘草），發行邊幣等。想盡一切辦法，年終結帳還差 568 萬元（法幣），占歲入 22%。這筆開支不解決，邊區將有一部分人受凍、挨餓、死亡。爲了解決面臨的這個難題，毛澤東示意財政廳長南漢宸

做販賣鴉片生意。根據毛澤東密令,南漢宸親自帶領武裝緝私隊到保安司令部軍需處繳獲「肥皂」(鴉片)十三箱。這批毒品一出售,邊區財經困難,一下子就解決了。南漢宸不負毛的厚望,深得毛的讚許。

鴉片價格特別高,同當時延安物品價格比較,小米一斗為125元(法幣),鴉片一兩是1400元,即鴉片一兩,值小米11、12斤,鴉片一斤值小米5376斤。延安時期,糧食供應標準每人每天吃糧一斤四兩,以此標準計算,只需1000斤鴉片,即可支付一萬人一年的口糧問題。從發展鴉片入手,解決延安邊區經濟困難,這是毛澤東策劃已久的。

1942年2月,毛澤東召見南漢宸。毛澤東親切的緩緩的說:「關於經營土特產(鴉片)的事兒,許多同志都有反對意見,而且相當的尖銳,這件事是我授意你辦的。今天我找你來,想聽聽你的意見,是繼續辦呢,還是不辦?」從毛澤東談話表情看,他的態度是肯定的,只不過要走走下面反映意見的形式而已。南漢宸很自負的說:「我們眼下是棧道已毀,只剩下暗渡陳倉一條小路了。不走這條小路我們就得憋死,困死,餓死,除此之外,不會有第二種結論。」南說的「明修棧道」是指運鹽。難說當時儘管已經想盡了一切辦法,1941年財政收支還是虧空40%,現在會計手裡一個錢也拿不出來。邊區五萬多部隊、機關、學校要正常地工作學習下去,只剩下一條我們不能不走的陳倉小路。這就是種植鴉片、販賣鴉片。毛澤東表示「你的意見很好」,他拍板同意大量種植鴉片。兩人暢談了四個小時。

共產國際聯絡員《延安日記》作者彼得、費拉基米洛夫在書中披露毛澤東在一次政治局會上說:「種植、加工和出售鴉片

到蔣管區，毒害那裡的人不是好事，像大家說的有罪，不這樣，我們共產黨就生存不了，顧不得那麼多了。」在目前形勢下，鴉片是要起打先鋒的革命的作用，忽視這一點就錯了。中共中央政治局形成了一致的認識，支持毛澤東的看法，達成了統一意見。政治局任命任弼時為鴉片問題專員。隨後任弼時召開會議傳達政治局會議精神說：「政治局討論了經濟困難問題，找出了一個相當別出心裁的辦法，批准發展公營的鴉片生產與貿易。」同時決定，作為緊急措施，要求一年內為國民黨中央政府所轄各省的市場（叫作對外市場）至少提供一百二十萬兩鴉片。鴉片的種植與加工，大部分將由部隊來管。任弼時宣布中共中央鴉片交易的命令，把鴉片運到延安或其他特區指定地點。從那裡運往國統區中央政府所轄各省，以高價出售。中共中央決定成立西邊財經辦事處，統一領導陝甘、晉綏兩區財政，任命賀龍為主任。

在這次會議後，根據毛澤東的指示，延安地區大量生產鴉片的任務全面鋪開。邊區機關所屬各局、各縣及下屬機構、部隊駐軍各團部承擔鴉片生產任務，一時做鴉片生意形成高潮。生產出來的鴉片，成立銷售公司，在國統區接壤地區建立商店。商店林立：120師後勤部有晉綏過載棧、359旅旅部有大光店、中央警衛團有民興店、延安邊區教育廳有匯興隆店、獨一旅有大成永店、延安地委有公裕棧等，爭相出售鴉片。

據《財經史料》第四冊第73頁記載，1941年8月15日到11月30日，平均賣出鴉片3000斤，1942年賣出鴉片3.12萬斤，1943年賣出鴉片3.6萬斤。1944年賣出數更大，又據《財經史料》第6冊，第426—427頁記載，邊區鴉片貿易收入統計：

1942 年 139623000 元（邊幣）占稅收入百分之 40.00%。1943
年 65347927 元（券幣）占稅收入 40.82%，1944 年 135,388,778
元（券幣）解決財經開支 26.63%，1945 年 757,995,348 元，解
決財經開支 40.07%。出售鴉片換回法幣、金銀和必需品：棉花、
洋紗、土布、軍工器材、電訊器材、醫藥器材等。滿足了邊區
各種急需。以毒害國統區人民換回商品，過上了所謂「豐衣足
食的日子」，就這是幽靈附體的毛澤東及共產黨人幹的。至今還
有一些受黨文化較深的老人，還說當年那樣做是不得已而為
之，為其罪行開脫。

　　評曰：鴉片是毒品，吸鴉片毀身體，傾家蕩產，
家破人亡。有的為了鴉片偷盜搶劫，行兇殺人，什麼
壞事都敢做，禍害無窮。販賣鴉片做的是亡國滅種，
出賣良心，傷天害理罪惡勾當。毛澤東把國統區人民
當作敵人，在延安邊區生產，出售鴉片毒害國統區人
民，這和日本帝國主義在中國建立製毒廠，製造毒氣
彈、細菌彈殺害中國人民有什麼兩樣？日本在中國製
造滅絕人性的毒氣彈、細菌彈是日本法西斯頭子天皇
下旨幹的，延安地區種植出售鴉片是共產黨黨魁毛澤
東下令幹的。毛澤東共產黨和日本法西斯天皇有什麼
兩樣？都是殺人不眨眼的一丘之貉。
　　蔣介石內戰失利，退至台灣，心情沉重。美國政
界有人建議，美國可以向中國大陸投放原子彈，幫蔣
復國。蔣介石堅決反對，他說人民是無辜的，不能因
為報復共產黨殃及人民。表現蔣介石的大度胸懷，高

尚品德。而毛澤東只不過是嫉惡如仇的跳樑小丑。

人們都知道有個著名的南泥灣，也知道南泥灣359 旅有個戰士叫張思德。他是怎麼死的？張思德是在南泥灣燒製鴉片的瓦窯坍塌被活埋而死的。毛澤東1944 年8 月專門為張思德之死寫了一篇〈為人民服務〉的悼文，稱張思德是為了人民利益而死的，否，不是的，張思德是為製造鴉片毒害國統區人民而死的，毛稱讚張思德之死比泰山還重，否，張思德之死是沒有價值的一錢不值，比鴻毛還輕。毛澤東把張思德這個參加製毒害人的、歌頌為人民服務鞠躬盡瘁的英雄，這是混淆是非，顛倒黑白，極卑鄙極醜惡的行徑，令人不恥。那幅以假亂真的「為人民服務」大標語，多少年來一直懸掛在天安門廣場城樓牆壁上，影響極壞，蒙蔽毒害了幾代中國人。那是毛澤東共產黨為非作歹，編造謊言的證據，早就應該把它和製造謊言的毛澤東的像一起拿下，燒掉它或扔進垃圾箱。

（六）毛澤東發起延安整風運動（壹）

整風運動說明白點，就是整人運動。什麼人挨整，什麼人不挨整，標準是什麼？標杆就是毛澤東。以毛澤東為軸心，反對他、懷疑他、不信任、半信半疑的都得挨整。具體說來，主要是兩種人，一是中共高層領導人中堅信馬列主義的。這部分人多半是從蘇聯學習回國的；二是抗戰初期，從國統區投奔而來受過民主教育的青年知識分子。整風，分思想清理、審幹、

政治甄別，如果加上整風預備階段，就是四個階段，每個階段都貫穿著整人。整風最終目的就是把毛澤東捧上中共黨領導的最高峰。

毛澤東說：「整風運動是馬列主義思想教育運動。整風從學習馬列主義開始。」中共六屆六中全會後，中央成立了幹部教育部，張聞天任部長，規定學習制度、制定學習計劃、成立學習組織，很快在延安掀起了理論學習高潮。這時延安策劃出版馬、恩、列、斯的著作數量之多、規模之大是空前的。先後有《馬恩叢書》12 種、《列寧選集》20 卷、《斯大林選集》10 餘卷，還有不少中外哲學、社會科學著作。中央領導人包括毛澤東在內，大都積極參加讀書。毛澤東頭兩年還參加了「延安哲學會」，請何思敬講黑格爾哲學和克勞塞維茨的《戰爭論》。毛澤東一再講話（如 1938 年 12 月 13 日在檢查工作幹部晚會上的講話，1939 年 5 月 20 日在幹部教育會上的講話）讚揚這項工作開展得好，但到 1940 年後，毛澤東逐漸發現在中央高層領導人中，只學馬列不讀我毛澤東著作。在中央領導人中，對毛澤東許多重要著作也未看重，例如劉少奇在 1941 年〈答宋亮同志〉信中說，中共黨內「偉大的著作還沒有出來。」同年 5 月鄧小平在 120 師一次會上講文化方針時，未提《新民主義論》反而大段引證張聞天講話。同年 8 月 27 日，張聞天在政治局會議上當著毛澤東的面說：「現在中國同志還沒有人能寫一本馬列主義中國化的書。」毛澤東對此深感不滿。

1941 年 5 月 19 日，毛澤東在延安幹部會議上作《改造我們的學習》的報告，一語驚人，提出必須對我們的學習來一個根本改造。他說的「改造」就是改變學習內容，不學馬列主義

著作，改學毛澤東著作。馬列主義是共產黨的「聖經」，基督徒不能不學《聖經》。毛澤東感到不能直接批評否定馬列主義，應批評學習馬列主義，比他水平高的人，給他們戴上「教條主義者」的帽子。在《改造我們的學習》中，毛澤東指責教條主義者「不注重研究現狀、不注重研究歷史」。

　　毛澤東說的「現狀」是指抗日戰爭爆發初期開展全民抗戰狀況。王明回國提出共產黨應在國民黨領導下，集中全部精力投入抗日戰爭，戰勝日本帝國主義。毛澤東提出「一分抗戰」，應把主要力量，放在發展、壯大自己，有一些領導幹部支持王明，不支持毛澤東。毛澤東在這裡批評不研究現狀，指的這一批人，要求他們要黨不抗日。毛澤東的所謂「不注重研究歷史」，是指 1927 年春天，共產黨在上海領導上海工人武裝起義，推翻了舊政府，成立了上海人民公社，掌握了部分武裝，同國民政府蔣介石北伐軍相對抗，蔣介石在「4.12」清黨，鎮壓了上海人民公社，繳了上海工人糾察隊的械，屠殺華東地區共產黨員。毛澤東要求教條主義者不要忘記當年共產黨由於反對國共統一戰線、危害國民革命，遭蔣介石屠殺這一段不光彩的歷史。毛澤東報告中極力推薦研究馬克思列寧主義，又應以《蘇聯共產黨（布）歷史簡要讀本》為中心材料。他說：「《蘇聯共產黨（布）歷史簡要讀本》是一百年來全世界共產主義運動的最高的綜合和總結，是理論和實際結合的典型，在全世界還只有這一個完全的典型。」這部書是斯大林獨裁專制的經驗總結。這是在共產主義運動上流毒甚廣的著作。1991 年蘇共解體後，蘇聯史學界對其進行了深入地研究和批判。

　　《改造我們的學習》報告後不久，由張聞天主管的馬列學

院改組，基本上停止了馬列著作的翻譯和編輯工作。毛澤東認
為照以前那樣學下去，只能繼續立「洋教條」（整風中普遍把馬
恩列斯的言論稱為教條），被他稱為馬列主義和中國革命相結合
的思想（即：毛澤東思想）不但立不起來，還會被沖淡和貶低。
毛澤東說：「我常覺得馬克思主義這種東西，是少了也不行，多
了也不行的。」實際是說馬克思主義少了在黨內好像沒有理論
水平，被人瞧不起；多了用處不大，反而會壞事，自己也做不
到。很明顯在毛澤東看來，無論是張聞天本人的理論還是他主
管的全黨學習馬列著作，都是典型的教條主義，是馬克思列寧
主義中國化（毛澤東思想）的最大障礙，要進行全黨整風，首
先應反對教條主義。

　　1941 年 9 月 10 日毛澤東在中共中央政治局舉行擴大會議
上發言，批評土地革命戰爭時期，特別五中全會到蘇維埃運動
後期教條宗派集團所犯的嚴重錯誤。「它形態更完備，統治時間
更長久，後果更悲慘。這是因為這些主觀主義者自稱為『國際
路線』穿上馬克思主義的外衣，其實是假馬克思主義。」

　　中共八七會議決定發動全國武裝暴動，發生了瞿秋白的
「左」傾盲動錯誤路線、李立三進攻大城市的「左傾」錯誤。
毛澤東領導的秋收起義也是在這種錯誤路線指引下發生的。蘇
維埃運動後期某一階段，毛澤東也擔任著重要領導職務，這時
發生的錯誤，他也應承擔一定的責任。這裡的講話，暴露出毛
澤東「一切功勞歸自己，一切錯誤推給別人」蠻橫無理的惡劣
氣質。

　　在大會批評氣氛的壓力下，博古兩次發言做檢討，承認自
己完全沒有實際經驗，在蘇聯學的是德波林主義的哲學教條，

又搬進了蘇聯社會主義建設教條和西歐黨的經驗。他表示一定有勇氣研究過去錯誤，希望大家幫助他逐漸改正。張聞天做了兩次發言，表示擁護毛澤東的批評，承認當時是路線錯誤，他是負責人之一，應當承擔責任。王明發言，堅持說四中全會的政治路線是正確的，說博古是「蘇維埃後期最主要的錯誤負責者」，到會者的發言幾乎是一致的，同意毛澤東的分析批評「左」傾路線錯誤。會議決定在全黨發動思想革命，反對主觀主義和宗派主義。

10日以後的幾天會議，主要是對張聞天展開批判鬥爭。因為張聞天為人正派，馬列主義理論水平高，在高層領導幹部中有威信。有的領導幹部寫文章、講話不引用毛澤東的講話和文章，而引用張聞天的。在人們的印象和議論中傳說是，張聞天是馬列主義理論家，毛澤東是實踐家。不批倒張聞天，毛澤東的聲望提不上來。博古也犯過教條主義錯誤，他的理論水平不高，不足以影響到毛澤東的聲望。

毛澤東在〈反對黨八股〉演講中，尖酸刻薄的諷刺教條主義者說：「他們一不會耕田，二不會做工，三不會打仗，四不會辦事……只要你認得了三五千字，學會了翻字典，手中又有一個什麼書，公家又給了你小米吃，你就可以搖頭晃腦的讀起書來。又說讀書是世界上最容易的事，這比大師傅做飯容易得多，比殺豬更容易。你要捉豬，豬會跑，殺牠，牠會叫。」請問毛主席，馬克思、恩格斯會種田嗎？會做工嗎？你會做飯、會殺豬嗎？這些話，多麼無理。這不像是政治家說的，而是相聲演員口裡說的。他繼續說：「應該老實對他說，你的教條沒有什麼用處，說句不客氣的話，實在比屎還沒有用。你們看，狗屎可

以肥田，人屎可以餵狗。教條呢，既不能肥田，又不能餵狗，有什麼用處呢？」這些挖苦的話，不是對一般的教條主義者說的，而是專對王明、博古的。過往王明、博古與毛澤東的碰撞，給毛留下很深的仇恨，才激發出這種惡毒的語言，反映出毛澤東「記」惡如仇的心態。

接著各學習組開展批評教條主義，把一切錯誤都跟教條主義聯繫起來，成為萬惡之源，都要跟教條主義劃清界限，張聞天成了人人喊打過街老鼠。馬列主義的書，沒有人看，書店關門，有的人把家裡馬列著作燒了或者丟到垃圾堆。這一批教條主義，不重視馬列著作的毛澤東成了聖人，黨的各級幹部都拜倒在毛澤東腳下頂禮膜拜。

張聞天申請離開中央到地方搞調查研究，走了。

1942 年 4 月 3 日中共中央宣傳部發出《關於在延安討論中央決定及毛澤東同志整頓三風報告的決定》。「四三」決定宣告了整風運動的開始。

1942 年 6 月 2 日中共中央成立總學習委員會，由毛澤東任主任，康生任副主任，領導延安整風運動。

第一步驟學習文件。目的有三個，分清什麼是經驗主義，什麼是教條主義，什麼是毛澤東理論，如何在實踐中貫徹毛澤東理論。採用考試答題方法進行。

1942 年 6 月至 8 月，延安各單位的文件學習進入考試階段。中央黨校集中全黨一大批高級幹部，是學習文件重點單位，為了使考試達到預期效果，擬定事先經毛澤東審閱修改的四個考題：一、什麼是黨的學風中的教條主義？你所見到的最嚴重的表現是哪些？你自己在學習和工作中曾否犯過教條主義的錯

誤？如果犯過表現在哪些方面，已經改正了多少？二、什麼是黨的學風中的經驗主義？你所見到的最嚴重的表現是哪些？你自己在學習和工作中曾否犯過經驗主義的錯誤？如果犯過，表現在哪些方面，已經改正了多少？三、你聽了或讀了毛澤東同志《改造我們的學習》的報告和中央《關於延安幹部學校的決定》、《關於在職幹部教育的決定》以後，你對過去黨內教育和學習反省如何？有什麼意見？你如何改造自己的學習和工作？

通過考試答卷，明確了教條主義、經驗主義的過失，只有毛澤東說的、做的才是正確的，拜倒在毛澤東腳下；黨文化就這樣一步又一步地貫徹到高級幹部、中下層幹部和廣大群眾中。

第二步驟寫好心得筆記。寫好筆記的內容，是檢查自己過去的錯誤，錯誤發生的原因、後果，自己應承擔責任，改正的決心。這是套在寫筆記者頭上的金箍咒。「緊箍」套在寫筆記人的頭上，「咒」掌握在毛澤東手中。毛澤東要你幹什麼，你就得無條件服從，否則就要老帳新帳一起算。

4月20日，毛澤東在中央學習組召開高幹會議，動員全黨自上而下的寫好讀書筆記，他說：「中宣部那個決定上說要寫筆記，黨員有服從黨的決定的義務，決定規定要寫筆記就得寫筆記。你說我不寫筆記，那可不行，身為黨員，鐵的紀律就非執行不可。孫行者頭上套的箍是金的，列寧論共產黨的紀律是鐵的，比孫行者的金箍還厲害，還硬，還是上了書的……，我們的『緊箍咒』裡面有一句叫做『寫筆記』我們大家都要寫，我也要寫一點……不管文化人也好，『武化人』也好，男人也好，女人也好，新幹部也好，老幹部也好，學校也好，機關也好，都要寫筆記。首先首長要寫，班長、小組長也要寫，一定要寫，

還要檢查筆記……現在，一些犯過錯誤的同志在寫筆記，這是很好的現象，犯了錯誤還要裝老太爺，那就不行。過去有功勞的也要寫筆記……也許有人說，我功勞甚大，寫什麼筆記？那不行，功勞再大，也得寫筆記。」

毛澤東表示自己也要「寫一點」筆記，但事實上，他只是做個幌子，毛澤東所謂要反覆研究自己的思想、自己的歷史、自己現在的工作，好好地反省一下，這完全是對其他領導人和一般黨員幹部說的。5 月下旬，毛澤東認為，整風文件學習階段，轉入到思想反省的時機已經成熟。為了引導幹部做出比較徹底的自我批評，寫好心得筆記，推出一批有代表性的反省標本做示範。

1.犯有「經驗主義」錯誤的中央領導幹部政治表態性的反省。經驗主義者因在政治上曾經支持留蘇派，或雖未明確表示支持，但曾一度與毛澤東意見相左，因而也與「教條主義」同列，是整肅對象。王若飛的反省提供了經驗主義自我反省的範例。

2.犯有「教條主義」錯誤的高級官員的反省。這是一批留蘇、留日、留歐美背景的學者、專家，他們檢討自己罪孽深重的過去，對毛澤東的雄才大略，表示心悅誠服。留學德國經濟學家王思華寫反省文章否定他以往 20 餘年研究成就，害己害人。

3.具有「經驗主義」傾向的高級軍事幹部反省。他們不是整風運動的重點整肅對象，然而既然是全黨整風，軍隊幹部也不能完全置身於外，應積極參加提高認識。

4.革命元老派的反省。他們多數人不掌握實權，但是他們

支持整風運動。吳玉章老人反省自己說「才無一技之長，手無縛雞之力」，往往是誇誇其談、譁眾取寵、黨八股餘毒很深。

這幾種類型的反省樣本，為全黨開展思想反省，提供了不同的參照樣本，各層次黨員幹部挑選適合自己的政治標籤，對號入座，依照樣本，寫好自己的反省筆記。這種筆記是作者的悔過書又是效忠信，表示要緊跟毛澤東幹革命。這是整風的主要目的和毛澤東最願意看到的效果。

這以後，整風運動就轉向知識分子。

（七）毛澤東發起延安整風運動（貳）

1937 年—1938 年，成千上萬的知識青年，受中共宣傳的欺騙，懷著對中共的崇仰和對中國未來光明前途的憧憬，從天南海北，有的還從印尼、新加坡、經過許多艱難曲折路程，奔向延安。延安一時到處充滿青年的歡聲笑語，似乎成了一座青年烏托邦城。知識青年在延安感受到一種完全區別於國民黨統治區的氛圍，使他們振奮的感到人與人關係上，充滿著同志式的平等精神。特別是中小城鎮來的女青年，更是覺得「卸掉了在身上的枷鎖，分外感到自由」。看到黨的領導人和軍隊高級將領，衣著樸素，言談隨和，加之革命理想宣傳，似乎讓他們看到了希望。他們中多數人認同中共提出的政治目標，願意過延安艱苦的物質生活。有的人在這種氛圍中甚至為了表示與舊社會一刀兩斷，改了自己的姓名。

然而事情並不是他們希望的那樣，到 1938 年、1939 年後，隨著國共關係的惡化，延安與外界關係中斷，在封閉的環境下，

延安的社會氣氛和精神生活領域，開始出現重大變化。毛澤東利用王明、康生帶來蘇聯「反托派」精神為自己服務，放縱康生在延安營造「肅托」精神恐怖。青年知識分子失蹤的事情時有耳聞，上下等級差序制度逐步完善，新老幹部的衝突日益表面化，青年知識分子的思想和生活習慣開始受到批評和指責，戀愛自由逐漸受到限制。到了 1941 年，延安的青年知識分子忽然發現，他們的烏托邦理想國主人，一下子跌到「等級差序」下的最底層。這時青年知識分子中出現不滿情緒，他們對「批評知識分子是小資產階平均主義不認可」，說「領導不關心群眾生活」、「有的幹部兩張皮」、「對領導畢恭畢敬，對下級是神氣活現」、「到處烏鴉一般黑」、「有些領導說的好聽，什麼階級友愛啊，什麼呀——屁！」

　　1942 年 3 月 9 日，《解放日報》刊出了丁玲的〈三八節有感〉，緊接著〈解放日報〉文藝欄發表了王實味的〈野百合花〉、蕭軍的〈論同志之「愛」與「耐」〉、艾青的〈了解作家，尊重作家〉、羅烽的〈還是雜文時代〉，這些文章一刊出，立即轟動了延安。

　　丁玲、王實味、蕭軍等人文章的共同特點是以文學形式對毛澤東在 1941 年 9 月 10 日政治局擴大會議上批評宗派主義的一段話：「在延安，首長才吃得開，許多科學家、文學家都被人看不起。」作具體解釋和發揮。丁玲、蕭軍文章除尖銳抨擊在延安普遍存在的「首長至上」現象外，還曲折地表達了廣大青年知識分子，對延安「新生活」的失望，基層單位領導毫無文化水平，動輒用政治帽子壓制普通黨員的不滿情緒。文章要求擴大黨內民主，在同志愛的基礎上，建立充滿友愛、平等精神

的革命隊伍的新型關係。王實味的〈野百合花〉則是這一組文章中最具影響力的。

王實味時年 20 歲，他是 1936 年在就讀北京大學文科預科時加入中國共產黨的。1937 年 10，月王實味來到延安，先入魯迅藝術學院，後經張聞天親自挑選，調入馬列學院翻譯室，參與翻譯馬列經典著作。王實味個性耿直，看不慣馬列學院編譯室負責人陳伯達等諛上壓下的種種表現，他們個人關係十分緊張，但王十分尊敬張聞天、王學文和范文瀾。馬列研究院改名為中央研究院後，王實味轉入中國文藝研究室做特別研究員，享受中灶待遇。

1942 年 2 月始，王實味受毛澤東整頓三風號召之鼓舞，陸續在《穀雨》雜誌，《解放日報》及中研院《矢與的》壁報上連續發表文章，計有〈政治家、藝術家〉、〈野百合花〉、〈我對羅邁同志在整風檢查動員大會上發言的批評〉、〈另感兩則〉等。

王實味在這些文章中，大膽地揭露了延安「新生活」的陰影，相當真實地反映延安青年知識分子，理想逐漸破滅後產生的沮喪和失望情緒，並對在革命口號下逐漸強化的等級制度和官僚趨向，表示了嚴重憂慮。他居然從抨擊「食分五等，衣著三色」的現象，進而剖析產生等級差序制度的思想和歷史根源，向掌握黨軍大權的毛澤東發起挑戰。王實味批評毛澤東藉口「民族形式」，而把中國專制主義的舊傳統引進中共理論，使之合法化。他說，即使在延安，「舊中國的骯髒汙穢也沾染了我們自己，散布細菌，傳染疾病。」

王實味把毛澤東的「民族形式」理論，叫做「天塌不下來」，從 40 年代初開始，毛澤東愈來愈喜歡講「天塌不下來」。如說：

「有意見，你讓人家講嘛，天又不會塌下來！」「有話就說，有屁就放，天塌不下來！」「我勸同志們硬著頭皮頂住，地球照轉，天塌不下來！」王實味警告說：「如果讓『必然性』必然地發展下去，則天——革命事業的天——是『必然』要塌下來的。別那麼安心吧。」

王實味在牆報文章中大聲疾呼：「黨內正氣必須發揮起來，邪氣必須消滅。」「我們還需要首先檢查自己的骨頭，向自己發問：同志，你的骨頭有毛病沒有？」「你是不是對大人物有話不敢說？要了解，軟骨頭病本身就是一種邪氣，我們必須有至大至剛的硬骨頭！」王實味這些話在鼓動人們「造反」了。

一天晚間，毛澤東打著馬燈去看王實味壁報文章，看到激動的人群，爭看王實味文章並邊看邊稱讚王實味，爭看王的文章沒有人看毛澤東一眼，引得南門外的人都來了。毛澤東認為，王實味這些話是在鼓動人們造反了，他王實味成了總司令了，毛澤東又要開始整人了。

1942 年 4 月 20 日，毛澤東在中央學習組會議上發言，猛烈抨擊自由主義，他將自由主義比喻為「諸子百家」，歷數延安「思想龐雜，思想不一致，行動不統一」的種種表現，他說：「這個人這樣想問題，那個人那樣想問題，這個人這樣看馬列主義，那個人那樣看馬列主義。一件事情，這個人說是黑的，那個人則說是白的，一人一說，十人十說，百人百說，各人有各人的說法。差不多在延安說是這樣，自由主義的思想相當濃厚。」毛澤東表示，一定要在整風運動中「統一思想」、「統一行動」，為此付出任何代價，也在所不惜。(1)

5 月初，王實味的〈野百合花〉於 4 月底在香港報紙上發

表了。5 月初，康生宣布，王實味是托派分子，也是復興社分子，是兼職特務。6 月 19 日，毛澤東在一次會議上對王實味托派問題加以肯定，他說：「現在的學習運動，在中央研究院發現了王實味的托派 (2) 問題，他是有組織地進行托派活動，他談過話的人有 20 多個。中直、軍委、邊區幹部中知識分子有一半以上。我們要發現壞人，拯救好人。要有眼光去發現壞人，即托派、國特、日特三種壞人。要區別壞人及犯錯誤的同志，要做細密的觀察、調查工作。」(3)

王實味被冠以壞人托派罪名關押起來，嚴酷的囚禁生活把他變成了一個機器人，叫他說什麼都照著說。1947 年中共撤離延安時，王實味被帶上，途中被處決，是用大刀砍死的，砍死後扔進一個枯井裡，時年 41 歲。

1942 年 10 月 19 日，毛澤東在西北局高幹會議開幕詞中，強調審幹反特問題，他號召：「我們各個機關學校，要好好注意清查王實味之類的分子，要客觀的、精細的、長期的去清查。」「過去我們對這些是採取不看不查的自由主義！」(4) 11 月 21 日和 23 日，毛澤東花了兩個整天時間在西北局高幹會議上做《關於斯大林論布爾什維克化十二條》的長篇報告，毛在報告中嚴厲抨擊他所稱之為當前存在兩種錯誤偏向——「鬧獨立性和自由主義的偏向」，毛屬聲譴責黨內有「部分反革命奸細、托派分子，以黨員為招牌」進行反黨活動，他說整風不僅要弄清無產階級與非無產階級思想（半條心），而且更要弄清革命與反革命（兩條心），要注意反特鬥爭。(5) 會上，康生、彭真、高崗代表各自領導單位發言，贊同毛澤東的意見並提出貫徹意見和措施。最後，西北局高幹會議決定，實行黨員重新登記，劃

出清洗人數的比例，占黨員總數中的百分之十，包括奸細在內的壞黨員。

西北局高幹會議後，康生緊跟毛號召，在西北公學炮製了一個轟動一時的「張克勤反革命特務案」。

張克勤時年 19 歲，中共黨員，學生出身，家庭背景和社會關係複雜。康生、李克農、汪東興、李逸民等研究了張克勤的具體情況，決定拿張克勤開刀，炮製張克勤特務案。他們在汪東興的窯洞裡提審張克勤。向張克勤提問：「有人揭發你在延安是搞特務的。」張克勤堅決否認。經過一天審問，張克勤不承認，雙方陷入僵局。汪東興介紹中共中央蘇區搞肅反鬥爭的經驗，採用「車輪戰」。審訊一直持續到第二天凌晨，張克勤疲勞已極，招架不住，表示願意坦白。審訊者要什麼，張克勤就提供什麼。康生、李克農指示迅即將張克勤「包裝」完畢，第三天就召開西北工學全校師生大會，邀請延安各機關、學校、團體派代表參加，請張克勤現身說法。張克勤根據康生等造假的要求，在會上痛哭流淚地講著自己如何參加甘肅假共產黨、又如何在延安進行特務活動。在會上，張克勤一口氣交代了十幾個「特務」。最後交代自己轉變過程，衷心感謝黨對他的「搶救」。不久，康生宣布河南黨是國民黨特務領導的「紅旗黨」，大後方四川、雲南黨也被國民黨「紅旗政策」破壞，延安各機關、學校、團體開始了熱火朝天的批鬥各自的「特務」運動。

1943 年 3 月 20 日，毛澤東召開中央政治局會議，會議通過了《中央機構調整及精簡決定》。「會議推定毛澤東為政治局主席」。書記處重新決定由「毛澤東、劉少奇、任弼時三同志組成之，毛澤東為主席。」書記處「會議中所討論的問題，主席

有最後決定之權。」(6) 並決定劉少奇任軍委副主席。

評曰：1943 年 3 月 20 日，中央政治局會議通過的這個《決定》是毛澤東走向個人崇拜的起點。《決定》規定「主席有最後決定權」；規定「各中央局直接向書記處負責」，就是向毛澤東個人負責。這就從組織上，使全黨以毛澤東的是為是，以毛澤東的非為非，一人說了算，為搞個人專斷獨行創造了條件。

1943 年 7 月，劉少奇在《解放日報》上撰文〈清算黨內的孟爾什維克主義思想〉指出：「中國共產黨的歷史」，「在客觀上是以毛澤東同志為中心構成的。」「一切幹部、一切黨員，應該用心研究二十二年來中國共產黨的歷史經驗，應該用心研究與學習毛澤東同志關於中國革命的及其他方面的學說，應該用毛澤東同志的思想來武裝自己。」

7 月 8 日《解放日報》發錶王稼祥〈中國共產黨與中國民族解放的道路〉一文指出：「中國民族解放整個過程中——過去現在與未來——的正確道路就是毛澤東思想，就是毛澤東同志在其著作中與實踐中所提出的道路。毛澤東思想就是中國的馬克思列寧主義，中國的布爾什維主義，中國的共產主義。」

8 月 2 日，周恩來在中央辦公廳舉行的歡迎晚宴上發表講話，說：「我們黨 22 年的歷史證明，毛澤東同志的意見，是貫串著整個黨的歷史時期，發展成為一條馬列主義中國化，也就是中國共產黨的路線！」

「毛澤東同志的方向，就是中國共產黨的方向。」

劉少奇、王稼祥、周恩來發表的文章和講話，代表了毛澤東路線的追隨者、犯過「左傾」錯誤的領導人，德高望重的黨的高層一起擁戴毛澤東，這就為毛澤東定於一尊、走上神壇，邁出了重大的一步。

注釋

（1）毛澤東講話記錄稿。1942 年 4 月 20 日。

（2）中華人民共和國公安部 1991 年 2 月 7 日做出《關於王實味同志托派問題的複查決定》，決定中說，在複查中沒有查出王實味同志參加托派組織的材料。因此 1946 年定為「反革命托派奸細分子的結論予以糾正」。

（3）《毛澤東年譜》中卷。第 388 頁。

（4）毛澤東講話記錄稿。1942 年 10 月 19 日。

（5）毛澤東講話記錄稿。1942 年 11 月 21 日 23 日。

（6）《毛澤東年譜》中卷。第 431 頁。

（八）毛澤東發起延安整風運動（參）

1943 年 4 月 3 日，中共中央發布《關於繼續開展整風運動的決定》，指出：「從 1943 年 4 月 3 日到 1944 年 4 月 3 日，繼續開展整風運動。」「整風的主要鬥爭目標，是糾正幹部中的非無產階級思想（封建階級思想、資產階級思想、小資產階級思想）與肅清黨內暗藏的反革命分子。」(1)

4 月 28 日，中央政治局開會討論黨內反奸鬥爭問題，並決定成立中央反內奸鬥爭委員會，以劉少奇、康生、彭真、高崗

為委員，劉少奇為主任。

「四三決定」下發後，中央正式號召參加整風的一切同志大膽說話，互相批評，以大民主的方式批評領導，揭露錯誤。延安各機關、學校紛紛召開民主大會，到會的主要是知識分子幹部，受到「決定」的鼓舞，他們在民主大會上，慷慨激昂、情緒激動、言辭激烈地批評領導的「官僚主義」、「壓制民主」、「特權思想」，有的人在會場上甚至聲淚俱下，泣不成聲。結果他們一個個都跌入到了早已為他們設計好的陷阱裡，成為了「反革命」、「特務分子」。

在組織批鬥這些「反革命」、「特務分子」過程中，他們只承認自己有「缺點」、「錯誤」，拒不承認是「反革命」、「特務」。為了敲開被審問者的嘴，中共採用了諸多「強硬手段」。手段之一：疲勞戰、車輪戰。逼迫受審人員幾天幾夜不合眼，審問者輪番休息，以連續作戰的方式，使受審者神志昏迷，精神崩潰，取得口供。手段之二：捆綁吊打、刑訊逼供。據關中分區一個縣的統計，在運動中曾採用壓槓子、打耳光、舉空甩地、吊樑鞭打、拳打腳踢等二十四種肉刑。據延安地區一個縣委擴大會議記載，縣、區委書記都親自上陣毆打被審人員。縣書記打人有 17 人次，挨過縣區領導打的有 91 人。第三：餓飯。據李銳回憶，在邊區保安處，設「特字號」監房，收押「頑固分子」，每人每餐只給半碗飯，有的人曾餓過一個多月。第四：假槍斃。原中共地下河南省委書記張維楨在中央黨校學習時，逼迫他承認河南省委是「紅旗黨」，遭他拒絕，就被拉到刑場假槍斃。

4 月 12 日，在八路軍大禮堂，召開有千人參加的延安反奸坦白大會，被屈打成招的假特務張克勤在會上作坦白報告，他

無中生有的交代了自己當特務過程。康生在大會做動員報告，號召被搶救者向張克勤學習。會後，各機關、學校紛紛掀起「坦白」高潮，通過大會、小會、規勸會、鬥爭會、控訴會，造成聲勢，強迫延安各機關，學校黨員幹部進行坦白。截至 7 月 9 日，已有 450 人坦白。7 月 15 日，在延安中央大禮堂召開中共中央直屬機關幹部大會，康生做《搶救失足者》報告。康生宣布延安已逮捕 200 多人。康生代表中共中央號召所有「為敵人服務」的內奸、特務儘快坦白。康生講話後，有 12 個人上台做了坦白。彭真在會上作了發言，他講了延安各機關敵情嚴重，號召內奸、特務不要錯過時機，應主動出來交代特務身分，爭取寬大處理。會場氣氛恐怖，許多與會者嚇得面色蒼白。

8 月 15 日，中共中央頒布經毛澤東審閱修改的《關於審查幹部的決定》，《決定》肯定審幹肅奸工作取得的成績，宣稱「特務是一個世界性的問題」，「特務之多，原不足為怪」。《決定》宣稱，此次審幹乃「進一步審查一切人員」，「不稱為肅反」，不採取將一切特務分子和可疑分子均交保衛機關處理的方針，而是首長負責任，自己動手。(2) 會後，搶救運動愈演愈烈，把搶救改為「自救」，運動迅速在陝甘寧邊區開展。中央直屬機關成為「搶救」重點。中央辦公廳當時有 60 餘名工作人員，這些人調入中辦時都受過嚴格的審查，但在搶救運動中，還有十幾人被打成特務。《解放日報》社和新華社總共有 100 多名工作人員，被迫承認自己是「特務」的占百分之七十。軍委三局有工作人員近千名，三局電訊學校 200 人中有 170 人被扣押，遭批鬥。三局各科室大多數工作人員隨即都被打成叛徒、特務，一段時間，延安總部與各地的電訊聯絡中斷。

　　抗日軍政大學總校 1943 年春從晉東南遷回綏德，徐向前為校長，李井泉為政治委員。全校 6000 人，中央社會部派出黃志勇到抗大領導整風審幹。1943 年 10 月到 12 月，全校開展深挖「反革命」鬥爭。徐向前在回憶錄中寫道：「『示範坦白』、『集體勸說』、『五分鐘勸說』、『個別談話』、『大會報告』、『抓水蘿蔔』（外紅內白），應有盡有。更可笑的是所謂『照相』，開大會時，他們把人一批批地叫到台上站立，大家給他們『照相』，如果面不改色，便證明沒有問題，否則即是嫌疑分子，審查對象。他們大搞『逼供信』、『車輪戰』……真是駭人聽聞。在中社部工作組指導下，抗大總校 1052 名排以上幹部，共挖出『坦白分子』、『嫌疑分子』、『特務分子』602 人，占總人數的百分之五十七點二，在幹訓隊 496 人中『嫌疑分子』373 人，占百分之七十五。」

　　綏德師範是「搶救」運動的「模範」單位。1943 年 9 月，綏師連續召開九天的控訴坦白大會，「在大會上自動坦白者 280 餘人，被揭發者 190 餘人」，一個 14 歲的小女孩——劉錦梅，走上台，只比桌高一點，坦白她參加了「復興社」。16 歲的小男孩——馬逢臣，手裡提著一大包石頭，坦白他是石頭隊的負責人，這包石頭是他在特務組織指使下殺人用的武器。綏師整風領導小組還「破獲」了一個「特務美人計」組織，據說這些女學生接受了特務的口號：「我們的崗位，是在敵人的床上。」而且按年級分組，一年級叫「美人隊」，二年級「美人計」，三年級「春色隊」。最後，綏師竟挖出 230 個「特務」，占該校總人數的百分之七十三。一個女學生寫的〈我的墮落史〉說：「特務從中學生發展到小學生，12 歲的，11 歲的，10 歲的，一直

到發展有6歲的小特務」！

90年代初，有史料稱，延安所屬各縣在「搶救」中，被挖出的「特務」共2463名，隴東地區外來知識分子幾乎百分之九十九被當作「失足者」給「搶救」過。在這一時期，僅延安一地自殺者就達5~6000人。至於西北局系統的「搶救」人數，官方至今未透露具體數字。

中央黨校是「搶救」的重點單位，由彭眞總負責，毛澤東親自具體指導中央黨校的領導工作，尤其是「搶救」工作，彭眞直接向毛澤東彙報。中央黨校「搶救」工作重點是第三部。這個部幾乎集中了當時在延安所有較有名氣的知識分子。1944年春，「搶救」轉入甄別，中央黨校除三部之外的黨校其餘各部，均奉命轉入「兩條路線」學習，中央規定，凡屬於「問題暫未弄清的人」，不參加學習「黨的」路線。黨校三部屬於有嚴重問題的單位，則整體被打入另冊。是屬於不配學習黨的兩條路線鬥爭史的單位。

彭眞在中央黨校「搶救」運動中，對毛的指示，言聽計從，造成大量的冤假錯案，一直被嚴密掩蓋。曾任中央黨校祕書長的黃火青在《一個平凡共產黨員的經歷》回憶錄中，提到反特擴大化。「傷了不少同志感情」，但對怎麼傷害的具體情況一字不提。薄一波當年被編入黨校一部，1966年出版的回憶錄中，公正指出「中央黨校是搶救運動重災區之一」。該書還記述了他親眼看到搶救慘狀：「有一件使我難忘的往事，其情其景多年來，不時的湧上心頭……，那時我母親與我一起到了延安，我把她安置在深溝的一個窯洞居住。有一天，我去看她時，她說：『這裡不好住，每天晚上鬼哭狼嚎，不知道怎麼回事。』我於

是向深溝裡走去，一查看至少有 6、7 個窯洞關著約上百人，有許多人神經失常。問他們爲什麼？有的大笑，有的哭泣……最後看管人才無可奈何地告訴我，他們都是被「搶救」的知識分子，是來延安學習而遭到「搶救」的！薄一波還發現「在中央黨校西南角的窯洞裡，也關押著「搶救運動」中「搶救」出來的 150 名幹部，其中有武竟天、宋維錚等人。

1943 年 8 月底，周恩來從重慶回延安參加高幹學習組學習。他根據整風運動要求，對照學文件，寫了四篇五萬多字的學習筆記，又在學習筆記基礎上寫了兩萬多字檢查筆記。在整風學習會上先後進行了 5 次檢討。到會的人對他的批評很尖銳，認爲他的檢討不深刻，沒有抓住要害，說他在六屆三中全會上糾正李立三路線時，採取的是調和主義的態度；有人說六屆四中全會王明「左」傾教條主義之所以能統治中央，是因爲他和其他一些人成了「俘虜」。說周恩來是「經驗主義」的代表；還有人說王明、博古、張聞天已經批臭了，在黨內沒有大的危險，再統治黨很困難，但經驗主義和宗派主義的危險還未過去，周恩來是最危險的人物。康生等人不斷的煽風點火，加重了批周的緊張氣氛，使得周恩來的檢討過不了關，有人還提出處決周恩來。

延安整風審幹的嚴重錯誤，不斷反映到共產國際。1943 年 12 月初季米特洛夫給毛澤東來電指示：「不言而喻，在共產國際解散之後，它過去的任何領導人都不得干預各國共產黨的內部事務，但是從私人友情考慮，我又不能不告訴您，我對中國共產黨內狀況的擔憂。」「我認爲發動反對周恩來和王明的運動，指控他們執行了共產國際推薦的民族統一戰線，說他們把

黨引向分裂，這在政治上是錯誤的。」「我對康生所起的作用也心存疑慮。清除黨內敵對分子和把黨團結起來的正確措施，被康生及其機構扭曲得面目全非。這樣做只能散布互相猜疑的情緒，引起普通黨員群眾的無比憤怒，幫助敵人瓦解黨。」「國民黨決定派遣奸細混入延安，挑動您同王明和黨內其他活動家爭吵。」「我毫不懷疑，康生的所作所為，正在為這些奸細助長聲勢。」

1943 年 12 月 22 日，中央書記處召開工作會議，傳達了季洛特洛夫電文，聽取康生做的反特務鬥爭的彙報，會議開展了討論，任弼時在發言中提出，那種認為百分之八十的新知識分子是特務分子的看法應予否定，新知識分子中的百分之八十至九十是好的，現在應該進行甄別。毛澤東接受了任弼時的意見，同意進行甄別工作。在這次會議之後，延安的「搶救」開始逐漸落潮。

1944 年春夏之際，審查、搶救運動進入到甄別階段。據 1994 年出版的《胡喬木回憶毛澤東》一書透露，1943 年至 1944 年一年內，延安清出的「特務」共 15000 人，甄別的任務就是對這批人進行具體的劃分、定性。中央黨校的「搶救」運動直到 1944 年 9 月才全部轉入甄別階段。1945 年春，延安各單位的甄別工作已基本結束，對 2475 人做出了組織結論。

1944 年 5 月 21 日，毛澤東主持召開了擴大的六屆七中全會，由毛澤東、朱德、劉少奇、任弼時、周恩來組成的七中全會主席團，並通過決議，得票最高者為主席團主席。劉少奇得票最高，朱德第二，毛澤東是第四。周恩來在內部小會上提議主席還是由毛澤東來擔任。朱德老總很反感：「我又一次做了違

心的政治上錯誤的抉擇。」(3) 七中全會主要議題是總結延安整風歷史經驗，討論歷史決議草案。在全會期間，黨的歷史問題決議準備委員會對《歷史決議》七易其稿。此後，又經過三次修改，1945 年 8 月 9 日七屆一中全會第二次會議上最後正式通過。這個《歷史決議》，對中央成立以來的歷史，進行了總結，被看作中共黨的重要歷史文獻。也是一份歪曲中共真實歷史的拙作。延安整風以後，中共歷史就按《歷史決議》調子進行宣傳，流毒甚廣。

論曰：《歷史決議》總結了延安三年整風的經驗，進一步製造了對毛澤東個人崇拜，比 1943 年決定走得更遠。完全肯定毛澤東的在全黨全軍的領導地位和作用。《決議》全文約 28800 字，提到毛澤東名字就達 47 次。似乎只有毛澤東個人在單槍匹馬打天下，除稱讚劉少奇白區工作外，其他領導人不但無功可提，大多數人還受到不指名的批評，不是教條主義就是經驗主義。不恰當地謳歌毛澤東「從黨誕生時起毛澤東就是馬列主義與中國實際相結合的代表，把毛澤東說成是天生的『聖人』」。

《決議》為遵者違，文過飾非，隱惡揚善，為了樹立毛澤東一貫正確的形象，把他的過失或錯誤掩蓋或迴避了，比如毛在 1926 年發表的〈中國社會各階級的分析〉中把大部分知識分子劃歸反革命陣營（收入《毛選》時刪掉）。在反 AB 團時捕殺了一批知識分子，《決議》中卻被算成第三次錯誤路線的人的一大

罪狀。延安後期搞了兩年搶救運動，把 15000 人打成特務，其中絕大部分是知識分子，幾千人關進監獄，死亡幾百人，結果一個特務未發現。這個冤案《決議》輕描淡寫說「搶救」只搞兩個禮拜，毛澤東一發話就停止了，把責任推給康生。毛是發動「搶救」運動的罪魁禍首，搖身一變，變成了糾正「搶救」運動的功臣。周恩來、朱德指揮的第四次反「圍剿」的勝利，也歸功於「毛澤東同志的正確戰略方針在紅軍中有很深的影響。」遵義會議建成了以當選總書記張聞天為首的中央領導集體，《決議》上改寫成「以毛澤東為首」。張聞天、周恩來提出的解決西安事變的正確方針，《決議》中含糊地歸功於毛澤東。《決議》把黨史變成路線戰鬥史，毛澤東是正確路線中軸，站在他右邊的是右傾機會主義，站在左邊的是「左傾」機會主義。《決議》說，大革命的失敗特別是由於陳獨秀的投降主義路線「拒絕執行共產國際和斯大林同志的許多英明指示，拒絕毛澤東同志和其他同志的正確意見。」這句話的前半句是違背事實的，是錯誤的。正是由於共產國際的代表和蘇共斯大林代表強迫中共中央執行國際和斯大林的投降主義路線，才造成了大革命的嚴重危機。後半句說「拒絕執行毛澤東同志和其他同志的正確意見」，是指什麼意見？是指斯大林的「五月緊急指示」？連斯大林派來的代表也不相信「五月指示」中任何一條能貫徹執行。那是自欺欺人的，是斯大林玩的推卸責任的騙術。《決議》這種彎

人聽聞的寫法是為了討好毛澤東，給他臉上貼金。

注釋

（1）《毛澤東年譜》中卷。第 433 頁。

（2）《毛澤東年譜》中卷。第 465 頁。

（3）《鄧穎超日記》。1975 年 11 月 7 日。

（九）準備迎接抗日戰爭勝利到來

1944 年世界反法西斯戰爭有重大發展，東西戰場勝利頻傳。中國戰場的抗日戰爭形式也發生了新的變化，局部地區開始進攻日軍駐點。中國人民的抗日戰爭和世界反法西斯戰爭的勝利很快就要到來。

根據新的戰爭形勢，毛澤東開始把注意力主要集中到兩個問題：

1.提高中共高層領導的思想水平。

在他的授意和影響下，著名歷史學家郭沫若在 1944 年 3 月，寫出了長篇歷史論文《甲申三百年祭》，深刻分析了明朝滅亡及李自成農民軍推翻舊制、建立新朝後又很快失敗的原因。文章重點考證了李自成創業艱難過程，以及稱讚他「脫粟粗糲、與部下同甘共苦」、「禮賢下士、敢作敢為」的氣質。在崇禎 17 年 2 月，出兵山西，打下北京，獲得了很大成功。但進了北京後，李自成以及他的股肱功臣，花天酒地，收贓款，嚴刑殺人，對關外大敵，不派重兵鎮守，劉宗敏和明將吳三桂爭奪陳圓圓等等失誤，吳三桂衝冠一怒為紅顏，投降清人，引兵入關。李

自成是 3 月 19 日攻下北京，4 月 29 日逃離北京，從進京到離京，不過 40 天，眞可謂其興也勃焉，其亡了忽焉。

此文的發表，引起了毛澤東的高度重視。4 月上旬，他先將《甲申》文批給高級幹部學習，繼後讓延安新華書店正式出版。4 月 12 日，毛澤東在《學習和時局》報告中講到：「今日我們印了郭沫若論李自成的文章，也是叫同志們引以爲鑑戒，不要犯勝利時驕傲的錯誤。」他要求共產黨的高級幹部不要學習李自成打到北京後，就貪圖享受，導致失敗。要學朱元璋，打敗陳友諒，建立朱氏王朝。警示共產黨高層不要滿足抗日戰爭得到的勝利成果。我們要打倒蔣介石，建立我們共產黨人的專制政權。

11 月 21 日，毛澤東給郭沫若寫信，讚揚他寫的《甲申三百年祭》。「我們把它當作整風文件看待，指出小勝即驕傲，大勝更驕傲，一次吃一次虧，如何避免此種毛病，實在值得注意。」

評曰：中共高層領導人特別是軍隊高級將領，多數出身農民，沒有見過大世面，一旦進入大城市，會出現迷戀酒色、貪婪亂國。作為中共最高統治者毛澤東，不能不考慮下屬進城後的貪腐問題。中國歷代開國明君都很重視這個問題，劉邦進占咸陽時約法三章，唐太宗接替隋朝發出多道禁令，但這些都是對臣下的。毛澤東也一樣，他提出的要求，發出的規定、禁令，都不包括他自己。否則，他進北京後，為什麼不住市民住宅區，而住中南海豐澤園，建造游泳池，派少女陪伴他游泳睡覺？

2.擴大地盤，壯大自己武裝力量。

1944 年國民黨軍主力在西南抗擊日軍與日軍拚搏，一時難以運回華中華北。這是搶奪地盤、擴大占領地的大好時機。

1944 年 9 月 1 日，毛澤東主持中央六屆七中全會主席團會議。根據他的提議，會議決定派王震、王首道率部於 10 月南下，到湘、鄂、贛等地去搶奪地盤。10 月 7 日毛澤東在主席團會議上指出：「今後主要發展方向是南方、江西、湖南、河南，同時注意東北」。從 10 月 14 日毛澤東同朱德覆電鄧小平、滕代遠，到 11 月 14 日致電中共廣東省臨時工作委員會書記、東江縱隊政委林平，一個月內發出十幾封電令，要求向蘇、浙、豫東、皖北、廣西西江、桂林、柳州、寧波、杭州、上海三角地區發展。「我們必須要把一切守備薄弱在我現有條件下能攻克的淪陷區，全部化為解放區，奪取整個中國，與蔣介石國軍抗衡。」

毛澤東認為，中國共產黨發展壯大自身的武裝力量，在抗戰勝利後，一舉打敗國民黨，奪取中國政權，必須得到頭等強國美蘇的支持援助。在他看來，這種援助不是蘇聯，而是美國。在 1944 年夏天，毛澤東與赴延安美軍觀察團的接觸中，反覆表達了這樣的看法和意願。7 月 23 日毛澤東同美國來延安的外交官謝偉思第一次見面，一再表示，中共必須得到美國的幫助，必須與美國合作，對於美國來說，中共比國民黨更容易合作，中共歡迎美國的民主制度，絕不會冒險採取反對美國的政策。1945 年 3 月，謝偉思再次訪問延安，毛澤東表示：「美國不僅是幫助中國發展經濟的唯一最合適的國家，而且也是完全有能力參與中國經濟建設的唯一國家。」

　　毛澤東的願望，美國政府並不接受。1944年10月18日，中國戰區參謀長史迪威因與蔣介石不和，被華盛頓解除職務，史迪威與蔣介石主要矛盾之一，就是對待中共軍隊的立場不同。史迪威事件預示是中共對美關係前景黯淡的第一個信號。跟著11月1日支持與延安接觸的美駐華大使高斯被迫辭職。接替高斯的新任大使赫爾利，則完全站在蔣介石一邊，毛澤東對此感到遺憾、失望和憤怒，於是毛澤東不得不把目光轉向莫斯科。然而斯大林此時在中國選擇的合作伙伴並不是共產黨，而是國民黨。斯大林認為，國民黨更有利於蘇聯在遠東的戰略關係。

　　1945年2月，美、英、蘇三國首腦在蘇聯的克里米亞半島上雅爾塔舉行會議，斯大林答應，蘇聯將在打敗德國之後兩到三個月內，參加太平洋戰爭。這意味著蘇聯將大舉進入中國。斯大林以對日作戰為藉口，占領中國大片領土，為毛澤東奪權創造條件。2月28日斯大林的這一意向由蘇聯《消息報》反映出來，莫斯科「在解決遠東問題的時候會把中國的利益考慮在內。」

　　毛澤東聽到這一消息，非常高興，他盼望已久的蘇聯紅軍進攻中國的時刻很快就要到來，喜悅之情溢於言表。1945年4月23日，中共第七次全國代表大會，就是在這種氣氛中召開的。毛澤東主持大會，並相繼兩次在大會上做報告，他概述了中國共產黨的歷史，全面分析了中國共產黨遵循的綱領、方針、路線、政策以及擺在中國人民面前的前途、命運和緊迫任務。會議期間，傳來4月5日蘇聯廢除蘇日中立條約，德國投降盟軍的好消息，震撼了大會。毛澤東情不自禁的喊出來斯大林是

世界革命人民的領袖、斯大林萬歲！斯大林是中國人民的導師，我們中國共產黨人都是他的學生。

日本民族是一個野蠻、狡猾、無賴的民族，不到山窮水盡的時候是不會屈服的。迫使日本投降的是蘇聯百萬大軍進攻東北日本關東軍和美國原子彈轟日本廣島、長崎。

日本號稱百萬關東軍占駐東北三省主要戰略要地，裝備精良、訓練有素是日軍中的精銳，是他們發動太平洋戰爭的總預備隊。1945 年 7 月，蘇軍遠東軍司令部從蘇聯遠東紅旗軍獨立第 88 步兵旅（東北抗日聯軍教導旅）中，挑選出來 290 名組成先遣分隊，空投到東北 18 地區做偵查工作。8 月 8 日，蘇聯對日宣戰，9 日，蘇軍 150 萬大軍分三個方向在 88 旅帶領下，進入中國東北，對日軍形成了巨大的威懾力量。在蘇軍發起進攻的第二天，日軍御前會議決定投降。蘇軍對日軍作戰僅八天，日本奉命停止反抗。8 月 15 日，日本天皇宣布投降。

9 月 2 日，日本外相重光葵和日軍參謀總長梅津美治郎分別代表日本天皇、日本政府和日本帝國大本營在投降書簽字。至此，中國人民歷經苦難的八年抗日戰爭勝利結束。

評曰：中國人民的抗日戰爭是中國歷史發展的特殊階段。戰爭初期，中國國民黨投入 300 萬正規軍，擔負正面戰場作戰，抗擊日本 160 萬侵華日軍的任務。中國共產黨領導的抗日武裝，初期只有 2-3 萬人。他們遵循「一分抗日、二分應付、七分發展」的方針，深入敵後，不打日本，或者說基本不打，忙著搶占地盤。有一位年已 90 歲的老人回憶說：「我當了七年的

八路軍戰士、班、排長，我們部隊沒有打過一次日軍。當時日本人在城內，八路軍在城外，後來國民黨軍一個旅開到當地準備向日軍開戰，在國軍立足未穩、毫無防備的情況下，被八路軍包圍聚殲，激烈的戰鬥進行了一天一夜。」毛澤東說：「同日本軍作戰，是國民黨軍的任務，共產黨領導的軍隊要避免與日軍正面衝突。」他是這樣說的，也是這樣做的。平型關戰鬥、百團大戰是他的部下林彪、彭德懷沒有領會毛澤東深入敵後游擊戰意圖打的，戰後都受到嚴厲批評。在毛澤東看來，借抗日戰爭之名，是發動農民打天下的絕好時機。中國二千多年的農民革命、農民戰爭有著豐富的經驗和教訓，毛澤東把中國古代農民戰爭的經驗與抗日戰爭實際緊密結合起來，總結出一套抗日游擊戰的戰略戰術，用之於敵後戰場。數年之間，共產黨領導的武裝正規軍發展到 100 萬，民兵 120 萬，根據地人口超過一億，成了與國民黨政府軍隊抗衡的重要軍事力量。

1972 年中日建交的時候，日本首相田中角榮向毛澤東道歉：「啊，對不起啊，我們發動了侵略戰爭，中國受到了很大的傷害。」毛澤東說：「不是對不起啊，你們有功啊！為啥有功呢？因為你們要不發動侵華戰爭的話，我們共產黨怎麼能夠強大？我們怎麼能夠奪權哪？怎麼能夠把蔣介石打敗呀？我們如何感謝你們？我們不要你們戰爭賠償！」毛澤東這些話不是客氣話，不是外交辭令，是他真實思想的表露。

（十）毛澤東偽造抗戰史扭曲國民黨軍正面戰場抗擊 日軍的歷史功績

1944 年中國人民抗日戰爭進入到最後階段，毛澤東先後發表兩次講話，對國共兩黨兩軍在抗日戰爭中的作用，做了十分荒謬的評論。 1944 年 4 月 12 日，毛澤東在延安高級幹部會議上作了《學習和時局》報告；1945 年 8 月 13 日在延安幹部會議上發表了《抗日戰爭勝利後的時局和我們的方針》講演。演講中，毛澤東總結抗日戰爭經驗，斥責國民黨消極抗戰，稱讚中國共產黨領導的武裝力量是抗日戰爭的中流砥柱。對國民黨軍正面戰場的歷史功績做了基本的否定，扭曲了中國人民的抗日戰爭史。劉少奇說過：「有的人手伸的特別長，我的是我的，你的也是我的。」這句話放在毛澤東頭上很合適。國民黨軍在正面主戰場抗擊日軍的功績，這不是理論問題，是許多人親身經歷過的歷史事實。下面我們花點筆墨，概述一下真實的抗日戰爭史，看看毛澤東說大話、假話、空話的虛偽嘴臉，還原歷史真相。

根據歷史資料記載，整個八年抗戰，國民黨正面戰場先後進行了大規模戰役 22 次，重要戰鬥 3,100 多次，小型戰鬥 38,931 次。斃傷日軍 276 萬餘人，俘虜和受降日軍 127 萬餘人、日僑近 80 萬人。國軍有 321 萬人為國捐軀，(1) 200 餘名將級軍官以身殉國，更有上千萬人為國流血、致殘致傷。像趙登禹、張自忠、郝夢齡、戴安瀾、陳寶安等高級軍官都犧牲在抗日戰場上。如果沒有國民黨的八年抗戰，中國早就成了日本的第二滿洲國，共產黨領導的幾塊根據地也早就不復存在了。

毛澤東在《學習和時局》講話中，在講了國民黨從 1937

年七七事變到 1938 年 10 月武漢失守,這十六個月抗擊日本侵略軍的積極軍事行動和共產黨的友好關係之後,用大量篇幅貶低和否定國民黨軍正面戰場抗擊日軍的歷史功績,混淆國民黨、共產黨、日本侵略軍三者的關係,他說:「從 1941 年到 1943 年三年內,日軍進攻的主要目標是敵後共產黨領導下的抗日根據地,承擔日軍兵力百分之六十,國民黨軍只負擔抗擊的日軍不到百分之四十,偽軍不到百分之十」。查閱抗戰史料,1941 年秋,日偽軍 7 萬餘人,對晉察冀抗日根據地北嶽平西地區進行掃蕩,歷時 3 個多月,作戰 800 餘次,殲滅日偽軍 5,500 餘人。1942 年 5 月 1 日,日軍出動 5 萬餘人,700 多輛卡車,還有大量的飛機、坦克配合,由侵華日軍華北方面軍司令長官岡村寧茨指揮,對冀中抗日根據地進行拉網式大掃蕩,歷時 2 個月,作戰 270 餘次,斃傷日軍 1 萬餘人。這兩次日偽聯合作戰行動,出動 12 萬餘人。

在國軍方面 1941 年內,日軍向國民黨統治區發起大的會戰,計有豫南會戰、上高會戰、晉南會戰、第二次長沙會戰、第三次長沙會戰;1942 年有浙贛會戰、中國遠征軍第一次入緬會戰;1943 年有鄂西會戰、中國駐印軍打通中印公路的作戰、常德會戰。在這 3 年內,共有十次大的戰役行動,日軍投入的兵力總計 100 萬以上,死傷 20 餘萬,國民黨死傷 50 餘萬。毛澤東把進攻共產黨領導的敵後抗日根據地的 12 萬人,硬說成日軍的百分之六十,而把日軍進攻國民黨統治區的 100 餘萬,說成百分之四十。這個比例的錯誤,連小學一年級學生也能算的很清楚。

毛澤東文中說,日軍向國民黨統區進行「浙贛」、「長沙」、

「鄂西」、「豫南」、「常德」等會戰是「戰役行動，不是戰略行動」，「早出晚歸」，不存在戰略目的。這是信口雌黃，胡說。日本內閣在發動 1937 年 7 月 7 日侵華戰爭確定的戰略是「速戰速決」，實現 3 個月或半年滅亡全中國。武漢會戰證明，這種速勝戰戰略是不可能實現的。日本內閣決定由「速戰速決」戰略改為「以戰養戰」戰略。對於這一戰略的運用，他們先後提出過以下口號：「利用現地（占有地）物資，樹立百年戰爭」、「整肅重於進攻」、「建設重於破壞」，「開發重於封鎖」，「長期建設戰爭」。(2)

　　日本對華作戰速度的要求變了，但滅亡中國的戰略目的不變。要以重大軍事行動，占領中國富裕省分、地區和交通要道，掠奪那裡的糧食、物資，供養在中國的日軍進行長期戰爭。兩湖是中國糧倉，江浙、河南商業發達，物產豐富，是日軍首先奪取的地方，他們甚至還想奪取四川這個天府之國，支持它的長期戰爭。蔣介石也做了應戰準備，後因太平洋戰爭軍務緊張未果。毛澤東把日軍堅決貫徹大本營的戰略行動，雙方拼殺、鏖戰，死傷幾十萬人的事實視而不見，在他筆下說得輕描淡寫，是早出晚歸。實際上他是有意地站在日本軍國主義的立場上，掩蓋日本的戰略意圖。

　　毛澤東在文中指責國民黨軍打了敗仗是消極抗日。他舉例說：「河南戰役已經打了一個多月，敵人只有幾個師團，國民黨幾十萬軍隊不戰即潰。」湯恩伯部「損失三分之二以上」，「胡宗南派的幾個師，也是一觸即潰」，他們的失敗是幾年來國民黨消極抗戰政策的結果。而薛岳指揮的國民黨軍同日軍進行了三次長沙大會戰，消滅了十幾萬日軍，戰勝了日軍，守住了長沙

打了勝仗，毛澤東迴避了，勝利的原因何在？毛澤東迴避了，沒有提及長沙會戰。但他說「國民黨五年半（即從 1939 年到 1944 年 4 月）以來的消極抗日」政策，就把長沙三次會戰，也包括進去了。這不是成也蕭何，敗也蕭何嗎？不管是打了敗仗、勝仗，只要是國民黨軍打的都是消極抗日。這對為國壯烈犧牲的國民黨軍幾百萬將士蒙上消極抗日的恥辱罪名是不公正的。

更有甚者，要算毛澤東在《抗日戰爭勝利的時局和我們的方針》講話，在談到抗日戰爭國共兩黨所起的歷史作用時，他說，蔣介石的政策是「袖手旁觀、等待勝利，保存實力，準備內戰。果然勝利被等來了，這位『委員長』現在要下山了。」「抗日戰爭時期，我們在敵後，他上了山，現在他要下山了，要下山來搶奪抗戰勝利的果實了。」在《毛選》「下山」的注釋中說，這裡的「山」，即峨眉山，實際上是泛指中國西南、西北山區。自 1938 年武漢被日軍侵占以後，蔣介石自己和他所指揮的主力部隊，就躲在這些山區裡，坐觀解放區軍民在敵後同日本侵略者做艱苦的鬥爭。

毛澤東這段話的意思：（1）蔣介石在八年抗戰期間，他和國民黨部隊躲進大西南、大西北山區，保存實力，沒有抗日。他把蔣介石領導的國軍同日軍進行的 22 次大會戰、斃傷日軍 85 萬 9 千餘人、國軍傷亡 300 多萬人、200 多名高級將領為國捐軀的歷史淹沒了；（2）誰抗擊日軍呢？中國共產黨領導的敵後游擊戰。蔣介石對敵後抗戰是坐山觀虎鬥，袖手旁觀；（3）蔣介石在「山上」幹什麼？等待時機，時機到了，就要下山搶奪勝利果實。

　　評曰：毛澤東在編造抗日戰爭史，他要告訴人們，蔣介石沒有抗戰。蔣介石是觀戰派，下山摘桃派。只有共產黨在抗戰，共產黨是抗日戰爭的中流砥柱，敵後根據地是抗擊日軍的主戰場。結論是：沒有共產黨就沒有八年抗戰，也就沒有中國抗日戰爭的勝利。抗日戰爭史就這樣被他扭曲顛倒了。抗日戰爭是全民族戰爭，只有站在中華民族立場上，才能客觀地公正地做出正確的判斷。

　　抗日戰爭已過去半個多世紀了，但現在出版的抗戰書籍、刊物、資料以及各種抗日戰爭紀念館、烈士紀念館裡，仍充滿著毛澤東的那些歪曲事實的謊言，應該大聲疾呼：「那不是事實。」現在到了還歷史真相的時候了。研究抗戰史的學者們，望能及早從唯心史觀的被歪曲的抗戰史迷霧中走出來，把被顛倒的抗戰史從新顛倒過來，還抗戰史以真面目。

注釋

（1）曹劍浪：《國民黨簡史》上冊。解放軍出版社。2003 年 3 月版，第 273 頁。

（2）陳誠：《陳誠回憶錄——抗日戰爭》。東方出版社。2009 年 10 月版，第 69 頁。

四、抗戰勝利後國共之爭（1945 年 8 月（52 歲）—1949 年 9 月（56 歲））

1945 年 4 月，毛澤東在中共第 7 次代表大會上作《論聯合政府》的報告，分析了抗日戰爭勝利後國內外形勢和全國人民的共同願望，提出和平民主建國的方針。1945 年 7 月 1 日，國民參政員黃炎培、左舜生、冷遹、褚輔臣、傅斯年和章伯鈞，從重慶飛往延安，同中共領導人商談恢復國共兩黨和談、共謀和平建國大計。2 日，毛澤東、朱德、周恩來、任弼時迎至院中，雙方交談了對國內外形勢的看法。還就恢復國共會談問題交換意見，這些表明中共對國共和談已有思想準備。

（一）尊重蘇聯建議赴重慶談判

在整個抗日戰爭期間，蘇聯政府給了蔣介石大量軍事援助，對中國共產黨支持很少，並對共產黨反對蔣介石、反對國共合作，做過多次批評，如西安事變、皖南事變時，斯大林對中共政策都表示過反對意見。最嚴重的是 1944 年 8 月下旬，莫洛托夫對美國將軍赫爾利的談話，他說：「在中國有人稱他們爲共產黨人，實際上他們和共產主義一點關係也沒有，他們不過是不滿自己的經濟狀況，只要經濟狀況一改善，他們馬上就會

忘了他們是共產黨，蘇聯與這樣的共產主義分子毫無關係。」

斯大林對國共關係的態度是以蘇聯利益爲前提條件。德國投降後，美蘇爭奪歐洲已劍拔弩張，爲了集中力量確保在歐洲利益，美蘇雙方都希望在亞洲保持某種平衡，不希望中國發生內戰。蘇聯爲了自身的利益，於 1945 年 8 月，同蔣介石政府簽訂了《中蘇友好同盟條約》。《條約》要求中國政府承認外蒙古獨立，中蘇共管長春鐵路 30 年，旅順作爲海軍基地共享 30 年，大連爲自由港。作爲交換條件，蘇聯政府承諾一切援助都將給予中國國民政府，而不給中國共產黨。

戰後，美國對華政策是羅斯福制定的，羅斯福採取了對國共雙方都親近政策。1944 年 7 月 2 日，美軍中緬印戰區根據羅斯福的命令，派出中緬印駐延安觀察組（代號迪克西使團）第一批人員，在組長包瑞德上校率領到達延安。

7 月 26 日，毛澤東出席爲美軍觀察員到達延安舉行晚宴，在交談中，毛澤東建議美國在延安設立領事館問題。8 月 12 日毛澤東對聯絡員孫平說：「我們在考慮，改變黨的名字，不叫『共產黨』，而叫別的什麼，這樣形勢會對我們有利，特別是跟美國的關係。」羅斯福反對國共內戰，自相殘殺。他說：「無論如何要把他們拉在一起。」美國駐華大使曾建議，要是蔣介石、毛澤東達成協議，就把他們一塊請到白宮來，在美國壓力下，蔣介石在 1945 年 8 月 14 日到 23 日，向毛澤東發出三次邀請電，請毛澤東赴渝談判。

毛澤東收到第一封電報後，對赴渝談判一事，並不感興趣，他關心的是要求蔣介石答覆朱德總司令發出的允許八路軍受降問題。當時在華日軍還有 100 多萬，誰接受日軍受降就等

於接受了 100 萬人的武器給養。蔣介石把不讓共軍受降問題推給了盟軍，聲稱由盟軍總部統一規定和受降程序。蔣介石又於 20 日發出第二封邀請電，毛澤東回電，「茲為團結大計，特先派周恩來前去進謁，希接洽」。在這個當口，斯大林於 8 月 22 日給中共中央電，指出：「中國不能打內戰，否則中華民族有被毀滅的危險，毛澤東應赴渝談判。」毛澤東耽心到重慶怕國民黨特務暗殺他。斯大林告訴毛，安全不會有問題，由美蘇兩國擔保。中統局頭子陳立夫保證，毛澤東到重慶來，美國人保證他的安全。23 日，蔣介石發出第三封電報，他執意要毛澤東、周恩來同往，甚至連飛機都預備了。

8 月 23 日下午 2 時，中共中央政治局會議在棗園召開。毛澤東在會議上做了長篇發言。他在分析了當時的形勢和「和平能否取得，內戰能否避免？」之後，說：「我們現在的口號是和平、民主、團結。和平是可能取得的，因為中國人民需要和平，我黨需要和平，蘇、美、英也需要和平，國民黨暫時也不能下決心打內戰。」「我們應當利用這個暫時和平時期，我們要求的條件，就是《目前緊急要求》十四條，現在最現實的也將是我方所力爭的承認解放區和解放軍這一條。」(1)

經過會議討論後，毛澤東做總結性發言，他說：「大家的意見很好，談判如果不能成功，國民黨進攻我們，我們是否要打？應該打，但是必須打勝仗。我是否去重慶？今天的會議決定還是去，而不是不去，但去的時機由政治局書記處決定。」會議通過毛澤東提議，在毛澤東去重慶談判期間，由劉少奇代理中央主席職務，增選陳雲、彭真為中央書記處候補書記；決定組成新的中央軍事委員會，毛澤東為中央軍委主席，朱德、

劉少奇、周恩來、彭德懷為副主席。

　　26 日召開政治局會議，毛澤東在會上明確表示：「去。這樣，我們可以取得主動權。去重慶，要充分估計到蔣介石逼我做城下之盟的可能性，但簽字之手在我。談判自然必須做一定的讓步，只有不傷害我方根本利益的條件下才能達到妥協。」最後，毛澤東滿懷信心的說：「這次去重慶是可以解決一些問題的。」(2)

　　8 月 28 日，毛澤東與周恩來、王若飛乘赫爾利、張治中前來迎接的飛機，前往霧都重慶。毛澤東在機場發表了以「為保證國內和平，實施民主政治，鞏固國內團結」的書面談話。

　　周恩來向記者們散發了毛澤東的這個談話，然後乘美大使館專車到曾家岩張治中公館。當晚，毛澤東住紅岩村八路軍駐渝辦事處。

　　晚 8 時半，國民政府主席、國民黨總裁蔣介石，在山洞林園官邸舉行宴會，歡迎毛澤東、周恩來、王若飛，作陪的有赫爾利大使、魏德邁將軍，以及張群、王世傑、邵力子、陳誠、張治中、吳國幀、周至柔、蔣經國等。當時，蔣介石對毛澤東的到來，心中還是很得意的。他得到美蘇兩大國的支持，又正值抗戰勝利，他在國內外的地位可謂如日中天。他自然希望趁此機會逼中共就範。如共產黨迫於各方面壓力接受了和談條件，真乃不戰而屈人之兵，那是一場大勝利。 8 月 29 日下午，蔣介石第一次與毛澤東談話時，一方面表示中共對「任何問題，皆可坦白提出，儘量發表意見；另一方面提出了談判原則：「1.不得於現在政府法統之外來談改組政府問題；2.不得分散或局部解決，必須現時解決整個問題；3.歸結於政令、軍令之統一，

一切問題必須以此為中心。」蔣介石是要中共交出自己的軍隊和解放區，完全承認國民政府之法統，以談判來解決共產黨問題。8月30日，蔣介石在日記中寫道：「毛澤東果應召來渝，此雖威德所致，而是上帝所賜也。」

9月3日上午，毛澤東邀請王世傑（外交部長）到桂園，對兩黨談判提出八項原則性意見：一、在國共兩黨談判有結果時，應召開有各黨各派和無黨派人士代表參加的政治會議；二、在國民大會問題上，如國民黨堅持舊代表有效，中共將不能與國民黨成立協議；三、應給人民一般民主國家人民在平時所享有之自由，現行法令當依此原則予以廢止或修正；四、應予各黨派以合法地位；五、應釋放一切政治犯，並列入共同聲明中；六、應承認解放區及一切收復區內的民選政權；七、中共軍隊須改編為四十八個師，並在北平成立行營和政治委員會，由中共將領主持，負責指揮魯、蘇、冀、察、熱、綏等地方之軍隊；八、中共應參加分區受降。

9月4日上午9時，蔣介石召見張群、王世傑、邵力子、張治中，指定四人為談判代表，並將自擬的《對中共談判要點》交與張治中。一、中共軍隊之組編，以12個師為最高限度。駐地問題，可由中共提出具體方案，經雙方商討決定：二、承認解放區絕對行不通。只要中共對於軍令、政令統一能真誠做到，各個縣行政人員經中央考核後，可酌予留任，省級行政人員並可延請中共人士參加；三、擬將原國防最高委員會改組為政治會議，由各黨派人士參加。中央政府之組織與人事，擬暫不動，中共方面如現在即欲參加，可予以考慮；四、原當選之國民大會代表，仍然有效。中共如欲增加代表，可酌量增加名額。張

治中將蔣介石的4條向毛澤東通報。

下午，蔣介石邀請毛澤東在國民黨軍事委員會單獨會談。蔣介石說，現在抗戰結束，全國軍隊均須縮編，中共軍隊編為12個師，乃政府所能允許之最高限度；中共所提之解放區問題，為事實上絕對行不通的。晚上，兩黨談判代表在中山四路德安里101號國民政府軍委會議室會談。中共方面出席的是周恩來、王若飛，國民黨方面出席的張群、邵力子、張治中。雙方爭論的問題集中在軍隊編制與解放區兩大關鍵問題，針鋒相對，各不相讓。

9月17日在赫爾利的參加下，毛澤東應邀赴約林園同蔣介石共進午餐，餐後就軍事問題進行商談。蔣介石以平靜的但底氣很足的語調說：「潤之，你的軍隊只能編12個師，至多再多編兩個預備師。要和，就照這條件和；不然，請你回延安帶兵來打。」

毛澤東微微一笑，開口說：「蔣先生，現在打，我實在打不過你，但我可以用對日敵之辦法對你，你占點線，我占面，鄉村包圍城市，我們再周旋十年。」

21日晚，赫爾利找到蔣介石提出五分之一的比例方案，即國家軍隊總數如編一百個師，共產黨的軍隊則編二十個師，占五分之一，蔣介石仍不同意。經赫爾利軟磨硬泡，終於迫使蔣介石把中共軍隊讓至20個師。但蔣介石強調，中共必須承認此數，不再增加，並且不能提按國軍數目比例的事。毛澤東仍堅持「我方軍隊至少應編28個師之兵數」，結果雙方無法達到共識。

蔣介石對毛澤東的堅持態度頗感不快。9月27日，他帶著

宋美齡到西昌度假去了。在飛機上，蔣介石看到當日《新華日報》刊登的毛澤東回答路透社記者提問的報導，毛澤東說，中共現有 20 萬黨員，在他領導下獲得民主生活的人民現已超過 100 萬。這些人民，按著自由的原則，組織了現在數達 120 萬人以上的軍隊和 220 萬人以上的民兵，他們除分布於華北各省與西北的陝甘寧邊區外，還分布於江蘇、安徽、浙江、福建、河南、湖北、湖南、廣東各省。蔣介石看後很憤怒，他要除掉毛澤東這個大禍患。他在 9 月 29 日日記中羅列了中共 11 條罪狀，並寫出他決心要扣押和審判毛澤東的文字。但在第二天，蔣介石態度轉變了，他可能考慮到如果扣審毛澤東會在國際、國內會帶來巨大的震動。最主要的是蔣介石覺得中國剛剛打敗日本，自己正處於事業的頂峰，他不相信毛澤東有什麼成就。他在日記中寫道：「斷定其人決無成事之可能，而亦不能妨礙我統一之事業，任其變動，終不能跳出此掌握之中。」

重慶談判，毛澤東和蔣介石共會面 11 次，大多是在公共場所，但有幾次重要會議是祕密的，有的時候沒有任何人在場。胡喬木在《回憶毛澤東》裡記錄了部分沒有錄入檔案的內容，返延前，毛澤東與蔣介石又見了幾面，並做了兩次長談。據毛澤東說，蔣介石總要找我長談，說我們二人能合作，世界就好辦；還說，國共兩黨，不可缺一，黨都有缺點，都有專長。我們（指蔣和毛）都是五六十的人了。10 年之內總要搞個名堂，否則對不起人民。毛澤東向他問起土地革命，蔣說：「很好，將來這件事情都給你們來辦。」然後，他又說了一段「肺腑之言」，共產黨最好不搞軍隊，如你們專在政治上競爭，那你們就可以被接受。毛澤東回答，完全贊成軍隊國有化，軍隊應變為國防

軍，只爲國防服務，不爲黨派服務，黨在全力辦政治。毛澤東還告訴蔣介石，解放區的發展應該承認，應該幫助。最後，蔣介石面帶悲愴的神氣說，這次沒有解決好。毛澤東說，很有收穫，主要是方針，確定了和平建國的路線，我們擁護。

10月初，周恩來向國民黨代表提出，毛澤東來重慶已經有一個多月了，在某些問題國共雙方很難達成一致，我方決定讓毛澤東現行返回延安。國民黨方面同意。

在毛澤東回延安之前，雙方將歷次談判記錄整理成一個書面文件《政府與中共代表會談紀要》，史稱《雙十協定》。在這個《協定》上，雙方同意「和平建國的基本方針」、「堅決避免內戰」、「同意召開政治協商會議，承認黨派平等合作」、「實行地方自治」等政治原則。

毛澤東在重慶談判期，東北戰局發生了有利於中共的變化。8月10日朱德總司令向各解放區發布第一號大反攻的命令。冀熱遼軍區派曾克林率2個團進軍東北，9月5日到達瀋陽。經交涉，與瀋陽蘇軍駐軍取得聯繫，並達成協議，蘇軍撤離中國前，國共軍隊均不得進入東北，已進入瀋陽、長春、大連等地的中共軍隊須退出蘇軍占領區。不過，蘇軍代表私下應允，只要中共軍隊不用八路軍名義，不公開與蘇軍接洽，蘇軍可以睜一隻眼閉一隻眼，還提希望中共派負責人前往東北，以便隨時聯繫，協調行動。

曾克林到瀋陽三天內，便解除了瀋陽市1500名僞軍、憲兵以及國民黨地下軍的武裝，還分兵五路去接管吉林，遼寧等地方，並動員群眾參軍，到10月中旬，曾克林率領的軍隊由4000人，擴大到9個旅，7個獨立團共6萬餘人。

曾的部隊武器裝備也大為改善，蘇軍已將瀋陽，本溪等地的軍火庫，軍需被服倉庫等都交給了曾克林，還把日本關東軍最大的蘇家屯倉庫也交給曾克林。蘇軍對中共軍隊的支持，受到英美等國的指責，蘇軍要求曾克林離開瀋陽，把瀋陽、長春、哈爾濱、錦州交給國民政府。

9月14日，蘇軍駐軍司令馬林諾夫斯基元帥派兩名蘇軍代表和曾克林一起乘飛機到延安，了解中共對東北局勢的態度。劉少奇聽了曾克林的彙報，非常高興，於9月15日召開政治局會議，決定將原定「向北防禦，向南發展」的整個戰略方針，改為「向北推進，向南防禦」。17日晚，劉少奇將情況報告在重慶的毛澤東、周恩來，提出我們全國戰略方針必須確定向北推進，向南防禦，否則我主力分散，地區太大，處處陷於被動；建議新四軍江南主力立即轉移到江北，皖南、皖中新四軍第七師也向北撤退，從山東，華北抽調10萬至15萬人北上。同日，毛、周覆電，表示完全同意爭取東北的方針。同時指出，東北及熱河、察哈爾控制在手中，全黨團結一致，什麼也不怕。9月19日，劉少奇電告重慶毛澤東、周恩來提出「全國戰略方針是向北發展，向南防禦」，此電還提出目前全黨全軍主要任務，並決定幾個戰略區領導人的調配。

同日，毛、周覆電劉少奇，同意江南部隊北調、戰略區領導人的調動，並強調越快越好。中央立即決定，將原來計劃從延安等地派到中南、華東的部隊和幹部，一律改派東北，並決定從各解放區抽調10萬主力部隊和兩萬幹部到東北，成立以彭真為書記的臨時東北局。電令在去山東途中的林彪轉赴東北，統一領導軍事工作。八路軍、新四軍10萬大軍同時海陸兼程，

搶在國民黨軍前面，提前進入東北。

《雙十協定》簽訂後，蔣介石邀請毛當晚下榻他的林園寓所，第二天一早共進早餐，然後，毛澤東在張治中陪同下返回延安。毛剛一走，蔣介石就把他的眞實想法傾吐在日記裡：「共產黨不僅無信義，且無人格，誠禽獸之不若也。」

10月12日，毛澤東送走張治中。這時，國軍已攻占「中共占領地區」近30座城市，特別是在9月30日美國海軍陸戰隊第一師在塘沽登陸；10月1日一部又在冀東的秦皇島登陸，配合國軍進占北戴河、天津、北平、唐山等地，爲國軍進攻華北、占據東北建立戰略要地。毛澤東於當日爲中共中央起草給各中央局、分局、區黨委的指示，指出《雙十國共協定》今日公布」。「和平基本方針雖已奠定，但暫時許多局部的大規模的軍事衝突仍不可避免，除粵、鄂、豫、浙及蘇南等地頑軍正向我進攻外，沿平漢、津浦、同浦、正太等路頑軍正向我大舉進攻，絕不可鬆懈。」「過去中央指示各地擴大軍隊整編主力計劃，繼續執行不變。」「東北問題未在此次談判中提出，我黨一切按既定計劃照樣執行。」(3)

10月13日即《雙十協定》公布後的第一天，蔣介石便發布進攻解放區的「酉元密令」(4)要國民黨軍將領「遵照中正所訂的剿匪手本，督勵所屬，努力進剿，迅速達成任務」。11月9日，國民黨召開各地高級將領參加的軍事會議，決定在6個月內擊潰八路軍和新四軍主力，然後分區進行清剿，以期「根絕匪患」。蔣介石在會上提出「必須除惡務盡」。(5) 16日，蔣介石又在其軍事委員會講話，進一步確定了軍事方針：(一)提出了「戡亂」規則。(二)確定了「剿匪」的部署與方針。(三)

確定了「先關內後關外」的剿匪步驟。(6)

10 月中旬，國民黨軍由第十一戰區副司令長官馬法五、高樹勛率領 3 個軍 4 萬人，分兩路從新鄉沿平漢路北犯，其後繼部隊 4 個軍正向新鄉開進。

國民黨北進的軍隊於 25 日到達崔曲、馬頭鎮、黃龍等地。劉、鄧爲創造最後殲滅馬法五部的條件，於 26 日作出具體布署，並報中央軍委。毛澤東接此電報後，於 27 日覆電劉鄧說：「部署甚當。俟後續到齊，養精蓄銳，那時敵必飢疲，弱點暴露，我集中主力尋求弱點，殲滅其一兩個師，敵氣必挫。」(7)

劉鄧指揮所部對國民黨軍 3 個軍經過襲擾、節節阻擊，局部殲滅、總攻和誘敵突圍加以圍殲的作戰。10 月 28 日，高樹勛毅然率新八軍、河北民軍萬餘人舉行戰場起義，對殲滅第 40、第 30 軍取得戰役的勝利起到了重要的作用。

11 月中旬至 12 月中旬，毛澤東因疲勞過度患病住院。

注釋

（1）後經整理改爲《中共中央對目前時局的宣言》。

（2）《毛澤東年譜》下卷。中央文獻出版社出版。第 14、15 頁。

（3）同（2）第 34 頁。

（4）蔣介石這個「酉元密令」在邯鄲戰役中被晉冀魯豫野戰軍截獲，新華社於 1949 年 11 月 6 日公布。

（5）《蔣總統集》。台灣「國防研究院」印製。1967 年出版，第 1522 頁、第 1524-1525 頁

（6）同（5）第 1524-1525 頁。

（7）同（2）第 42 頁。

（二）東北停戰，馬歇爾幫了中共的忙

1945 年 11 月 27 日，美國總統杜魯門免去了公開支持蔣介石打內戰的赫爾利駐華大使職務。12 月 5 日發表對華政策聲明，並派馬歇爾爲總統特使赴華調處。12 月 6 日至 26 日在莫斯科召開了蘇、美、英三國外長會議，發表公報希望「有一個統一與民主之中國」，在國際的巨大壓力下，國民政府代表與共產黨代表恢復了和談，並於 1946 年 1 月 5 日正式簽訂了停止國內衝突的協議。規定從 1946 年 1 月 13 日起雙方停止一切戰鬥行動。當日，毛澤東向中國共產黨各級委員會、中國解放區各部隊首長、各級政府發布了停戰通告，要求「均須嚴格運行，不得有誤」，指出「全中國人民在戰勝日本侵略之後，爲建立國內和平局面而作之努力，今已獲得重要結果。中國和平民主新階段，即將從此開始」。(1)

1946 年 1 月 10 日上午 10 時，國共兩黨和民主黨派、社會賢達參加的政治協商會議，在重慶國民黨政府禮堂開幕，蔣介石主持會議，他在講話中做了保障人民自由的四項諾言。會議開了 20 天。1 月 31 日，通過了《政府改組案》、《國民大會案》、《和平建國綱領》、《軍事問題案》和《憲法草案》5 項議案。會議的最後一天，蔣介石致閉幕詞，表示對於各項協議「我敢代表政府先行聲明，政府必然十分尊重，一俟完成規定手續之後，即當分別照案實行」，中國出現了暫時的和平局面。

政府會議期間，中共做了許多讓步，周恩來在會後答記者問時，對這些讓步做了如下幾方面的概述：「《和平建國綱領》

和中共的原提案有頗多的出入」、「在軍隊國有化上」、「在改組政府上」、「在民主憲草的原則上」、「在國大問題上」，都做了大讓步。

中共能讓步與斯大林施加壓力有關。1月17日，蘇駐華大使向周恩來轉達蘇共中央和斯大林本人的意見：「由於情況不了解不能提具體意見，但中共不應想蘇維埃化，應決心停止內戰，並取得蔣同意進行民主化。中共如再不停戰，美國軍隊和空軍會壓下來，要對美國有足夠的估計。」周恩來及時把這一信息電告延安毛澤東。

政協會議閉幕後的第一天，即1946年2月1日，延安中共中央各中央局、各區黨委、各縱隊，發了一個《關於目前形勢與任務的指示》，這個文件是劉少奇起草的，並經毛澤東審定修改。其中談到，我黨即將參加政府，各黨派亦將到解放區進行各種社會活動，以致參加解放區政權，我們的軍隊即將整編為正式國軍及地方保安隊、自衛隊等。在整編後的軍隊中，政治委員、黨的支部、黨務委員會等即將取消，黨將停止對於軍隊的直接領導（在幾個月之後開始實行），不再向軍隊發出直接的命令。

2月6日，在毛澤東的主持下，中共中央政治局根據政協要求提出參加政府名單，決定毛澤東、林伯渠、董必武、吳玉章、周恩來、劉少奇、范明樞（解放區山東省臨時參議會議長）、張聞天參加國府委員會；周恩來、林伯渠、董必武、王若飛參加行政院，力爭周恩來任副院長。

2月25日，中共中央授權周恩來同張治中、馬歇爾簽署《關於軍隊整編及統編中共部隊為國軍基本方案》，規定到年底全國

陸軍應為一百零八個師，每個師人數不得超過 1 萬 4 千人，其中中共部隊編 18 個師占軍隊總數六分之一。3 月 4 日，三人小組馬歇爾、張治中、周恩來來到延安。毛澤東對馬歇爾表示：「東北問題內政和外交應分開，外交目前應由政府和蘇聯直接商辦。內政應停止衝突後整軍，改組政委會及省政府，實行民選縣長。」張治中說：「和平實現了，政府改組了，中共中央就應該搬到南京去，您亦應該住到南京去，延安這地方，我不會有第四次來的機會了。」毛澤東愉快的答道：「是的，我們將來當然要到南京去，不過聽說南京熱得很，我怕熱，希望常住在淮安，開會就到南京。」毛澤東和張治中對國共合作前景的樂觀態度都是真誠的。

3 月 1 日至 3 月 17 日，國民黨召開了六屆二中全會，會議對政協通過的各項決議，展開了討論。到會代表否定了政協會通過的各項決議案。批評了蔣介石會議發表宣言，推翻政協會議關於憲法原則的協議，不提國民黨將執行整軍方案。經歷半年多的努力，和平民主建國的美好願望落空了。

1946 年春，蘇軍開始撤退，蘇軍撤離東北是與中共商量好的，沒有通知國民黨。共軍從蘇軍手中占領了長春、四平、哈爾濱等大中城市。3 月 17 日，在美蘇驅使下，達成《東北停戰協議》，承認共軍占領長春、四平、哈爾濱等城市的現狀，但蔣介石拒不實行。他堅決要求奪回哈爾濱、長春、四平等地，並指令東北保安司令長官杜聿明指揮所部 5 個軍，其中包括國軍王牌軍全部美式裝備新一軍新六軍、11 個師，由瀋陽分別向南、北挺進，限於 4 月 2 日以前占領四平街。

3 月 23 日，毛澤東電告林彪，對於蔣介石軍隊自瀋陽向南

北的進攻，不予以有力的打擊，東北不可能實現真正的停戰的，東北解放區的後方也難以鞏固。要求「不惜重大傷亡（例如 1 萬至 2 萬人），求得大勝，以利談判與將來」。國共雙方在四平展開了激烈的戰鬥，四平守軍苦戰 1 個多月，傷亡達 8 千多人，疲憊困乏，難以再戰。5 月 18 日，林彪向東北局、中共中央報告：「四平以東陣地失守數處，此刻敵正猛攻，情況緊急。」隨即於當日下午組織部隊撤出陣地，分別向北滿、西滿、東滿轉移。共軍轉移途中，頭上是國民黨的飛機，轟炸掃射，後邊是坦克在追擊，共軍狼狽逃竄，潰不成軍。

國民黨軍在占領四平後，相繼占領公主嶺、長春，抵達松花江南，中共東北民主聯軍準備退出哈爾濱。林彪已做好思想準備，一旦哈爾濱失守，就到遼南山區打游擊。6 月 1 日，林彪電告毛澤東說「準備打游擊，放棄哈爾濱」，第二天東北局也給毛澤東同樣內容的電報。

6 月 3 日，毛澤東電告林彪：「同意你們放棄哈爾濱之準備，採取游擊戰、運動戰方針。」在這種極端困難條件下，出來伸手幫助毛澤東的不是蘇聯，而是美國。國民黨軍的進攻，引起馬歇爾對蔣介石不滿，他站在共產黨的一邊說話了。他告誡蔣介石，如果這樣繼續推進攻擊共產黨的軍隊，美國就停止幫他們運輸部隊去東北了。5 月 31 日馬歇爾寫信給蔣介石，指出這件事關係到他本人的聲譽，「在目前政府軍在東北繼續推進的情況下，我本人的立場是否真正成了嚴重問題。因此，我再次向你要求，立即下令政府軍停止推進、打擊或追趕中共軍。」蔣介石答應停火 15 天。毛澤東得知這一停戰令後，連續兩次電告東北局，林彪：「堅守哈爾濱。」「保持松花江以北地區於我手

中。」「至要至要。」東北戰局轉折點，就這樣開始了。

蔣介石簽應停火 15 天之後，馬歇爾又要求蔣介石把停火期延長 4 個月。

7 月中旬，兩名反蔣愛國知識分子李公僕、聞一多，在昆明被國民黨特務殺害，美國民意測驗顯示，只有 13%的人贊成繼續援蔣，50%的人，要求不「介入」。8 月 7 日，杜魯門寫信給蔣介石，聲色俱厲地提到這兩椿暗殺案，說美國人民對這樣的事，「深惡痛絕」，如果和談沒有進展，他只好重新考慮美國對蔣政權的態度。

4 個月的停火，這是一個難得的寶貴時間。毛澤東電告東北局把部分力量分散下農村發動群眾，搞土改，建立農村政權，動員農民參軍。在新兵大會上，搞訴苦思甜教育，提高士兵的政治覺悟。親身經歷當年訴苦的人回憶：「一場訴苦會下來，一個個抽抽噎噎，心懷無限報恩思想，願為共產黨去拼去殺、獻身。」

充分利用這段時間，進行軍事訓練。蘇軍為中共組建的部隊，進行嚴格的軍事訓練。開辦 16 所軍事學校，有炮兵、工程兵，還派軍事幹部到蘇聯境內辦的培訓班，進行專門技術訓練。蘇軍還提供大量的武器裝備，把繳獲日軍武器交給中共軍隊，計有 700 輛坦克，3,700 多門重火炮，12,000 挺機關槍，無數步槍、高射機槍、裝甲車。北朝鮮有一個日本人軍火庫，裝滿了近 2,000 個車皮的軍火，都運到中國境內交給中共軍隊。蘇軍把一支 3 萬多掌握各種兵器技術的戰俘，包括電訊、炮手、坦克、汽車司機、醫生、護士交給中共軍隊。經過政治教育，並給優惠生活待遇和民主平等人道待遇。他們在各條戰線上努力

工作，林彪司令部掌管的 400 多名電訊技術人員，他們大部分是從日軍戰俘中選用的，他們破譯國軍電碼，是林彪的耳目。

4 個月停火，是東北聯軍發展的轉折點。這段時間爭得馬歇爾支持是做了重要的說服工作的。馬歇爾於 1945 年 12 月來華，他的使命是停止內戰。赫爾利離華時，對蔣介石專斷十分不滿，馬歇爾是一名正直的美國軍人，他不喜歡蔣介石，更討厭蔣介石的裙帶關係。馬歇爾第一次和周恩來見面後，周的闊達開朗，使他很動心。周說中共「期盼美國式的民主」，周還和馬歇爾說，毛澤東喜歡美國更勝於蘇聯，他告訴馬歇爾：「有這麼一個小故事，說了你或許有興趣。最近傳說毛主席要訪問蘇聯，毛澤東聽說後大笑，半開玩笑地說如果他真有機會出國的話，他想去的倒是美國。」馬歇爾完全當真，把這番話傳給杜魯門，多年後馬歇爾還說，中共比國民黨更跟他合作。

停戰 4 個月後的東北民主聯軍裝備精良，擁有充夠的坦克、大炮等重型武器，作戰能力遠勝於四個月前不知多少倍。據後來失守四平的陳明仁回憶，他當時在四平城頭看到東北民主聯軍攻城炮火之猛烈，是他 20 多年的戎馬生涯，竟從未曾見過的。1946 年 10 月 19 日，杜聿明指揮的號稱「千里駒」的國民黨軍第 25 師，參加過遠征軍的國民黨嫡系主力，在新開嶺丘陵地帶，被民主聯軍第三、第四縱隊實力相當於兩個師包圍，民主聯軍以猛烈的炮火，摧毀國民黨防禦能力，國民黨軍無力還擊，全部被殲。

蔣介石在馬歇爾的威迫下同意停戰，使東北共軍得以強大起來。陳立夫埋怨說：「我不贊成蔣的做法，勸蔣像西班牙的佛朗哥，反共要反到底，打打停停。停停打打，沒用。」中共高

層官員包括林彪在內都說蔣介石停止向松花江以北推進是重大失策。蔣介石只要窮追猛打，至少能阻止中共在蘇聯邊境，建立強大鞏固的北滿根據地。切斷蘇聯與中共的鐵路運輸線，使蘇聯不能將重型武器運進來，裝備中共軍隊。

蔣介石為了美國軍費援助，同意在東北停火，使得毛澤東在北滿建立橫一千公里，縱五百公里，面積比德國還大的根據地，背靠蘇聯，東西有北朝鮮和外蒙古依託，源源不斷地把軍火和物質運送南邊和關內，支援全國進攻蔣介石軍隊的戰爭。

1947 年 1 月，馬歇爾離華，美國宣告調停失敗，開始全面援蔣，支持蔣介石發動全國規模內戰，毛澤東這時放棄了對美依靠的幻想。

國民黨軍在東北戰區停火時，蔣介石的軍事實力遠遠超過中共軍隊，國軍有 430 萬人，中共只有 127 萬人。蔣介石對關內各戰區發起進攻，從停戰令生效（不包括東北）到 1946 年 6 月，進行了 4,300 多次戰鬥，使用兵力達 270 萬人次，占領共產黨轄區城市 40 座，村鎮 2,500 餘處，國軍把共軍趕出了關內大部分城市和幾乎整個長江流域。在此嚴重情況下，毛澤東又把目光轉向斯大林，希望蘇聯公開支持和援助。但毛澤東不能不想到：「對蘇聯來說，根本問題是蘇聯在東北的利益，至於中國政權落於誰的手，國民黨還是共產黨，無關重要。如果蘇聯公開支持共產黨反對國民黨，國民黨就會撕毀《中蘇友好合盟條約》，丟掉條約承認的蘇聯在東北的利益，還面臨蘇聯和美國公開對抗，威脅遠東的平靜局勢。如此，斯大林能援助中共嗎？不能，絕對不能！想到這裡，毛澤東心冷了！

注釋

（1）《毛澤東年譜》下卷。中央文獻出版社出版，第52頁。

（三）同周恩來共同領導公開和隱蔽的兩種戰爭

在強大的國民黨軍進攻之前，如何擊退國軍的進攻，轉敗爲勝呢？毛澤東提出公開戰爭、隱蔽戰爭相結合的兩種戰爭形式。他特別強調隱蔽戰爭的作用，他說全國規模內戰在即，共產黨在軍事上處於劣勢，「我們要消滅敵人，有兩種戰爭，一種是公開的戰爭，一種是隱蔽的戰爭。隱蔽的戰爭有戰略進攻、打入敵人內心，也有戰略的防禦保衛自己。要打敗敵人，須內外夾擊，所以兩者都有重要意義。」（1）公開戰爭，就是兩軍對陣，展開廝殺。隱蔽戰爭說得通俗一點就是臥底。中共的做法是派出紅色間諜，打入敵人高層決策機關，竊取戰略決策；打入作戰指揮機關，竊取作戰計劃，兵力部署。就是像《西遊記》說的孫悟空鑽進牛魔王的肚子裡，要牛魔王的命，奪取戰爭的勝利。

沈安娜，1939年參加共產黨，在她積極爭取入黨的1938年受周恩來董必武派遣，打入國民黨核心機關，擔任國民黨中央黨部機要速記員達十年之久，經常坐在蔣介石身後擔任高層會議記錄。國民黨中央許多核心機密，都通過她送到共產黨中央和毛澤東手裡。特別是1946年5月國民黨遷都南京後，沈安娜擔任國民黨中央常委會、中央全會、中央政治委員會速記員，兼國民大會、立法院院務會議的速記期間，搜集了大量軍事情報、國民黨內部派系鬥爭的情報、各派系頭目的政治態度和主

張、在主戰與主和上的分歧、蔣介石在內部會上發表的講話等情報，及時抄送中共中央，對毛澤東做出對策制定反攻國民黨戰略方針，起了十分重要的作用。

郭汝瑰，1929 年加入共產黨，後赴日學習與共產黨組織失去聯繫，他仍以共產黨員要求自己，與中共祕密聯絡員聯繫，為中共搜集絕密軍事情報。他在 1946 年 10 月擔當國民黨軍總參謀長辦公廳副廳長，不久被委任為國防部 5 廳廳長。1947 年 3 月，陳誠接任國防部參謀總長，郭汝瑰被推薦擔任國防部第三廳（作戰廳）廳長、1948 年 5 月顧祝同接替陳誠任參謀總長，7 月郭汝瑰再任國防部第三廳廳長。從 1945 年 5 月與中共恢復聯繫開始，到 1949 年 1 月離開南京擔任 72 軍軍長，為中共提供 100 多次重要軍事情報。包括國民黨重點進攻山東及孟良崮戰役計劃、徐蚌會戰計劃、徐州司令部兵力配置等文件，長江江防計劃、江南作戰計劃、西南地區的兵力配置序列情況等等。在淮海戰役期間，國防部制定的作戰計劃，開會一完，會上做出的作戰方案，就被送到共軍手裡，蔣介石得知後非常生氣，追問是誰送給共產黨的，杜聿明懷疑是郭汝瑰。蔣介石批評杜聿明公報私仇，派系在作怪，顧祝同證明郭汝瑰對黨國非常忠誠、業務辦得好，說連郭都靠不住，黨國就沒有忠臣了，對郭信任有加。

閔又文，1938 年祕密加入中國共產黨，後被傅作義任命為隨身祕書、對外發言人、剿總辦公室副主任等要職，中共地下黨通過他對傅作義各軍種的部署、火力配備、各軍作戰能力強弱、傅的思想動向、前線指揮官的特點愛好等最高機密，了解得一清二楚。

趙龍韜，北平聯勤第五補給區少將副司令（該補給區專管華北「剿總」的供應）。趙受中共高層領導葉劍英的宣傳影響和次子趙明仁（王良）民主青年聯盟成員（中共地下外圍組織）的勸說，與北平中共地下黨取得聯繫，為中共提供了重要軍事情報。1948 年 10 月，傅作義集結 10 萬重兵，準備突襲石家莊和中共中央所在地西柏坡，以挽救東北戰場危機。傅作義令聯勤方面準備幾車皮炸藥待命。趙龍韜立即將這一特殊情況報告給北平地下黨轉報中共中央。毛澤東從多方證實了傅作義這一計劃後，連續公開發表講話揭露蔣介石，使這一行動流產。

1948 年底，解放軍包圍北平，傅部加強對後勤各倉庫、兵站、糧站的兵力警戒。趙龍韜將各兵站、倉庫、糧站的崗哨具體位置繪製成詳圖，送到共軍前線指揮部。根據中共地下黨的安排，中共情報員高彤以趙龍韜的副官身分住進他家，跟隨趙龍韜出席有關軍事會議，及時將搜集到的情報送共軍前線指揮部。

趙煒是 1947 年 3 月潛伏在國民黨軍東北保安司令部（後改為東北行營）少校參謀，主管機要室，中共情報員，代號「902」。每月將國民黨軍東北作戰態勢圖，即國民黨軍占領區域一份和兵力駐地表包括國民黨軍兵團以上將領的姓名、代號、番號、駐地（經常更換）交給上線聯繫人。更重要的將國民黨軍作戰計劃偷出來交上線轉報共軍。中共東北聯軍對國民黨軍的兵力、位置和作戰計劃瞭如指掌。1947 年秋季，國民黨軍在杜聿明的指揮下，採用「南攻北守、先南後北」戰略，集中主力，圍攻南滿共軍。在戰爭關鍵時刻，趙煒起草一道假命令（起草後經作戰科長、處長、參謀長簽字同意）給急調到南

滿參戰的國民黨軍 13 軍軍長，火速急行軍至「新濱三源浦占領蘭山制高點，不得有誤」，實際上蘭山腳下，共軍已經布置好口袋。國軍 89 師及 54 師 162 團被共軍殲滅，餘部潰逃。這場戰鬥成爲全東北戰場一個轉折點，國民黨軍由進攻轉爲防守，杜聿明遭蔣介石臭罵一頓。

國民政府還都南京後，南京電訊局下屬有個軍話專用電台，專門接轉總統府、國防部、國民黨中央辦公廳、中統局等要害部門的電話，共有 9 名工作人員。其中就有七名地下黨員打進這個電台。他們從不同的渠道，將國民黨政軍高層訊息，通過情報網轉送到中共中央。這是毛澤東制定戰略策略的重要依據。

隱蔽戰線的創建人是周恩來，他在擔任黃埔軍校政治部主任時，吸收了一批傾向共產黨的思想激進的青年加入共產黨。這些人有的直接分配到共產黨領導的軍隊，後來成了共軍的高級將領；另外一些分配到國民黨軍隊中隱瞞共產黨身分長期潛伏，這是第一批潛伏人員。第二批是抗戰爆發後，周恩來擔任長江局、南方局副書記、書記時，在董必武的協助下根據形勢的發展和鬥爭的需要，選拔了一批經過訓練的中共黨員，打入國民黨軍政系統，竊取國民黨機密情報。周恩來還個別發展特殊黨員，只跟他個人聯繫執行特殊任務。隱蔽戰線情況複雜，環境危險，需要隱蔽很深，有的幾年、十幾年，甚至更長時間，到了第三次國內戰爭時期，這些長期潛伏在國民黨軍的軍政大員就派上了用場，他們在戰爭的不同發展階段，將國民黨軍作戰部署，兵力等情報送到共軍戰役指揮部，周恩來即時報告毛澤東，毛澤東發出進攻國民黨軍的命令。毛得意地說：「蔣委員

長有你們這些人，我這個小小的指揮部不僅指揮解放軍，也調動了幾百萬國民黨大軍。」共產黨手中潛伏戰線上的軍事力量，是國民黨軍心臟的定時炸彈，這是蔣介石致死也料想不到的。蔣介石發動的全國規模內戰是在這種形態下遭到反擊的。

1946 年 6 月 26 日，國民黨軍發動的全國內戰爆發。蔣介石調動 30 萬大軍對中共中原部隊進行合圍，並密令鄭州綏靖公署主任劉峙對中原共軍實行「分進合擊，徹底消滅」。潛伏在國民黨武漢行轅機要室任機要員的地下黨員劉綿於 6 月 14 日，衝破層層阻攔，把情報送到中原軍區鄂東軍分區代理司令員張體學手裡。中原局於 6 月 21 日致電中共中央請求主動突圍，兩天後，毛澤東為中央起草覆電：「同意立即突圍，愈快愈好，不要有任何顧慮，生存第一，勝利第一。」(2)

中原部隊 5 萬餘人遵照毛澤東指令，於 6 月 29 日向西突圍，越過平漢鐵路向武當山和伏牛山挺進，皮定鈞旅向東突圍。蔣介石立即調整部署，命令原「圍剿」部隊跟蹤追擊，中原部隊主力部隊分別進入陝甘寧邊區和蘇皖解放區。此戰，國民黨損失 5000 餘人。

1947 年 2 月 1 日，毛澤東主持召開中共中央政治局會議。會議分析了國內形勢，討論了毛澤東為中共中央起草的關於時局與任務的指示，指示指出：「目前軍事形式，已向有利於人民的方向發展。去年 7 月至今年 1 月的 7 個月作戰，已殲滅蔣介石進犯解放區的正規軍 56 個旅，平均每月殲 8 個旅。」「我軍已在幾個戰場上開始奪取了主動，蔣軍則開始失去了主動。」「我軍如能於今後數月內，再殲其 40 至 50 個旅，連前共達 100 個旅左右，則軍事形勢必將發生重大變化。」

自 1946 年 7 月至 1947 年 2 月，國民黨軍隊損失 71 萬餘人，蔣介石全面進攻解放區的計劃，遭到破產。他改變全面進攻的戰略，改爲重點進攻延安和山東。蔣在 3 月 1 日的日記寫道：占領延安「對於戰略與外交，皆有極大意義」。

注釋

（1）《毛澤東年譜》中卷。第 116 頁。
（2）《中原突圍戰役敵情資料》。

（四）中共潛伏黨員胡宗南奉命進攻延安

胡宗南是沒有公開身分的潛伏在國民黨軍內的共產黨員。爲什麼不公開胡的共產黨員身分，主要原因是與神化毛澤東形象有直接關係。胡宗南率領 25 萬國民黨軍精銳部隊進攻延安，共軍在陝北的部隊只有 2.5 萬人，而且是小米加步槍裝備落後的部隊。至今還有很多人認爲毛澤東指揮 2.5 萬的部隊打敗了胡宗南 25 萬精兵，這是軍事上的奇蹟，表明了毛澤東是軍事天才，英明偉大。如果公開了指揮 25 萬國軍的主帥是潛伏共產黨員，所有勝仗都是事前刻意安排的，毛澤東就不那麼英明偉大了，神化毛澤東都會降格了。這是共產黨和毛澤東都絕對不允許的。當然也還有另一種原因，就是保護胡宗南及其家屬的用意。

胡宗南，黃埔一期高材生，革命性很強，公認的共產黨員。後來突然形象有了變化，他發起組織反共的孫文主義學會，受到蔣介石的賞識。胡與軍統頭子戴笠是密友，胡結婚時戴笠主

婚，胡宗南很自然的就成了蔣介石的親信。誰也不敢懷疑他，即使有人懷疑他，蔣介石也不會相信。這樣，胡的共產黨員身分得以掩蓋，長期潛伏了下來。

1947年2月28日，胡宗南接到蔣介石的命令，統率25萬大軍進攻延安。3月2日18時，中共地下黨員熊向暉奉命到南京見胡宗南。胡一見熊就對他說：「馬上要攻打延安，所以你推遲3個月再走。」之後，胡宗南給熊一個文件包，裡面是兩份絕密文件，一份是蔣介石核准的進攻延安的方案，另一份是陝北共產黨的軍隊兵力配置情況。當晚，熊將情報送給共產黨聯絡人王石堅，王通過祕密電台，將情報發到延安。第二件事接通了胡與陝北中共中央聯繫的方式和聯絡人。這兩件事辦妥後，胡對熊說：「你可以去美國讀書了。」

3月18日，胡宗南率領國民黨軍34個旅25萬人的兵力，從南、北、西方向對陝甘寧邊區發起進攻，直指延安。3月19日，延安城東邊槍聲響成一片，警衛員們催促毛澤東離開，毛站在車前，凝視著寶塔山，不慌不忙的坐上美軍觀察員留下的吉普車向北撤離了。同車的有周恩來和江青，他們一路上說說笑笑，非常輕鬆，似乎不像撤離的行軍，而是旅遊。

在撤離前，毛澤東接見了參加保衛延安的解放軍部分幹部，很有信心地說：「敵人來了，我們準備給他打掃房子，我軍打仗，不在一城一地的得失，而在於消滅敵人的有生力量。存人失地，人地皆存；存地失人，人地皆失。敵人進延安是握著拳頭的，他到延安就要指頭伸開，這樣便於我們一個一個地切掉它。告訴同志們，我們少則一年，多則二年就要回來。我們以一個延安換取全中國。」(1)

3月10日毛澤東在為中共中央起草的給中央局、分局的指示中指出「我們失去延安雖有某些損失」但「我軍行動將更加自由，分別消滅敵人的機會也會增加」，「若能將胡敵大部吸引在陝甘寧而加以打擊消滅，這正便利於其他解放區打擊和消滅敵人，恢復失地」。(2)

胡宗南指揮國民黨軍占領延安，南京舉行了隆重的慶祝大會，高度頌揚這一軍事上的勝利，胡宗南受到嘉獎。這一勝利對國民黨軍是一極大的鼓勵與鞭策，國民黨各大報紙都以頭版頭條報導了這一消息。在國民黨南京政府慶祝聲中，傳來了胡宗南第31旅在延安東北三十公里的青化砭遭伏擊的消息。青化砭是一條狹長的河谷，兩邊是黃土大山，中間有無數崖澤溝壑，四天前共軍就集中主力到這裡設下埋伏。毛澤東北撤時經過這裡，他叫司機把車速放慢，凝神四下觀看，稱讚這是設伏的好地方。3月25日，31旅奉胡宗南命令孤軍深入青化砭共軍伏擊圈，旅部和2900名官兵全軍覆沒。

共軍主力在取得青化砭伏擊勝利後，馬上移兵到延安正北羊馬河設伏擊圈。4月14日，胡宗南命令135旅孤軍深入羊馬河，中了伏擊，走了青化砭同樣套路，死傷加被俘5000餘人。胡宗南的大部隊遠在高山深谷的另一端，無法馳援，只好望洋興嘆。

蟠龍距離延安50公里，是胡宗南部隊補給基地，那裡儲存著麵粉4萬多袋、軍服5萬多套，大量的武器彈藥儲存在這裡。胡宗南只派一個團和一個旅部直屬隊守衛，把主力調往遠在北方的綏德，說共軍主力在那裡。胡宗南主力往北走，而共軍主力往蟠龍運動，包圍了蟠龍。胡宗南部隊中有將領提出「部

隊不宜前進」，但胡宗南命令他們「急速前進」。5月2日，胡部到達綏德，等待他們的是一座空城。就在這一天，共軍主力把蟠龍團團圍住，並發起攻擊，守軍全部被殲。蟠龍補給基地的武器彈藥和物資全部落到共軍手裡。潛伏黨員胡宗南為共軍做出了特殊貢獻。

蟠龍伏擊戰勝利以後，陝北共軍武器裝備更新，士氣高漲，新華社向全國播放勝利消息，告訴人們毛澤東還留在陝北，毛澤東的隨從由800人增加到1400人，還有一個規模龐大的電台組，跟蘇聯、全國各部隊、各根據地聯繫，指揮著全國戰爭。

毛澤東在離開延安後的轉戰過程中，興致勃勃，像遊山玩水一樣，江青給他拍攝了許多山水鏡頭。毛澤東一行指揮部選擇在距延安一百多公里的偏僻小村莊王家灣架設電台，指揮全國各地作戰。毛澤東住在一個農民家裡，每天看書、批示電文，抽空外出散步、騎馬，熱了，警衛員砍了幾棵樹在室外搭了個棚子，黃昏時到涼棚裡去看書。毛澤東在這個村子逗留近兩個月，他住得很愜意。

毛澤東、周恩來等住在王家灣的消息走漏了，6月8日，劉戡部隊突然開進寺灣，距離王家灣只隔一座山，一下子，王家灣緊張了，馬上把電台撤了，只留一部電台跟胡宗南軍聯繫，通發電報。毛澤東的書籍行旅都包好放在馬上，但往那裡走？往東還是往西？國軍行動方向，沒有搞清楚，毛澤東堅持暫不走。村裡老百姓也都集中到村頭，準備轉移。6月11日晚，毛澤東從窯洞裡出來，說國軍要轉兵去保安。劉戡的隊伍沿著山溝跑過去，警衛員能聽到劉戡部隊說話聲音，能看到他們手裡拿著火把的火光。原來是胡宗南給劉戡下達死命令：「向保安南

之雙兒河集結，限十四日拂曉前補充完畢。」胡聲稱，「匪」主力在保安。結果保安又是一座空城，毛澤東化險爲夷。

1948 年 2 月，胡宗南部隊占地宜川，被彭德懷指揮的共軍包圍，胡宗南命令劉戡所部兩個師增援。增援有三條路線可走，胡宗南要求劉戡走經瓦子街的洛宜公路。瓦子街公路兩側山高坡陡，溝深谷狹，遍布林木，彭德懷已經設好了重兵伏擊圈。劉戡的先遣隊發現了共軍埋伏，向胡宗南報告請示先打伏兵，「解除側翼威脅」。胡宗南回電：「宜川情況緊急。」不允許先打伏兵，必須按原計劃沿洛宜公路迅速前進。結果進了共軍伏擊圈，兩天激戰，數名將領被擊斃，全軍覆沒，劉戡在重圍中自戕身亡。

蔣介石在 1948 年 3 月 2 日的日記裡寫道，「此一損失，全陝主力幾乎損失了三分之一以上」，「宗南疏忽粗率」，「重蹈覆轍」。當胡宗南提出辭職時，蔣介石又拒絕了他，把責任推給了死去的劉戡等人身上。

1948 年 4 月，胡宗南在損兵十幾萬人後，放棄延安，中共取得了陝北保衛戰的勝利。共軍對這場戰爭的勝利沒有大肆張揚。毛澤東考慮張揚起來對胡宗南這位潛伏將軍不利，蔣介石可能會撤他的職，查辦他，毛澤東還想繼續讓胡宗南發揮作用。

胡宗南帶領他的部隊轉戰四川，蔣介石又給胡宗南增兵。從河南、四川、湖北一線調來幾個軍歸胡宗南指揮。胡統轄的軍隊一下子增加到幾十萬人。還是每戰必敗，幾十萬人喪失殆盡。蔣介石逃往台灣時派飛機接胡宗南，胡準備留在大陸，胡的警衛人員一擁而上，把胡抬上了飛機。到台灣後，胡宗南受到檢察院的彈劾，指責他「受任最重，統軍最多，蒞事最久，

措置乖方,貽誤軍國最鉅」。胡是蔣介石的愛將,蔣介石不點頭,
彈劾不了了之。

注釋

（1）《毛澤東年譜》下卷。第176頁。

（2）《毛澤東年譜》下卷。第173頁。

（五）潛伏將軍韓練成臨戰放棄指揮權

　　國民黨在重點進攻的兩翼中,又側重於山東一翼。1947年
1月下旬,蔣介石發動了對山東解放區的大規模進攻。他親自
到徐州制定了從隴海、膠濟兩線南北夾擊華東野軍的計劃。南
線國民軍21個整編旅為主要突出集團,北線9個整編師包括韓
練成的46軍在內,組成輔助突擊集團。

　　國民黨46軍軍長,韓練成是中共地下黨員,他與共軍華
野取得聯繫,建議華野放棄與南線蔣軍作戰,集中兵力消滅北
線集團。陳毅電示毛澤東經同意,指揮華野主力北上,向萊蕪
集結,包圍李仙洲集團。2月20日萊蕪戰役打響,李仙洲決定
突圍。韓練成根據中共華野指示,在部隊突圍時離開部隊放棄
指揮、華野發起總攻,韓部全軍大亂,向73軍靠攏,兩軍人馬
混在一起局面失控,亂成一團。當天下午5時,戰鬥停止,國
民黨李仙洲7個整編師全軍覆滅,李仙洲以下19名將級軍官全
部被俘,共殲滅5萬6千人,共軍收復博山等13座縣城。韓練
成在中共聯絡人員的引導下,來到華野部隊,受到熱烈歡迎,
毛澤東特電贊勵。

　　2月25日周恩來致電陳毅、粟裕、譚震林，回答關於韓練成去留問題的意見指出：「如本人願意祕密放回，當然甚好。如本人不願意回去，還請考慮，不要勉強，因韓與我及董（董必武）發生關係多年，他去魯前，曾向白（崇禧）辭職多次，反對內戰；此次又單獨投誠，恐在部隊中以難隱瞞。」「留解放區，宜加優待並給工作，不要當俘虜看待。」後韓祕密回南京。萊蕪戰役增強了共軍戰勝國民黨軍的信心。

　　4月22日至26日，華東野戰軍一部攻克了泰安，殲敵整編72師（欠一個旅）2萬餘人。5月8日毛澤東為中央軍委起草致陳粟電稱：「不性急、不分兵，不去擾敵後路，讓他放手前進。你們則集中主力於距敵較遠地點（不要天天接觸），必能找到殲敵機會。」(1) 在華野主力後撤後，12日國民黨軍「五大主力」之一的整編第74師果然孤軍冒進，陳粟當機立斷，以五個縱隊兵力採取分割、圍殲的方法，在其他縱隊阻援配合下，於13日黃昏至16日下午，將整編74師全殲於孟良崮山區，連同殲滅其他師各一部共3萬2千餘人。蔣介石聞悉哀嘆整編74師的被殲，是「最可痛心、最可惋惜的一件事」，是「不可補償的損失」。這一仗，基本上挫敗了國民黨軍隊山東的重點進攻。

注釋

（1）《中國人民解放軍第三野戰軍戰史》。人民解放軍出版社，1996年7月第一版，第127頁。

（六）靖邊縣小河村會議的決策

1947 年 7 月 21 日至 23 日，毛澤東在靖邊縣小河村召開中共中央工作擴大會議，決定把戰爭由根據地引向蔣管區，向全國大進軍。會上。毛澤東明確提出對蔣介石的鬥爭用 5 年時間來解決（從 1946 年 7 月算起），但不對外宣布，還是準備長期作戰，5 年到 10 年甚至到 15 年。會議決定陳賡太岳縱隊由原定西渡黃河到陝北，改為渡河南下出豫西，協助劉鄧晉冀魯豫野戰軍經略中原。決定賀龍以陝甘寧晉綏聯防軍司令身分統一指揮後方，實行精簡節約，開展地方工作。(1)

7 月 23 日，毛澤東致電劉、鄧、陳、粟、譚等，對劉鄧的任務做了調整，即「下決心不要後方，以半月行程，直出大別山，占領大別山為中心的數十縣，肅清民團，發動群眾，建立根據地，吸引敵人向我進攻打運動戰，」同時，提出：「葉陶兩縱 (2).出閩浙贛，創立閩浙贛根據地。」陳粟率魯中主力並在劉鄧到大別山後，指揮陳唐 (3) 擔負整個內線作戰任務。

毛澤東在完成中共軍隊向全國大進軍、由內線轉向外線作戰的戰略任務安排後，率中央機關統一離開陝北，向山西、河北轉移： 8 月 1 日，毛澤東同周恩來、任弼時率中央機關離開小河村，經清陽岔，二日到達火石山。三日到達橫山縣肖崖則村。9 月 21 日，毛澤東、周恩來、任弼時率中央機關離開朱光寨，到達佳縣張家崖窯。23 日遷到葭縣西南 15 里的神泉堡。10 月 10 日，毛澤東在神泉堡寫了《中國人民解放軍宣言》提出了「打到蔣介石解放全中國」的口號。11 月 21 日，毛澤東、周恩來、任弼時率中央機關由烏龍鋪出發，當日到達米脂縣申家嶮。22 日，離開申家嶮，到達米縣楊家溝。在這裡住了四個

月。

12月7日至28日，在楊家溝召開中央會議，毛澤東做〈目前形勢和我們的任務〉報告，明確提出：「中國人民的革命戰爭，現在已經達到一個轉折點。這是一個歷史的轉折點，這是蔣介石的20年反革命統治由發展到消滅的轉折點，這是一百多年以來帝國主義在中國的統治由發展到消滅的轉折點。這是一個偉大的事變。」(4)

1948年3月21日，毛澤東、周恩來、任弼時率中央機關離開米脂縣楊家溝。23日，從吳堡縣川口東渡黃河，來到山西臨縣在寨則山村過夜。24日到臨縣三角鎮雙塔村。葉劍英、楊尚昆主持的中央後方工作委員會就駐在這裡。這天晚上，楊尚昆到毛澤東下塌處看望毛澤東。毛澤東說：「我們同蔣介石這場戰爭，從1946年6月算起，可能要打60個月。60個月者，5年也。這60個月又分成兩個30個月，前30個月我們是上坡，到頂，也就是說戰爭打到我們占優勢；後30個月，叫做傳檄而定，那時候，我們是下坡，有時可能不用打，喊一聲敵人就投降了。」毛澤東喜笑顏開，眉飛色舞。

4月4日，毛澤東一行到達苛嵐縣城。6月途徑雁門關時，毛澤東下車憑弔古戰場，觀看牌樓、石碑，邊看邊朗讀碑文。晚上到達代縣，接見地委領導人侯維翌、郝德青、賴若愚等。7日經繁峙縣伯強村，遇大雪，停留數日。8日，毛澤東寫了〈再克洛陽後給洛陽前線指揮部的電報〉，提出九條城市政策。

4月11日，毛澤東一行由伯強村起程，登五台山北麓鴻門岩險地。起程不久，天降鵝毛大雪，毛澤東下車步行，過五台山主峰，到台懷鎮，夜宿塔院寺。12日在地方幹部陪同下，毛

澤東等遊覽五台山寺廟。毛澤東來到十方寺，看到很多和尚在整理經書，便走過去隨手拿起一本，發現有很多破損，很痛心地皺了皺眉頭說：「經書保存得不好，壞了可惜不可惜？」一個叫羅眞呢嘛的和尚低下頭，雙手合掌回答道：「阿彌陀佛，有生之物，有生就有死，有形之物，有成就有壞。」毛澤東對不上話，就轉話題，問道：「你看打倒蔣介石可惜不可惜？」羅眞呢嘛謹愼地回答：「小僧只知道普渡慈航，不能妄言政治。」

在寺院東門口，毛澤東凝神看看門上一副對聯：「勸君莫打三春鳥，子在巢中待母歸。」大爲欣賞，對同行的人說：「這副對聯的思想應該廣爲宣傳。三春鳥捕捉害蟲，對農業和森林有益，是我們人類的朋友。」

當時五台山地區正在深入開展土地改革運動。一位地方幹部說，他們在這次運動中像對待地主一樣對僧侶進行清算，還在顯通寺收繳了一件康熙皇帝贈給寺廟的龍袍。毛澤東忙問：「龍袍在那裡？」一名叫周雙根的地方幹部站起來回答：「在顯通寺一個房間鎖著，主席如有興趣，不妨前去看看。」於是，毛澤東跟隨周雙根去看龍袍。打開箱子一看，只見龍袍明晃晃金燦燦，上面繡的龍活靈活現。龍袍是用高級絲綢織的，是康熙皇帝親自贈送，實在是一件鎭寺之寶物。

康熙幾度到五台山朝拜，有一次正碰上顯通寺正殿前舉行小和尚受戒儀式，他要參加。方丈說：「陛下不宜參加這種儀式。」並講了理由，康熙心領神會，龍顏大悅，當即從身上脫下龍袍贈給寺院。並規定每年農曆正月初一和七月十五爲皇帝祭拜佛日，由方丈穿龍袍代皇帝進香拜佛。

周雙根講完這個故事後，一旁站著的周恩來說：「中央有

政策規定，對待封建地主與僧侶是有原則區別的！將清算封建地主的辦法運用到僧侶身上是有錯誤的！」毛澤東接過話題說：「周副主席說的對」。最後毛澤東下令將龍袍和清算寺廟的財產全部奉還寺廟。之後毛澤東還抄錄了他的《沁園春·雪》贈給寺廟。

4月13日，毛澤東一行驅車進入河北省，傍晚到阜平縣南莊，住軍區大院。

4月30日至5月7日，毛澤東在城南莊主持召開中央書記處會議，主要聽取粟裕的彙報，決策粟兵團的行動問題。粟裕詳細的闡述了自己的意見，他說：「我覺得，從全局來看，為了改變中原戰局，進而協同全國其他各戰場徹底打敗蔣介石。中原和華東我軍勢必還要同國民黨進行幾次大的較量，打幾個大殲滅戰，儘可能多地把敵人主力消滅在長江以北。從當前情況看，要打大殲滅戰，三個縱隊渡江南進是做不到的。而在中原黃淮地區，我軍打大殲滅戰的條件卻正在成熟。」他分析了四點有利條件，詳細闡述三個縱隊渡江南進的困難和不利因素。兩者對比，我三個縱隊還是留在中原作戰更為有利。

毛、劉、周、朱、任等中央領導人，聽取了粟裕的意見後，當即批准了粟裕的方案，同意三個縱隊暫不渡江南進，集中兵力在中原黃淮地區大量殲敵。會議快要結束時，毛澤東指著陳毅對粟裕說：「陳毅同志不回華野去了，今後華野就由你來搞。」粟裕說：「華野離不開陳軍長。我希望保留陳毅同志在華野的司令員兼政委的職務。」毛澤東對粟裕的謙虛誠懇的態度很滿意，笑著說：「那好，陳老總人到中原，華野職務不免。粟裕就以代司令兼代政委全面負起責任來。」(5)

　　1948 年 5 月 27 日，毛澤東離開阜平縣城南莊到西柏坡。

　　在向全國國民黨統治區大進攻中，其中最重要的最壯觀的是濟南戰役。華東野戰軍領導人遵照毛澤東 8 月 12 日對攻打濟南的方法和步驟的分析，決定以總兵力的 44%約 14 萬人，組成攻城集團；以 56%約 18 萬人，組成阻援打援集團，並夾運河而陣。9 月 16 日發起濟南的戰役，17 日，蔣介石命令徐州「剿總」副總司令指揮徐州東西翼的 3 個兵團由隴海出發北援濟南。此時，濟南政府攻防戰打得非常激烈，雙方拼殺難解難分，陣地反覆爭奪。19 日晚，擔任西翼總指揮國民黨軍整編第 96 軍軍長中共地下黨潛伏黨員吳化文率部 2 萬餘人舉行戰場起義，打開了濟南西部防線大門。解放軍乘勢猛攻戰領了商埠以西國民黨軍陣地。吳化文的起義，打亂了整個國民黨軍防禦計劃和防禦部署。守軍總指揮官王耀武向蔣求援，遭到嚴辭斥責，王只得坐以待斃。

　　9 月 22 日，解放軍西集團攻占了商阜，戰至 24 日黃昏，攻下濟南城，全殲國民黨軍 104,290 人。解放軍傷亡 24,000 人。濟南的攻克，在國民黨統治集團內部和國際輿論界，引起巨大的震動和反響。徐州繳總副司令杜聿明說：「濟南守軍的被殲，可以說蔣軍的重點防禦計劃已被擊破」。日本《朝日新聞》在 9 月 26 日評論道：「中國的內戰進入了一個極重要的新階段。」毛澤東高興的說：「濟南戰役勝利動搖了蔣介石反動軍隊的內部，這是兩年多革命戰爭發展中給予敵人最重要的打擊之一。」「華東和中原的全部解放，已更加迫近。」「濟南戰役，是毛澤東和中央軍委把秋季攻勢引向戰略決戰的起點。」周恩來後來說：「三大戰役的序幕是濟南戰役。」

注釋

（1）《毛澤東年譜》下卷。中央文獻出版社出版，第 206 頁。

（2）葉，即葉飛，時任華東野戰軍第 1 縱隊司令員，陶，陶勇，時任華東野戰軍第四縱隊司令員。

（3）陳士渠，時任華東野戰軍參謀長。唐，即唐亮，時任華東野戰軍政治部主任。

（4）毛澤東：《目前形勢和我們的任務》。1947 年 12 月。

（5）《毛澤東年譜》下卷。中央文獻出版社出版，第 271 頁。

（七）中共隱蔽戰線在遼瀋、淮海、平津三大戰役中的作用

　　毛澤東運籌的遼瀋、淮海、平津三大戰役決戰時機終於到來。他緊緊地抓住這一時機，首先從東北戰場上發起遼瀋戰役，拉開大決戰的序幕。

　　當時，東北戰場上國民黨軍隊四個兵團，轄 14 個軍、44 個師，加上地方武裝共 55 萬人。中共的東北野戰軍在 1948 年上半年迅速壯大發展到 70 萬人，軍區部隊 30 萬人，共 100 萬人；從雙方力量對比上，共軍強、國軍弱，共軍主動、國軍被動，東北戰場是首先具備進行決戰條件的戰場。

　　國民黨東北戰區總司令衛立煌，於 1948 年 1 月，奉命接替陳誠到瀋陽上任。蔣介石任命衛立煌做東北軍事長官是美國人推薦的。衛立煌在緬甸任遠征軍總司令立了大功，人稱「百勝將軍」，美國人很欣賞他。蔣介石不欣賞衛立煌，但他要討好

美國、求得美援，只好同意。衛立煌 1938 年任第一戰區司令長官時，曾祕密訪問延安，毛澤東接見了他，並進行了密談。衛立煌提出要參加中共，毛澤東曾報告了斯大林。中共請衛暫時留在國民黨裡，待機而行。蔣介石通知衛立煌新的任命時，衛在巴黎，他馬上跟法國的蘇聯大使館聯繫，通過他們與中共接上頭，聽從毛澤東的指令，配合東北野戰軍的行動。衛立煌做的第一件事是按照毛澤東的意思，把國民黨軍集中到幾個大城市裡，90%的農村一彈不發的成了共產黨的地盤。共產黨的力量迅速在農村發展起來，國軍被孤立在幾座大城市裡，行動困難，處處挨打。

蔣介石要衛立煌把部隊撤到南大門錦州外，與關內傅作義軍隊保持聯繫，互相支撐，必要時撤進關內。美國軍事顧問巴爾也是這個意見。毛澤東要求衛立煌把部隊留駐在東北幾個大城市，以便東北野戰軍奪取錦州後「關門打狗」，全殲國民黨軍。蔣介石幾次命令衛立煌，衛拒不執行。這樣，國民黨軍在東北戰場上的被動局面已經形成了。

1948 年 7 月 22 日，毛澤東和中央軍委連續兩次電告林彪、羅榮桓，提出「以南下作戰為好，不宜勉強和被動的攻長春」。

（1）這是意向性意見，並無具體攻打錦州方案。

1948 年春夏間，華北解放軍派出團以上幹部，到東北林彪部學習作戰經驗。林彪接見他們，同他們一起開座談會，詢問華北傅作義部情況、傅部兵力布置、共黨地下活動情況，以及東北軍攻打錦州傅部會不會支持等等。林彪了解到這些重要情況，非常滿意，隨後林彪口授祕書給毛澤東寫信，信中分析了國民黨軍在東北的實力，我軍的戰鬥力量和華北方面的情況，

提出民主聯軍攻打錦州把國民黨軍關在東北，實施關門打狗的戰略方針。

毛澤東見到信很高興，隨即根據信中的意見覆信林彪，指出同意提早南下作戰，「我軍愈向敵人後方前進，愈能使敵方孤懸在我側後之據點，被迫減弱或撤退」。你們應當「首先考慮對錦州、唐山作戰，只要有可能，就應攻取錦、唐，全部殲滅范漢傑集團」。8月9日，又指出「你們應當迅速行動，目前北寧線正好打仗」。

遵照上述指示，東北野戰軍攻錦部隊於 10 月 9 日至 15 日，對錦州城外圍發起攻擊，14 時對內城發起總攻。8 日國軍廖耀湘 9 兵團奉命西進解錦州之圍。9 兵團到達彰武、新立屯。從 9 日到 15 日有 6 天時間，美製機械化部隊從彰武趕到錦州的時間是綽綽有餘的。衛立煌卻又命令停止前進，放棄援救錦州守軍。15 日，東北野戰軍攻克錦州。廖耀湘兵團 10 萬餘人，號稱國民黨王牌軍五大主力的新 1 軍新 6 軍都在廖兵團，如該兵團攻到錦州，與錦州守軍范漢傑部 10 萬人夾擊東北野戰軍，遼瀋戰役怎樣發展很難預料，三大戰役的歷史恐將要改寫。衛立煌為共軍遼瀋戰役的勝利立了大功。

錦州被共軍占領後，對長春震動很大。長春是東北政治文化中心，戰略地位很重要。蔣介石任命鄭洞國為東北「剿總」副司令兼第一兵團司令，統令新 7 軍、60 軍約 10 萬人部隊，防守長春，以「牽制共軍，尋機待變。」滇軍 66 軍是龍雲部下，軍長曾澤生。龍雲被蔣革職後，60 軍將士怨氣很大，加上受到不公平待遇，反蔣情緒很重。60 軍將領中不少人早同中共有聯繫。10 月 4 日東北野戰軍對錦州發起總攻，60 軍曾澤生、師長

龍耀、白肇學聯名給蕭勁光寫投誠信。經過接洽談判，曾澤生隨即召開 60 軍營以上幹部會議，宣布反蔣起義。17 日午夜，東北野戰軍進城接防，60 軍部隊撤出城外，連夜開往九台休整。18 日上午，蕭勁光接到周恩來給鄭洞國電報：

> 欣聞曾澤生軍長已率部起義，兄亦在考慮中。目前，全國勝負之局已定。曾軍長此次起義，已為兄開一為人民立功自贖之門。屆此禍福榮辱決於俄傾之間，兄宜回念，當年黃埔之革命初衷……加入中國人民解放軍行列……、歡迎兄起義，並照曾軍長及其所部同等待遇。

> 周恩來

> 10 月 8 日

10 月 21 日凌晨鄭洞國投降。此時新 7 軍已放下武器，新 7 軍官兵和解放軍在一起吃飯了。10 月 21 日長春和平解放，長春被共軍和平接管。

中共攻占錦州之後，廖耀湘西進援錦兵團，奉衛立煌之命向瀋陽撤退，被東北野戰軍包圍於綏中、興城一線，東北野戰軍於 10 月 21 日至 28 日，經過頑強阻擊與圍殲戰，全殲西進兵團 10 萬餘人。接著，11 月 2 日共軍占領瀋陽、營口。9 日，占領錦西、葫蘆島，國民黨軍一部從海上撤逃。東北全境被共軍占領。

11 月 14 日毛澤東在為新華社所寫〈中國軍事形勢的重大變化〉的評論中，指出：「中國的軍事形勢已進入一個新的轉折點，即戰爭雙方力量對比已經發生了根本變化。中國人民解放軍不但在質量上早已占有優勢，而且在數量上現在也占有優勢。」(2)「現在看來，只需從現在起，再有一年左右的時間，

就可能將國民黨反動政府從根本上打倒了。」

　　毛澤東在指揮遼瀋戰役的同時，已著手籌劃部署淮海戰，並提出了具體作戰方案。

　　10 月 11 日，毛澤東又致電粟裕等，指出：（一）「本戰役第一階段的重心，是集中兵力殲滅黃伯韜兵團，完成中間突破」，並強調「要用一半以上兵力，牽制阻擊及殲滅一部，以對付邱李兩兵團，才能達到殲滅黃兵團三個師的目的。這一部署，大體如同九月間攻濟打援的部署」。（二）將預定攻殲海州等地的作戰、打兩淮的作戰改爲第二、第三階段。（三）提出劉陳鄧即速部署中野部隊一部「攻擊鄭徐線，牽制孫（元良）兵團。」(3)

　　10 月 22 日蔣介石及其國防部討論徐蚌會戰計劃，確定了「守江必守淮」的方針，並實行「淮海決戰案」。主力於徐州至蚌埠間鐵路兩側地區實行攻勢防禦。此時徐州「剿總」所轄四個兵團、四個綏靖區，爲增強其兵力，國民黨軍統帥部決定調華中「剿總」第 12 兵團等部參加作戰，同時以 6 個空軍大隊及運輸機共 158 架，進行支援，總兵力約 80 萬餘人。

　　22 日毛澤東以軍委名義指示劉伯承、陳毅、鄧小平並告粟裕：「爲了保障華野全軍在淮海戰役中完全勝利，中野一部於攻克鄭州休息數日後，以主力於邱李兩兵團大量東援之際舉行徐蚌作戰，相繼攻克宿縣、蚌埠，堅決徹底乾淨全部地破壞津浦路，使敵交通斷絕，陷劉峙全軍於孤立地位。」(4) 毛澤東已將預定的淮海戰役規模擴大，戰役將由華野和中野及軍區部隊 60 萬人協同進行。

　　11 月 6 日，發起淮海戰役。7 日，毛澤東以軍委名義致電華野、中野領導人，指出：（一）第一仗，力爭殲滅黃伯韜等

10個師（包括44軍），李彌1個至2個師，馮治安4個師，劉汝明6個師，以上共計21個至22個師，那時蔣介石可能將徐州及附近的兵力撤至蚌埠以南。如蔣不撤，「我們即可打第二仗，殲滅黃維、孫元良，使徐州之敵完全孤立起來。」（二）爲了連續作戰，「你們應仿照濟南戰役之辦法，對我各作戰部隊隨補隨戰」，使部隊經常擁有充足兵員和旺盛的士氣，此點極爲重要。將「所獲俘虜迅速接收訓練及補充部隊」。(5)

8日，中野攻克張公店，殲國民黨軍一個師。同日，國民黨軍第3綏靖區部隊，在綏靖區副司令長官長期潛伏的中共黨員何基灃、張克俠等領導下，率1個軍1個師2萬多人舉行戰場起義，敞開了徐州的北大門，把黃伯韜兵團分割開東西兩部，首尾不能相顧。華野山東兵團立即從缺口打進，直撲隴海路。10日黃伯韜兵團被包圍於碾莊鎮的十多個村莊中，雙方激戰至11月22日，黃伯韜兵團全部被殲。

淮海戰役第二階段是迎擊黃維兵團。11月24日，毛澤東以軍委名義致電劉陳並告粟陳張，對劉陳鄧決定先打黃維兵團的決心，表示「完全同意」並指出：「情況緊急時機，一切由劉陳鄧臨機處置，不要請示。」(6) 中原野戰軍與華東野戰軍一部在華野主力阻援的保證下，於11月25日將黃維兵團4個軍9個師又1個快速縱隊共12萬人，全部包圍於宿縣西南方之雙堆集地區。26日，黃維派人把110師師長廖運周找到兵團部告訴他說：「我想乘敵立足未穩，決定挑選4個師，齊頭並進，迅猛突圍，你看如何？廖表示司令官決策英明，我師願打頭陣。黃維很高興，並經黃維同意，110師當開路先鋒，走在其他3個師的前頭。黃維做夢也沒想到廖運周是中共臥底黨員，廖回

師部派人與共軍前線指揮部聯繫，彙報黃維決定突圍計劃和110師準備戰場起義。劉鄧聽後非常高興，指示前線派人接應。27日早晨6時，廖率110師離開雙堆集，在濃厚的晨霧中向共軍陣地進發，上午9時通過共軍陣地到達指定地點，起義成功。下午1時，黃維得知情況後慌了手腳。隨後，中原野戰軍1、3縱隊加緊攻擊縮小包圍圈，85軍第23師放下武器投降。12月13日中野全部和華野一部向雙堆集攻擊。至12月15日，全殲黃維兵團10萬餘人，兵團司令黃維、85軍軍長吳紹周被俘。

28日22時，毛澤東以軍委的名義致電劉鄧及華野領導人，指出：「須估計到徐州之敵有向兩淮或武漢逃跑可能。」因此，中野、華野在休整的同時，「應迅速處理戰後工作，以利應付意外」。30日黃昏，徐州「剿總」副總司令杜聿明按照蔣介石「放棄徐州，出來再打」的指令，率三個兵團、機關、及裹脅的部分群眾30萬人，撤離徐州向西南逃跑。12月14日，毛澤東致電粟裕包圍杜聿明部的各部隊停止攻擊，進行休整。待黃維殲滅後，集中較多兵力，再舉行進攻。(7) 1949年1月6日至10日，華東野戰軍將杜聿明集團全部殲滅，淮海戰役結束。

淮海戰役歷時66天，爭取起義投誠和殲滅國民黨軍55萬餘人，其中包括「五大主力」的兩個軍。

在遼瀋戰役即將結束，淮海戰役即將發起時刻，毛澤東著手運籌第三大戰役——平津戰役的方案。

1948年10月31日，毛澤東以軍委名義致電林羅劉，並告程（子華）黃（志勇）、東北局、華北局，東北主力解放瀋陽、營口後，休整一個月左右，約12月上旬或中旬開始出動，準備於明年1月至6月期間，「協同華北力量殲滅傅作義主力，奪取

平津及北寧、平綏、平承、平保各線，完成東北和華北的統一。」

在毛澤東籌劃平津戰役期間，地下黨員傅作義女兒傅冬，奉中共北平地下黨命令來到傅作義身邊臥底，以照顧傅作義生活為名，了解傅的思想動向和軍事情報向共黨彙報。傅冬每日彙報一次，地下黨員傅作義祕書閻又文將兵力部署，即時向共軍前線彙報。傅作義的一言一行，和兵力分布狀況共軍前線了如指掌。11月4日，蔣介石為了摸清傅作義的心裡底數，電召傅作義到南京共商華北行動問題。傅作義到南京後，聽了何應欽等轉達的蔣介石南撤旨意後，即以主戰的姿態，提出「固守平津塘依海作戰」的主張。(8) 蔣介石認為傅守平津塘亦可阻緩林彪所部南下，遂最後決定採取「暫守平津，控制海口」的方針。

11月11日毛澤東以軍委名義下達了《關於平津戰役的作戰方針》。其中指出傅作義集團「已成驚弓之鳥」。為了完全對平、津、張、唐、塘沽之敵的包圍，東野主力應迅速切斷平津、津塘間聯繫。從本日起兩星期內，「基本原則是圍而不打（例如對張家口、新保安），有些是隔而不圍（即只作戰略包圍，隔斷諸敵聯繫，而不作戰略包圍，例如對平、津、通州），以待部署完成之後各個殲敵。」(9)

傅作義自南京開會回平後，軍事上完成了縮編部署，但他心神不定，總在房子裡踱步，飯也吃不下。11月7日問女兒，共產黨裡有無朋友認識毛澤東？傅冬說有。傅作義說，有一件十分機密的事幫我辦一下。替我給毛澤東發一電報。傅作義說信只能口授，不能留文字，一點痕跡不能留下。電文原意是：「我已認識到過去以蔣介石為中心來統一國家、復興民族和隨蔣戲

亂是完全錯誤的,計劃將所屬的約 60 萬軍隊、200 架飛機交毛澤東指揮,以達救國救民之目的,請求派南漢宸來平商談和平事宜。」

12 月中旬,在中共軍隊包圍平津、派代表與傅作義談判期間,25 日凌晨中共宣布頭號戰犯名單,把傅作義、閻錫山、白崇禧、李宗仁等都列入頭號戰犯。傅作義憤怒已極,認爲共產黨說話不算數,他把辦公桌上的電話、茶杯、筆筒以及文件等、統統用臂橫掃於地,跌跌撞撞走向臥室,摔倒在地。

此後,平津前線談判陷入僵局。林彪派李介人穿過前線去塘沽同國民黨軍第 7 兵團商量所部起義。兵團司令侯鏡如系中共地下黨員(組織上脫黨思想上服從黨)。侯將天津防守圖交給李介人,讓他帶去向林彪報告,建議他們首先打下天津,以切斷北平蔣軍的海上退路。林彪採納了侯鏡如的建議,1 月 15 日凌晨,解放軍林彪部對天津發起攻擊,次日,全殲守敵 13 萬人,攻克天津。

天津被共軍占領後,傅作義派鄧寶珊與林、羅、聶談判達成協議。22 日,北平國民黨軍二十萬人開始出城外接收改編。31 日,共軍入城接防,北平宣告和平「解放」。平津戰役,歷時 64 天,共殲滅和改編國民黨軍 52 萬人。

2 月 22 日,應傅作義將軍的要求,經葉劍英安排,傅作義在鄧寶珊的陪同下前往西柏坡會見毛澤東,毛澤東前往後溝招待所看望傅作義進入會客室,毛澤東說:「北平和平解放的最好。假如說你過去有過錯的話,那麼功過權衡,還是功大於過,也是有功人員。對你的部下來說,也是爲了他們做了一件大好事,保護了他們的生命財產和家庭團聚。特別是北平,是舉世

聞名的文化古都，英法聯軍欺負我們，燒毀了圓明園，破壞了許多文明古蹟。如果我們中國人自己把紫禁城打毀了，文明古都被破壞了，子孫後代會罵我們的。」並風趣對傅作義說：「過去我們在戰場上見面，清清楚楚，今天，我們是姑舅親戚，難捨難分。蔣介石一輩子滑頭，最後，還是你把他甩掉了。」

三大戰役戰略決戰結束，國民黨軍損失 150 多萬人。蔣介石軍事潰敗的根本原因是什麼？國內外軍事專家眾說紛紜。有的說是政治原因，也有的說是指揮不當。誠然，這些是蔣軍敗北的重要原因，但更主要、更直接的原因則是在隱蔽戰爭形勢的組織、指揮上，蔣介石輸給了毛澤東。

論曰：「兵者，詭道也。」毛澤東把奸詐狡猾欺騙之術用於治黨治軍，且用得淋漓盡致。戰勝數倍於己力量的蔣介石，多次創造了戰爭史上以少而弱戰勝大而強的戰例。1946 年全面戰爭開始時，蔣介石擁有 430 萬正規軍，裝備精良，又有美國軍事援助。中共 120 萬正規軍，武器落後，只有小米加步槍。蔣介石提出 6 個月消滅共產黨軍隊，在蔣介石指揮幾百萬大軍同中共根據地發起進攻的時候，毛澤東提出在戰略上藐視，在戰役上重視，我們必須打敗蔣介石也一定能打敗蔣介石。他說話的底氣很足，他依靠的不單是軍隊，倚重的是潛伏在國民黨內的隱蔽力量。蔣介石見到的是共產黨公開的軍事力量，沒有發現共產黨隱蔽很深的軍事力量，錯誤的估計了共產黨。堡壘是容易從內部攻破的，自古以來，戰略家總是千方百計地

從對方內部尋找支持力量、同盟者、內外夾攻，致對方於死地。

春秋戰國時代，征戰雙方，從敵國收買權臣，在內部反叛，置對方於死地的事例，不勝枚舉。北宋末期，遼國收買秦檜破壞抗金，宋師潰敗，靖康被擄，遷都臨安。民國 30 年代的中原大戰，蔣介石以重金收買石友三、韓復渠。石韓倒戈，馮玉祥大敗。這些收買做法，比起共產黨潛伏國民黨內部的手段，只是小巫見大巫。共產黨潛伏到國民黨的不是個別人，而是一批力量，一條戰線；不是用錢，而是以空幻的共產主義教條信念，派去潛伏在國民黨中央決策機關，偷盜高級機密情報；潛伏在國民黨軍作戰指揮機關，竊取作戰計劃。大戰在即，經常出現國民黨軍還未出動，共軍已出動，布置好圍殲國民黨軍口袋。

潛伏在國民黨軍內的中共地下黨員，有的擔任了一部分重要軍職，從團長、旅長、師長、軍長、兵團司令、甚至更高領導職務。在前線雙方激戰時，他們率軍起義、倒戈，使國民黨軍潰敗。連一名軍統少將站長也是潛伏的地下黨員，中共華中分局六工委負責人，兩面特務。共產黨對國民黨軍的滲透無孔不入，無處不有，防不勝防，達到了極高境界、古今中外不曾有過的先例。這時，如果把蔣介石和毛澤東對換位置，毛澤東也會是失敗者。

蔣介石在總結國民黨軍失敗的教訓時，講了兩點原因：1.他在 1948 年 1 月召開的一次內部高級將領

會議上，痛心地說，古今中外，任何革命黨沒有我們今天這樣的頹唐和腐敗，也沒有像今天我們這樣的沒有精神、沒有紀律、更沒有什麼標準。這樣的黨，早就應該被消滅、被淘汰的。2.1949 年 4 月，蔣介石反省，這支軍隊已經掉了「靈魂」，沒有戰鬥力和紀律，並由那般無能狹隘的軍官來指揮，「這樣的軍隊不能不走向失敗。」他始終沒有認識到，國民黨的失敗，關係黨國命運的最高軍事機密被竊走了，他手裡幾百萬的指揮權，不在他手裡，而是聽從毛澤東指揮了。

周恩來是共產黨潛伏戰的主持者，他把掌握的情報彙報給毛澤東，一切功勞被毛澤東奪走了，成就了毛澤東「偉大軍事家、英明統率」的美譽。

注釋

（1）《毛澤東年譜》下卷。中央文獻出版社，1970 年 1 月出版，第 325-326 頁，第 341-342 頁。

（2）1946 年 6 月，國民黨軍總兵力為 430 萬人，人民解放軍為 127 萬人。到 1948 年 11 月 14 日，國民黨總兵力下降為 290 萬人，人民解放軍為 300 萬人。

（3）同（1）《毛澤東年譜》下卷。第 356 頁。

（4）《毛澤東軍事文集》第五卷。軍事科學出版社、中央文獻出版社，1993 年 12 月版，第 116-119 頁。

（5）《毛澤東軍事文集》第五卷。第 182-184 頁。

（6）《毛澤東軍事文集》第五卷。第 230-231 頁。

（7）《毛澤東軍事文集》第五卷。第 269 頁。

（8）《傅作義生平》。中國文史出版社，1985 年 6 月 1 日，第 17 頁。

（9）《毛澤東軍事文集》第五卷。第 360-362 頁。

（八）和談失敗，美蘇劃江而治的設想落空

經過遼瀋、淮海、平津三大戰役決戰的較量，國民黨軍在長江以北的戰略防線已經崩潰，中共奪取全國政權已成定局。國民黨政權瀕臨崩潰的邊緣。

1948 年 12 月 24 日，華中剿總總司令白崇禧致電蔣介石、李宗仁，建議與共產黨停戰議和，邀請美、英、蘇三國出面調停。接著李宗仁提出蔣介石下野等五項和談主張，逼蔣下台取而代之。

1948 年 12 月斯大林轉給毛澤東一封「蔣介石國民黨政府請蘇聯居中調停國共之爭」的請求信。其意不言自明，就是要求毛澤東接受調停，步朝鮮半島後塵。建立南北朝鮮分治政權。毛澤東以 1949 年新年獻詞〈將革命進行到底〉，回答了斯大林的暗示。毛澤東直言中共的目的不是要求偏居一隅，也不是要與國民黨平分天下，而要建立一個強大統一的人民共和國。

1949 年元旦，蔣介石發表文告提出保留中華民國憲法、法統、軍隊等五條前提條件同共產黨舉行和談。蔣介石的求和文告，也得到斯大林的支持。1949 年 1 月 10 日，斯大林以菲利波夫為化名打電話給毛澤東，談國共談判問題。此時，斯大林仍不相信中共有能力打敗蔣介石國民政府、奪得全國政權。電報通告南京政府轉請蘇、美、英調停中國內戰，電報說，我們打算這樣答覆：「蘇聯政府過去、現在都是贊成中國停止內戰和

實現和平的。但是，在同意進行調停之前，它想知道另一方即中共一方是否同意接受蘇聯的調停。因此，蘇聯政府想使另一方即中共一方，也被告知中國政府這一和平舉措，並徵得另一方對蘇聯進行調停的同意。」(1)

毛澤東對此懷疑斯大林想在中國搞南北朝，他在給斯大林覆電中婉轉回絕：「如果蘇聯在對南京政府照會的答覆中，採取你1月10日電報中闡述的立場，美、英、蘇就可能認為，參加調解工作是應該的，國民黨就取得了侮辱我們的藉口，說我們是好戰分子，而對國民黨不滿，並希望人民解放軍很快取得勝利的廣大人民群眾，就會感到失望。」

1949年1月14日，毛澤東以中共中央主席的身分發表時局聲明指出，為了迅速結束戰爭，實現真正和平，在下列條件的基礎上進行和平談判。（一）懲辦戰爭罪犯：（二）廢除偽憲法；（三）廢除偽法統；（四）依據民主原則改編一切反動軍隊；（五）沒收官僚資本；（六）改革土地制度；（七）廢除賣國條約；（八）召開沒有反動分子參加的政府協商會議，成立民主聯合政府，沒收南京國民黨政府反動派及其所屬各級政府的一切權利。(2)

1949年1月21日，蔣介石宴請五院長，正式宣布「引退」，由副總統李宗仁代行總統職權。1月27日，李宗仁致電毛澤東同意以中共所提出的八項條件作為基礎，進行和談，並派顏惠慶、邵力子、章士釗、江庸以上海人民和平代表團的名義訪問中共中央。2月22日，毛澤東、周恩來在西柏坡接見四代表表示，談判以中共與南京政府名義派出同數代表為之；地點在石家莊或北平，談判以中共聲明及提出的八條為基礎。

1949 年 3 月 23 日，毛澤東、朱德、劉少奇、周恩來、任弼時率中共中央機關和中央軍委機關人員前往北平。25 日晨 2 時，毛澤東等乘火車出發，天明到北平清華園站下車，住進了頤和園景福閣，下午六點，在西苑機場舉行了盛大的閱兵。當晚，毛澤東住進香山雙清別墅。

3 月下旬，李宗仁、白崇禧為了試探中共對劃江而治的反應，派劉仲容到北平看望毛澤東，毛澤東香山雙清別墅見了劉。當時武漢下游長江以南地區，南京政府尚有百餘萬陸軍，空軍、海軍仍是完整的，又有新兵陸續補充，總兵力可達 300 多萬，加上桂系幾十萬精兵扼守長江。李、白認為，憑藉國民黨現有的軍事實力，同共產黨隔江對峙是不應該有問題的。當劉仲容把李、白意見表白後，毛澤東明白表示，要我們不過江，這是不可能的。劉說：「白總司令估計，你們能用於過江的部隊不過 60 萬，長江自古號稱天險，加上國軍陸海空立體防禦，你們的木船能過得去嗎？」毛澤東糾正了白崇禧的估計數字：「不是 60 萬，而是 100 萬，還有 100 萬民兵，我們的民兵不像國民黨的民兵，是有戰鬥力的。」

4 月 2 日晚，毛澤東再次會見劉仲容，告訴他以張治中為首的南京政府談判代表團已到北平。毛澤東還承諾：「白崇禧是很喜歡帶軍隊的，將來和談成功，一旦成立中國政府建立國防軍，我們繼續請他帶兵。」「至於要我們的軍隊不過江，這辦不到。」4 月 5 日晚，劉仲榮飛返南京，原原本本地報告了北平之行的經過。白崇禧聽過面有慍色說：「他們一定要過江，還談什麼？」

3 月 24 日南京政府確定張治中、邵力子、黃紹竑、章士釗、

李蒸（二十八日增加劉斐）為代表，張治中為首席代表。26 日，中共通過廣播電台通知南京政府，中共派出周恩來、林伯渠、林彪、葉劍英、李維漢（4 月 1 日增加聶榮臻）為代表，周恩來為首席代表，並確定和談 4 月 1 日在北平舉行。4 月 8 日，毛澤東分別邀見張治中、邵力子、章士釗、黃紹竑、劉斐、李蒸等會談代表。4 月 13 日晚 9 時，國共和談代表在中南海勤正殿舉行第一次正式會議。會上，中共起草的《國內和平協議草案》8 條 24 款。全文宣讀後，草案分別交個各代表議論研究，提出修正意見。國民黨和談代表在發言中，依然變相落實〈雅爾塔祕密協定〉，只是把協定中的以「長城劃界」，改為以「長江劃界」，他們要的是劃江而治。中共代表發言，進行了駁斥。4 月 15 日晚 7 點時，中共代表團將國內和平協議修正案，交國民黨代表團，9 時，在勤正殿舉行第二次會議，並限定 4 月 20 日以前答覆，如不同意，21 日，我們一定打過長江去。20 日晚，張治中接李宗仁電，拒絕簽字。

　　毛澤東於 18 日下達總攻命令：「完全同意總前委的整個部署，即二野、三野各兵團於 4 月 20 日開始攻擊，22 日實行總攻，一氣打到底。此次我百萬大軍渡江南進，關係全局勝利極大，希望我二野、三野全體將士，同心同德，在總前委及二野、三野兩前委領導下完成偉大任務。」(3)

　　實現渡江戰役，我潛伏在江陰要塞的地下黨起了重要作用。江陰是長江的門戶，戰略地位極為突出。炮台設有總炮台，分炮台，擁有 70 多門大口徑火炮，7 千多名訓練有素的職業軍人，嚴密守衛著從張家港到黃田港長達 25 公里的江防。

　　江陰炮台總台長唐秉琳、工兵營長唐秉煜，步兵總隊長吳

廣文都是潛伏的中共黨員。他們掌握了炮兵總台、守備總隊，有機炮團、三大武裝，要塞司令戴戎光成為光杆司令。

　　4 月 21 日，凌晨 1 時許，共軍 29 軍先頭營率先從江陰要塞射程範圍內的長山北麓搶灘登陸。駐北岸八坪港國軍 21 軍，要求炮台火力支援，炮兵藉口夜間觀察困難，容易出現誤差，發炮把國民黨 21 軍設在江北的一個指揮所打掉了。午夜，共軍的先鋒部隊已到江南，起義總指揮電令總台，立即調轉炮口，向國軍江陰部隊放炮，配合共軍渡江，同時打出拆掉雷管的炮彈，向國軍 21 軍指揮部開炮。國軍大亂。起義軍 7 千餘人，宣布起義，逮捕了炮台司令戴戎光。農工民主黨黨員第 6 台台長吳中棋也率部隊參加起義。21 日晚共軍中突擊集團、東突擊集團、西突擊集團分別渡江。在東起江陰、西至九江東北湖口的 500 餘公里戰線上發起總攻，一舉摧毀國軍苦心經營 3 個多月的長江防線。23 日華野第 35 軍在濟南起義將領、軍長吳化文、政治委員何克希率領下進入南京，占領南京。

　　就在這一天，蔣介石飛回老家溪口。他想這是最後一次回老家了，他飽含眼淚跪在母親墓前長時間不起來。隨後乘一艘軍艦駛向上海轉台灣，依依不捨地痛心地離開祖國大陸，永遠回不來了。

　　評曰：南京被中共軍隊占領，標誌著蔣介石在大陸統治的結束。也標誌著美蘇劃江而治圖謀落空。當時代總統李宗仁在回憶錄中有過深刻的懺悔。他說：「我如果依靠美國的全力支持，得以沿長江和毛澤東劃分中國，中國就會陷入像今天的朝鮮、德國、老撾

和越南同樣的悲慘局面了。」「南部政府靠美國生存，北部政府只能仰蘇聯鼻息，各樹一幟，自相殘殺。」想到這些，「我不禁不寒而慄了。」「回首歷史，比如印度、朝鮮、越南都被大面積肢解的背景下，中國卻能在美蘇兩大國直接插手的困難條件下，實現國家統一，並使中國走上獨立自主的社會主義道路。為此，我們應對毛澤東那一代共產黨人表示永遠的敬意。」

《李宗仁回憶錄》是回中國大陸後寫的，顯然有討好、美化中共的成分。朝鮮半島，一分為二，北部共產黨獨裁專政、民不聊生；南部政治民主、經濟繁榮。朝鮮有一半人過著富裕的生活。共產黨一黨獨裁專政是一切腐敗的根源，如果中國劃江而制，分為北南兩個大國，起碼有一半中國人過著像現在台灣那樣的民主富裕的生活。回顧歷史，對比現在，當年的劃江而治的設想如意實現了，未必不是一件好事。

注釋

（1）〈中共粉碎隔江而治分裂陰謀〉，《國際參考》。2016 年，第 11 期。

（2）《毛澤東年譜》下卷。中央文獻出版社出版，第 434-435 頁。

（3）《毛澤東年譜》下卷。第 483-484 頁。

（九）當上中華人民共和國「風流」主席

蔣介石撤離到台灣，殘留在中國大陸的 100 餘萬國民黨軍隊即將被消滅，擺在毛澤東面前的重要任務是建立國家政權。

這個政權的性質、形式、規模是什麼樣？須要向斯大林請示，得到蘇聯的支持和幫助。經協商、研究，毛澤東決定派出中共高級代表團祕密訪蘇。

1949年6月，毛澤東派出以劉少奇為團長，高崗、王稼祥為團員的代表團訪蘇，向斯大林通報中國革命即將勝利的形勢、組成聯合政府、新中國的內外政策、請求蘇聯援助經濟建設等問題。在克林姆林宮，斯大林率領蘇共全體政治局委員會見中共代表團。劉少奇轉達了毛澤東準備訪蘇的意向，對蘇聯給予3億美元貸款和派專家幫助中國經濟建設表示感謝。斯大林表示，中國新政府成立，兩國建交後，毛澤東同志即可來莫斯科商談兩國有關重大問題。在劉少奇談到新政府組成以毛澤東為主席、周恩來為總理時，斯大林插話問：「高崗同志呢？他不參加政府？」

劉少奇回答：「高崗同志參加政府，將要擔任重要的領導職務。」當問到經濟援助時，斯大林很爽快回答先貸款三億美元，並建議成立貸款條約起草委員會，說「我們方面有米高揚、科瓦廖夫參加，你們方面呢？」劉少奇回答：「我們方面由我本人、高崗同志和王稼祥同志參加。」斯大林說：「貴方由高崗同志代表東北政府簽字，他出面要方便些。」劉少奇同意。斯大林立即轉告維新斯基吩咐道：「外交部長同志，請明天就在《眞理報》和《消息報》上發表高崗同志率商業代表團到莫斯科的消息，以利公開活動。」

7月27日，蘇共中央政治局召開擴大會議，蘇共邀請中共代表團列席會議，劉少奇提出中共請求蘇空軍和潛艇幫助解放台灣問題，斯大林表示贊成。這時高崗要求講話，他建議，把

東北地區宣布為蘇聯第 17 個加盟共和國。這樣做，使東北地區發展更快，對中蘇都有利，可以避免美國人侵犯，把東北三省變作中國軍隊繼續南下、徹底消滅蔣介石可靠的基地。高崗還提出在在青島駐紮蘇聯艦隊、加強遠東蘇軍力量、增加蘇軍人數等建議。蘇方與會者報以熱烈的掌聲，中共代表團其他成員對高崗發言很驚訝，非常反感，不鼓掌。等數秒鐘沉寂後，斯大林突然對高崗說：「張作霖同志！」高崗驚呆啦，斯大林嘲諷高崗，把他比作投靠日本、在日本協助下當上東北王的張作霖。會議結束後，劉少奇和高崗坐在汽車上爭吵，劉指責高崗叛變中國，回到駐地，劉馬上給毛發電報要求召高崗回國。

　　事隔三天，斯大林得知高崗先行回東北，便讓蘇聯方面通知中共代表團，他要在自己的孔扎沃鄉村別墅與高崗舉行送別招待會，斯大林試圖調解劉少奇和高崗的矛盾。他對高崗說，我對你說的那句話（張作霖同志），對你的批評過於嚴重了，但是我必須這麼做，否則中國領導人會誤以為斯大林贊成你的觀點。高崗表示理解。斯大林又對劉少奇說了這樣的話：「我對高崗批評太重了，是對中國同志不尊重，請把我的話轉告毛澤東同志。」劉少奇表示他回國後一定向毛澤東傳達他的意見。(1)

　　毛澤東接到劉少奇彙報高崗在蘇的表現並要求立即召回高崗的電報後，憤怒至極。但當高崗提前回國來到北京中南海菊香書屋看望他時，毛澤東對高崗慰勉有嘉，面許高崗當中華人民共和國副主席，高崗受寵若驚。

　　1949 年 9 月 21 日召開中國人民政治協商會議，出席會議的各民主黨派、人民團體、少數民族、海外華僑代表 662 名。9 月 30 日下午，召開中國人民政治協商會議閉幕式，選舉共產黨

提出的中央人民政府領導人，毛澤東當選中央人民政府主席。

1949 年 10 月 1 日下午 2 時，毛澤東在中南海勤政殿主持召開中央人民政府委員會第一次會議，宣告中央政府成立。隨後，毛澤東和中央人民政府委員分別乘車駛向天安門。登上天安門城樓，下午 3 時，舉行開國典禮，毛澤東宣告：「中華人民共和國今天成立了。」

中國人民政治協商會議，是走走形式，共產黨在領導權、國家政權問題上不會同任何政黨協商，給民主黨派當上各種委員、政府裡各種任職，只是一種陪襯，一種點綴，給人民共和國的人民二字，裝裝門面，不然就不能稱中華人民共和國。

評曰：1936 年 2 月毛澤東在〈沁園春・雪〉裡很有感慨地描繪中國歷史上功績卓著的秦皇、漢武、唐宗、宋祖後寫到：「俱往矣，數風流人物，還看今朝。」「今朝」就是經過 28 年的鬥爭，蔣介石失敗到台灣建國，共產黨占領中國大陸的今天，實現了共黨一黨專制，毛澤東個人獨裁的封建帝製取代了經過軍政、訓政、正在進行憲政蔣介石領導的中華民國。這個「風流人物」，不能用「俱往矣」的秦皇漢武相比，不叫皇帝，而叫「主席」。毛澤東當上了所謂的富有文采不名皇帝，改稱「主席」的「風流人物」。

民主共和與封建帝制，是兩種性質不同的政治制度，這兩種政體的根本區別在於政權是否由全民選舉產生？民主國家政權不管是總統制還是議會制，都是由公民公開選舉產生的。公民有選舉、罷免、複決權，

這才算真正的民為邦本。封建帝制，實行世襲制，皇權高於一切，皇帝至高無上、專制獨裁，一人說了算。共產黨沿用的是封建皇權制度，不稱皇帝的皇帝。共產黨黨章規定共產黨是領導一切的。國家各級行政機關、軍隊、法制機關、群眾團體都受同級共產黨委員會的領導，共產黨全國各級委員會服從共產黨中央委員會領導。毛澤東是中央委員會主席，也是中共中央政治局、書記處、政治局常委主席，並擁有最後決定權。毛澤東名為中國共產黨主席、中華人民共和國主席，實際上是當代中國封建專制皇帝。1945 年 10 月，毛澤東在重慶同蔣介石談判時，他當面向蔣介石提出，中國應實行軍隊國家化、政治民主化，各黨派遵守共同綱領，一律平等，反對一黨專政。四年之後，蔣介石政權垮台了，毛澤東忘記了他同蔣介石的談話，他走了蔣介石沒有走的共產黨一黨專政個人獨裁的道路。

注釋

（1）《國史研究參考資料》。1993 年創刊號。

五、建立全國政權後的路線和方略（1949年10月（56歲）—1956年8月（63歲））

　　中華人民共和國成立後，毛澤東執行一種極「左」路線，堅持以階級鬥爭爲綱，實行紅色恐怖，幾千萬人死在殘酷暴政下，受傷害受牽連的達一億人以上。毛澤東專制二十幾年來，傳統文化受批判，工農業遭破壞，謊言充斥社會各領域。中國人民生活在水深火熱中，苦不堪言。毛澤東這條極「左」路線，在一段較長時間裡與蘇共幾代領導人有著直接或間接關係。

（一）第一次出訪蘇聯

　　1949年10月1日毛澤東宣告中華人民共和國成立，中國外交部長周恩來向各國政府發送中央人民政府公告。第二天，蘇聯政府即發表聲明，承認中華人民共和，決定與中華人民共和國建立外交關係，斷絕與廣州蔣介石政府的關係，從廣州召回外交代表。3日，周恩來覆電，表示熱忱歡迎中蘇建交，並互派大使。蘇聯任命羅申爲駐北京第一任大使，中國任命王稼祥爲中華人民共和國駐蘇聯大使。

　　11月9日，毛澤東以中共中央名義致電中國駐蘇聯大使王

稼祥，請他通知斯大林同志決定毛澤東去莫斯科的時間。我們認為，毛澤東可於12月初動身去莫斯科。至於周恩來同志是否應隨毛澤東一道去莫斯科，或於毛澤東到莫後再定周恩來是否去及何時去？此點，亦請斯大林同志酌定。(1)

11月12日，毛澤東接到斯大林的邀請電，立即覆電：「菲裡波夫（斯大林）同志：感謝您歡迎我到莫斯科去。我準備12月初動身。同時請你允許柯瓦廖夫（中國的蘇聯經濟專家組長）同志與我一道同去。」(2)

1949年12月6日，毛澤東登上北上專列出發了。他的隨員有陳伯達、翻譯師哲、機要祕書葉子龍、中央辦公廳副主任汪東興，蘇聯方面有蘇聯駐華大使羅申、柯瓦廖夫陪同。途徑滿洲里轉西北伯亞大鐵路，中途到斯維爾德洛夫車站時，毛澤東下車散步，忽然頭暈目眩，滿頭大汗，隨行人員連忙扶他回車廂。路上整整走了十天，12月16日抵達莫斯科，蘇方巧妙地安排中午12點整進站，車剛停穩，克里姆林宮大鐘響了，傳出悠揚的報時聲。由於天氣特別冷，蘇聯政府在車站裡只舉行簡單歡迎儀式，毛澤東發表書面講話。隨後毛澤東前往斯大林在蘇聯衛國戰爭期間莫斯科郊外的孔策沃別墅下榻。

當晚，毛澤東在克里姆林宮拜會斯大林。兩人互相問候致意。斯大林說毛澤東比他想像中的更年輕，更健壯，他對中國革命取得偉大勝利表示祝賀，然後舉行會談。參加會談的有莫洛托夫、馬林科夫、布爾加寧、維辛斯基、陳伯達，師哲和費德林擔任翻譯。

斯大林說：「你們敢於拋棄城市暴動的策略，轉向農村發動農民革命；敢於拒絕劃江而治，指揮百萬大軍打過長江一統

天下。歷史證明，中國共產黨是真正的共產黨，不只是代表中國貧苦農民的黨。」毛澤東說：「我是一個長期受打擊排擠的人，有話無處說。」斯大林把話荏接過去：「你們是勝利者，而勝利者是不受指責的，這是一般的公理。」毛澤東說：「感謝蘇聯黨和人民，感謝斯大林同志對中國革命的巨大同情和支持。我們都是社會主義國家，我們之間不正常狀態，隨著歷史的發展和共同鬥爭的需要，是會改變的。發展中蘇關係，加強中蘇友誼，對我們新建立的國家，至關重要。」斯大林笑著說：「我們將盡力支援中國，儘管蘇聯還不富裕，但蘇聯願意把本國的機器、汽車以及中國所沒有的東西供給中國，也希望中國能把自己農產品和礦產品供給蘇聯。蘇聯可以幫助中國在東北建立重工業並發展新疆的經濟，我們還希望中國能為世界和平做出貢獻。」毛澤東真誠地表示：「我們還沒有社會主義建設的經驗，我們的第一個五年計劃還需要蘇聯的援助；何況美帝國主義還時時刻刻在威脅著我們。所以，無論是從內部還是從外部來說，我們的建設都需要蘇聯各方面的幫助。」斯大林說：「中國和蘇聯的利益是一致的，我相信我們能夠很好的合作。」

斯、毛會見，開始並沒有嚴格的議程，話題五花八門，是十分廣泛的。參加會議的人不少，實際上談話是在斯大林和毛澤東之間進行，別人基本上是陪坐，除非被問到誰，誰就答話，很少有人插話。一次斯大林忽然朝著陳伯達說：「哦！我讀過陳伯達同志的《人民公敵蔣介石》。」懂俄語的陳伯達，沒等師哲譯出，情緒馬上活躍起來。斯大林繼續對著陳伯達說：「你的書裡面所講的宋美齡和小羅斯福的故事，很有趣，很有趣。」斯大林講的是小羅斯福的回憶錄，在他代替羅斯福總統出席蔣氏

夫婦的雞尾酒會時，蔣夫人把手放在了小羅斯福的膝蓋上，顧盼流波，有一種征服男人的魅力。斯大林說：「爲中國歷史學家、哲學家陳伯達同志乾杯！」陳伯達說：「爲全世界最傑出的歷史學家、哲學家斯大林同志乾杯！」毛澤東被晾在了一邊。

第二天陳伯達接到葉子龍的通知：「主席說下次會談你不要參加啦。」毛澤東是睚眥必報。陳伯達見勢不妙，躲到中國大使館去了。毛澤東得知後，又令葉子龍把他叫回來，當面批評說：「你爲什麼不得到我的同意就搬走？你的工作崗位究竟在哪裡？」

12月21日，是斯大林70壽辰。蘇聯政府舉行了隆重的祝壽大會。毛澤東代表中國共產黨和中國人民，向斯大林致祝福詞，他說：

親愛的同志們、朋友們：

我這次參加慶祝斯大林同志七十壽辰的盛會至爲愉快。

斯大林同志是世界人民的導師和朋友，也是中國人民的導師和朋友。他發展了馬克思列寧主義的理論，並對於世界共產主義運動的事業做了極其傑出和極其寬廣的貢獻。中國人民在反抗壓迫者的艱苦鬥爭中，深切地感覺到了斯大林同志友誼的重要性。

在這個盛會上，我謹以中國人民和中國共產黨的名義慶祝斯大林同志七十壽辰，祝福他健康與長壽，祝福我們偉大友邦蘇聯在斯大林同志領導下的幸福與強盛，並歡呼世界工人階級在斯大林同志領導下的空前大團結。

世界工人階級和國際共產主義運動的領袖——偉大的

斯大林萬歲！

世界和平與民主的堡壘蘇聯萬歲！

毛澤東給斯大林的壽禮是非常實際的。計有：山東產的大黃芽白菜5千斤、大蘿蔔5千斤、大蔥5千斤、大梨子5千斤，共2萬斤；江西金桔1千斤、冬筍5百斤、西湖龍井1噸、湘繡被面30條、枕套60個。除農產品外，毛澤東為斯大林精心準備了一系列生日禮物。包括湘繡斯大林大元帥金身像1副、杭州絲織斯大林像二副、江西瓷燒斯大林相片2塊、江西瓷燒斯大林像盤子10個、24人用的江西餐用具全套（共100餘件）、北京銅底燒瓷壽盤1對、景泰藍茶具（大小共5件）兩套、康熙青花大瓷瓶1對、象牙雕刻的女英雄像1對、象牙雕刻的圓球3個、象牙雕刻的八仙一套共8個、象牙雕刻的龍船1具。蘇聯方面贈給毛澤東1件紀念品，仿牙雕斯大林故居建築模型。

毛澤東在祝壽大會的第二天，便找柯瓦廖夫談話，並要他把談話的記錄轉給斯大林。毛澤東表明希望在12月23日或24日舉行預定會見，打算下一步談判解決以下問題：中蘇條約、貸款協定、貿易協定、航空協定等，擬請周恩來前來莫斯科完成協定簽字手續。

柯瓦廖夫將毛澤東談話記錄很快交斯大林。12月24日，毛澤東和斯大林舉行第二次會談。「長談五個小時，一面吃飯，一面談話，極為酣暢。」這次會談主要的內容是國際共產主義運動的有關問題，包括越南問題、日本問題、印度問題、西歐問題等。斯大林隻字不提中蘇條約，這表明，斯大林仍然不願意簽訂新約。

簽訂新約是毛澤東這次訪蘇的主要目的，但他在莫斯科受

到這樣冷遇，大大出乎他的意料。毛澤東十分生氣，有些忍耐不住了。一次柯瓦廖夫和費德林看望毛澤東，毛澤東很不客氣地說：「我到莫斯科來，不是專為斯大林祝壽的，你們還要保留同國民黨的條約，你們保留好了。過幾天我就走。我現在的任務三個：吃飯、拉屎、睡覺。」表達了對斯大林不準備簽訂新約的不滿。(3)

正值此時。國際輿論蜚議很多，英國通訊社輿論放風說，斯大林把毛澤東軟禁起來了。消息一傳出，蘇聯方面有些緊張。為了戳穿謠言，經雙方同意，毛澤東於 1950 年 1 月 2 日發表一個〈答塔斯社記者問〉。其中說：「我逗留蘇聯時間長短，部分地決定於解決有關中華人民共和國各項問題所需的時間。在這些問題中，首先是現有蘇聯友好同盟互助條約問題，蘇聯對中華人民共和國貸款的問題，貴我兩國貿易和貿易協定問題，以及其他問題。」這個答記者問是斯大林起草後送毛澤東看後同意的。(4)

〈答記者問〉1 月 3 日在報紙上發表，表明蘇共的態度，從此中蘇談判進入實質性的階段。

1 月 2 日晚 11 時，毛澤東致電中共中央，通報了這一新情況，並提出周恩來來莫斯科的時間。1 月 3 日 4 時，毛澤東又致電中央，進一步說明簽訂新約的意義：「這一行動將使中華人民共和國處於更有利的地位，使資本主義各國不能不就範，有利迫使各國無條件承認中國，廢除舊約，重定新約，使資本主義國家不敢妄動。」(5)

1 月 11 日，毛澤東在王稼祥大使陪同下，拜謁莫斯科紅場列寧墓，並獻花圈。同一天，拜會蘇聯最高主席團主席什維爾

尼克。1月15日，毛澤東一行抵達列寧格勒訪問，參觀了市內的藝術館、基洛夫機器製造廠、衛國戰爭中列寧格勒戰線的防禦工事和十月革命時炮擊冬宮的阿芙樂爾號巡洋艦，還前往基洛夫歌舞劇院，觀看芭蕾舞劇（巴壓敏爾卡）。

毛澤東主動要求驅車前往波羅的海參觀，天氣很冷，汽車在海冰上疾駛，壓得冰層叮叮作響，前去參觀十月革命策源地之一喀什琅施達得要塞。蘇聯朋友告訴他，我們腳底下踏著波羅的海的冰層有一點五米。毛澤東聽罷笑答：「我的願望是從海參崴到太平洋西岸，從波羅的海到大西洋東岸，再從黑海邊走到北極圈，那時我可以說，我把蘇聯東西南北都走遍了。」陪同人員聽了他的話之後，都呵呵鼓掌。1月17日，毛澤東從列寧格勒回到莫斯科。

1月10日，周恩來率中國政府代表團離開北京，1月20日，周恩來一行低達莫斯科。1月22日，毛澤東、周恩來同斯大林舉行會談。這次會談，主要談論中蘇條約的問題、中國長春路問題、旅順口問題、大連問題，會談進行五小時，會談中斯大林談了許多體諒中國國情和目前經濟困難的話，例如旅順口駐軍、大連自由港問題，斯大林認為這都是雅爾塔協定，確定的是不平等的，可以根據中國意見修改。貸款年利率問題，斯大林說，我們向人民民主國家貸款年利率百分之二，給中國年利率改為百分之一。在具體討論中長路歸還時間問題上，有點分歧，最後也同意了中方意見。

1月25日，毛澤東致電劉少奇，通報幾天來中蘇會談進展情況：「22日，我們連師哲、稼祥共六人與斯大林等同志會商決定各項原則問題及工作進行方法。23日，周恩來、王稼祥、

李富春三人與蘇方米高揚、維辛斯基、羅申三人會談幾個具體
問題。24日，經我們起草的《中蘇友好同盟互助條約草案》送
交維辛斯基。現在起草第二個文件，即關於旅順、大連、中長
路協定。大約今日可以完成草案，並已決定在三天內準備第三
個文件，即《中蘇貿易協定》。總之，工作是頗順利的。」「茲將
《中蘇友好同盟互助條約草案》發上，請中央加以討論，並以意
見電告。」(6)

　　1月31日，毛澤東致電劉少奇，說：「《中蘇友好互助同盟
條約》一件，中蘇關於中長路、旅順口大連協定一件，附協定
書一件，貸款協定一件，附協議書一件。以上文件草案均經雙
方看過修改過，今日再談一次即可大體定案，此五件明日起可
以陸續發給你們。」又說：「同過去情況不同的，即是蘇方已應
我方要求，中長路、旅順口在三年內無條件交還給我們，大連
則在一年內將產權還給我們，惟自由港地位待對日和約簽訂後
解決，此為應付美國，實際上亦完全由我方處理。」(7)

　　在這些祕密附加協定和合同裡，隱藏了許多不平等的屈辱
條件，東北和新疆的工業、財政、商業的活動都只許蘇聯參與；
把中國兩個最大的礦產開發區域新疆、滿洲開採權都給蘇聯；
規定中國極寶貴的戰略原料鎢、錫、銻在14年內只准賣給蘇
聯。這意味著中國90%以上可供出口的原料，都不准在世界市
場上以最佳價格出售。

　　在斯大林堅持下要以最優惠的報酬付給蘇聯在華專家，還
要付錢給這些專家在蘇聯的工作單位，作為賠償。這些人還有
「治外法權」，犯了罪，由蘇方處理。從孫中山開始，經過了幾
十年的鬥爭，廢除了帝國主義在華的「治外法權」，又被毛澤東

偷偷地撿回來了。

1989 年，鄧小平會見哥爾巴喬夫，鄧說：「從鴉片戰爭起，列強侵略欺負奴役中國，對中國造成損害最大的是日本，最後實際上從中國得利益最多的是沙俄，包括蘇聯一定時期，一定問題在內。」最後一點指的是毛澤東同斯大林簽訂的損害中國利益的祕密協定。

1950 年 2 月 14 日，在克林姆林宮隆重舉行《中蘇友好同盟互助條約》簽字儀式。

當天晚上，為慶祝《中蘇友好同盟互助條約》的締結，王稼祥大使和夫人朱仲麗在大都飯店舉行盛大的雞尾酒宴會，毛澤東親自拜會斯大林，請他出席，斯大林欣然同意出席。斯大林從來沒有出席過在飯店或外國大使館一類地方舉行的宴會，斯大林帶著自己喝的酒出席給宴會增加了光彩，斯大林在宴會講話，批評鐵托，暗示毛澤東不要當鐵托，當鐵托不會有好下場。出席的還有其他蘇聯黨政主要領導人、黨政軍顯要人物和知名人士、各民主國家大使，以及越共領袖胡志明，一共五百餘人，氣氛熱烈。

2 月 17 日，毛澤東和周恩來等離開莫斯科回國，同行的還有越共領袖胡志明。火車上載著大批蘇聯回贈的禮物，其中最貴重的是斯大林送給毛澤東、周恩來的兩輛吉斯小轎車，毛的一輛吉斯為 115 裝甲加強版汽車，能阻擋子彈和步兵地雷。毛澤東沿途參觀了一些蘇聯城市和工廠，進入中國境內後，又在哈爾濱、長春、瀋陽視察。3 月 3 日到達瀋陽時，還在東北局高級幹部會議上，講了他的訪蘇觀感。特別談到蘇聯工業、農業的發展是從小到大的。他說：「第一個社會主義國家發展歷

史，就給我們提供了最好的經驗。蘇聯同志，鼓勵我們，中國會很快發展起來的。」

注釋

（1）毛澤東爲中共中央起草的至王稼祥電，手稿，1949 年 11 月 9 日。

（2）毛澤東至斯大林電，1949 年 11 月 12 日。

（3）毛澤東同契爾沃年科談話記錄，1963 年 2 月 23 日。

（4）《人民日報》。1950 年 1 月 3 日。

（5）《毛澤東文集》第四卷。人民出版社，1999 年 6 月版，第 40 頁。

（6）毛澤東致劉少奇電，手稿，1950 年 1 月 25 日。

（7）毛澤東致劉少奇電，手稿，1950 年 1 月 30 日。

（二）支持金日成發動統一朝鮮南部的戰爭（一）

1945 年第二次世界大戰結束後，朝鮮半島分成南北兩部分。1948 年 9 月 9 日，北朝鮮成立朝鮮人民民主主義共和國。金日成成爲首相，定都平壤，1948 年 2 月南半部分立大韓民國，選出李承晚爲總統，定都漢城，這以後，朝鮮南北成爲兩個主權國家。朝鮮人民民主主義共和國領導人金日成在中國人民解放戰爭勝利發展的鼓舞下，心潮起伏，幻想學習中國組織一支有戰鬥力的部隊，發起進攻南朝鮮的戰爭，統一朝鮮半島。1949 年末，金日成在一次會議上向斯大林提出，他要「用刺刀尖碰一碰南方的土地。」對金日成的懇求斯大林一直反映謹慎。1949 年 12 月，毛澤東在蘇訪問期間，斯大林暗示毛澤東可以讓在中國人民解放軍服役的朝鮮族士兵加入朝鮮人民軍。1950 年 1 月

在朝鮮駐華大使舉行的國宴上，金日成再次對蘇大使館幾位官員說：「中國已經解放了，現在是解放韓國人民的時候了。」「爲了解決統一問題，我輾轉反側，徹底難眠。」他請蘇駐朝大使安排與斯大林見面一次。1月30日斯大林得知美國不會轉入朝鮮戰爭後，電告蘇大使轉告金日成：「我會在這個問題上幫助你。」

朝鮮北半部是蘇聯紅軍出兵占領的，朝鮮建國後，實際成爲蘇聯的衛星國，蘇聯人也一直刻意淡化中國方面的影響。蘇駐朝大使特倫蒂·什特科夫上將，實際上是蘇聯在朝鮮的統治者。蘇聯援助朝鮮的重型武器，不從鐵路而從海路繞開中國運抵朝鮮的。

蘇軍在撤出北朝鮮時，留下300人的軍事顧問團。北朝鮮在編制、裝備、訓練及戰術上都按蘇軍模式組建。1949年末，北朝鮮只有四個師，到1950年6月戰爭爆發前，北朝鮮的總兵力13.5萬人，坦克150輛，火炮600門，飛機196架，裝甲旅和裝甲團各一個。1950年春，南朝鮮總兵力達到9.8萬人，裝甲車27輛，火炮89門，飛機32架，但訓練差、戰鬥力弱，是被動的準備迎擊北朝鮮的進攻。南北雙方都在厲兵秣馬，緊張準備戰爭。實際上朝鮮戰爭從1949年就已經進入倒計時的狀態。歷史進入1950年，朝鮮半島的戰爭步伐一下子加快了，南北雙方沿著三八線附近的摩擦和交火事件逐漸增多，戰爭有一觸即發之勢。

1950年年初，金日成祕密訪問莫斯科，隨後到北京訪問毛澤東，毛澤東同意，中國人民解放軍裡鮮族官兵調回北朝鮮，並動員中國境內鮮族青壯年入伍參加朝鮮人民軍。1949年7月

20 日，在東北地區整訓的兩個朝鮮族師即 164 師 166 師 2 萬多人，脫離中國人民解放軍序列，先後啓程開往朝鮮。1950 年 4 月中國人民解放軍朝鮮族士兵 165 師和 139、140、14 師中朝鮮族戰士，從河南鄭州分批乘火車開往朝鮮。此後還有部分朝鮮族小分隊和人員陸續進入朝鮮，加入朝鮮人民軍，共計 4 萬人。這是朝鮮人民軍組建的骨幹力量，他們把中共軍隊頑強的戰鬥作風帶到朝鮮人民軍，是進攻南朝鮮的精銳部隊。

5 月 13 日金日成祕密訪問北京，在同毛澤東談話時，表現出他們已是兵強馬壯，勝券在握，出言魯莽。第二天毛澤東收到斯大林來電，電文確認蘇聯對金日成的進攻，只能給予十分有限的支持。毛澤東答應給金日成大力援助，並詢問他是否需要中國向中朝邊境派兵，防止美國介入，金日成很自信，表示不用吧。後來，毛澤東對他的翻譯師哲說：「金日成的回答十分傲慢。」

何時發起進攻？金日成示意在 6 月中下旬雨季來臨前的某一天，發起攻擊最爲合適，最後斯大林同意在六月末。6 月 26 日凌晨，朝鮮半島大雨滂沱，漢城被霧氣籠罩，這是朝鮮半島梅雨季節裡普通的一天。4 時，三八線上，連續升起的信號彈劃破漆黑的夜空。5 時北朝鮮的數千門炮火齊鳴，北朝鮮人民軍進攻南朝鮮戰爭開始了，人民軍越過三八線，第二天占領漢城，南朝鮮軍隊準備不足，倉促應戰，北朝鮮人民軍打到朝鮮半島南端大邱、釜山。6 月 27 日金日成通知中國人民軍勝利越過三八線後的戰況。這時美國已派出海軍和空軍進入朝鮮領空、領海，進攻朝鮮人民軍，對朝鮮城市狂轟濫炸，30 日又命令美國陸軍入朝參戰。7 月 7 日，聯合國安理會在蘇聯缺席的

情況下通過成立「聯合國軍司令部」。8 日任命麥克阿瑟爲「聯合國軍」總司令。

差不多在同一時間，7 月 7 日周恩來主持召開中央軍委會議，研究毛澤東關於成立東北邊防軍的決定，討論保衛東北邊防問題。10 日，主持召開第二次會議，最後商定成立東北邊防軍。決定抽調第 13 兵團三個軍、加 42 軍、炮兵一師、二師、八師和一定數量的高射炮兵、工兵組成的邊防軍，限於 8 月 5 日前，到達指定地點。13 日，周恩來將決定報告毛澤東，毛澤東當天批示同意。(1)

8 月 4 日毛澤東在中共中央政治局會議上談到美國出兵朝鮮時指出，如果美帝得勝，就會向朝鮮北部進攻，威脅中國的安全。對朝鮮不能不幫，必須幫助，用什麼形式出兵？是組織志願軍入朝？何時入朝有利等等，我們不能不有所準備。

8 月 5 日毛澤東以中央軍委名義致電東北軍司令員兼政治委員高崗：「請高崗同志負主責，於 8 月中旬招集各軍師幹部開會一次，指示作戰的目的和意義、和戰略方向，要各部於本月內完成一切準備工作，待命出發作戰。」並要求東北邊防軍「應該準備於 9 月上旬能出國作戰」。

9 月 5 日，毛澤東在中央人民政府委員會第九次會議上指出：「對於朝鮮人民，我們要給予幫助鼓勵，朝鮮人民對中國革命是有很大幫助的。中國革命的幾個階段，都有他們的幫助。」毛澤東還判斷說：「就目前的情況來看，朝鮮戰爭持久化的可能性正在逐漸增大。」他還分析了美國在軍事上的長處和短處，它在軍事上只有一個長處，就是鐵多。另外卻又三個弱點，合起來是一長三短。三個弱點是：第一，戰線太長，從德國柏林

到朝鮮；第二，運輸線路太遠，隔著兩個大洋，大西洋和太平洋；第三，戰鬥力太弱。」他說：「我們中國人民是打慣了仗的，我們的願望是不打仗，但你一定要打，就只好讓你打。」「你打你的，我打我的。」「抓住你的弱點，跟著你打，最後打敗你。」(2)

9月15日，美國陸軍7萬多人，在260艘艦艇、近500架飛機的配合下，在朝鮮西海岸仁川登陸，28日占領漢城，切斷了朝鮮人民軍隊的退路，並大舉向三八線推進，朝鮮戰局發生逆轉。9月29日美國當局指令麥克阿瑟越過三八線繼續向北進攻，占領整個朝鮮。

9月29日，毛澤東收到周恩來關於美軍要進軍三八線以北的報告。毛澤東決定由周恩來於9月30日，在建國一週年慶祝大會上向全世界宣告：「中國人民熱愛和平，但是為了保衛和平，從不也永遠不害怕反抗侵略戰爭。中國人民決不能容忍外國的侵略，也絕不聽任帝國主義者對自己的鄰邦肆行侵略而置之不理。」(3)

10月1日，南朝鮮軍沿東海岸地區越過三八線北進。同日，美軍發出了要求北朝鮮投降的通牒。當天夜裡，朝鮮領導人金日成、朴憲永緊急召見中國駐朝鮮大使倪志亮，直接向中國政府提出出兵援助的請求。同時金日成與朴憲永聯名給毛澤東寫了一封信，寫道：

「我們正在集中全力編訓新的師團，集結在南部的十餘萬部隊於作戰上有力的地區，動員全體人民，準備長期作戰。在目前敵人趁著我們眼中的危急，不予我們時間，如要繼續進攻三八線以北地區，則只靠我們自己的力量，是難以克服此危機

的。因此我們不得不請求您給予我們以特別的援助，即在敵人進攻三八線以北地區的情況下，極盼中國人民解放軍直接出動援助我軍作戰。」

10月1日毛澤東接到了斯大林建議中國派出部隊援助朝鮮的電報。斯大林在電報中提出：「根據目前的形勢，如果您認為能夠為朝鮮人提供援助部隊，哪怕五六個師也好，就應立即向三八線推進，以便朝鮮同志能在你們部隊掩護下，在三八線以北組織後備力量。中國軍隊可以以志願者身分出現。」

10月2日凌晨二時，毛澤東致電高崗和第十三兵團司令員兼政治委員鄧華：「（一）請高崗同志接電後即動身來開會；（二）請鄧華同志令邊防軍提前結束準備工作，隨時待命出動，按原計劃與新的敵人作戰；（三）請鄧將準備情況及是否可以立即出動即行電告。」(4)

會後，毛澤東親筆起草一份給斯大林的覆電，告訴他：「我們決定用志願軍的名義派一部分軍隊至朝鮮境內和美國及其走狗李承晚的軍隊作戰，援助朝鮮同志。我們認為這樣做是必要的。因為如果整個朝鮮被美國人占去了，朝鮮革命力量受到根本的失敗，則美國侵略者將更加猖獗，於整個東方都是不利的。」電報分析了志願軍參戰後可能出現的形勢變化和志願軍作戰的困難，並請求蘇聯給予武器裝備援助。還表示，我們還正在從長江以南及陝甘區域調動24個師位於隴海、津浦、北寧諸線，作為援朝的第二批、第三批兵力，按戰爭進展情況逐步使用上去。(5) 出兵朝鮮的決心已下，此時毛澤東已三天三夜未安心睡覺。寫完了電報稿，便去臥室睡覺了。

10月2日下午，毛澤東主持召開中共中央書記處會議，討

論朝鮮半島局勢和中國出兵問題。毛澤東認為出兵朝鮮已是十萬火急，不能再拖延。他原準備派粟裕出征，但粟身體狀況很不好，不能承擔這一重任；又想派林彪率兵入朝，但林彪有病，衛生部身檢證明建議他療養。毛澤東同意他去蘇聯南部療養。毛澤東考慮請彭德懷率軍出征。

10月4下午，彭德懷被派專機接到北京，參加政治局擴大會議，他進入會場時，毛澤東正在講話，就坐高崗身邊。高崗告訴他，主席要點你的將。毛澤東分析敵我雙方優劣條件，指出：「只要我們抓住戰機，集中優勢兵力，殲滅他一個團、一個師，這樣仗打多了，就能扭轉戰局。」10月5日上午，毛澤東同彭德懷進行談話，彭德懷便表示贊成毛澤東出兵援朝的決策。當毛澤東提出要彭德懷掛帥出兵時，彭德懷表示：「我服從中央的決定。」毛澤東聽後，略帶感慨地對彭德懷說：「這我就放心了。現在美軍已分路向三八線北冒進，我們要儘快出兵，爭取主動。今天下午政治局繼續開會，請你擺擺你的看法。」(6)

10月5日下午，中央繼續召開政治局擴大會議，彭德懷聽了兩種不同意見的發言後，發言：「出兵朝鮮是必要的，打爛了，等於解放戰爭晚勝利幾年，如美軍擺在鴨綠江岸和台灣，它要發動侵略戰爭，隨時都可以找到藉口。」(7) 會議經過討論研究，達成一致意見，做出了組成中國人民志願軍「抗美援朝、保家衛國」的重大戰略決策，並決定由彭德懷擔任志願軍司令員兼政治委員掛帥出征。

10月7日晚，毛澤東在菊香書屋請彭德懷吃飯，四菜一湯，毛岸英作陪。毛岸英這時在北京機械總廠任黨委書記。毛岸英曾向父親提出他要當志願軍到抗美援朝前線，毛澤東贊同和支

持說：「你可在今晚家宴上向彭總提出。」開始彭德懷不同意，後從談話中聽到他們倆已經商量好了，只好答應，帶在身邊，做翻譯工作。

　　10月8日，毛澤東以中國人民革命軍事委員會主席名義發布了組成中國人民志願軍的命令。命令指出：（一）爲了援助朝鮮人民解放戰爭，反對美帝國主義的進攻，藉以保衛朝鮮人民、中國人民及東方各國人民的利益，著將東北邊防軍改爲中國人民志願軍，迅速向朝鮮境內出動，協同朝鮮同志向侵略者作戰並爭取光榮的勝利。（二）中國人民志願軍轄13兵團及所屬之38軍、39軍、40軍、42軍，及邊防炮兵司令部與所屬之炮兵1師、2師、8師。上述各部立即準備完畢，待命出動。（三）任命彭德懷同志爲中國人民志願軍司令員兼政治委員。（四）中國人民志願軍以東北行政區爲總後方基地，所有一切後方工作供應事宜，以及有關援助朝鮮同志的事宜，統由東北軍區司令員兼政治委員高崗同志調度指揮並負責保證之。（五）我中國人民志願軍進入朝鮮境內，必須對朝鮮人民、朝鮮人民軍、朝鮮民主政府、朝鮮勞動黨（即共產黨）、其他民主黨派及朝鮮人民的領袖金日成同志表示友愛和尊重，嚴格地遵守軍事紀律和政治紀律，這是保證完成軍事任務的一個極重要的政治基礎。（六）必須深刻地估計到各種可能遇到和必然會遇到的困難情況，並準備用高度的熱情、勇氣、決心和刻苦耐勞的精神去克服這些困難。目前總的國際形勢和國內形勢於我們有利，於侵略者不利，只要同志們堅決勇敢，善於團結當地人民，善於和侵略者作戰，最後勝利就是我們的。(8)

　　同日，毛澤東致電中國駐朝鮮大使倪志亮轉金日成，通報

中國政府決定派遣志願軍入朝作戰,「請你即派朴一禹同志到瀋陽與彭德懷、高崗二同志會商中國人民志願軍進入朝鮮境內作戰有關諸項問題。並告知彭德懷、高崗本日由北京去瀋陽。」

同時將出兵決策向蘇聯駐華大使羅申做了通報,請他轉告斯大林。10 月 9 日毛澤東發出第一批志願軍入朝的命令。10 月 10 日羅申大使緊急約見周恩來,說莫斯科來電原商定蘇出動空軍部隊配合中國軍隊作戰,因蘇方未做好準備,空軍暫時不能出動。周恩來將這一情況報告毛澤東。毛澤東感到十分氣惱,認為蘇聯說話不算數,為了弄清原委,決定派周恩來去莫斯科商談此事。10 月 12 日,毛澤東致電彭德懷、高崗。彭、高、鄧、洪、解:「(一) 10 月 9 日命令暫不執行,十三兵團各部仍就地進行訓練,不要出動。(二) 請高崗、德懷二同志明日或後日來京一談。」(9)

10 月 11 日,周恩來和在南俄療養的林彪抵達蘇聯的高加索黑海邊的克里米亞休養的斯大林會談。周恩來介紹了中國中央政治局討論出兵問題的各種意見,說明中國的實際困難。斯大林講了蘇聯空軍尚不出動的原因。飛機飛到空中,很難劃定界線,如果和美國全面衝突起來,仗打大了,會影響中國和平建設。周恩來一聽就清楚,他是怕蘇軍介入,演變成第三次世界大戰。林彪說:「蘇聯空軍可以穿中國志願軍服裝,以志願軍名義參戰,可避免蘇美直接衝突。」斯大林說:「如果蘇飛行員被美國捉了俘虜,只穿中國志願軍服裝有什麼用?」周恩來說:「斯大林同志如果沒有蘇空軍配合作戰,我們就暫緩出兵。」斯大林:「那緩到什麼時候?朝鮮戰爭最好的結局是既不引起世界大戰,又能有效的遏制侵略。」「好吧,斯大林同志,我會向

毛澤東報告您的意見的。」會談當晚（1950 年 10 月 11 日 19時）斯大林、周恩來聯名致電中共中央通報了會談結果。因蘇聯空軍目前尚未準備好，暫時無法出動，故決定中蘇均暫不出兵。其主要原因是，蘇聯空軍須待兩個月或兩個半月之後才可出動支援志願軍在朝鮮作戰。12 日，周恩來返回莫斯科。

周恩來走後，毛澤東又是幾天幾夜睡不著，他想蘇聯不講信義，我們不能對金日成不講信義。10 月 13 日毛澤東在頤年堂召開政治局會議，統一了思想，決定馬上出兵。然後發一封信給莫斯科中國大使館轉周恩來電報：「(1) 政治局同志商量結果，一致認為我軍出動到朝鮮參戰為有利。第一期專打偽軍，我軍對付偽軍是有把握的。這一時期，只要殲滅偽軍幾個師團，朝鮮局勢即可有利於我們的變化。(2) 我們採取上述積極政策，對中國、對朝鮮、對東方、對世界都極為有利；若我們不出兵，讓敵人壓至鴨綠江邊，國內國際反動氣焰增高，則對各方都不利，首先是對東北更不利，整個東北邊防軍將被吸住。「總之，我們認為應該參戰，必須參戰，參戰利益極大，不參戰損害極大。」

10 月 18 日 21 時，彭德懷在北京以毛澤東的名義發電報給鄧華、洪學智、韓先楚、解方：「自明晚（十九日）中國人民志願軍從丹東和輯安兩處過江，42 軍、38 軍從輯安過江，40 軍、39 軍從丹東鴨綠江橋和長甸河口過江。」選擇 10 月 19 日入朝，是毛澤東決定的，他認為這是最好的時機，既不早，也不晚，完全出乎敵人意料之外。早了，如 8 月底 9 月初入朝，美軍在9 月 15 日在仁川登陸，我軍勢必進入三八線，即暴露了志願軍作戰意圖，又因此處於朝鮮半島最寬的地帶，四個軍防守，防

不勝防，鞭長莫及，這樣敵人可能不在仁川登陸，而在咸興、南浦登陸，將把我們捲進去，處於很被動地位。如果再晚至10月 25 日過江，敵人就要打到鴨綠江這將失去我軍出兵的突然性，達不到意外殲敵的目的。

志願軍入朝，美軍和南朝鮮始料不到，他們認為北朝鮮人民軍，不堪一擊，很快就失去戰鬥力。於是改變原東西對進的計劃，而分為東西兩路，大舉北進，快速向中朝邊境逼近。根據朝鮮戰場的變化，毛澤東迅速改變原來的作戰部署，決定發起第一次戰役。10 月 21 日 2 時，毛澤東致電彭德懷，指出：「美僞未料到我志願軍會參戰，故敢於分散為東西兩路，放膽前進。」「此次是殲滅僞軍三個師爭取出國第一個勝仗，開始轉變朝鮮戰局的極好機會。」現在是爭取戰機問題，而不是先有一個時期部署防禦然後再談攻擊的問題。(10) 當天毛澤東還兩次致電彭德懷、鄧華，要求他們注意控制平安南、平安北、咸鏡三道之交界妙香山、小白山等制高點，以隔斷東西兩敵，勿讓敵人占去為要；並要他們令志願軍第四十軍先敵趕到德川，如果時間來不及則在熙川附近地區部署伏擊南朝鮮軍。(11) 10 月 22 日，毛澤東再次致電彭德懷、鄧華，就志願軍第一仗的作戰地點和作戰對象做出具體部署，毛澤東指出南朝鮮軍第六、八兩師，正在分路北進，「而此次作戰則以在博川、軍隅裡殲滅該敵，對戰局最為有利，我 40 軍應擔任包圍一個師，39 軍應擔任包圍一個師。」(12)

10 月 25 日，南朝鮮軍以師或團為單位，先後北進至博川、龍山洞、雲山、溫井、檜木洞、熙川一線。當天上午，志願軍第 40 軍第 118 師一部，在開進中於溫井西北兩水洞地區同南朝

鮮軍第 6 師第 2 團之先頭第 3 營及一個炮兵中隊遭遇。志願軍採用結尾、斬腰的戰法，將其全部殲滅。第 118 師、第 120 師乘勝進攻溫井之敵。10 月 26 日凌晨占領溫井，從此揭開了抗美援朝戰爭的序幕。

彭德懷鑑於美軍和南朝鮮軍以數輛坦克和十多輛汽車組成的支隊到處亂竄，志願軍總部原計劃一仗聚殲敵兩三個師甚爲困難的情況，決定從 10 月 25 日開始，「以軍和師分途殲敵一個團或兩個團」，「求得第一次戰役中數個戰鬥殲滅敵一兩個師，停止敵亂竄，穩定人心是十分必要的。」10 月 26 日，毛澤東覆電彭德懷，贊同分途殲滅的方針，指出：「先殲滅敵人幾個團，逐步擴大，殲滅更多敵人，穩定人心，使我軍站穩腳跟，這個方針是正確的。」並指出我軍第一個戰役須確定以殲滅南朝鮮軍第 1、第 6、第 8 師 3 個師爲目標，「分爲幾個大小戰鬥完成之，然後再打美英軍。」(13)

11 月 15 日，毛澤東批准結束第一次戰役。志願軍第一次戰役，殲敵一萬五千餘人，將南朝鮮軍從鴨綠江驅逐至清川江以南，初步穩定了朝鮮的戰局。

在中國人民志願軍入朝作戰打響第一戰役後，蘇聯空軍不僅立即投入了朝鮮空戰，而且不久把作戰半徑從鴨綠江上空推進到晴川和大同江一線。斯大林本來擔心蘇聯空軍參戰後，會激化美蘇矛盾。當美國空軍得知其對手是蘇空軍後，美國決策機構認爲必須保持沉默並封鎖消息，以免刺激輿論迫使政府採取報復行動，導致戰爭升級。歷史證明，斯大林的顧慮是多餘的。

1950 年 11 月 13 日，彭德懷召開作戰會議部署第二次戰

役。他說：「我們志願軍入朝第一個戰役勝利了，毛主席很高興。他要把 10 月 25 日——40 軍 118 師在兩水洞打第一仗的日子定為中國人民志願軍抗美援朝紀念日。這是 118 師和 40 軍的光榮。」11 月 19 日，毛主席來了電報，要求在今年還必須再打一仗，將戰場推進到平壤、元山地區，在消滅敵人至少六、七個團，使敵人由進攻轉入防禦，以利我軍將來大舉反攻。在總結會議發言中還發火批評 38 軍，遇到黑人團，沒敢打，貽誤了戰機。

中國人民志願軍突然入朝，在美國朝野引起種種猜測。美軍司令麥克阿瑟決心阻止志願軍繼續過鴨綠江，以空軍摧毀鴨綠江和各渡口，再發動地面攻勢，以美軍第 10 軍經長津湖西進，第 8 集團軍由清江川北上，在江界會合，圍殲志願軍和人民軍，然後向鴨綠江推進。

毛澤東預見到一場新的大戰即將到來。他在 11 月初下令調宋時輪第 9 兵團 3 個軍 15 萬人入朝。第 9 兵團是華野主力，駐福建前線，做收復台灣的準備。毛澤東急調 9 兵團入朝在東線圍殲美王牌軍海軍陸戰隊第 1 師，以顯示中國人民志願軍的戰鬥力，譽滿天下。9 兵團全體官兵未及換裝，穿著在福建前線的薄棉裝趕到朝鮮東部海岸零下 40 度集結。11 月中旬，第 9 兵團在東線完成戰役集結。這時，志願軍入朝部隊兵力增加到 9 個軍，38 萬人。

從 11 月 6 日起，西線聯合國軍開始做試探進攻，以摸清志願軍情況。彭德懷令各部隊從清江後撤，誘敵深入，麥克阿瑟果然中計，命令部隊向北冒進。麥克阿瑟在前線視察陣地時，宣布：「聖誕節結束戰爭。」

11 月 25 日上午 10 點多，毛岸英和參謀高瑞欣到指揮所，11 點左右，防空號響了，毛岸英急忙跑出來隱蔽。見 F180 戰鬥轟炸機 12 架呼嘯而過向北飛去，有人判斷敵機可能去轟炸鴨綠江大橋去了，毛岸英和高瑞欣又進入指揮所。這時，遠去的飛機群中一架突然掉頭飛回，對著指揮所木板房俯衝而下，投下幾十個凝固汽油彈，指揮所頓時成為一片火海。值班的作戰處副處長成普和參謀徐畝元衝出來了，毛岸英和高瑞欣鑽進桌子底下隱蔽。凝固汽油彈爆炸產生高達 2000 華氏度液體岩流，無法搶救，毛岸英和高瑞欣死了。這一架調頭迴轉轟炸的飛機，顯然是早做安排的有特務暗中指揮，專對毛岸英的。

11 月 24 日，彭德懷經毛澤東同意，命令第 9 兵團以一個師於 26 日晚圍殲社倉里、墨水里的偽 26 團，以另一個師由倉里向黃草岺、堡後庄攻擊前進，殲滅美陸戰 1 師指揮所，得手後，向古土水攻擊前進，協同主力圍殲陸戰 1 師附屬部隊 572 團。11 月 25 日，西線敵軍被誘至預定戰場，志願軍立即發起第二次戰役。

1950 年 11 月 28 日 5 時半，毛澤東發出給彭德懷、鄧華、洪學智，並告高崗、賀晉年、宋時輪、陶勇的電報，下達作戰命令。

彭德懷立即按照毛澤東電令給各部隊下達作戰任務，發起攻擊。戰至 12 月 1 日上午，美 2 師主力、美 25 師、土耳其旅及韓 1 師大部被殲滅，並給北上接應的美騎兵第 1 師以重創。

戰場形勢，複雜多變，有一些是指揮員料想不到的。第二次戰役西線戰場上，中共第 38 軍主力在价川以北地區，包圍了美軍 2 師、25 師主力，雙方展開激戰，美空軍一個對空聯絡排，

由平壤向价川前進，尋找陣地，指揮美空軍轟炸中國部隊，在行進途中被中共 38 軍 3 師 1 團的一支部隊截住，俘虜了這個排，命令這個排，指揮美空軍轟炸美軍陣地。美空軍一天輪迴幾次遭轟炸，炸塌了陣地防禦工事、炸毀了重型武器、大量的士兵被炸死炸傷，幫了中國軍隊的忙，中國軍隊 38 軍取得了重大的勝利。西線戰役共殲敵 2.3 萬餘人，繳獲與擊毀各種炮 500 餘門，坦克 100 餘輛，汽車 2000 餘輛，各種槍 5000 餘支。

彭德懷聽完西線戰役的彙報，黑著臉沉默良久，然後說了 4 個字：「傳令嘉獎！」他在電文最後加了一句話：「38 軍萬歲！」在司令員兼政委下面簽上自己的名字。第九兵團在長津里地域的黃草岺、隱峰裡、上下通、柳潭裡與美軍陸戰 1 師的戰鬥，中國軍隊多，美軍數量少，剛一接觸，美陸戰 1 師主力乘海輪離開。9 兵團從福建前線趕來，沒有換裝，即投入戰鬥，基本上沒有戰鬥力。9 兵團傷亡實際 9 萬餘人，主要是凍死凍傷的，中央命令該兵團撤至東北，休整補充。

中國人民志願軍第二次戰役，共殲敵 3 萬 6 千餘人，西線志願軍傷亡 3 萬零 7 百餘人。

　　評曰：毛澤東要打第二次戰役，攻擊目標是消滅美軍兩支王牌軍：美軍騎 1 師和海軍陸戰隊第 1 師，這兩支部隊分別在朝鮮西部和東部。毛澤東決定派中國兩支精銳部隊：38 軍和第 9 兵團，圍殲美國這兩支王牌軍，要真能把美國這兩支王牌軍打敗了、消滅了、可以得到中共軍隊天下無敵的美譽。第 9 兵團在福建前線，剛穿上很薄的棉裝，趕赴朝鮮北部戰場。

福建冬天溫度在攝氏 10 度上下，朝鮮北部嚴冬在零下 30 度、40 度。溫度相差如此大，穿著在福建棉裝到朝鮮北部戰場作戰，是要凍死人的。毛澤東不把戰士當人，沒有憐憫心、同情心，只把戰士當作他實現政治目標的工具。9 兵團不讓換裝，就趕赴北朝鮮打仗，凍死凍傷 9 萬餘人，何其殘忍！

注釋

（1）《周恩來年譜》上卷。中央文獻出版社，1997 年 5 月，第 52-53 頁。

（2）《毛澤東文集》第 6 卷。人民出版社 1999 年 6 月，第 92-94 頁。

（3）周恩來在全國政協舉行的建國一週年慶祝大會上的報告。1950 年 9 月 30 日。

（4）毛澤東致高崗、鄧華電，手稿，1950 年 10 月 2 日。

（5）毛澤東致斯大林電，手稿，1950 年 10 月 2 日。（這個電報存放在中央檔案館。）

（6）彭德懷傳記組訪問楊尚昆談話記錄，1995 年 7 月 20 日。

（7）彭德懷：《彭德懷自述》。人民出版社，1984 年 10 月版，第 735 頁。

（8）同（2）第 100、101 頁。

（9）毛澤東致彭德懷、高崗電，手稿，1950 年 10 月 12 日。

（10）毛澤東致彭德懷等電，手稿，1950 年 10 月 21 日。

（11）毛澤東致鄧華等電，手稿，1950 年 10 月 21 日。

（12）《毛澤東軍事文集》第六卷。軍事科學出版社、中央文獻出版社，1993 年 12 月版，第 134-135 頁。

（13）《毛澤東軍事文集》第六卷。軍事科學出版社、中央文獻出版社，1993 年 12 月版，第 163 頁。

（三）支持金日成發動統一朝鮮南部的戰爭（二）

第二次戰役結束後，美參謀長聯席會議於 1950 年 12 月 29 日指令聯合國軍司令麥克阿瑟和第 8 軍軍長李奇微，只有在不會造成巨大傷亡的情況下才應繼續組織戰鬥，否則要做好從朝鮮全面撤退的準備。12 月 7 日，印度代表 13 個中立國提出朝鮮停戰的提案，以三八線爲界實行停戰，外國軍隊撤出朝鮮、美艦撤出台灣海峽。12 月 14 日，聯合國大會通過了這一提案。毛澤東在 12 月 29 日說：「志願軍不消滅敵人不回國。」三八線在人們頭腦中的舊印象，經過第二次戰役也就不存在了。中國提出了五項條件，實際上拒絕了中立國的調停。

在志願軍司令部，二次戰役後的 12 月 8 日，彭德懷致信毛澤東，提出暫不過三八線，到 51 年 2、3 月後再進行第三次戰役。12 月 13 日，毛澤東回電要彭德懷越過三八線，接著打第三次戰役。中共部隊在十分艱苦的情況下發起第三次戰役，於 1951 年 1 月 8 日結束。彭德懷又致電毛澤東提出做較長時間休整。毛對形勢做了錯誤的分析和估計，認爲美軍支持不住了要從朝鮮撤走，春季進攻是最後性質的作戰，1951 年 4、5 月根本解決朝鮮問題。毛指令停止休整，「必須立刻發起第四次戰役」，繼續南進，等消滅了 2、3 萬美韓軍後再休整。此次戰役，志願軍死傷數萬人，放棄了仁川和漢城，後退一百餘公里，回到三八線以北。毛澤東聽取了彭德懷關於第四次戰役困難的彙報後，他又提出：「四次戰役辦不到的就準備第五次戰役。」4 月 22 日發起第五次戰役，5 月 21 日結束。中、朝軍隊死傷 8.5 萬餘人，被俘 2 萬餘人，全線後撤 40 公里。朝鮮戰爭在對中國及其不利的情況下，無奈同意停戰。聯合國會員國多數成員由

支持中國變成反對中國，中共孤立，威信下降。

1953 年 7 月 27 日，朝鮮戰爭停戰協議簽字。在三年戰爭中，中國共派往朝鮮戰場的主力部隊 40 個軍，130 萬人，死傷 50 萬人。美軍與韓軍被俘 5 萬餘人，其中美軍被俘 9,000 餘人。中國軍隊被俘 2.5 萬餘人，北朝鮮被俘 13 萬餘人。1953 年 9 月 6 日，雙方遣返戰俘完畢。美軍手中還有 2 萬多名中國戰俘去向未定。中美最後達成協議，採取自願原則，即戰俘採取自由選擇回大陸或去台灣。中美代表用 90 天對志願軍戰俘進行說服工作。三個月後，有 6,000 名戰俘選擇回大陸，1.9 萬多人選擇去台灣。

去台灣的戰俘們登上卡車駛出「自由村」時，受到同回聯合國軍官兵以及各界人士的歡呼敬禮，美軍官兵也來到路旁高舉雙臂大喊「Hello」。1954 年 1 月 23 日，台灣中華民國政府舉行盛大的歡迎會，根據具體人員情況安排工作，允許戰俘保持與國內外友好聯繫。回到中國大陸的戰俘近 7,000 人，全部遭嚴重的歧視和迫害，75%的黨團員開除黨團籍，大部分被遣送回原籍，長期成為當地政府專政對象，被當作「變節者」、「投誠的敵偽人員」監控改造。

論曰：中國出版的中共黨史書籍和中國人民解放軍軍事書籍，都稱這場戰爭為抗美援朝保家衛國的正義戰爭。這種提法是完全錯誤的。這場戰爭的發動者、打第一槍的是北朝鮮，他們在戰爭初期取得了很大勝利，打到了朝鮮南部海邊，幾乎占領了南朝鮮全部國土。這支軍隊中主力幾萬人，是從中國人民解放

軍第4野戰軍所屬各軍鮮族官兵抽調下來的。他們都是中國公民，是中國人民解放軍的一部分。把他們抽調下來，換上朝鮮人民軍服裝，到朝鮮境內打仗，這實際是第一批沒有公開的志願軍。這時候，美國沒有出兵，談不上抗美援朝，也沒有美軍打到鴨綠江邊威脅中國的安全，更談不上保家衛國的問題。

朝鮮半島原是一個國家，第二次世界大戰後，朝鮮半島分為兩半，分別成立兩個主權國家。這時如果南北雙方發起向對方進攻，這是內戰，但別的國家出兵支持一方進攻另一方則是侵略戰爭。1950年7月7日，聯合國安理國通過成立「聯合國司令部」，聯合國軍入朝參戰。9月15日，麥克阿瑟指揮美軍等聯合國軍在仁川登陸成功，朝鮮戰局急轉直下，美軍越過三八線，占領平壤。這時，中國公開派出志願軍參戰，在這場戰爭中，中國人民付出了高昂的代價。先後入朝作戰的部隊高達130萬，犧牲18萬，殘傷30多萬，被俘2.5萬多人（去台灣的1.9萬人，回大陸的6千人被關進撫順戰俘營接受審查，終其一生）。1951年到1953年軍費開支，占國民收入百分之六十以上，打亂了中國的經濟建設，給中國人民帶來沉重災難。

蘇聯、中國從不同目的出發，支持金日成打這場戰爭，蘇聯是主要的，金日成聽蘇聯的。如果斯大林不點頭、同意打，金日成是不敢發起這場戰爭的。斯大林不願意中國早日派出軍隊介入戰爭，他答應派出空軍作戰，又收回成命，實際上想阻止中國公開出

兵。毛澤東考慮此時不出兵，美軍越過鴨綠江占領東北，蘇聯像二戰後期出兵東北打日本關東軍一樣，再出兵東北打敗美軍，第二次占領東北，那將出現另一種戰局。這是毛澤東最不願意看到的。鄧小平晚年回憶這場戰爭時說：「抗美援朝與美國打仗，是金日成和斯大林強加給我們的。」毛澤東把支持金日成的真相隱瞞起來，打著愛國主義的旗幟，命令中國人民勒緊褲腰帶，忍飢挨餓，支持這場戰爭。中國人民志願軍幹部，嚴格遵從中央和毛澤東的命令，奔赴朝鮮戰場，以劣勢裝備同先進裝備的聯合國軍作戰，在零下四十度，忍凍挨餓，做出了重大犧牲。筆者參加這場戰爭，我所在的 38 軍某部在第二次戰役中死傷 70%，特別是組、班、排長無一倖存。他們的愛國精神、英勇奮戰、不怕犧牲精神，永遠值得我們這些倖存者、後人懷念。願他們的冤魂早日安息！

（四）亂殺無辜、實施紅色恐怖（以俄為師（一））

「以俄為師」這是孫中山的名言。孫中山領導中國國民黨（早期為同盟會）為了改變中國貧困落後，半封建半殖民地的地位，展開了二十多年的艱苦鬥爭，發動多次武裝起義，多數都失敗了。在處境極端困難時，找到蘇聯，提出「以俄為師」得到了蘇聯的熱心幫助，整頓了國民黨，組織了革命武裝，發動了對北洋軍閥的戰爭。孫中山逝世後，反對北洋軍閥的戰爭，在他的繼任者蔣介石指揮下，取得了勝利，這應該是第一次「以

俄為師」。

1949 年中共當政後，毛澤東率領中共代表團訪問蘇聯。他強調向蘇聯學習的重要，他看到了蘇共奪取政權的成功經驗，要從中吸取他需要的統治方法。他說：「蘇聯的昨天就是我們的今天；蘇聯的今天就是我們的明天！以蘇聯為榜樣，去追逐、奮鬥，尋找自己的勝利途徑。」向蘇聯學習治國理論、經濟建設等方面經驗。因時代不同了，要學的內容，要求提供的援助方方面面，就其深度、廣度，比孫中山那一次豐富多了。從歷史學的角度，這應是第二次「以俄為師」了。

毛澤東在蘇聯待了兩個多月，除了簽訂《中蘇友好同盟》等條約外，在思想上、實踐上毛還吸取了列寧、斯大林有關奪取政權、獨裁專制、經濟建設諸方面的經驗。

毛澤東曾說：「十月革命一聲炮響，給我們帶來了馬克思列寧主義。走俄國人的路，這就是我們的結論。」俄國人的路具體是怎麼走的，毛並沒有感性認識。在訪俄期間，毛參觀了十月革命紀念館，聽講解員講解奪取政權和鞏固政權過程中的複雜鬥爭情況，閱讀了有關書籍和資料，補上了感性認識這一課。

列寧面臨的時代是奪取政權時代，他憑藉暴力，打擊屠殺不同政見者，奪得政權，鞏固俄共專政地位。

1917 年 10 月 25 日深夜，彼得堡街頭一群暴民攻占東宮，隨即為布爾什維克黨武裝占領，社會革命黨和孟什維克黨等發表聲明，譴責布黨政變，要求立即與臨時政府談判，組建新政府。隨後成立全俄蘇維埃委員會來領導選舉。選舉後，1918 年 1 月 12 日，俄國歷史上第一個民主產生的俄國憲政議會成立。

布黨獲 175 席選票，社會主義革命黨獲得比布黨多 2 倍的選票，布黨失敗。1918 年 1 月 16 日深夜，列寧下令用武力解散議會，逮捕全俄委員會委員，關押四天四夜不給食物，迫使他們屈服。

1917 年 12 月，蘇共中央（布）設立契卡，即反擊反革命和顛覆者委員會（克格勃），首任頭子德澤爾津斯基，五任貝利亞，八任普京。蘇共政治局授予契卡使用最高處罰權：死刑權。契卡成立後不到一個月，恐怖遍及全俄。1918 年夏，蘇共開展對中產階級的清洗運動。列寧下達指令，約有 5 萬人被殺，受害人受盡酷刑。1918 年 8 月 9 日，俄共大設集中營，將富農、牧師、白軍軍官和可疑人員關入集中營，將孟什維克和社會主義革命黨領導人抓捕，實行群眾恐怖。

1918 年 8 月 30 日，列寧在彼得堡一次工人集會上發表演講，遭暗殺。行刺者兩個當場被捕，次日不經審訊即槍決。3 日後，俄共宣布黨立即實行「紅色恐怖」。結果有 15 萬人頭落地，事後查明，這是一樁假案：據 1922 年 4 月 23 日由德國醫生從列寧脖子裡取出的並非是卡普蘭（刺殺列寧者）的勃朗寧手槍子彈。1963 年複查刺殺列寧檔案卷宗，其中第 11 頁、84 頁、87 頁、90 頁、94 頁不見了。主管檔案的官員瓦西列夫認為此案是假案，純屬布黨為了實施國家恐怖製造的苦肉計。該案沒有公開審判，所有檔案均作為最高機密處理。

列寧是個復仇主義者。1887 年 3 月，列寧兄長因刺殺沙皇被判處死刑。法院宣布認罪者可以免去死刑，其兄拒不認罪，被絞死。這使少年列寧懷恨在心，發誓報復。10 月革命後，1918 年 7 月，列寧批准處決尼古拉二世沙皇全家。列寧說：「革命是艱難工作，你不能戴著白手套、用乾淨的手為之，黨不是淑女

學校。」早上列寧下達命令，晚上沙皇二世夫婦、13 歲兒子、4 個公主、沙皇哥哥、2 個女僕被處決。英國查理國王被處決，是經過最高法院根據法律判決的；法國路易十六皇帝被處死，是經過議會 3 次投票決定下來的。沙皇一家被處決表現了列寧是個歷史上從未有過的野蠻殘忍的暴君。

仇視知識分子也是列寧的天性。1919 年 9 月 6 日，列寧下令逮捕了幾十名著名知識分子。高爾基給列寧寫信：「學者應受到慎重對待和尊重。我們正在毀滅我們的頭腦，砍掉人民的腦袋。」列寧殘暴地回答：「那些二流知識分子及其資產階級走狗，自認為是國家的大腦。他們不是國家的大腦，而是狗屎！」1922 年 5 月 20 日，列寧致信祕密警察，要求將所有幫助反革命的作家、教師驅除出境。第一批 60 名著名知識分子、哲學家、作家、歷史學家、大學教授先後抓被捕，驅逐出境。

列寧的這些殘暴故事，有的是紀念館講解員講的，有的是資料上記載的，毛澤東聽的、看的很認真，有時還向隨行人員證實某些情節。毛對隨行說：「列寧是勝利者。」

列寧執掌俄共 6 年，列寧死後，斯大林接替列寧擔任俄共總書記。斯大林延續列寧殘暴政策，大量屠殺不同政見者。毛澤東參觀時，對斯大林的理論和事蹟的宣傳表現更親切。

1929 年底，斯大林強行開展「全盤農業集體化運動」，遭到農民強烈反抗。1928 年上半年爆發了 150 多起農民暴動。斯大林命令國家安全部門分別採取沒收財產、流放、判刑和槍決，嚴重的地區，被判刑的達農民總數的三分之一以上。1937 到 1938 年，斯大林在蘇共黨內進行了 3 次大清洗，列寧死時，指定的蘇共中央 6 名領導人中季諾維耶夫、加米涅夫、布哈林、

皮達科夫被處決。1940 年 8 月，斯大林派殺手將逃往墨西哥的另一名蘇共中央領導人托洛斯基殺害。領導十月革命的第六屆中央委員三分之二被槍決。蘇共十一大中央委員的 27 人中有 20 人被槍決。十五大政治局委員 7 人，除斯大林外全被槍決。大清洗中，紅軍指揮人員和政工人員有 4 萬人被清洗，其中 1.5 萬人被槍決，紅軍 5 名元帥中 3 人被槍決，4 名一級集團軍級將領中的 3 人只剩斯大林 1 人，二級集團軍級 12 人的全部、67 名軍長中的 60 人、199 名師長中的 136 人、397 名旅長中的 22 人被槍決。

毛澤東在同斯大林交談中，據隨訪人員回憶，斯大林也很關心中共政權的性質，強調無產階級專政是個原則問題，也是重大理論問題。毛澤東講話中突出講到，我們的人民民主專政，實質是無產階級專政。毛澤東對列寧、斯大林時期使用殘酷的手段鎮壓不同政見者領悟很深，是十分認可的。

毛澤東回國後，在多次重要講話中號召中國共產黨員和中國人民學習斯大林學說，他說斯大林是列寧戰友，斯大林學說很豐富，他把馬列主義的發展推進到一個新階段，它的核心、精髓部分是關於無產階級專政理論。毛澤東把他的人民民主專政理論和斯大林的無產階級專政聯繫起來，他解釋人民民主專政實質就是無產階級專政。這就是直接憑藉暴力而無需任何法律約束的政權理論。在這一理論指導下，中共開始了恐怖運動。1950 年 10 月根據毛澤東指示，開展鎮反運動，全國共逮捕 3 百萬名「反叛者」，殺掉 71.2 萬餘名，超過國共雙方在內戰三大戰役戰場上死亡人數的總和（據《中國人民解放軍全史》記載，共軍陣亡 30 萬人，國軍陣亡 40 萬人，共 70 萬人）。

運動第一階段，1951 年 1、2、3、4、5 共 5 個月就處決 50 萬人。上海在鎮反初期逮捕 2 萬人，殺 200 人，毛澤東接到報告後很不滿意。他說：「上海是一個 600 萬人口的大城市，我認為在 1951 年一年之內至少應當殺掉罪大惡極的匪首、慣匪、惡霸、特務及會道門頭子 3,000 人左右。而在上半年至少要殺掉 1,500 人左右。」對南京只殺 72 人，擬再殺 1,500 人的數目，毛也認為太少，他認為應殺的不止 2,000 人。毛說：「南京是國民黨首都，應該多殺。」1951 年 2 月 17 日，北京市在羅瑞卿直接指揮下，一夜之間逮捕 675 人，第二天公開槍決 58 人。3 月 7 日，又逮捕 1,050 人，25 日槍決 199 人。毛澤東充分肯定北京的做法，他說：「人民說，殺反革命比下一場透雨還痛快。我希望各大城市、中等城市都應大殺幾批反革命。」

當時全國黨、政、軍領導都在忙著殺人，而且是急急忙忙的殺人。有的人前一天被抓，第二天甚至當天就被槍斃；有的夜裡被抓，白天槍斃。在毛澤東具體指導下，鎮反中該殺不該殺不是根據罪行來定，而是根據人口比例定，毛要求某地、某市必須殺多少人。毛下指標、定任務、定時間，急於求成。毛澤東最初要求殺人比例是千分之零點五，嚴重地方千分之一，以後增加到千分之二。

貴州省在國民黨時期有 81 個縣長，在共軍占領時有的起義，有的投誠，個別的還安排了工作，大多數人都做了處理。在鎮反到來時，全部被殺掉。安徽省桐城縣擬將 16 名反革命處死，報地委審批，地委經審查全部否定退回。縣公安局接到退回的批文，連看都不打開看，以為同意殺，將 16 人拉到刑場槍決。16 人中有 5 個偽保長、4 個三青團區分部委員、3 個憲兵、

2 個一貫道壇主、6 個地主。16 人中沒有一個有血債，事後檢查，有 11 個人連逮捕條件都不夠，應該立即釋放。阜陽專區槍斃幾個地主時，為了湊數，把同他們睡過覺得幾個「破鞋」也給一起槍斃了，其罪行是「不爭氣，給勞動人民丟了臉」。全國各省市都亂抓亂殺，殺得屍橫遍野、鬼哭狼嚎，家庭社會關係不好的人群，都人人自危，生活在極端恐怖中。

這時，毛澤東認為他的國家已經穩定，可以轉入經濟建設了。

（五）農業合作化道路的失敗（以俄為師（二））

中國農村土改完成後，農業怎樣發展？存在兩條道路。農民分得了土地，激發了生產積極性，農業產量大為提高。毛澤東卻認為這是自發的資本主義道路，結果只能是兩極分化。他要學習蘇聯，走蘇聯集體農莊道路，就是通過互助組、生產隊、合作社走集體富裕的道路。為了保證合作化道路順利執行，不出偏差，經毛澤東提議，1952 年 11 月成立了中共中央和各省市委農村工作部，專門負責領導農業合作化問題，並任命鄧子恢為中央農村工作部長。

這項工作毛澤東抓得很緊很具體，每次中央農村工作會議他都參加。研究什麼問題、完成任務時間表都須經他批准。他很欣賞蘇聯的集體農莊模式，生產機械化程度高，生產發展、莊園福利多，生活愉快。他希望中國農村早日達到蘇聯集體農莊目標。他幻想中國實現農業合作化就會實現生產機械化，就會有高福利，就會提前實現共產主義。在他的異想天開的思想

指導下，中國農村合作化的步子越來越快，由原定的兩年計劃變成一年，一年又縮短改成半年。他的要求就是命令，只能提前，不能拖延。達不到目標就要挨批評、追究責任，甚至撤職，不少地方幹部強迫農戶入社。

合作化的本質就是讓農民把分得的土地再交出來，由有田產變成一無所有，農民不願意，但在毛的高壓下，不少地方出現了幹部強迫農戶入社的現象，出現不少農戶殺牲畜，勞動消極，入了社的又提出退社，逃跑到外地躲避入社的也有。結果是很快就出現了農業生產大面積減產、農村困難戶越來越多。這些情況從不同會議上反映到毛澤東那裡，毛澤東將信將疑。

農村工作部部長鄧子恢了解到這些情況後，主張在入社農戶比例上放慢速度，鼓勵農民積極生產；毛澤東則主張加快合作化步伐促使農民勞動積極性。兩人意見分歧很大。毛澤東親自派他的警衛員和祕書到農村去調查。這些毛的身邊人都清楚毛對合作化的決心和執著，調查的情況他們不敢如實彙報，他們把嚴重的困難問題，說成一般的問題，把一般的問題說成是發展過程中的問題。毛澤東綜合了各方面真真假假的情況後主觀地認為，總體情況是好的，目前農村合作化高潮就要到來，主要障礙是有些領導幹部動搖、消極情緒、他下決心決定批判農業合作化問題上「右傾錯誤」。

1955 年 7 月 30 日到 8 月 1 日，中共中央在中南海懷仁堂召開省、市、自治區黨委書記會議。毛澤東在會上做題為《關於農業合作化問題》的報告。他說：「在全國農村中，新的社會主義群眾運動的高潮就要到來。我們的某些同志卻像一個小腳女人，東搖西擺地在那裡走路，老是埋怨旁人說：走快了，走

快了。過多的評頭品足，不適當的埋怨，無窮的憂慮，數不盡的清規和戒律，以為這是指導農村中社會主義群眾運動的正確方針。否，這不是正確的方針，這是錯誤的方針。目前農村中合作化的社會改革高潮，有些地方已經到來，全國即將到來。這是五億多農村人口大規模的社會主義革命運動，帶有極其偉大的世界意義。」

毛澤東在《報告》中充滿感情地說：「許多農民，則因為生產資料不足，仍然處於貧困地位，有些人欠了債，有些人出賣土地，或者出租土地。這種情況如果讓它發展下去，農村中向兩極分化的現象，必然一天一天地嚴重起來。失去土地的農民和繼續處於貧困地位的農民將會埋怨我們，他們將說我們見死不救，不去幫助他們解決困難。」

怎麼解決呢？毛澤東認為只有組織生產合作社，把農民組織一起解決富幫窮的問題，避免有人發家致富，有人賣地。這是最佳方案。他要求快，慢了就會犯錯誤。

1955 年 10 月 4 日到 11 日，中共中央舉行七屆六中（擴大）全會。陳伯達代表中央政治局做了《關於農業合作化問題的決議草案的說明》，指出：「要有全面的規劃，還要加強領導。」「總而言之，要主動，不要被動；要加強領導，不要放棄領導。」（1）毛澤東以《農業合作化的一場辯論和當前的階級鬥爭》為主題做總結，他說：「要使帝國主義絕種，封建主義絕種，資本主義絕種，小生產也絕種。在這方面，良心少一點好。我們有些同志太仁慈，不厲害，就是說，不那麼馬克思主義。使資產階級、資本主義在六億人口的中國絕種，這是一個很好的事，很有意義的事。我們的目的就是要使資本主義絕種，要使它在

地球上絕種，變成歷史的東西。」

毛澤東在總結中自問自答地說：「會不會有人翻案？想翻案的人不少。他們認爲合作社搞不成器，我們搞的這一套將來統統要翻，說我們並非馬克思主義，而是機會主義。但是，據我看，大勢所趨，這個案是翻不了的。」他要求「在今後五個月之內省一級、地區一級、縣一級、區一級、鄉一級，這五級的主要幹部，首先是書記、副書記，務必鑽到合作社問題裡去，熟悉合作社的各種問題。」「如果他們不鑽，搞起許多合作社，自己又不懂，那很危險。如果老是鑽不進去，那怎麼辦呢？就應當該換工作。」(2) 就是撤職罷官。

中共七屆六中全會以後，各地開展批判右傾機會主義，批判「小腳女人」。各級幹部承受了巨大的壓力，當時的實際情況是，你要考慮廣大群眾利益，實事求是組織群眾加入農業合作社，就要準備當「小腳女人」，被扣上「右傾」的帽子，準備撤職丟官。你要緊跟毛澤東路線，就要昧著良心說瞎話，報假情況，強迫命令，不擇手段，吹牛造假，瞞天過海，虛報成績。大多數領導幹部想通了，反正毛主席說了，不講仁慈，不講良心，決心跟毛澤東路線，受到鼓勵表揚，少數堅持實事求是，講良心，對群眾下不了狠手的幹部，就當了「小腳女人」，被免官了。1955 年 10 月，山西、浙江、廣西、四川、廣東五個省、自治區黨委向中共中央呈送報告。謊稱本地區的所謂「社會主義積極性的空前高漲」，證明毛澤東預言的「中國農村的社會高潮」確實已經到來了。

1955 年 12 月，毛澤東著手編輯《中國農村的社會主義高潮》一書，並寫了序，在序言中說：「1955 下半年，中國的情

況起了一個根本性的變化。中國一億一千多萬農戶中到現在——1955 年 12 月下旬，已有百分之六十以上農戶，即 7 千萬戶，響應中共中央的號召，加入了半社會主義的農業生產合作社。這是一件了不起的大事，這件事告訴我們，只需要 1956 年一個年頭，就可以基本上完成農業方面半社會主義的合作化。再有 3 年到 4 年，即到 1959 年，或者 1960 年，就可以基本上完成合作社由半社會主義到全社會主義的轉變。這樣，奇蹟就出現了，原計劃用 3 個 5 年計劃、15 年時間才能完成的農業社會主義改造——由個體所有制向集體所有制的轉變，在短短 4 年時間就宣告完成了。」(3)

毛澤東後來在談到《高潮》書編輯時愉快地說：「我用 11 天功夫，看了 120 幾篇報告，包括改文章、寫按語在內，我就『周遊列國』比孔夫子走得遠，雲南、新疆一概『走』到了。」

毛澤東哪知道給他送去的不是真情，那是各省委第一書記摸清毛澤東的思想動向，囑咐下面寫的。寫好後經各級文章理手層層編造，層層修改、潤色，最後送進中南海毛澤東手裡。毛澤東據以判斷目前中國農村中合作化的社會改革高潮已經到來或者即將到來。

正當毛澤東躊躇滿志，回味農業合作化高潮到來的勝利時，也就是他企盼的集體農莊前景即將到來時，合作化退潮的壞消息不斷地來到毛澤東耳邊。

1956 年 12 月 6 日鄧子恢在一份中央農村工作部簡報上披露：「最近在電話中與遼寧、安徽、浙江、江西、四川、陝西、河南、河北 8 個省委農村工作部進行聯繫，今年秋收分配前後，在一部分農業合作社內，出現了社員退社的情況。退社戶，一

般占社員戶數的百分之一，多的達百分之五；思想動盪想退社的農戶，所占的比例更大一點。浙江寧波專區，已退社的占百分之五，想退社的占百分之二十左右。廣東全省已退社的 7 萬餘戶，占社員戶數百分之七，並有 102 個社垮了台。各省百分之十到二十的社員減少收入。其中較多的是富裕中農，小商販、技術手工工人等，都想出去單幹。」

12 月 20 日，河南省委報告：「臨汝縣汝河南原十區一帶，曾經一度發生所謂『鬧社』問題。其規模涉及到 13 個鄉、67 個自然村、35 個合作社、84 個生產隊，共包括 3 萬人口的地區。」「嚴重地區，發生打罵幹部，甚至私自改選幹部和人民代表，個別社搶分公糧，最後鬧分社退社。」

12 月 24 日，中共中央又接到廣東省委的報告：「據最近到省人民委員會請求退社較嚴重的中山縣南頭區調查統計，全區增收的戶 5164 戶，占百分之五十四；保產保收的 2431 戶，占百分之二十五點五；減收戶 1767 戶，占百分之二十點四。在減收的農戶中，多數是上中農。如中山永寧洪水村一戶老中農鄧炳業，入社前每年純收入 1750 元，入社後只得 600 元；九州基老中農劉旺興，入社前純收入 650 元，入社後只得 180 元。上中農認為『合作社富養窮、強養弱是大賠本』。」

毛澤東了解這些情況後，產生逆反心理，他認為這是農村中社會主義和資本主義兩條道路的鬥爭。他要打退農村資本主義勢力的猖狂進攻。他在〈誰說雞毛不能上天？〉一文的按語中說：「在中國農村中，兩條道路鬥爭的一個重要方面，是通過貧農和下中農同富裕中農實行和平競賽表現出來的。」「在合作社這面站著共產黨」，「在富裕中農後面站著地主和富農」。毛澤

東沒有辦法把合作社生產率提高上去，讓社員增加收入，卻有辦法把富裕中農的生產率打下來，讓富裕中農減少收入，用階級鬥爭手段，使富裕中農變成貧下中農。

走農業合作化之路，完全是毛澤東照搬蘇聯模式強行在中國推廣的，為後面的餓死幾千萬農民埋下了禍根。

注釋

（1）《建國以來毛澤東文稿》第 5 冊。第 234-259 頁。

（2）《毛澤東文集》第 6 卷。第 478 頁。

（3）《建國以來毛澤東文稿》第 5 冊。第 485 頁。

（六）建立以發展軍工企業為核心錯誤的計劃經濟（以俄為師（三））

毛澤東在蘇聯訪問期間，蘇聯領導人請他參觀了最先進的工廠，和精心裝飾的集體農莊，顯示了「社會主義制度的優越性」。毛澤東很受感動，他覺得「社會主義」就是好，激發了毛要在中國提前實現社會主義、超英趕美的野心。改變了他過去的許多提法。

1952 年 9 月 24 日毛澤東主持召開中共中央書記處會議，他說：「10 年到 15 年基本上完成社會主義，不是 10 年以後才過渡到社會主義。二中全會提出限制和反限制，現在這個內容就更豐富了。私營工業占百分之三十二點七，國營占百分之六十七點三，是三七開；商業零售是倒四六開。再發展五年比例

會更小（資小我大），但絕對數字（投資）仍會有發展，這還不是社會主義。5 年以後如此，10 年以後會怎麼樣，15 年以後會怎麼樣，要想一想。」「農村也是向合作互助發展，前 5 年不許地主、富農參加，後 5 年可以讓其參加。」(1)

毛澤東這個講話表明，他關於由新民主主義向社會主義轉變的步驟、方法同原來的設想發生了變化。他提出，從現在開始向社會主義過渡，而不是要等到 10 年貨 15 年以後才向社會主義過渡。這是中國革命進程中帶有轉折意義的大事，毛澤東認為必須聽聽斯大林的意見。1952 年 10 月，劉少奇率中共代表團參加蘇共十九大，毛澤東委託劉少奇就這個問題徵求斯大林的意見。劉少奇根據毛澤東的意見，將中國國民經濟恢復、五年中所有制度變化和今後中國計劃經濟發展的設想，寫信給斯大林做了介紹。斯大林看了信，在 10 月 24 日會見中共代表團時，對中共的設想，做了肯定的評價。他說：「我覺得你們的想法是對的。你們對中國資產階級採取的態度是正確的。」(2)

毛澤東對蘇聯計劃經濟很欣賞，他認為中國必須走蘇聯計劃經濟之路。他要求國務院編制「一五計劃」。1952 年 12 月 22 日，中共中央發出了《關於編制一九五三年計劃及五年建設計劃綱要的指示》。指示說：「國家大規模的經濟建設業已開始。這一建設規模之大，投資之巨，在中國歷史上都是空前的。」(3)

關於國家工業化的方針問題，毛澤東在 1953 年 6 月全國財經會議上聽取編制五年計劃情況彙報時說：「為了保證國家的獨立，我們在編制五年計劃時要把建設重點放在重工業、軍事工業以增強國防力量，向社會主義前進。」毛澤東提出五年計劃比例是重、農、輕，重工業實際是以軍事工業為核心，蘇聯

援助的 141 個建設項目是圍繞軍事工業爲主體的重工業建設項目，毛澤東的目的是在極短的時間內，把中國建設成世界東方軍事強國。

斯大林對中國經濟建設，並不放心，實際上他成了中國經濟建設監管人，主要的、大的建設規模，必須要得到他的認可。1953 年以軍事工業爲核心的第一個五年計劃開始，周恩來曾將計劃草案呈報斯大林。斯大林看到軍工預算的比例時，說：「這個比例太不平衡了，即使在戰爭時期，我們的開支也沒有這樣高。」「問題是我們能不能生產出這麼多的設備。」從中國官方公開的數據看，「一五」期間，軍事開支和軍事工業爲中心的重工業投資，占總開支的備份之六十一，眞實的數字更大。而國家花在教育、文化、醫療衛生上的全部投資，只占百分之八點二。

在醞釀討論「一五」計劃過程中，劉少奇表示了不同看法，他說：「中國應當工業化，他的希望是步子慢一點，先提高人民生活水平，建立適當的經濟基礎。」劉少奇在許多場所、一些高層領導人中反覆講他的設想，強調「不可以先發展重工業」。他說「重工業積壓資金很厲害，需要大批資金才能建立」，「我們沒有辦法籌錢，只有一個辦法，靠人民節省」，「現在人們生活很苦」，「農民要穿新衣服、要買襪子、要穿鞋子、要『梅蘭芳』的鏡子、要肥皂、要毛巾，他們需要各種東西，他們的孩子要讀書」。劉少奇的看法是先滿足人民的這些需求。

毛劉之間產生了嚴重的政策分歧，焦點是先搞軍事工業，還是先發展民生經濟、提高人民生活水平？毛澤東多次對劉少奇觀點提出批評，他要控制劉少奇背著他另搞一套。1953 年 5

月19日，毛澤東寫給劉少奇一封尖銳的信：「凡用中央名義發出的文件、電報，均須經我看方能發出，否則無效，請注意。」毛在「否則無效」四字下面加上著重號。

1953年6月15日召開中央政治局擴大會議，毛澤東在會議上，不點名的批評劉少奇，說：「有人認為，過渡時期太長了，發生急躁情緒，這是要犯『左』傾錯誤；有人在民主革命成功以後，仍然停留在原來地方，他們沒有懂得革命性質的轉變，還在繼續搞他們的『新民主主義』，不去搞社會主義改造，這就要犯右的錯誤。」右傾的表現有這樣三句話，「確立新民主主義秩序」，「這種提法是有害的，過渡時期每天都在變動，每天都發生社會主義因素，所謂『新民主主義』秩序怎麼確立？要確立是很難得哩」，「由新民主主義走向社會主義」，「這種提法不明確，走向而已，年年走向，一直到15年還叫走向？走向就是沒有達到，這種說法，看起來可以，過細分析，是不妥當的」，「確保私有財產」，「因為中農怕『冒尖』，怕『共產』，就有人提出了這一口號去安定他們，其實，這是不對的。我們提出逐步過渡到社會主義，這比較好。所謂逐步者，共分15年，一年又有12個月。走的太快『左』了，不走，太右了。要反『左』、反右，逐步過渡，最後全部過渡完。」

毛澤東認為發展社會主義經濟，必須把重點放在重工業、軍事工業，這是蘇聯人走過來的路，是成功的經驗。我們一定要這樣走，不能動搖。蘇聯領導人贊同毛澤東的建設方針，給了巨大的支持和援助。

蘇聯的援助，可分為兩個階段：斯大林階段和赫魯曉夫階段。蘇聯援建的156個項目中，斯大林時期為141個。斯大林

向派到中國的專家講，不僅要傳授經驗和知識，而且要他們知道還向蘇聯要些什麼，所以派出的人不僅是本行最優秀的專家，而且是心懷全局的人。蘇聯派專家高峰時期曾達到 1390 多人。

斯大林對中國的經濟援助，表面上看是熱心的，但有許多保留。蘇聯提供的機械設備多半是過期的二類產品。蘇聯在中國還保留許多特權。對華提供援助最多且質量最高的是赫魯曉夫。

1953 年 3 月，斯大林去世。9 月赫魯曉夫擔任蘇共第一書記，急須得到中國共產黨的支持。1954 年 9 月，赫魯曉夫首次來華訪問前，主持召開蘇共中央主席團會議，決定對華大幅度增加援助作為禮物。赫魯曉夫到中國參加新中國成立五週年慶典期間，廢除了中蘇關係中一些不平等約定，議定從旅順撤軍和交還基地。對於提供武器，蘇聯改變了斯大林時期主要提供已淘汰的舊品的做法，改為提供現役新裝備樣品和生產技術。對華援助蘇方提出追加 15 個項目並提高其質量，對過去援助項目不公平的條件予以改正。

1950 年 3 月 27 日中蘇兩國政府簽訂協定的中蘇金屬公司，中國石油公司和中蘇民航公司以及 1951 年 7 月 28 日簽訂的中蘇造船公司。蘇聯為了維護其在亞洲的經濟利益和安全利益，提出了十分苛刻的附加條件，這使毛澤東很不滿意。他後來把東北和新疆稱為蘇聯的兩個「殖民地」或「勢力範圍」。赫魯曉夫在 1954 年 10 月 3 日中蘇兩國舉行最高級會談時表示，把四大中蘇合資企業的蘇方股份，自 1955 年起，全部移交給中國。毛澤東對赫魯曉夫的決定很滿意。赫魯曉夫回憶說：「斯大

林和中國簽訂在新疆聯合開礦的協定，其中一些條文規定是不平等的，這對中國人來說，是個恥辱。好多世紀以來，法國人、英國人和美國人都剝削過中國，現在蘇聯人也步入其後塵了。斯大林這個做法是不好的。」

在會談中赫魯曉夫還主動提出：「你們對我方還有什麼要求？」毛澤東答道：「我們對原子能核武器感興趣。今天想同你們商量，希望在這方面對我們有所幫助，使我們有所建樹。」赫魯曉夫愣住了，因為他不曾考慮過這個問題。稍停了一下說：「我們這個大家庭有了蘇核保護傘就行了，無需大家都來搞。」沒有答應。

1956年東歐出現反對蘇聯控制的波蘭、匈牙利事件，1957年6月蘇共黨內莫洛托夫反赫魯曉夫和朱可夫事件，赫魯曉夫急需中共毛澤東的支持。毛澤東得悉情報後，立即召開中央會議，堅決支持赫魯曉夫，隨即中國提出蘇聯援助核技術，蘇方反應空前迅速，答應支持。按蘇共解體後解密的俄羅斯檔案記載，赫魯曉夫不顧軍方反對，決定向中國提供原子彈生產技術，幫助建立核工廠。

從1957年末起，蘇聯開始履行協議，對華提供了P-Z導彈最早的樣品。翌年蘇聯又向中國提供所需核工業設備，並派出近千名專家，建成了湖南和江西的鈾礦，包頭核燃料棒工廠及酒泉研製基地，新疆核試驗場。中國正式進入了核工業建設和研製核武器的新階段。

赫魯曉夫和斯大林對華援助，由於出發點不同，中國受益程度上也不同。赫魯曉夫是有求於中共和毛澤東，回報直接受益的是赫魯曉夫自己的地位得到鞏固和提高。斯大林是社會主

義盟主，中國是成員。盟主對盟員的援助，不能使盟員趕上盟主，影響盟主的地位，所以他是有保留的。

　　爲了加強國民經濟建設領導，根據毛澤東的建議，1952年9月中共中央決定上調各中央局書記和一批領導幹部到中央工作，以加強中共中央和中央人民政府的領導，縮小各中央局和各大區政府機構與職權。進京的五大區書記是東北區高崗、中南區鄧子恢、西南區鄧小平、華東區饒漱石、西北區習仲勛，這五人中高崗的職位最高。董必武讚嘆道：「今年是五馬進京，一馬當先，都是我們黨的千里駒呀！」

　　1952年11月，中央人民政府第19次會議通過了成立中央人民政府計劃委員會，統一領導全國經濟計劃工作。新成立的中央人民政府計劃委員會與政務院平行。根據毛澤東提議，由高崗出任計委主席，鄧子恢爲副主席，計委委員有陳雲、彭德懷、林彪、鄧小平、饒漱石、薄一波、彭眞、李富春、習仲勛、黃克誠、劉瀾濤等。這個強大的領導班子，包括11名中央委員，（其中包括4名政治局委員），2名候補中央委員。

　　1953年3月10日根據毛澤東指示，由周恩來主持起草了《關於加強人民政府系統各部門向中央請示報告制度及加強對政府工作領導的決定》，經中央正式批准執行。1953年5月15日，政務院根據中央上述決定，發出《關於中央人民政府所屬各財政經濟部門的工作領導的通知》，所屬重工業部、一機部、二機部、燃料工業部、建築工業部、地質部、輕工業部、紡織工業部劃歸國家計委高崗主席領導；所屬交通鐵道部、郵電部劃歸國務院副總理鄧小平領導，所屬農業、林業、水利部劃歸

鄧子恢領導；所屬勞務部劃歸計委委員饒漱石領導；所屬財政、糧食、商業對外貿易部和人民銀行，仍屬財委主任陳雲領導。這時高崗以國家計委主席的身分，主掌的經濟內閣，在職能方面平分中央政府的半邊天下，形成了劉（黨務）、高（經濟）、周（外事統戰）三足鼎立的格局。

注釋

（1）薄一波給田家英的信，手稿，1965 年 12 月 30 日。

（2）《建國以來重要文件選編》第 3 冊。中央文獻出版社，1992 年 6 月版，第 67-371 頁。

（3）同（2）《建國以來重要文獻選編》第 3 冊。第 448 頁。

（七）高崗受寵和蒙冤

毛澤東看好高崗，他認為高崗對他的意圖領會好，接受快，並率先在東北實施，搞得轟轟烈烈，有聲有色。因此，毛澤東在不斷批評劉少奇右傾、不願走社會主義道路的同時，對高崗卻大加讚揚，一再推廣東北經驗，要各地向高崗同志學習，高崗和東北就像是毛澤東實現宏偉藍圖的樣板田。

1952 年 9 月 13 日，毛澤東致電高崗，請他早日到中央工作。9 月 23 日、25 日，又連發兩電報催促高崗。在 25 日的電報中，毛澤東特意問高崗何日到京，以及到京的具體時間，以便前去迎接。

10 月 8 日，高崗到京上任，立即投入緊張工作。他每天上

午或召開會議布置組建計委的各項任務，或接待來訪者；下午
到中南海開會。當時，中共中央辦公的地點在懷仁堂對面牆內
的新西樓（1 號樓），高崗辦公室安排在一層、毛澤東辦公室的
對面；劉少奇與朱德的辦公室在二層，中央小會議室就在高崗
辦公室斜對面。這樣，高崗和毛澤東見面很方便，兩人私下交
談機會很多。從高崗後來自我檢查反省中可以看出，他們談過
不少「私房」話。談話中，毛澤東對劉少奇特別不滿的有這樣
一些大的事：日本投降後，關於和平民主新階段的主張；1945
年秋冬，毛澤東在重慶談判和患病期間，劉少奇主持中央工作，
對東北地區的工作方針前後不一致；1947 年在土地改革中的
「左」傾錯誤；劉少奇是搞白區工作的沒有建設根據地經驗，
對農村農業合作化的錯誤批示；沒有搞過軍隊，軍隊不聽他的，
不能掌握全局；對資本家剝削的錯誤言論；主張確立鞏固新社
會主義制度，10 多年內不搞社會主義；搞分散主義，未經毛澤
東審閱，就印發中央文件。

毛澤東不止一次向高崗談這些問題，毛澤東認為劉少奇不
是合格的接班人，想讓他「挪挪位子」。

1953 年 4 月上旬的一天中午，毛澤東機要祕書送來一份文
件，要高崗親自簽收，並立等閱後收回。在一般情況下，中央
傳閱文件，即使很機密，都是由中央機要局派專人傳遞，由祕
書簽收，唯有這一次例外。這份文件是由安子文擬就的「八大」
政治局委員和部委分工名單。高崗驚訝地發現政治委員名單中
有薄一波而沒有林彪。

1953 年春夏之交，毛澤東交給高崗一個絕密任務：命他親
自去查閱東北敵偽檔案，了解二十年代劉少奇在奉天（瀋陽）

被捕後的表現。高崗離開毛澤東住處後，直接到陳雲處，把事情告訴他，並說：「看來，毛主席和劉少奇的分歧已不是一般的思想認識問題，而是對劉少奇的革命品質產生了懷疑。這可是黨和國家的大事呀。」陳雲深思片刻，說：「這件事，非同小可，你先不忙做結論，等調查清楚再說吧。在事情未弄清楚之前，你可不要隨便亂講。」

在高崗接觸的高層領導幹部中，他特別敬仰陳雲。在東北同陳雲多年共事中，他認爲陳雲很有才幹，不計名位，有水平。把陳雲當成「聖人」，信賴備至。到中央後，高崗和陳雲幾乎每天見面或通電話。1953 年 4、5 月間，毛澤東不止一次地對高崗說，自己年紀大了，身體不好，萬一我不在了，怎麼辦？這話也對別人講過。這次高崗把毛澤東的擔憂及毛想設中央總書記問題告訴陳雲。

陳雲說：「設總書記的確不好，要設就設幾個副主席，你一個，我一個，都可以參加。」

高崗說：「對，這個辦法好，這樣一來，他們就不能架空毛主席了。」

聯繫到查敵檔的事，他們一致認爲，劉少奇過去在政策上不穩，不能在中央掌舵，現在政治上又受毛澤東的懷疑，做接班人的確不合適。陳雲說：「看來，主席考慮接班人問題，是關係黨和國家前途的大事，也是他心頭的一件大事。他自己不好出面，我們現在應著手幫他解決這個問題。」

他們分析了中央幾位能堪當此任的人，朱德、林彪。朱德德高望重，可惜年紀大了，林彪年輕，但身體有病，建國後長期休養，不會承擔這個重擔。高崗說：「陳雲同志，我看只有你

出來牽頭最合適了。」

陳雲擺擺手說：「我不行，你比我行，你的本錢大，你有陝甘寧，毛主席信任你，給你撐腰。你在軍隊和地方都有條件活動，能得到他們支持，你出來挑頭最好，你怕什麼？」

高崗低頭沉吟。

陳雲又說：「你先幹起來，你先不忙告訴毛主席，等搞確實了再說不遲。」「到時候，大旗一倒，你不造反我先造反。」

這些話是高崗自殺未遂之前給毛澤東的絕密信，交代了上述談話，表明他的確沒有篡黨奪權的野心。

高崗接受了陳雲的建議，心甘情願擔當重任，自以為這是對毛澤東盡忠盡力，除去其心病，以為這是為了黨和國家的利益，也是報答毛澤東對他知遇之恩，做一件好事，準會得到毛澤東和多數領導人的支持，冒出「我不出頭誰出頭」的傻氣，一馬當先行動起來。他在財經會議期間，到南方休假期間和其他場合，利用他與地方和軍隊幹部接觸的機會，散播毛澤東對劉少奇不滿的意見，攻擊劉少奇說「少奇進城後沒做什麼工作，對毛主席幫助不大」，「不經過毛主席就擅自亂發文件」，「毛主席只當黨的主席，讓劉少奇當國家主席」等。這些只是醞釀中的事情，高崗竟然打著毛澤東的旗號，四處張揚，這就過早地暴露了毛澤東的意圖，破壞了毛澤東的戰略部署，使毛澤東很被動，幫了倒忙，毛澤東非常生氣。

1953 年 8 月下旬，葉劍英、譚政從廣州到北京參加中央軍委擴大會時，問毛澤東「有薄無林」名單是怎麼回事？毛澤東很驚訝，反問道：「你們聽誰講的？」葉、譚面面相覷，無言以對。後來在中央小組會上，毛澤東追問此事，無人承認。高崗

心裡明白，是他在廣州時洩露的，不敢承認。這更激怒了毛澤東，認為有人對他陽奉陰違，這是他絕對不能容忍的。會議結束時，他把高崗留下，強壓怒火，和顏悅色地問高崗：「你知不知道是誰洩露的？我懷疑是饒漱石。」高崗很緊張，還是沒有勇氣認錯，只是含糊地說，饒漱石不會吧！其實，毛澤東心裡明白，而高崗卻一錯再錯，又一次失去認錯改錯的機會，使自己越來越被動。毛澤東很重視這件事，不僅因為高崗不聽招呼，違反了紀律，他還懷疑高崗背著他散播了別的言論，懷疑他到廣州與軍界進行了「串聯」。高崗吞吞吐吐，更加深了毛澤東的懷疑，使他氣惱。

1953 年 12 月 15 日，中央領導小組會開會，毛澤東說：「今天開會只有一個議題，我要到外面休息一段時間，中央的工作，是由少奇同志主持，還是由書記處幾個同志輪流主持，大家意見如何？」

周恩來首先表示：「按過去的慣例，主席不在北京的時候，都是少奇同志主持工作，這次當然是少奇同志主持嘛！」

劉少奇說：「我看還是輪流主持好。」

高崗馬上表示，我贊成輪流。

接下來，鄧小平、陳雲贊成劉少奇主持，朱德、林伯渠、饒漱石表示輪流好。毛澤東見一時定不下來，便說此事下次再議。

散會後，大家從會議室出來，三三兩兩邊走邊議論。高崗走在鄧小平身邊，說：「少奇政治上不穩定，不宜主持中央工作，還是輪流好。周恩來把握政策比劉少奇穩。」鄧小平反駁說：「少奇地位是歷史形成的，應該由少奇主持。」後來，鄧小平卻向

毛澤東報告說，高崗「搞非組織活動」，「高崗找我談話，拉攏我」。高崗在座談會上否認到過鄧家，他不知鄧家在何處，他在反省時也說，從未到過鄧家，與鄧議論此事，僅此一次。

陳雲原與高崗私下議論時，表示毛主席不在北京時，書記處幾位同志輪流主持工作好，在會議上變卦，高崗很生氣，會後他同鄧小平說了幾句話，趕緊搭乘了陳雲的車，逕直去陳家，質問陳雲：「不是說好輪流了嗎？爲什麼說話不算數？」兩人爭執起來，不歡而散。陳雲深思片刻，感到高崗這樣下去，實在危險！他隨後向周恩來舉報高崗「搞非組織活動」，平時和他說過對劉少奇的不滿言論，高崗想拉他一起幹，封官許願，說「你一個，我一個，都當黨的副主席」。送走陳雲，周恩來立即向毛澤東報告。

毛澤東清楚陳雲與高崗的關係很親近，他們在反對劉少奇問題上是一致的，陳雲反應的情況是可信的。毛澤東權衡當時政治形勢，劉、高支持力量的比較，這時支持高崗、支援中國經濟建設的斯大林已去世，劉的錯誤是公開的，劉已經承認，高不承認錯誤，背著他在底下搞了什麼，他不得而知。毛澤東反覆考慮決定改變聯高反劉爲聯劉反高的策略。此後一連幾天，毛澤東同陳雲、鄧小平、周恩來談話，同彭德懷、劉伯承、陳毅、賀龍、葉劍英談話，同劉少奇談話。這些頻繁談話，都是打招呼，圍繞如何解決高崗「陰謀反黨」問題。這時，毛澤東已給劉少奇交了底，表示對他信任，無意改變他的第二號人物地位，讓他準備對所犯錯誤做出檢討，一致對高崗展開鬥爭。他要劉少奇、陳雲一起同高崗談話，如果談的好，就化干戈爲玉帛，使毛澤東在劉少奇面前不失面子，這是最理想的結果。

但高崗不懂毛澤東的心意，他認定毛澤東既然要把劉少奇拉下來，同劉少奇就沒有什麼好談的。因此劉、陳各自做自我批評，分別談了一個多小時，高崗只談了半個小時，應付了事，他並不認爲自己有什麼錯誤。

1953 年 12 月 22 日晚上，毛澤東找高崗談話，對他進行批評。高崗仍不檢討，毛澤東當面批評他當面不講背後亂講，認爲他已無可救藥。當晚毛澤東找劉少奇、周恩來、彭德懷、鄧小平開會，決定解決高崗所犯錯誤問題。

1953 年 12 月 24 日晚上，毛澤東主持召開政治局擴大會議，說：「現在北京有兩個司令部：一個是以我爲首的司令部。就是颳陽風，燒陽火；一個是以別人爲司令的司令部，颳陰風，燒陰火，一股地下水。」他沒有點這個「別人」是誰，但他用「東交民巷 8 號車水馬龍，新華門門前可羅雀」這句人人皆知的話作了注釋，誰都明白其所指。

毛澤東放了把「火」之後，當天晚就乘車南下，到杭州等著看結果。

1953 年 12 月 26 日午夜，毛澤東到達上海，稍事休息。27日下午即去陳雲處，聽取陳雲彙報到南方調查高崗到南方休假期間的活動情況，特別是林彪的態度。陳雲如實地反應林彪的意見。林彪說：「反對劉少奇的不只是高崗一個，還有許多人，應該給主席講清楚。高崗在東北做了大量工作，這時候我們應該爲他分擔一部分責任。」最後表示同意不支持高崗。毛澤東當夜 12 點到達杭州。28 日下午即到劉莊接見在杭州養病的林彪和陳正人。

1953 年 12 月 29 日，劉少奇派人把《中共中央關於增強黨

的團結的決定》草案送到杭州，請毛澤東審定。

　　1954年1月7日，毛澤東讓專程前來杭州送《關於加強黨的團結的決議》（草案）的中辦主任楊尚昆給劉少奇帶回兩封信。

　　少奇同志，並書記處各同志：

　　　信及決議草案收到。

　　　決議草案已做了修改，使之有根據些。參加修改的有在這裡的幾位同志，林彪同志亦表示同意。

　　　此決議似宜召開一次中央全會通過，以示慎重。中委大多數人在京，不在京的是少數，召集甚易，加上若干負重要工作責任的同志參加會議。此議是否可行，請你們考慮。如召開全會，時間以在一月下旬為宜。議程可有三個：（一）批准三中全會以來中央政治局的工作；（二）決定於本年內召開黨的全國代表會議討論第一個五年計劃綱要；（三）通過關於加強黨的團結的決議。報告請劉少奇同志做，事先寫好，有四五千字就夠了。報告可分為三段：第一段，略述抗美援朝、土地改革、鎮反、恢復經濟、過渡時期總路線及第一個五年計劃第一年的成績等事；第二段，為了討論和通過第一個五年計劃的綱要，有必要於本年內召開一次黨的全國代表會議，並述代表已經選出，只待文件準備好，即可召開；第三段，將關於加強黨的團結的決議草案的要點加以敘述，請求全會討論和批准這個決議。此報告有3、5五天工夫即可寫成，如時間許可，請用有線電話發給我一看，如定於1月25日開會，則時間完全來得及。

余請尚昆同志面報。

毛澤東

一九五四年一月七日

11 月 12 日，劉少奇主持召開政治局擴大會議，除政治局委員外，陳毅、劉伯承、賀龍、葉劍英等軍隊高級將領及黨政方面的高級負責人國務院副總理鄧小平等列席參加。政治局擴大會議通過了《關於增強黨的團結的決議》（草案）準備提交七屆四中全會討論通過。

會後，劉少奇再派楊尚昆到杭州彙報，帶去根據毛澤東的意見起草的劉少奇代表中央政治局在即將召開的四中全會上做的政治報告、劉少奇的個人檢討、高崗託楊尚昆帶交毛澤東的一封信。

1 月 22 日毛澤東給劉少奇回了一封電報。

劉少奇同志：

楊尚昆同志到此，收到所需文件，並收到高崗同志一信。高崗同志在信裡說完全擁護和贊同關於增強黨的團結的決議草案，並說了他犯的錯誤，擬在四中全會上做自我批評，想於會前來這裡和我商量這件事。我認為全會開會在即，高崗同志不宜來此，他所需要商量的問題，請你和恩來同志或再加上小平同志和他商量就可以了。關於四中全會開會的方針，除文件表示者外，任何同志的自我批評均表示歡迎，但應儘可能避免對任何同志展開批評，以便等候犯錯誤同志的覺悟。這後一點我在 1 月 7 日致你和書記處各同志的信中已經說到了。如你們同意這個方針，就請你們據此和到會同志事先商談，並和高崗同志商談他所

要商談的問題。尚昆同志留此幾天即回北京。此電送高崗
同志一閱,我就不另覆信了。

毛澤東

一月二十二日

1954 年 2 月 6 日至 10 日,中共七屆四中全會在北京舉行。
劉少奇頭一句話就是:「我受中央政治局和毛澤東同志的委託向
黨的七屆四中全會作下述報告……」一致通過根據毛澤東建議
起草的《關於增強黨的團結的決議》。根據毛澤東的要求,劉少
奇在做完政治報告之後,又做了《我的自我批評》的發言。劉
少奇檢討了 8 個方面錯誤。其中包括他對合作社問題老區土改
中「左」的錯誤問題、和平民主新階段問題和天津講話問題的
檢討。劉少奇最後說:「有些問題我如果能夠採取更加謹慎的態
度更多地向中央和毛澤東同志請示,用適當的態度更多地和同
志們商量就可以不犯或少犯錯誤。」高崗、饒漱石做了檢討,
許多人做了自我批評。全會開得和風細雨,沒有對任何人進行
點名批評。四中全會,沒有開展相互批評,到會同志集中精力
聽取劉少奇的檢討,明確了劉少奇的重大錯誤。

四中全會結束後,按照中央書記處的決定分別召開兩個高
級幹部座談會,揭發批評高崗和饒漱石的錯誤。

高崗座談會由周恩來主持,從 1954 年 2 月 15 日到 25 日,
開了 10 天。四中全會是和風細雨的各做自我批評;座談會是圍
攻高崗、揭批高崗、同高崗劃清界限,狂言惡語,無限上綱上
線。發言的人有反戈一擊的,有交代檢舉的,有的歪曲事實、
胡編亂造的,一股腦地向高崗頭上砸來。到會者,一味地叫他
交代自己的罪行,不容他做任何解釋和申辯,高崗抬不起頭、

喘不出氣。座談會開到第三天，發生了高崗自殺未遂事件。

高崗自殺前，應他的要求，經中央同意，陳雲來到高崗家做他的思想工作。兩人進行了一次長談，發生了爭吵。高崗對陳雲說：「我沒有反對黨、反對毛主席，沒有野心，這你最清楚。大家都說了不滿劉少奇的話，怎麼現在都推到我一個人頭上？」

陳雲說：「毛主席發脾氣了，現在還在氣頭上，一時說不清楚。你不如先承認下來，等毛主席氣消了以後，看看形勢的發展再說。」

高崗一聽就火了，氣狠狠地說：「我沒有野心，沒有反對毛主席！叫我承認什麼！我只是反對劉少奇，不想讓他當主席接班人。這一點你最清楚。況且反對劉少奇又不只是我一個，你也是一個主要的，你自己心裡明白！你們都說了反對劉少奇的話，你叫王鶴壽給我送材料，你還從東北派人給我送劉少奇在天津的講話……爲什麼叫我一個人承擔責任。」

「我跟你們不一樣！少奇有錯誤，但已做自我批評，就不應該再揪住不放嘛！」陳雲辯解。

高崗說：「可是，『到時候大旗一倒，你不造反，我先造反。』這話是不是你說的？現在你叫我承認有野心，要奪權，自己卻推得一乾二淨……」

兩人爭吵的聲音越來越高，最後，高崗大罵陳雲是「奸商」，是「小人」，說：「我算認識你了，過去我怎麼沒有看透你！」

陳雲：「像你這樣冥頑不化，只有死路一條！」他把高崗寫給毛澤東的一封信摔在桌上，憤憤而去，滿臉怒氣。

高崗也不送他，坐在沙發上抽煙，十分激動。

1954 年 2 月 16 日的會上，陳雲發言同高崗最後劃清界線：

「我把高崗和我講的話向黨說出來，高崗可能覺得我不夠朋友。但我講出來，是黨的原則，不講出來是哥老會的原則。高崗個人主義野心是一步步發展起來的，由小到大。如果完全沒有個人主義的根子，不會一下就爆發出這樣的問題。高崗現在應該脫掉自己華麗的外衣，重新做人。」聽著陳雲的發言，高崗臉色鐵青，呼吸急促，憤怒到了極點，但他仍很清醒，不能把毛澤東和他的談話，讓他辦的事抖出來。他沒有和陳雲爭辯，也無意去爭辯。什麼陰險呀，野心呀，反劉反黨呀，隨他們去說吧，不就是一個死罪嘛！……

高崗自殺未遂事件發生後，高崗不再出席會議。會議上的發言者，更是無所顧忌地胡亂編造，惡語中傷，同高崗劃清界線。4月25日，周恩來做總結發言，他綜合43人的發言歸納為10條錯誤，並分析了錯誤的思想根源和社會、歷史根源，告誡全黨引以為戒。

這段時間，身在杭州的毛澤東同樣坐臥不安，心情緊張。當他聽到周恩來報告高崗自殺未遂的消息時，既震驚又氣惱，說：「告訴高崗，他的錯誤嚴重，自殺更是錯上加錯……必須懸崖勒馬，徹底悔悟，脫胎換骨，重新做人。」下午6點半，書記處開會討論。會後，習仲勛、馬明芳、馬文瑞等代表中央向高崗正式傳達毛澤東指示和中央對他實行管教、待遇不變等決定。

1954年3月26日到4月25日，東北高幹會在瀋陽舉行，參加者有東北黨政軍群一級機關負責人和各省市負責人。會議由東北局第一副書記林楓主持。周恩來於3月27日在會做了傳達四中全會和高幹座談會精神、要求深入揭批高崗的報告，第

二天回北京。座談會到會的人都抱著同高崗劃清界線的目的，對高崗的錯誤無限上綱，把好事說成壞事，把假的說成真的，捕風捉影，大轟大嗡。不許申辯，不進行核實，大帽子壓頂，隨意株連，什麼五虎上將，高崗反黨集團，到會的人也提心弔膽，怕受牽連，在極不正常的情況下結束。會議於 4 月 24 日通過了《關於擁護四中全會和討論高崗、饒漱石問題的決議》，建議撤銷他們現任東北局副書記和東北局委員及其他黨內職務。認為東北局若干負責同志實際上參加了高崗的反黨反中央的宗派小集團。中央批准了這個《決議》，建議張、張、馬、郭、趙五人被降職使用，以及東北有關一大批省、市負責人受到牽連、處分。

饒漱石問題座談會由鄧小平、陳毅、譚震林主持，會議開了 7 次，揭發了饒漱石的錯誤。饒漱石做了檢討。3 月 1 日，陳、譚就座談情況報告中央，對饒的錯誤歸結為：1.饒漱石是極端個人主義的野心家；2.他的野心家的特點；3.搞權術進行黨內奪權鬥爭；4.不徹底承認自己所犯錯誤。3 月 15 日，中央政治局同意這個報告。

1954 年，7 月中旬，報紙上把全國各地選舉產生的第一屆全國人大代表名單發表時，高崗看到報紙沒有自己名字，絕望了，17 日，高崗服用大劑安眠藥片自殺中毒身亡。8 月 8 日上午，毛澤東得知高崗自殺消息後，非常震驚，也十分惋惜。他仔細地詢問道：「人死了嗎？」他希望高崗還活著，像上次那樣，自殺未遂。當確知高崗已死，他又詢問了死因，沉默良久，說：「遺憾，終於留不住他。他這個人，鬥爭性太強。性格過於剛烈。」毛澤東身邊的葉子龍說：「高崗是自絕於黨。」毛澤東說：

「話是那樣說,但黨內鬥爭死人了,總是不好的。」毛澤東說:
「本想讓他當個省委副書記,去陝北,保留黨籍,中央委員,
讓他回延安工作,他也會願意的,遲了一步,沒有來得及講。
如此結果,我覺得遺憾,這事怪我啊!」毛澤東指示中組部,
高崗的子女由組織撫養。

　　論曰:毛澤東聯高反劉是真心的,後來轉變為聯
劉反高是痛心的,是處於無耐、不得已而為之。毛澤
東重用高的第一步是將高調出東北,這一步很順利做
到了。斯大林對高崗很看重,依仗高崗爭取蘇聯對中
國經濟建設的援助是有利的。毛澤東關於社會主義三
大改造的方針、方法是同劉少奇相對立的,但卻得到
高崗的有力支持。土地革命戰爭時期高崗參加創建的
陝北根據地的存在,對當時極端困難的中央紅軍的到
來,功不可沒。這一歷史功績,毛澤東是銘記在心的。
毛澤東生性不喜歡知識分子,高崗出身農民,性格豪
爽,同毛澤東合得來,談得投機。但高崗不懂政治,
過早地把毛澤東給他談的「私房話」洩露出來,打亂
了毛澤東的戰略部署,使毛澤東很被動、很難堪,毛
澤東誠心詢問其真實情況,他又不敢說出來,引起毛
澤東的疑心。加之,這時斯大林已去世,而支持劉少
奇的力量不可忽視。毛澤東權衡利弊,只好聯劉反
高,揮淚斬馬謖。高崗自殺身亡,毛澤東十分愧疚。
至於高崗死後,中央決議中什麼高饒反黨聯盟、五虎
將反黨集團、軍黨論等都屬託詞,掩人耳目而已。

　　1980 年 3 月 19 日，在討論《關於建國以來若干歷史問題的決議》時，鄧小平承認：「高崗敢於那樣出來活動，老人家也有責任。老人家解放初期，就對劉少奇同志、總理有意見，而對高崗比較抬的高，組織『經濟內閣』，也就是計劃委員會，幾個大區的頭頭都是委員，權力很大，把政務院經濟的大權都拿去了。高崗又從毛澤東那裡探了消息，摸到氣候，好像老人家重用他，又有四個大區的支持，因此暈頭轉向。高崗批評劉少奇同志的東西，不是完全批評錯的，有批評對了的。如土改時搬石頭，天津講話，還是有缺點錯誤。」鄧小平講話的內容，因某種原因是有保留的，但卻部分的反映了事件的真情實況，鄧小平講話後，《決議》中「高饒反黨聯盟」、「高崗反黨集團」字樣去掉了，只保留高崗、饒漱石名字。

（八）製造「胡風集團」冤案

　　什麼是文字獄？《辭海》注釋是：「反動統治者為了防止和鎮壓知識分子的反抗，往往故意從作品中摘取字、句，羅織罪名，構成冤獄。」毛澤東一手製造的胡風集團冤案是驚天大冤案，也就是驚天文字獄。製造胡風集團冤案是毛澤東仇視知識分子的表現，毛澤東這種心態有個發展過程，下面列舉的兩件事，是胡風集團文字獄前奏曲。

　　關於《武訓傳》的批判。1951 年春，上海崑崙影業公司拍製的新片《武訓傳》在全國上演。1951 年 2 月 21 日晚上，在

中南海給中央領導人放映《武訓傳》。周恩來在胡喬木陪同下到場，朱德和夫人康克清也來了。參加觀看的中央各部門領導人、夫人約有百餘人，場面熱烈，毛澤東和江青未來。看完電影，朱德和編導孫瑜熱情握手，說了一句：「很有教育意義。」2月26日，在北京舉行《武訓傳》首映式，觀眾踴躍參加，讚揚之聲不絕於耳，有的觀眾在影院當場感動流了淚。在京各種報紙連篇累牘地發表觀後影照。有位教師寫道：「《武訓傳》教育了我，雖然武訓鬥爭的方法與道路，不是我們要學習的，但他那堅忍不拔的性格，將指引我更踏實、更細心、更專一的做好教育孩子工作。」

江青向毛澤東報告周恩來、朱德審片的情況，並指名《武訓傳》的編導孫瑜是周恩來年輕時代的同學。周恩來、朱德一捧場，全國的報刊都在吹捧這部電影。江青聾人聽聞的彙報和「這樣下去，文化領域的錯誤泛亂成災，管理大權旁落」的分析，毛澤東聽進去了，表示看看影片。江青下令中國電影公司華北管理處調片子給毛澤東看。看後，毛澤東決心干預此事。1951年5月20日他寫了〈應當重視電影《武訓傳》的討論〉一文，以《人民日報》社論的名義發表，指出：「《武訓傳》所提出的問題帶有根本的性質。像武訓那樣的人，處在清朝末年中國人民反對外國侵略者和反對國內的反動封建統治者的偉大鬥爭的時代，根本不去觸動封建經濟基礎及其上層建築的一根毫毛，反而狂熱地宣傳封建文化，並為了取得自己所沒有的宣傳封建文化的地位，就對反動的封建統治者竭盡奴顏婢膝的能事，這種醜惡的行為，難道是我們所應當歌頌的嗎？向著人民群眾歌頌這種醜惡的行為，甚至打出『為人民服務』的革命旗

號來歌頌，用革命的農民鬥爭的失敗作爲反襯來歌頌，這難道
是我們所能夠容忍的嗎？承認或者容忍這種歌頌，就是承認或
者容忍污衊農民革命鬥爭，污衊中國歷史，污衊中國民族的反
動宣傳，就是把反動宣傳認爲是正當的宣傳。」

「特別值得注意的，是一些號稱學得了馬克思主義的共
產黨員。他們學得了社會發展史——歷史唯物論，但是一遇到
具體的歷史事件，具體的歷史人物（如像武訓），具體的反歷史
的思想（如像電影《武訓傳》及其他關於武訓的著作），就喪失
了判斷能力，有些人則竟至向這種反動思想投降。資產階級的
反動思想侵入了戰鬥的共產黨，這難道不是事實嗎？一些共產
黨員自稱已經學得的馬克思主義，究竟跑到什麼地方去了呢？」

「爲了上述種種緣故，應當開展關於電影《武訓傳》及
其他有關武訓的著作和論文的討論，求得徹底地澄清在這個問
題上的混亂思想。」

爲了證明毛澤東撰寫的《人民日報》「五點二零」社論觀
點的正確性，1951 年 6 月，《人民日報》社和中央文化部組織
了一個「武訓歷史調查團」，由李進（江青）負責，到山東武訓
家鄉進行實地調查。

《調查記》的結論是：「武訓是一個以流氓起家，遵從反
動統治階級的意志，以『興學』爲進身之階，叛離其本階級，
爬上統治階級地位的封建剝削者。是一個勾結官僚、地位特殊、
居心貪殘、手段苛刻的高利貸者。」「是一個以『興學』爲手段，
被當時反動政府賦予特權而爲整個地主階級和反動政府服務的
大流氓、大債主和大地主。」

武訓的眞實情況是，武訓原名武七，生於 1838 年，死於

1896 年。父親爲貧苦農民，早年去世，他跟著母親到處流浪，行乞度日。十幾歲給地主扛長活，地主欺負他不識字，剋扣了他的工錢，他感到不識字的苦處，決心創辦義學，讓窮孩子念書。他把與哥哥分家分得三畝田賣掉，加上自己行乞討來的錢，經過 30 多年，攢了兩千多兩銀子，於 1888 年在堂邑縣柳林鎮辦了一所義學，第二年在館陶縣辦了第二所義學，1896 年臨死前在臨清縣辦了第三所義學。他自己仍然是「飢不擇食，臥無枕衾」過著苦難生活。這是《武訓傳》原型。通過毛澤東的社論和江青主持的調查，硬把武訓的歷史顛倒過去了。一個行乞興學的貧苦農民，被打成大債主、大地主、混淆是非顛倒黑白。幸好武訓早已去世，沒有人去挖墓鞭屍，批評這個封建地主階級的代表人物。但《武訓傳》的編劇、導演、演員、寫影評的、發表觀感的、宣傳《武訓傳》的報紙編輯代武訓受過，受到批判，做出檢討。這是一樁歷史冤案。

關於如何評價《紅樓夢》的爭論。1953 年，5 月，《文藝報》第九期介紹了紅學家俞平伯的《紅樓夢研究》，說該書對《紅樓夢》「做了細密的考證、校勘，掃除了過去『紅學』的一切夢囈，這是很大的成績。其他有價值的參考和研究也還有不少」。

山東大學學生李希凡、藍翎合寫了一篇題爲〈關於〈紅樓夢簡論〉及其他〉文章，對俞平伯的觀點提出了不同意見。他們先寫信給《文藝報》，能否對俞平伯這樣權威學者的觀點進行批評，沒有答覆。山東大學學報《文史哲》九月號上發表了這篇文章。李、藍文章主要是批評俞伯平說「《紅樓夢》是封建社會沒落時期的社會生活的百科全書」，「否定《紅樓夢》的反封建傾向」。

　　9 月中旬，江青拿著《文史哲》第九期到《人民日報》社，要求《人民日報》社轉載李、藍文章，《人民日報》總編輯鄧拓認爲「黨報不是自由辯論的場所」，礙難同意，建議請示中宣部請《文藝報》或《光明日報》轉載。一年以後，即 1954 年 10 月 6 日，引出了毛澤東〈關於《紅樓夢》研究問題的信〉，全文如下：

　　各同志：

　　駁俞平伯的兩篇文章附上，請一閱。這是三十多年以來向所謂《紅樓夢》研究權威作家的錯誤觀點的第一次認眞的開火。作者是兩個青年團員，他們起初寫信給《文藝報》，請問可不可以批評俞平伯，被置之不理。他們不得已寫信給他們的母校——山東大學的老師，獲得了支持，並在該校刊物《文史哲》上登出了他們的文章駁《紅樓夢簡論》。問題又回到了北京，有人要將此文在《人民日報》上轉載，以期引起爭論，展開批評，又被某些人以種種理由（主要是「小人物的文章」，「黨報不是自由辯論的場所」）給予反對，不能實現，結果成立妥協，被允許在《文藝報》轉載此文。嗣後，《光明日報》的《文學遺產》欄目又發表了這兩個青年的駁俞平伯《紅樓夢研究》一書的文章。看樣子，這個反對在古典文學領域毒害青年三十餘年的胡適派資產階級唯心論的鬥爭，也許可以開展起來了。事情是兩個「小人物」做起來的，而「大人物」往往不注意，並往往加以阻攔，他們同資產階級作家在唯心論方面講統一戰線，甘心做資產階級的俘虜，這同影片《清宮祕史》和《武訓傳》放映時候的情形幾乎是相同的。被人稱爲愛國

主義影片而實際是賣國主義影片的《清宮祕史》，在全國放映之後，至今沒有被批判。《武訓傳》雖然批判了，卻至今沒有引出教訓，又出現了容忍俞伯平唯心論和阻攔「小人物」的很有生氣的批判文章的奇怪事情，這是值得我們注意的。

毛澤東

一九四五年十月十六日

寫完了正文，毛澤東又加了一段話：

「俞平伯這一類資產階級知識分子，當然是應當對他們採取團結態度的，但應當批判他們的毒害青年的錯誤思想，不應當對他們投降。」

在這封信的信封上面，毛澤東親筆註明給哪些人看：「劉少奇、周恩來、陳雲、朱德、鄧小平、胡繩、彭真、董老、林老、彭德懷、陸定一、胡喬木、陳伯達、郭沫若、沈雁冰、鄧拓、袁水拍、林淡秋、周揚、林楓、凱豐、田家英、林默涵、張際春、丁玲、馮雪峰、習仲勛、何其芳諸位同志閱。退毛澤東。」

11月14日，《南方日報》轉載了馮雪峰的檢討，毛澤東看到這篇檢討做了批註，檢討中講到：「在古典文學研究領域內胡適派資產階級唯心論長期地統治著的事實，我就一向不加以注意。」毛澤東批註：「限於古典文學嗎？」「應該說就很注意，很有認識，嗅覺很靈。」檢討中說：「我感染有資產階級作家的某些庸俗作風，缺乏馬克思主義的戰鬥精神。」毛澤東旁註：「不是某些，而是浸入資產階級泥潭裡了。」「不是缺乏的問題，是反馬克思主義的問題。」檢討中說：「這是立場上的錯誤，是反

馬克思列寧主義的錯誤。」毛澤東在「反馬克思列寧主義」旁畫了粗線，批道：「應以此句爲主題去批判馮雪峰。」(1)

從 10 月 16 日寫關於《紅樓夢》研究問題的信，到 11 月中旬批註馮雪峰檢討文章，毛澤東的批評調子越來越高，口氣越來越嚴厲。隨著批判的深入，問題又轉向對胡適的資產階級唯心主義思想的批判。

這以後，對胡適派資產階級唯心論的批判廣泛地開展起來。各地報刊紛紛發表文章和社評。文化界、思想界、學術界、教育界等，總之凡是受過胡適學派影響較深的領域，都舉行了各種類型的座談會、討論會、批判會。一時間，形成一場聲勢浩大的批判浪潮。

在對俞平伯《紅樓夢》研究問題的批判，對胡適派思想的批判廣爲開展的時候，對胡風及其一派的文藝思想的批判開始了。1955 年 1 月 26 日，經中共中央批准，中宣部發出《關於開展批判胡風思想的報告》。

胡風是中國左翼文化陣營中的代表人物，受到魯迅的肯定，曾爲中共中央和魯迅之間傳遞關於營救方志敏的信息。三、四十年代，在文藝理論觀點上，胡風同黨的一些文藝工作者周揚等人的意見分歧很大，他們之間爭論已久。新中國中共掌權後，這些分歧爭論依然存在，但地位不同了，周揚任中央宣傳部副部長，主管文化藝術，有機會接近毛澤東，把他同胡風的與貫徹毛澤東在延安文藝座談會上講話精神結合起來，把他的意見變成中共中央宣傳部的指令的意見，毛澤東接受就成了中央領導權威指示。反胡風集團製造的冤案，就是這樣一步步走過來的爭論。

1952 年 9 月到 12 月，文藝界開展整風，由周揚主持，先後開了 4 次文藝界的座談會，批判胡風文藝思想，胡風等人在會上做了自我批評。隨後，《文藝報》在 1953 年第 2 期第 3 期，接連發表林默涵、何其芳的文章，公開批評胡風文藝思想。2 月 25 日，參加座談會的青年作家張中曉寫信給毛澤東反映會議情況，並說批評胡風的文藝思想使他不理解，感到壓抑和苦惱。

對林默涵、何其芳兩文中的觀點，胡風認為無法接受，他於 1954 年 3 月至 7 月寫了長達 27 萬字稱 30 萬言的《關於幾年來文藝實踐情況的報告》，逐一做了反駁。胡風繞過周揚，當面交給分管文藝工作的政務院文教委員會主任習仲勛，轉中共中央。胡風報告分三部分，集中對以周揚為中心的文藝上的領導傾向提出比較系統的批評。他的基本看法是：「幾年以來，文藝實踐上的關鍵性問題是宗派主義統治，和作為這個統治武器的主觀公式主義（庸俗機械論）的理論統治。」(2)

10 月，中國文聯、中國作協兩主席團召開聯席會議。12 月 8 日，周揚在聯席會議上做了帶有總結性發言《我們必須戰鬥》。這個發言稿事先經毛澤東看過，並做了些修改。發言中專有一部分，是「胡風先生的觀點和我們的觀點之間的分歧」，主要批評胡風關於《文藝報》宣傳了庸俗社會學的觀點。

1954 年 1 月 12 日，毛澤東修改中國作家協會主席團說明時，稱胡風文藝思想為資產階級文藝思想；1 月 15 日毛澤東審閱周揚關於同胡風談話情況報告批語改為「反黨反人民的文藝思想」。1 月 20 日，毛澤東在審閱中宣部向中央送報的《關於開展批判胡風思想的報告》時，加寫了胡風這種思想「代表反動的資產階級思想，他對黨領導的文藝運動所進行的攻擊，是

反映目前社會上激烈的階級鬥爭」。從 1 月到 5 月，文藝界集中開展了對胡風文藝思想的批判。許多文章、發言是斷章取義、無限誇大、上線上綱、肆意指責謾罵。

1955 年 4 月，舒蕪為了交代和胡風的關係，交出了 40 年代胡風寫給他的幾十封信。周揚要求舒蕪將信件分類整理摘編，擬在《人民日報》上發表。毛澤東看了之後，親自為《人民日報》發表〈關於胡風反黨集團的一些材料〉寫了編者按，按語和材料在 5 月 13 日《人民日報》上登出，按語指出：「從舒蕪文章所揭發的材料，讀者可以看出，胡風和他所領導的反黨反人民的集團是怎樣老早就敵對、仇視和痛恨中國共產黨和非黨的進步作家。」「剝去假面，揭露真相，幫助黨徹底弄清胡風及其集團的全部情況。」給胡風和與他觀點相同的幾個人定為「反黨集團」。5 月 13 日《人民日報》發表〈胡風反革命集團第一批材料〉之後，全國性的「胡風集團分子」大搜捕便開始了。

第二天上海緊跟，接著形成全國性運動，各地「胡風分子」幾乎全部被捕。第一個被捕的是牛漢。5 月 16 日胡風在家被拘捕。兩天之後，5 月 18 日，全國人大常委會才開會正式做出了拘捕決定。這就為以後幾十年的各種政治運動開了一個法律被拋在一邊，權力高於法律的先河。在 5 月 24 日《人民日報》發表的〈關於胡風反黨集團的第二批材料〉，毛澤東修改按語和結束語，把胡風稱為反革命，指出：「反革命的胡風分子同其他公開的或暗藏的反革命分子一樣，他們是把希望寄託在反革命政權復辟和人民革命政權倒台的。」對胡風問題的定性，由「胡風反黨集團」，變成了「胡風反革命集團」。6 月 10 日發表了第

三批材料時，毛澤東共寫了17條按語，其中一條說：「自從漢朝的吳王劉濞發明了請誅晁錯（漢景帝的主要謀劃人物）以清君側的著名策略以來，不少的野心家奉爲至寶，胡風集團也繼承了這個衣鉢。他們在30萬字上書中攻擊林默涵、何其芳、周揚同志等幾個人，說這幾個人弄壞了一切事。有些在階級本能上同情胡風的人，也照著這樣替胡風瞎吹，說什麼『這不過是周揚和胡風爭領導權的個人之間的鬥爭』，我們在肅清胡風分子和其他反革命分子的鬥爭中，這一點也是應當注意的。」毛澤東在這裡把自己比做漢景帝，把周揚、林默涵、何其芳比做爲皇帝出謀劃策的功臣晁錯，胡風同周揚等人的爭論和戰鬥，不是文藝理論問題，而是吳王劉濞藉口清君側，篡奪皇權，反對毛澤東。支持胡風的有多少人呢？毛澤東在按語裡誇大其詞地說：「他們是個不大不小的集團。過去說是『小集團』，不對了，他們的人很不少。過去說是單純的文化人，不對了，他們的人鑽進了政治、軍事、經濟、文化、教育各個部門裡。過去說他們好像是一批明火執仗的革命黨，不對了，他們的人大都是有嚴重問題的。」(3) 毛澤東把同意胡風文藝理論觀點的作家、記者、朋友、在胡風主辦的刊物發表作品的、和胡風通過信哪怕是一封信的、見過一次面的，統統冠以帝國主義國民黨的特務、托洛茨基分子、反動軍官、共產黨叛徒的罪名，組織批判鬥爭，把胡風以及和他通訊的2100餘人統統定爲反革命集團成員，大多數人被投進監獄，判處徒刑。受牽連的幾萬人長期受到歧視和各種不公正的待遇。這是震驚中外建國後最大的文字獄冤案。

1955年5月18日全國人大常委會批准將胡風逮捕（因胡

是全國人大代表，故須人大常委會批准）。1965 年北京市中級人民法院判處胡風有期徒刑 14 年，剝奪政治權利 6 年。1969 年又加判爲無期徒刑。胡風沒有反對過共產黨，更不是反革命分子，他眞正的罪名是和江青爭論，文藝的指導思想是毛澤東思想還是魯迅思想？而這種「罪行」又上不了檯面。當法院宣布判他 14 年徒刑，並形式主義地、虛僞地依法告訴他可以上訴、可以請辯護人時，胡風說：「判我 14 年，材料在哪裡呢？我爲了維護黨的威信，不但不上訴，甚至都不願辯解，只是心安理不得。」

1956 年 11 月 27 日，羅瑞卿在中共中央召開的各省市自治區黨委書記會議上說：「把胡風集團作爲與美蔣密切聯繫的反革命集團是勉強一點，但這是毛主席親自定的。」「還是要按照毛主席的意見辦。」毛定的誰也不敢有不同意見，無數的冤案就是這樣鑄成的。

文革中，由軍管部門派人押送胡風和夫人梅志轉到四川盧山縣苗溪的勞改茶場，住進山上一處孤零零的小屋。在這裡夫婦還能生活在一起，一年多後被分開，胡風被關押在成都看守所，一度單人囚禁。1969 年 5 月，他因 14 年刑期已滿，給軍管會打報告，要求出獄，答覆是「關死爲止」。

「文革」中江青發明了「文藝黑線專政論」。在毛澤東支持下，她「率領群眾」又把周揚定爲三〇年代文藝黑線的頭子揪出來了，關進了北京郊區秦城監獄。正在四川省勞改農場服刑的胡風被管教幹部找去談話，說：「周揚被揪出來了，對他的問題，你可以揭發。」管教幹部說完後又給他一張報紙，那上面登的是姚文元寫的〈評反革命兩面派周揚〉，叫他參考，提高

覺悟。胡風說:「今天,周揚雖說被揪出來示眾了,但我連拍手稱快的心情都沒有。文藝理論,尤其整個文化界的問題,可是一個很嚴肅的問題,必須做過細的工作,展開自由廣泛的討論,而不是靠一篇這樣大批判文章能得出結論的。像這樣批判周揚他們,是言過其實的。」這就是胡風文人的本色!正直無私,以直報怨,並不落井下石。

其他參與整人的人後來也很慘,舒蕪揭發胡風有功,但在反右時在劫難逃;馮雪峰、艾青、丁玲這些反胡風的積極分子,都被打成「右派」;到了「文革」最先被打倒的就是指揮反胡風運動的陸定一、親自簽發逮捕令的羅瑞卿、追隨整胡風的一批積極分子林默涵、張光年、郭小川等都被一鍋端進了「牛棚」遭批鬥。

毛澤東去世,粉碎四人幫後,1976 年底撤銷對胡風無期徒刑的判決,宣布釋放。1980 年 9 月 29 日,中共中央轉發公安部,最高人民檢察院、最高人民法院黨組「關於胡風反革命集團」案件的複查報告的通知中宣布「胡風反革命集團」一案,是在當時歷史條件下,混淆了兩類不同性質的矛盾,將有錯誤言論、宗派活動的一些同志定為反革命分子、反革命集團的一件錯案。中央決定予以平反,凡定為胡風反革命分子的,一律改正,恢復名譽。在「左」的路線下曾經整過胡風,後來又在「左」的路線下挨整的周揚,這時已經「平反」。他為給胡風平反,奔走於各個有關機關,拿到中央為胡風平反的補充文件後,周揚到醫院看望胡風和夫人梅志,親自把平反的喜訊告訴他們。「歷盡劫波兄弟在,相逢一笑泯恩仇」,兩位爭吵半個世紀的文人和解了。

在周揚積極努力下，中央辦公廳又於 1988 年發出補充通知，撤銷了平反通知中關於「錯誤言論」和「宗派活動」的提法。補充通知說，關於胡風的文藝思想和主張，應由文藝界和廣大讀者通過科學的、正常的文藝批評和討論，不必再用中央文件作出決斷。「關於宗派活動」問題，本著歷史宜粗不宜細和團結起來向前看的精神，可不在中央文件對這類問題做出政治性結論。」至此胡風冤案不留尾巴，徹底平反。

1981 年，胡風被選補爲全國政協委員，中國作家協會顧問。1985 年 6 月 8 日中國現代文藝家、著名文藝理論家、詩人、翻譯家胡風因病逝世，終年 83 歲。文化部部長朱穆之致悼詞：「胡風的一生，是追求光明、要求進步的一生，熱愛祖國、熱愛人民並努力爲文藝事業作出貢獻的一生。」胡風的骨灰盒上，嵌著屈原的詩句：「亦余心之所善兮，隨九死其猶未悔。」

贊曰：「心胸坦蕩，大義凜然，以德報怨，不記前嫌。偉哉斯人，品德模範，痛哉斯人，受盡熬煎。」時也、運也、命也，一代文豪，如此悽慘，時代悲劇，歷史爲之鳴冤！

評曰：「胡風反革命集團」，純系子虛烏有。毛澤東從某種個人目的出發，利用他的權勢，信口開河、羅織罪名，不斷升級，定性爲「反黨集團」、「反革命集團」，不經過司法程序，核實材料，判處徒刑、關進監獄。嚴重地踐踏了人權。

這個冤案，一共牽連了 2100 多人，逮捕 92 人，

隔離 62 人，停職反省 73 人，正式定為「集團分子」
的 78 人（內有共產黨員 32 人），其中定為「骨幹分
子」的 23 人。到 1958 年 5 月，給予撤銷職務、勞動
教養、下放勞動處理的 61 人。這是一個驚天的文字
獄，胡風冤案從 1955 年發起批判、定性到 1988 年徹
底平反，經歷 33 年，其中經過許多複雜曲折過程，
胡風夫婦受盡了人間苦難。

注釋

（1）毛澤東對馮雪峰〈檢討我在《文藝報》所犯的錯誤〉一文的批註手稿，
1954 年 11 月

（2）《胡風三十萬言書》。湖北人民出版社，2003 年 1 月版，第 348 頁。

（3）《毛澤東選集》第五卷。〈關於胡風反革命集團第三批材料〉。

（九）加罪潘漢年、掩蓋毛澤東聯日反蔣的賣國行徑

1954 年 4 月，中共在北京召開全國代表會議。毛澤東講話
分析了國內外嚴峻的階級鬥爭形勢，並號召黨內各級領導幹部
彙報歷史上參與的反敵特鬥爭中的重大問題。時任上海市副市
長並主持公安工作的潘漢年，彙報了他在抗日戰爭中期與日偽
特務機關聯繫的問題。4 月 3 日毛澤東見到潘漢年的材料批示：
「此人從此不可信用。」於當天下午毛又批示：「立即逮捕審查
潘漢年。」毛澤東指控潘漢年三大罪狀：和國民黨特務勾結和
汪精衛見面的內奸；高、饒反黨聯盟成員；上海解放後重用敵
特、爲國民黨軍飛機轟炸上海指示目標。這些罪名沒有證據都

不能成立，但潘漢年在歷史上做的一件特別事情與毛澤東關係重大，這件事如果暴露，就會使毛澤東聲譽掃地，成為貨真價實的漢奸、賣國賊、不恥於人類的狗屎堆。

1941 年 4 月 13 日，蘇日簽訂中立條約，規定「雙方維持和平友好關係，互相尊重領土完整和互不侵犯」。毛澤東看到了蘇日和約簽訂的前景，決定同日本情報機關合作打擊蔣介石。負責執行這項絕密任務的是潘漢年，潘漢年首先同日本駐上海副總領事、高級情報官員岩井英一聯繫，後又同華中日本派遣軍謀略科科長都甲大佐取得聯繫，日本提供了有關中共情報人員活動證件、活動條件，潘給日情報機關提供經中共同意的國民黨軍隊一些情報。

1943 年，潘漢年接觸汪精衛集團重要成員李士群、胡均鶴交換情報，並通過李、胡會見汪精衛。潘漢年在同日偽情報機關接觸中獲得了如德國進攻蘇聯的準確時間和日軍在蘇德戰爭爆發後的主攻方向是北進還是南進、日軍兵力部署等重要軍事情報。

潘案發生後，周恩來立即指示總理辦公室組織一個調查小組，在李克農領導下，對潘漢年的政治、歷史、歷年活動進行全面審查，翻閱了潘漢年 1939 年到 1948 年的來往電報及同潘漢年有往來的全部人員的相關檔案，審問了有關在押敵偽人員。經過各方面的反覆核實，於 1955 年 4 月 29 日，李克農向中央政治局和書記處寫了正式報告，提出了有力的 5 大反證：

1.中央一再有打入敵偽組織、利用漢奸、叛徒、特務進行情報工作的指示。

2.潘漢年利用袁殊、胡均鶴、李士群等都有正式報告，不

是個人行為。

3.潘漢年提供了中央有關重大的決策情報,其中包括德國進攻蘇聯的準確時間的情報、蘇德戰爭爆發後日軍究竟是北進還是南進的情報。

4.組織機密機關一直未被洩露,未遭到破壞,直到上海解放。

5.潘漢年所屬重要關係,當時還正在起著絕密的現實作用。這是毛主席、周總理所知道的。

這些重要情況表明,聯繫日偽敵特、交換戰略情報這種重大決策是毛澤東做出的,也只有他才敢這樣做。潘漢年是奉毛澤東指令進行活動,奉命行事,無罪可問。潘漢年對中共不但無過,而且有功,他是冒死在敵特窩裡進行活動的。勾結日偽是漢奸行為,潘漢年不承擔責任,毛澤東就應承擔這一罪責。無賴的毛澤東沒有這種品質,這種勇氣,他採用犧牲潘漢年而保全自己「高大」形象的做法。1962 年 1 月 30 日,毛澤東在擴大到中央工作會議上說:「有個潘漢年,此人當過上海市副市長,過去祕密投降了國民黨,是個 CC 派人物,現在關在班房裡頭,我們沒有殺他。像潘漢年這樣的人,只要殺一個,殺戒一開,類似的人都得殺。」

1962 年 6 月,中央指示最高人民法院審判潘漢年案。高法指定刑事審判庭庭長曾漢周、刑事庭審判組長丁汾和助理審判員彭樹華組成合議庭。丁、彭到秦城監獄看了一個多月的案卷材料,感到證據不足,難以定罪,向最高人民法院黨組彙報。黨組書記謝覺哉十分清楚這是毛澤東定的案,誰敢說半個不字?副院長吳德峰聽了彙報後說:對潘漢年案我不想說什麼,

毛主席定的案，只有深信不疑，認真做好庭審判工作，完成中央交給的任務。謝覺哉在他的辦公室聽取了一次彙報後說：「潘漢年是中央交辦的案子，我們只是辦理法律手續。」為了安慰辦案人員的辛勞，他引用王勃的〈藤王閣序〉裡的兩句話：「屈賈誼於長沙，非無聖主；竄梁鴻於海曲，豈乏明時。」他告訴彙報人員，賈誼被貶長沙，不是聖上不英明，而是聽信讒言；梁鴻、孟光隱住海曲，不是朝廷不好，而是壞人當道不願同流合汙。謝覺哉這番話，是想掩蓋毛澤東的罪責，只好冤屈潘漢年。

法庭審判還得受審人認罪，不認罪宣判無效。公安部長羅瑞卿、副部長徐子榮在提審潘漢年時就事先告訴他：「只要你認罪，判刑後馬上釋放，不必坐牢，還可以得到良好待遇。」潘漢年深知不認罪就得老死、病死或被整死在監獄，只得認罪。

1963 年 2 月 9 日，最高人民法院刑事審判庭判處潘漢年有期徒刑 15 年。宣判一個月後，潘漢年就被釋放，和夫人一起被安置在北京團河農場專門為他建造的一幢單獨院落裡，每月發 200 元生活費，可以雇保姆，可以在自己小院種菜、釣魚，星期天可以到北京城購物、會見友人。給潘漢年這個判 15 年刑的犯人如此優厚待遇，反映了主宰潘漢年命運的毛澤東明知自己錯了也不願改正，放了潘漢年又恐怕事情真相暴露，只好採用這種辦法把他軟禁起來。

勾結日本特務情報機關聯日反蔣，是毛澤東給潘漢年下達的指令，潘漢年直接執行的。毛澤東強加在潘漢年頭上的罪名，不是指潘當日本特務，而是說他「投降國民黨，當了國民黨特務」。這是是別有用心。如果潘的罪名是通日，人們會聯想到潘

的領導是誰，這麼大的事情，潘不可能自己個人做主，會追查到毛，毛要承擔漢奸賣國賊的罪名。這是毛的軟肋，說潘是國民黨 CC 特務，既可治潘的罪，又可避開承擔通日反蔣領導者的罪責。可以看出在治潘罪行問題上，毛澤東煞費苦心，何等卑劣。毛澤東「有反必肅，有錯必糾」，他的名言「提高警惕，肅清一切特務分子，防止偏差，不要冤枉一個好人」，都是謊言，騙人的鬼話。

潘漢年的存在畢竟是毛的一塊心病。文革期間，潘漢年再次被公安機關逮捕，判無期徒刑，遣送到湖南一勞改農場，受盡酷刑，最後直至被整死。殺人滅口，這才了卻毛澤東的心病。

評曰：潘漢年長期擔任中共情報領導工作，多次出生入死潛伏日偽情報機關，得到許多重要情報，站在中共惡黨立場上，應當給潘漢年發一枚希特勒大勳章。中共上層許多領導人站在潘漢年一邊，同情潘漢年。周恩來表示我同潘漢年交往歷史最長，交情很深；陳雲、廖承志、胡立教對潘漢年案不表態；中將韓練成作懷友詩：「十年生死兩茫茫，誰知『小開』在何方？如此特務堪罕見，猶記當年過香港。」只有毛澤東為了他個人一椿賣國隱情，編造謊言，利用個人特權，置潘漢年於死地，表現出毛澤東凶狠、惡毒和殘忍。

（十）對破除斯大林迷信的虛偽態度

中共當政初期，毛澤東提出「一邊倒，倒向蘇聯一邊」，五十年代前六年是中國人以蘇聯爲榜樣、盲目學習蘇聯的六年。工業發展學蘇聯、經濟計劃學蘇聯、農業合作化學蘇聯、文化教育學蘇聯、看蘇聯電影、唱蘇聯歌曲。以對蘇聯的態度來區分左與右、敵與我、進步與落後、革命與反革命。只要是蘇聯的東西、蘇聯人講的不分對錯，都當做「聖旨」，照搬不誤。對蘇聯、對斯大林達到了迷信的程度。

40 年代，中國抗日軍隊兩位作詞家，創作一首歌頌共產黨的歌：「你是燈塔，照耀著黎明前的海洋……」這首歌創作出來後，很快就口口相傳，廣爲流唱。先是八路軍、新四軍根據地，後又傳到國統區城市。1949 年 10 月 1 日開國大典上，中國人民解放軍軍樂團演奏了這首歌，參加典禮的蘇聯文化代表團一位成員對陪同人員說：「這首曲子像是蘇聯的追悼歌。」作曲者的厄運來了，抄襲蘇聯悼歌，還在開國大典上演奏，罪莫大焉。於是下令禁唱這首膾炙人口的歌，作曲者背著罪行下放農村監督勞動。蘇聯人只是說像是，到底是不是，不做調查研究？那個荒唐時代，只要是蘇聯人放個屁，也得照辦，像這種冤案在50 年代初期被打成反蘇分子右派的不知有多少。

1956 年 2 月 14 日，蘇共召開第二十屆代表大會，2 月 24 日深夜，赫魯曉夫做了長達四小時《關於個人崇拜及其後果》的祕密報告，指出斯大林犯了一系列嚴重錯誤：「違反民主集中製原則搞個人崇拜、肅反擴大化、在反法西斯的衛國戰爭前夕對德國進攻喪失警惕、在國內民族問題上的錯誤處置、在對待南斯拉夫問題上的錯誤。」會後，蘇共將報告的主要內容通報

中共代表團，並派米高揚到中國向中共中央送報告文本。

蘇共二十大反斯大林，這是一樁重大的爆炸性政治事件，震驚全世界，也震驚了中共。3月12日晚，中共中央召開政治局擴大會議，討論蘇共二十大赫魯曉夫反斯大林的祕密報告。特別是這個報告所涉及的問題以及它在全世界造成的影響。毛澤東說：「全世界都在議論，我們也要議論。現在看來，至少可以指出兩點，一是它揭了蓋子，一是它捅了婁子。說揭了蓋子，就是講，他的祕密報告表明，蘇聯、蘇共、斯大林並不是一切都是正確的，這就是破除了迷信。說捅了婁子。就是講，他做的這個祕密報告，無論在內容上或方法上，都有嚴重錯誤。是不是這樣，大家可以研究。」接著劉少奇發言，他批評斯大林錯誤，第一是「肅反擴大化」，還有「農業犯錯誤」、「蘇聯至今沒有解決農業問題」。張聞天說：「蘇聯內政主要問題是沒有把農業搞好，糧食問題始終沒有解決。」「太著重於工業，特別是重工業。蘇聯的輕工業品幾十年無改進，我在蘇聯當大使時去商店幾乎沒有什麼可買的，糧食也很緊。」「值得從中吸取教訓。」

3月20日，周恩來在國務院常務會議上結合斯大林錯誤有針對性地說：「優先發展重工業是對的，但忽視了農業就會犯大錯誤。蘇聯和東歐人民民主國家的經驗都證明了這一點。對農業的忽視不能不影響到工業。重工業搞多了，輕工業就要少搞。不要怕搞輕工業，搞輕工業，國家、人民有利可圖，又積累了資金。」

毛澤東要求發展以軍工為核心的重工業，但當時鋼鐵、水泥、木材等基礎物資缺乏，都不能滿足供應。他要求所有項目一齊上馬，口頭說說可以，實際上做起來人力、物力都與毛的

要求相距甚遠，結果弄得社會生產秩序紊亂，供求緊張，生活困難，群眾怨聲載道。劉少奇針對斯大林的錯誤，結合中國建設中出現的實際問題，指導《人民日報》寫了一篇〈反對急躁情緒〉的社論。4月12日送給毛澤東審閱，社論指出「一切工作，不分輕重緩急，也不問客觀條件是否可能，一律求多求快」、「齊頭並進，企圖在一個早晨把一切事情辦好」，「貪多圖快而造成浪費，急躁情緒」，「首先存在在上面」，「下面的急躁冒進有很多就是上面逼出來的」。毛澤東看了社論，對人說：「社論尖銳地針對我。」他在稿子上批了3個字：「不看了。」儘管他很惱怒，社論還是在4月20日登出了。

在中央有關領導人的建議下，毛澤東從2月14日到4月24日主持召開了中央有關34個部門的彙報會。參加彙報的中央各部委對照蘇共二十大揭露斯大林的錯誤，結合本部門工作中存在的實際問題，提出一些改進工作的建議。毛澤東對這種會議缺乏耐心。據薄一波回憶，毛主席十分疲勞，聽完彙報就上床休息。毛說：「參加這種會比坐牢還厲害。」「材料一大堆，沒有情趣。」毛澤東根據會上圍繞經濟諸方面議論的問題，整理出來〈論十大關係〉一文。文章純系抽象性概念性的堆砌，有些說法自相矛盾，與真正生產實際不沾邊，根本不能解決實際問題。蘇聯在華經濟總顧問阿爾希波夫對專家學者嘆息說：「毛澤東對經濟完全不懂、一竅不通。」

斯大林所犯的錯誤，毛澤東都犯過，有的比斯大林還嚴重有過之而無不及。揭露批判斯大林，可直接引伸到中共黨內對毛澤東錯誤的認知及批評；破除對斯大林的迷信就會破除對毛澤東的個人迷信，想到這些，毛澤東改變了原本對斯大林的反

對態度為保護態度，變成了維護斯大林。

3月23日晚上，中共中央書記處召開擴大會議，繼續討論赫魯曉夫祕密報告。毛澤東做了長篇發言，他說：「共產主義運動，從馬克思、恩格斯發表《共產黨宣言》算起，於今才有100多年無產階級專政的歷史，從十月革命算起，還不到40年，實現共產主義是空前偉大而又空前艱巨的事業。」「在這艱巨鬥爭過程中，不犯錯誤是不可能的。」「我歷來是『難免論』。」毛說：「斯大林犯過嚴重錯誤，但他有偉大功績。他在某些方面違背馬克思主義的原則，但他仍然是一位偉大的馬克思主義者。他的著作雖然包含了某些錯誤，但仍然值得我們學習，只不過在學習時應採取分析態度。」他建議發表一篇文章支持蘇共二十大反對個人迷信，講一些道理，補救赫魯曉夫的失誤。毛澤東把這篇文章定名為〈關於無產階級專政的歷史經驗〉。

5月2日下午，毛澤東召開最高國務會議第七次會議。在講到斯大林問題時說：「一方面批評斯大林，一方面保護斯大林。斯大林是一筆『財產』，有一部分錯誤的東西，應該批評，正確的部分應該保護，對蘇聯的批評會產生積極的作用，因為那個國家什麼話也不敢說，除了讚揚斯大林的話，造成一種迷信。」「我們的人經常會有迷信，對斯大林不能迷信，對中國人、外國人、死人、活人都不能有迷信。對的就贊成，不對勁不贊成，對自己也是這樣。」

毛澤東講了許多關於斯大林的話，都是似是而非，又有像是批評斯大林，又像是替斯大林錯誤辯解，保護斯大林。聽者無心，講者有意，毛澤東是在為斯大林錯誤開脫，說他沒有實質性錯誤。

　　1956 年 9 月 15 日，中共八屆代表大會開幕。毛澤東主持大會並致開幕詞。9 月 23 日下午，毛澤東接見出席中共八大會議的英共代表團波立利特等。在談到斯大林錯誤時說：「在斯大林時期，階級沒有了，社會已進入沒有階級的社會，反革命更少，但斯大林的思想仍停留在舊社會的時代。我認為這樣才能夠解釋他的錯誤，即認識他的錯誤，認識不符合客觀事實。」

　　9 月 22 日，毛澤東在政協禮堂休息室，會見意大利共產黨代表團斯科奇．拉約洛，談到斯大林時說：「斯大林的錯誤有他的歷史和社會根源，但主要應從主觀認識上找根源。」「斯大林的錯誤，還是小部分，七分是正確的，三分是錯誤的，也許比三分小些，只有一分到二分。」實際上是說，斯大林沒有錯誤。這是毛澤東心裡話。

　　毛澤東利用一切機會在中國黨內和國際上消除對斯大林不利的評價。

　　評曰：在蘇共二十大後幾個月來，中共領導層多次召開會議討論斯大林所犯的錯誤，並聯繫了中國革命和建設實際出現的問題。中共建國後，提出以俄為師，走俄國人的路，斯大林犯的錯誤在中國都發生過。中共領導層在批判斯大林錯誤中提高了認識，這些認識在中共八大文件中都得到了反映。八大以後不再提以俄為師，盲目走俄國人開闢的道路，強調用「馬克思主義的普遍真理與中國實踐相結合」，不再提經濟建設比例重、輕、農，而改為農、輕、重；不提毛澤東思想是全黨指導思想。這些變動反映了一部分中

共高層領導人，認識水平的提高。八大會議是中共全黨迷信和正確認識蘇聯和斯大林的分水嶺。

在討論批判斯大林專制獨裁、搞個人迷信造成的危害時，中共多數高層領導人不認同毛澤東言不由衷的說辭，提出建立制度，防止斯大林錯誤在中共黨內發生。據周恩來逝世前回憶：「1956 年 9 月 29 日召開政治局會議，通過了兩項重要決議，規定黨的主席只連任一屆；要限制領導權力，加強對領導人的監督，黨內要體現民主集中製。這兩項決議是林伯渠、羅榮桓、彭真提出的。17 名政治局委員中，15 名贊成，惟有 2 人棄權（編者註：毛澤東、林彪）。決議都把個人意志廢了，我負有責任和罪過。」(2)

評曰：赫魯曉夫否定斯大林的歷史地位是有進步意義的，但並沒有完全跳出斯大林的政治模式和經濟模式，沒有告別斯大林的大國沙文主義，在內政和外交上出現不少錯誤。歷史地看，他是國際共運思想解放的開啓者，是一個不徹底的不成功的改革者。

毛澤東是從另一角度看待赫魯曉夫的。毛感受最深的是要對自己身邊的領導人提高警惕，害怕赫魯曉夫那樣的人物睡在他身邊。毛澤東反覆思考，赫魯曉夫為什麼反斯大林呢？百思不解。赫魯曉夫是斯大林很信任的人，每當國家危難時，給他委以重任。赫魯曉夫對斯大林很尊敬，喊斯大林是他生身父親，喊生身父親的人居然帶頭反叛。毛澤東不由得分析他身邊

喊「毛主席萬歲」「毛澤東思想萬歲」的人，可能就
有赫魯曉夫。本就多疑的他，更是誰也不敢相信了，
特別是過去反對過他的如彭德懷、劉少奇等人，對他
們的疑心更重，一有機會，他總想要拔掉這些釘子。
毛的這種疑神疑鬼心情，一直伴隨著他度過晚年，也
演繹出無數慘劇。

注釋

（1）《毛澤東聞所未聞的故事》。第 347 頁。
（2）《鄧穎超日記》。1975 年 11 月 22 日，周恩來在住院時口述。

六、中共八大後毛澤東深藏的政治思想動向（1956年8月（63歲）─1966年5月（73歲））

　　1956年赫魯曉夫反斯大林。他想接替斯大林當國際共產主義運動盟主。毛澤東認為他沒有能力擔當此任，只有我毛澤東才有能力擔當盟主角色，但中國窮，沒有原子彈武器。因此從中共八大以後到文革前這幾年，毛澤東的一切活動包括採取特殊手段從蘇聯搞原子彈武器、高速度發展工農業生產、在國際上批判現代修正主義、在國內批判右傾機會主義等等，都是為了取代赫魯曉夫、實現擔當國際共產主義盟主這一目標。

　　知識分子是社會群體中最先覺悟的部分，政治上最敏感。任何執政黨者要實現他們的目標，總是先打擊知識分子。1917年10月，蘇共（布）奪取政權後，列寧於1921年初、1922年9月，先後兩次命令逮捕孟什維克黨、科學家、哲學家、藝術家等知識分子，驅逐他們出境。打擊迫害知識分子是共產黨執政者的施政邏輯。毛澤東也不例外，他想實現做國際共產主義運動的盟主，最擔心的就是知識分子反對。他要先發制人，尋找機會，做出姿態。先在知識分子面前講些他們愛聽的，誘導知識分子說出心裡話，然後猛擊一錘，戴上反革命帽子，封住他們的嘴。之後，就沒有人再敢對共產黨、對毛澤東說三道四

了。

（一）反右派、迫害打擊知識分子的大冤案（從「正確處理人民內部矛盾」理念引發）

1956 年下半年，國際共產主義運動發生兩起重大事件，一是在波蘭發生的波茲南事件，因為處理得當，這一人民內部矛盾沒有演變成敵對矛盾；另是匈牙利暴亂事件。這是因為人民的合理要求得不到滿足，處理不當，演變成了流血事件。與此同時，1956 年下半年，國內經濟出現了生產資料和生活資料短缺，一些地方社會矛盾突出，發生工人罷工、學生罷課等事件。在半年內，估計有一萬餘工人罷工、一萬餘學生罷課。從 1956 年 10 月起，廣東、河南、安徽、浙江、江西、山西、河北、遼寧等省發生了部分農民要求退社單幹，對政府不滿的言論也多起來了。

怎樣解決這些社會矛盾？毛澤東鑑於波茲南事件和匈牙利事件的經驗教訓，研究了中國社會現實的矛盾狀況，提出了關於正確處理人民內部問題。毛澤東思考再三，應抓住這一機會，作一篇大文章。他召開黨內外高層幹部會議，藉口整風、正確處理人民內部矛盾，引蛇出洞，迫害知識分子。

1957 年 2 月 27 日到 3 月 1 日，毛澤東在中南海懷仁堂召開最高國務第十一次擴大會議。參加會議的達一千餘人。毛澤東講了如何處理人民內部矛盾，共 12 個問題。在講到兩類矛盾時，毛澤東說：「民族資產階級是放在人民內部矛盾這一類的。因為民族資產階級有兩面性，民族資產階級願意接受憲法、願

意接受社會主義改造、願意走向社會主義。」在回顧團結、批評、團結這個公式時說：「對民族資產階級採用這個方法是可能的，這是完全證實了的。」毛澤東在講到大民主小民主時說：「有些地方不實行小民主，任何民主都沒有，橫直是官僚主義，這樣逼出一個大民主來了。」「在這樣一種範圍內允許罷工、罷課。我們把罷工、罷課、遊行、示威、請願等，看做是克服人民內部矛盾、調整社會秩序的一種補充方法。」毛澤東從下午3點講到7點。

　　3月12日下午，毛澤東在全國宣傳工作會議上發表講話。這次講話，主要是針對說服知識分子展開的。他說：「我們的國家是一個文化不發達的國家。他們都是教育人民的人。「我們只有500萬知識分子。這500萬知識分子是我們國家的財產。我們沒有這500萬知識分子，就一樣事情也做不好。國家只存在3部分人：工人、農民、知識分子。知識分子的性質是為工人、農民服務的。他們是勞動的工人，是用腦子的工人。正因為他們是教育人民的，是人民的教員，因此他就有個任務，就是應該先受教育，尤其在社會大變動時期。」又說：「最近，有幾個同志到農村去蹲了幾個月，很有益處。走馬看花是一種方法，還有一種下馬看花。我們的作家、藝術家應該不應該去呢？我看是應該去的。」在談到「雙百」方針時，毛澤東說我們希望用這樣的方針團結幾百萬知識分子，團結幾億人民，改造現在這種面貌。那麼，首先就要共產黨改變態度，改變官僚主義態度，改變教條主義態度，改變宗派主義態度。毛澤東講話結束時，全場熱烈鼓掌。毛澤東不愧是個著名的政治演員，他的話生動感人，使原來存有戒心、不準備參加共產黨整風提意見的

人也改變了態度。講話結束時，全場熱烈鼓掌。他們一個個地走入了毛澤東共產黨設置的圈套。

聽了毛澤東講話的著名作家傅雷，曾給家人寫信，反映他感動的心情：「毛主席的講話，那種口吻、音調，特別親切平易，極富於幽默感；而且沒有教訓口氣，速度恰當，間以適當的停頓，筆記無法傳達。他的馬克思主義是到了出神入化境地，隨手拈來，都成妙諦，出之以自然的態度，無形中滲透聽眾的心。講話的邏輯都是穩而不露，真是藝術高手。」「他的胸襟博大，思想自由，當然國家大事掌握得好了。毛主席是真正把古今中外的哲理融會貫通了的人。」(1)

1957年4月27日，中共中央發出〈關於整風運動的指示〉，5月2日《人民日報》發表。全黨整風開始了。指示規定，這次整風運動應當以毛澤東同志今年2月在擴大的最高國務會議上和3月中央召開的宣傳工作會議上代表中央所做的兩個報告為指導思想，把正確處理人民內部矛盾的問題，作為當前整風的主題。指示對整風對象做了明確界定，就是官僚主義、宗派主義和主觀主義。4月30日，毛澤東到頤年堂召開最高國務會議第十二次（擴大）會議，議題就是關於全黨的整風運動。出席會議的有黨和國家領導人、各民主黨派負責人、無黨派民主人士，共44人。毛澤東說：「幾年來都想整風，但找不到機會，現在找到了。不搞運動，搞不起來。」在講到統戰工作中的矛盾幾年得不到解決時說：「過去是共產黨員有職有權有責，民主人士只有職而無權無責，現在應是大家有職有權有責。現在黨內外應改變成平等關係，不是形式上的而是真正的有職有權。以後無論哪個地方，誰當長的就歸他管。」講到這裡，毛澤東

問北大教授馬寅初：「你那裡怎樣？」馬寅初說：「是不夠的。」
毛澤東又問：「他們要不要你管？」馬寅初說：「矛盾是有的。」
毛澤東說：「你講話不徹底，矛盾存在，敷衍過去不能解決。」
毛澤東繼續說：「教授治校恐怕有道理，是否分兩個組織，一個
校務委員會管行政，一個教授會議管教學。黨章有一條規定，
工廠、農村、部隊、學校要實行黨委制，現在看來，學校黨委
制恐怕不適合，要改一下。應當集中在校務委員會或教授會，
共產黨和各民主黨派有什麼辦法和意見都到那裡去講，人家贊
成的就做，不贊成的就不做。這個問題要研究。由鄧小平同志
負責找黨外人士和民盟、九三學社等開開座談會，對有職有權
和學校黨委制的問題徵求意見。」

　　黨外人士幫助共產黨整風，已通過做工作，逐漸進入高
潮。各種意見在不同場合都提出來了。《人民日報》接連在 5
月 2 日、3 日、7 日發表社論，對黨外人士提意見起了推動作用。
根據毛澤東的指示，從 5 月 8 日起，中央統戰部部長李維漢、
副部長平傑三邀集各民主黨派負責人和著名的無黨派民主人士
共五十多人開座談會，徵求對統戰工作的意見。到 5 月 15 日，
召開過六次，集中在中共與民主黨派的關係問題上。5 月 6 日
和 7 日，召開專題座談會，著重討論清華大學黨組織和民主黨
派組織的關係問題。這以後北京大學、北京師範大學、中國人
民大學等高等院校，也相繼召開座談會。他們的發言，先後在
《人民日報》、《光明日報》大量刊載，在全國引起了很大的反
響。各地也都仿效北京，發動黨外人士幫助地方黨組織和政府
整風。

　　帶頭響應中共號召出來講話的是費孝通教授，他是國際知

名的人類學專家、民盟中央常委、全國人大代表、國務院科學規劃委員會委員。,1957 年 3 月 24 日他在《人民日報》上發表了一篇文章〈知識分子的早春天氣〉。他說:「去年一月,周總理關於知識分子問題的報告(註:指周恩來 1956 年 1 月 14 日的報告,報告肯定知識分子是工人階級的一部分),像春雷般起了驚蟄作用,接著百家爭鳴的和風一吹,知識分子的積極因素因時而動了起來。但是對一般老知識分子來說,好像現在還是早春天氣。他們的生氣正在冒頭,但還有點靦覥,自信力不那麼強,顧慮似乎不少。早春天氣,未免乍暖還寒,這原是最難將息的季節。逼近一看,問題還是不少的。」

費孝通還說:「周總理的報告,對於那些心懷寂寞的朋友們所起的鼓舞作用,是難於言喻的,甚至有人用了『再度解放』來形容自己的心情。知識分子在新社會裡的地位是肯定了,心跟著落了窩,安了。」「周總理報告之後,各地學校在知識分子問題上都做了不少工作,改善了他們的生活條件和工作條件,兩者比較起來,生活條件似乎改善得更多一些。比如工資提高了,過去許多只夠衣食的教師們現在可以買買書了,就是子女多,家屬中有病人的困難戶也大多得到了特殊照顧。生活上的問題總的來說基本上是解決了。」

「百家爭鳴實實在在地打動了許多知識分子的心,太好了。知識分子的思想改造是從立場這一關改起的。劃清敵我似乎還比較容易些,一到觀點、方法,就發生唯心和唯物的問題,似乎就不簡單了。」「他們對百家爭鳴是熱心的;心裡熱,嘴卻還是很緊,最好是別人爭,自己聽。要自己出頭,那還得瞧瞧,等一等再說,不為天下先。」

「究竟顧慮些什麼呢？對百家爭鳴方針不明白的人當然還有，怕是個圈套，搜集些思想情況，等又來個運動時可以好好整一整。這種人不能說太多。比較更多些的是怕出醜。」「面子是很現實的東西。帶上一個『落後分子』的帽子就會被打入冷宮，一直影響到物質基礎，因為這是『德』，評級評薪，進修出國，甚至談戀愛，找愛人都會受到影響。這個風氣現在是正在轉變中，但是積重難返，牽涉的面廣，也不是一下就轉得過來的。『明哲保身』、『不吃眼前虧』的思想還沒有全消的知識分子，想到了不鳴無妨，鳴了說不定會自討麻煩，結論是何必開口。」

費孝通這篇文章，是代表知識分子，向中共交心的真情實話。對共產黨的熱愛，對社會主義的熱愛，溢於言表。

5月10日，上海《解放日報》第二版上以「大膽揭露矛盾，幫助黨內整風」為題，整版刊登了前兩天各報邀請一批中小學教師開座談會的發言摘要。毛澤東在該版上批示：「少奇、恩來、陳雲、小平、彭真同志閱。這一整版值得過細一看，不整風黨就會毀了。」「請你們注意《上海解放日報》、《南京新華日報》、《上海文匯報》、《北京日報》、《光明日報》，集中看人民內部矛盾和我黨整風消息，這是天下第一大事。」

毛澤東看了這些意見後說：「一些人的意見是可以接受的。」毛肯定了多數人的意見是好的，是幫助黨整風，有部分人的意見是錯誤的，反黨反社會主義的，毛澤東的態度明顯的開始改變。

5月10日，中共中央根據毛澤東的意見，發出《關於報導黨外人士對黨政各方面工作的批評的指示》。要求「對於黨外人

士的錯誤批評，特別是右傾言論，目前不要反駁，以便使他們暢所欲言。」「我們各地的報紙，應繼續去報導黨外人士的言論，特別是右傾分子、反共分子的言論，必須原樣的，不加粉飾地報導出來，使群眾明瞭他們的面目，這對於教育群眾、教育中間分子，有很大好處。」

5月15日，毛澤東開始著手撰寫一篇文章，題爲〈走向反面（未定稿）〉，後又改爲〈事情正在起變化〉，並且註明：「內部文件，注意保存。」6月12日印發黨內。這篇文章，用嚴厲的措詞，對當時整風、鳴放的形式和黨內外思想政治狀況做出分析，對一些言論進行駁斥，第一次提出了右派猖狂進攻的問題，明確指出黨內對反擊右派進攻在思想上有所準備。文章認爲：「最近這個時期，在民主黨派中和高等學校中，右派表現得最堅決、最猖狂。」但是「現在右派的進攻還沒有達到頂點。」「我們還要讓他們猖狂一個時期，讓他們走到頂點。」「人們說，怕釣魚，或者說，誘敵深入，聚而殲之。現在大批的魚自己浮到水面上來了。」(2)

5月16日，毛澤東爲中共中央起草了《關於對待當前黨外人士批評的指示》，指示對如何對待右派言論作了部署：「最近一些天以來，社會上有少數帶有反共情緒的人躍躍欲試，發表一些帶有煽動性的言論，企圖將正確解決人民內部矛盾、鞏固人民民主專政，以利社會主義建設的正確方向，引導到錯誤方向去。此點請你們注意，放手讓他們發表，並且暫時（幾個星期內）不要批駁，使右翼分子在人民面前暴露其反動面目，過一個時期再研究反駁的問題。」(3)

毛澤東撰寫的〈事情正在起變化〉和5月16日起草的〈關

於對待當前黨外人士批評的指示〉當時都未公開，社會上一般人都不知道。中央統戰部召開的各民主黨派負責人座談會仍在繼續舉行。從 5 月 16 日到 6 月 3 日，又開了 7 次會。從 5 月 15 日到 6 月 8 日，中央統戰部和國務院第 8 辦公室聯合召開了 25 次座談會，有 108 位工商界人士發了言。同這兩種座談會相比，高等學校校園裡鳴放的情緒更為激烈。5 月 19 日，北京大學有的學生在大飯廳貼出大字報。到 22 日，北京大學校園裡的大字報由幾十張激增到幾百張。大字報的內容，很多是要求取消黨委負責制，要求言論、集會、結社自由，徹底開放一切禁書等。《光明日報》和《文彙報》用「北京大學民主牆」稱呼作了報導。

這段時間，毛澤東密切關注整風鳴放的動態，通過各種渠道及時了解各方面的反映。局勢在急劇變化。毛澤東看到大魚已浮水面，毒蛇已出動，反擊右派的準備已做好，何時收網，何時出手，正等著尋找由頭。這種由頭是自然冒出來的，還是人工製造的，是一個，還是幾個，都無關重要。

5 月 25 日，民革中央委員、國務院祕書長助理盧郁文在民革中央擴大會議上發言，批評現在一些人提意見有片面性，只許自己提意見，不許人家做說明。會下，他收到一封匿名信，信中說他「為虎作倀，」嚇他「及早回頭，否則不會饒恕他的」。匿名信還說：「共產黨如果只認識你這班人的話，總有一天會走向滅亡。」毛澤東等待的反擊「由頭」來了。

毛澤東決心抓住這個「由頭」（這一由頭是偶然出現的還是人工製造的，無法查證），組織對右派進行反擊。

6 月 7 日上午，毛澤東同胡喬木、吳冷西談話，說：「這封

匿名信好就好在他攻擊的是黨外人士，而且是民革成員，不是某個有名有姓的人署名。過去幾天我就一直考慮什麼時候抓住什麼機會發動反擊。現在機會來了，馬上抓住它，用《人民日報》社論的形式發動反擊右派的鬥爭。社論的題目是〈這是為什麼？〉在大家面前提出這樣的問題，讓大家來思考。」(4)

6月8日，《人民日報》在頭版顯著位置，發表了題為〈這是為什麼？〉社論。這是開始反擊右派的信號。除上海《文彙報》和《光明日報》外，各主要報紙都轉載了這篇社論。社論在社會上引起強烈的反響。8月以後，《人民日報》又連續發表社論，批駁有代表性「大右派」言論，把矛頭指向章伯鈞、羅隆基、儲安平。

1957年5月21日，章伯鈞在統戰部座談會上做了關於政治設計院的發言，他說：「共產黨過去做了許多轟轟烈烈的好事，但是，有些事情也給國家帶來了損失。如果在工作進行之初，就多聽聽人大常委會、政協、民主黨派的意見，就可以少走彎路。如掃盲運動、五年一貫制、推廣雙輪雙鏵犁等問題，如果事先經過國務院的部長們，根據材料，多方面地進行討論，或經過民主黨派、高級知識分子、專家的討論，就會減少損失。結果黨內一決定，就那麼幹下去，是不能達到預期目的的。」

「現在工業方面有許多設計院，可是政治上的許多設施，就沒有一個設計院。我看政協、人大、民主黨派、人民團體，應該是政治上的四個設計院。應該多發揮這些設計院的作用。一些政治上的基本建設，要事先交他們討論，三個臭皮匠，合成一個諸葛亮。現在大學裡對黨委制很不滿，應該展開廣泛的討論，制度是可以補充的，因為大家都是走社會主義的路。這

樣搞，民主生活的內容就會豐富起來。」

　　章伯鈞提議「政協、人大、民主黨派、人民團體，應該是政治上的四個設計院」，其目的無非是開放民主，擴大民主，並無惡意。通觀其全篇發言，並無反對和取消共產黨領導的意思。如果毛澤東能納忠言，把大躍進的方案和人民公社的方案，拿到人大、政協討論一下，徵求一下民主黨派和人民團體的意見，而人民又有權否決他的意見，完全可能避免那種造成重大損失的全局性的失誤。

　　在 1957 年 5 月 22 日的，羅隆基在統戰部召開的座談會上發言，他說：「最近有兩個外國記者到我家去，讓我談談對於『鳴』和『放』的印象，特別是對馬寅初、張奚若發言的意見。我說這次爭鳴是很健康的，大家雖然提了不少意見，但並沒有人反對馬克思主義和社會主義，這是一。第二，『鳴』和『放』是在黨的領導下進行的。」發言的最後，提出成立「平反委員會」，他建議：「由人民代表大會和政治協商委員會成立一個委員會，這個委員會不但要檢查過去三反、五反、肅反運動中的偏差，它還將公開聲明，鼓勵大家有什麼委曲都來申訴。這個委員會包括共產黨，也包括民主黨派和各方面人士。我以為這樣做有三個好處，一、可以鼓勵大家提意見，各地知識分子就不會顧慮有話無處說，而是條條大路通北京了。二、過去的三反、五反、肅反雖然有很大的成績，但是也發生了副作用，使人不敢講話。有人擔心在這次的『放』和『鳴』以後，會有『收』和『整』。在過去運動中受了委曲的，要給他們平反，就可以使他們減少同黨和政府的隔膜。平反的機構一定要同三反、五反、肅反的原領導機構分開。三、現在誰都不能保證在下級機關裡

不發生打擊報復事件。有這個機構，敢於打擊報復的人，知有所懼；受到打擊報復的人就有路可走。他們可以提出控告。這樣，既檢查了肅反運動中的遺留問題，又配合了整風。」

關於成立「平反委員會」的建議，平反在兩次政治運動中打錯了的冤案，在當時受到「一棍子打死」的批評，中共黨內多數也認為是「反黨言論」。20 年後，由胡耀邦領導的中共中央組織部成了名副其實的「平反委員會」，在鄧小平、陳雲、葉劍英、李先念等強有力的支持下，平反了大量冤假錯案，做了一件功德無量的事情。

1957 年 6 月 1 日統戰部召開的座談會上，各民主黨派機關報《光明日報》總編輯儲安平，以「向毛主席和周總理提些意見」為題發言，他說：「最近大家對小和尚提了不少意見，但對老和尚沒有人提意見，我現在想舉一個例子，向毛主席和周總理請教。解放以前，我們聽到毛主席倡議和黨外人士組織聯合政府。1949 年開國時的中央人民政府六個副主席中有三個黨外人士，四個副總理中有二個黨外人士，還像個聯合政府的樣子。後來政府改組，中華人民共和國的副主席只有一位，原來中央人民政府幾個非黨副主席，他們的椅子都搬到人大常委會去了。現在國務院的副總理有 12 位之多，其中沒有一個非黨人士，是不是非黨人士中沒有一個可以坐此交椅，或者沒有一個人可以被培植來擔任這樣的職務？從團結黨外人士、團結全國的願望出發，考慮到國內和國際上的影響，這樣的安排是不是還可以研究？只要有黨和非黨的存在，就有黨和非黨的矛盾。這種矛盾不可能完全消滅，只要處理得當，可以緩和到最大限度。黨外人士熱烈歡迎這次黨的整風。我們都願意在黨的領導

下盡其一得之愚，期望對國事有所貢獻。」

　　儲安平成為第三號大右派，說他代表資產階級要和共產黨爭天下，在全國被大張撻伐。民主人士嚮往開國時期共產黨和黨外民主人士和衷共濟的團結局面。造成那種團結局面的毛澤東是偉大的，嚮往那種團結局面的儲安平是反動的，這不是拿自己的左手打自己的右臉嗎！反右派運動中的三大問題：章伯鈞的「政治設計院」、羅隆基的「平反委員會」、儲安平的「黨天下」，在當時是被看得很重的，稱他們三人為反共、反人民、反社會主義的資產階級大右派，是對抗性的不可調和的你死我活的矛盾。這不是顛倒黑白、混淆是非、認友為敵嗎？

　　馬寅初則是另外一種情況，鳴放一開始就堅持黨委領導高校。1957 年 5 月 15 日中央統戰部召開的座談會馬寅初到會講了以下一些話：「目前有些批評不夠實事求是，有否定一切的現象。要從團結的願望出發，不能光講壞處，好處一點不說，如現在對北京大學的批評，壞的地方說的很詳細，好的地方一點也不說，這是無法令人信服的，也不好共事。伏羅希洛夫這次來參觀就一直稱讚北京大學，如果這些好處都不談，就不是從團結的願望出發，也不是和風細雨。學校實行黨委制有他的好處。以北京大學為例，北大有 8000 個正規生，他們的思想、家庭情況，黨委都知道。如果黨委退出去，我是無法了解的，叫我做校長，我也管不了，而且我管得多了，俄文也不能念了，研究工作也不能做了，山也不能爬了，身體也不能鍛鍊了。照我想，北京大學的教授是靠近共產黨的，因為他們親眼看到共產黨的好處，只要共產黨接近他們，他們一定願與黨合作。」「現在有人說恢復校務委員會好，這個校務委員會過去也有，

但是，弄得不好，院長和院長爲爭預算要鬧意見，甚至不說話。也曾有人認爲清華大學校務委員會搞得好，可是曾經在清華大學而現在北京大學的幾位教授說：『過去清華大學的校務委員會是把頭委員會，我們吃過苦，怎麼還說好呢？』比比過去，看看現在，我認爲學校中的黨委制無論如何不能退出學校。只要黨與行政合作，開誠布公，互通聲氣，我想學校一定可以辦得好。」

馬寅初在整風中的表現是好的，以上意見可以說是「無骨頭可挑」的左派言論。被戴上了「反黨、反社會主義」的帽子，問題出在哪呢？出在在第一屆全國人大代表大會第四次會議上關於控制人口增長的書面發言。這篇文章登在 1957 年 7 月 5 日《人民日報》上，題爲〈新人口論〉。共十個問題：（一）我國人口增殖太快；（二）我國資金積累得不夠快；（三）我在兩年前就主張控制人口；（四）馬爾薩斯的人口理論的錯誤及其破產；（五）我的人口理論在立場上和馬爾薩斯是不同的；（六）不但要積累資金而且要加速積累資金；（七）從工業原料方面著想亦非控制人口不可；（八）爲促進科學研究亦非控制人口不行；（九）就糧食而論亦非控制人口不可；（十）幾點建議。完全是憂國憂民，利國利民的意見，怎麼變成了「反黨、反社會主義」受到批判呢？

這是因爲這篇文章同毛澤東 1949 年 9 月 16 日發表的〈唯心史觀的破產〉一文唱了反調。毛澤東那篇文章中說：「中國人口眾多是件極大的好事。再增加多少倍人口也完全有辦法，這辦法就是生產。西方資產階級經濟學家如馬爾隆斯者流所謂，食物增加趕不上人口增加的一套謬論，不但被馬克思主義者早

已從理論上駁斥的乾乾淨淨，而且還被革命後的蘇聯和中國解放區的事實所完全駁倒。」

馬寅初大概沒有在意毛澤東那篇「成名」之作，觸犯了這位一意要在社科領域樹立至尊無上的權威的毛澤東。他踩上了政治地雷。

1958 年 5 月 4 日，在北京大學建校六十年校慶大會上，毛澤東派來理論打手陳伯達在講話中突然點了名說：「馬老要做檢討。」定調為「反黨、反社會主義」性質。從此開始了對馬寅初的圍攻。馬寅初沒有屈服，他表示：「我雖年近八旬，明知寡不敵眾，自當單身匹馬出來迎戰，直到戰死為止。」

更有甚者是國際人類學專家費孝通的命運。他在〈知識分子的早春天氣〉一文中，高度讚揚歌頌共產黨的知識分子政策，擁護雙百方針。憑這篇〈早春天氣〉把費孝通打成「反黨反社會主義右派」。

1957 年 5 月 13 日，民主同盟副主席章伯鈞、羅隆基約集費孝通、黃藥眠、吳景超、褚聖麟、侯大乾、李西山、陶大鋪、陸近仁八教授提出〈我們對於高等學校領導制度的建議〉，沒有贊同教授治校的主張，他們說：「我們也不同意『教授治校』的說法。在過去反動統治時代，教授治校乃以抵制反動派向高等學校的侵入。今天的形式和以前有著顯著地不同。教授治校的提法，頗有和黨對立的意味。再從教授治校作為制度本身來看，也是不妥當的。一、因為大多數教授所關心是有關教學和學術研究的問題，對行政事務未必感興趣。二、教授是高等學校的學術中心，但學校是一個整體，如果強調教授治校，則可能把廣大的講師、助教、職工和學生群眾的利益都忽視了。」八教

授總的意見是「加強黨在高等學校內的政治思想領導」、「黨組是作爲全校領導的核心」,〈建議〉「總的精神就是在黨的領導下實行民主辦校」。 這是改善中共對高等學校領導最深刻、最系統、最有代表性的意見。不應該硬是把這些人熱心教學工作的人定爲右派,但他們都戴上了右派帽子。

更令人感嘆的是 1957 年反右鬥爭中,各高等院校青年學生中有一批業務尖子,他們聰明好學,思想敏銳,在大鳴大放中,爲了響應中共組織號召,幫助整風,提出了許多有創建性的批評意見,結果被劃成右派,毀了這些青年的一生,斷送那個時代學術精英,給中國科學技術的發展和成就造成了無法挽回的損失。就以北京大學爲例,1957 年青年教師和學生有 1500人在反右中蒙受冤屈,被開除公職和學籍,發配到窮山惡水、荒原大漠了此一生,20 年後,又把 1500 人全部平反接回北京,他們的學業荒廢,大好時光已過。

北大中文系新聞專業女生林昭,因替被打成「右派」的同學鳴不平被打成右派,送上海提籃橋監獄關押,因病保外就醫,押回上海家中,一批北大同學去林昭家探望,交談中談了一些南斯拉夫的情況,表示對《南共綱領》的興趣和贊同,結果有人告密,誣陷他們「組織反革命集團」進行反黨活動被捕,被判 20 年徒刑,又關進提籃橋監獄執行。1968 年 4 月 29 日上午10 時,對林昭一案重新審判,法庭在沒有陪審員、沒有律師、沒有家屬旁聽的情況下,法官宣判,林昭由 20 年徒刑改判死刑,立即執行。林昭沒有哀號、沒有驚恐,當即刺破手指,用鮮血寫下了「歷史將宣判我無罪!」從容就義。(5)

1957 年 7 月 9 日,毛澤東爲中共中央起草了《關於增加點

名批判的右派骨幹分子人數問題的通知》。這個通知把 6 月 29 日指示中指出的右派人數擴大一倍,全國的骨幹名單從 4000 人增加到 8000 人,北京從 400 人擴大到 800 人。報紙上點名人數,也允許從右派骨幹總數百分之三,逐步增加到百人之十左右。8 月 1 日,毛澤東為中共中央起草《關於進一步深入開展反右鬥爭的指示》。指示說:「在深入揭發右派分子的鬥爭中,右派分子將繼續發現和挖掘出來,人數將逐步增多。」反右鬥爭領導機構,把歷史上有參加國民黨三青團的、家庭出身不好如出身地主家庭、國民黨軍官、國民政府官員家庭的、青年學生、年輕幹部統統戴上右派帽子。到 1958 年整個運動結束時,有 55 萬人被劃分為右派分子,幾百萬人受到牽連,被劃為右派的占 500 萬知識分子的百分之十一。他們中有人連一句反共的話都沒說的,硬給戴上帽子湊比例。章伯鈞、羅隆基兩人素有矛盾,很少交往,硬給扣上「羅章聯盟」罪名。

　　反右運動中的所謂「極右」分子們,有被槍斃的,更多的人是自殺的。那時住在頤和園附近的人,早起散步,經常看到樹上吊著死人,還有跳湖自殺的。被劃成右派的人遭批鬥打罵,受盡屈辱,他們的家人也都成了賤民,妻離子散,家破人亡。

　　論曰:《關於正確處理人民內部矛盾的問題》是毛澤東花了近一年的時間、研究出來的。毛澤東 6 下杭州,領著一批黨內秀才,6 改其稿,它提出並系統地論述社會主義社會矛盾,把正確處理人民內部矛盾,作為國家政治生活的主題,詳細闡明處理人民內部矛盾的一系列方針、政策,喻古道今,東拉西扯,

遑遑一大篇。理論是指導引動的，毛澤東並不相信和
實行這一理論。他說的一套，做的是另一套，口是心
非完全顯現江湖騙子的本色。毛澤東設圈套，引蛇出
動，製造事端，把水攪混，徇私報復，顛倒是非，混
淆黑白。可見混淆了兩類不同性質矛盾的不是別人，
正是毛澤東本人。他把 50 多萬個無辜知識分子、國
粹和精英，打成對抗性矛盾，戴上反黨反人民反社會
主義右派分子帽子，送進監獄、勞改農場，剝奪了他
們為人民做貢獻的權利，逼使他們妻離子散，背井離
鄉，去服刑，做勞役，受盡人間屈辱和折磨，製造了
人類歷史上最大的文字獄。

注釋

（1）傅雷：《傅雷家書》（增補本）。三聯書店，1994 年版，第 158 頁。

（2）《建國以來重要文獻選編》第 10 冊。中央文獻出版社，1994 年 9 月版，
　　第 264 頁、273 頁。

（3）同（2）。

（4）吳冷西：《憶毛主席》。新華出版社，1995 年 2 月版，第 39、40 頁。

（5）1980 年 12 月 11 日，上海市高級人民法院宣布為林昭平反。

（二）參加莫斯科會議的交換條件

　　1957 年 10 月是蘇聯十月革命勝利 40 週年。毛澤東接到赫
魯曉夫的邀請信，希望他親自率領中國黨政代表團訪問蘇聯，
參加十月革命 40 週年慶典並出席世界共產黨和工人黨在莫斯

科舉行的代表會議。毛澤東為了在發展原子武器方面得到蘇聯更多更大的援助，他欣然接受了邀請。

當時社會主義陣營的形勢，與 1956 年相比，有了明顯變化，不可避免地要涉及社會主義陣營內部和各國黨存在的分歧，還有對國際局勢的基本估計，和平過渡，以蘇聯為首等等複雜問題，需要討論協商。

1957 年 1 月 1 日，蘇聯派出迎接毛澤東的專機，為當時蘇聯最為豪華氣魄的「圖一零四」客機。2 日上午 8 點，毛澤東率代表團起程。代表團副團長是宋慶齡。成員有鄧小平、彭德懷、李先念、郭沫若、烏蘭夫、楊尚昆、陳伯達、胡喬木、陸定一、沈雁冰、王稼祥，劉曉、賽福鼎，蘇聯駐華大使尤金陪同。莫斯科時間下午 3 點多鐘，「圖一零四」專機在伏努科夫機場平穩降落。赫魯曉夫率領幾乎所有的蘇聯黨政軍顯要人物來機場歡迎毛澤東，先期到達的北越領導人胡志明也來了。

毛澤東在機場發表簡單講話，赫魯曉夫陪同毛澤東上了第一輛「吉斯」牌轎車。汽車在克里姆林宮停下來，蘇方把最好的房子——當年沙皇的寢宮留給毛澤東住。為照顧毛澤東的生活習慣，搬掉了俄國皇帝的「龍床」，換上了木板床，衛生間臨時改裝了蹲式便池。

11 月 5 日，毛澤東率領中國代表團，拜祭了坐落在莫斯科紅場的列寧和斯大林墓。11 月 6 日，蘇聯最高蘇維埃舉行十月革命 40 週年慶祝大會。毛澤東應邀在會上發表長篇演講說。在讚頌十月革命和蘇聯的光榮歷史之後，毛澤東有分寸的說了一段話，對蘇共二十大，對赫魯曉夫揭露批評斯大林、擊敗莫洛托夫「反黨集團」、撤銷國防部長朱可夫等重大問題，表示贊同

和支持。毛澤東的演說數次被長時間的熱烈鼓掌打斷。

11月6日中午，毛澤東同波蘭統一工人黨中央第一書記哥穆爾卡會談，當晚繼續進行，雙方交換了對宣言草案的意見。隨後，毛澤東接連同意大利共產黨、法國共產黨領導人交談。這三個黨都是西歐資本主義國家中影響較大的工人階級政黨。他們所處的地位，和社會主義國家中執政的共產黨不同，這些國家的工人階級政黨應採取什麼樣的鬥爭策路和鬥爭方式，是毛澤東和他們交談的重要內容。

11月8日和9日，毛澤東同英國共產黨主席波利特和總書記高蘭兩次會談。當時毛澤東正在考慮15年後中國在鋼產量和其他主要工業產品產量方面超過英國的問題，他非常仔細地向對方了解英國經濟情況。他說，中國在15年後將超過英國，他問波利特：「英國現在的鋼是2千萬噸，你們看，15年後能增加多少？頂多3500萬噸！」高蘭回答說：「15年後，頂多增加3千萬噸。」(1) 這樣毛澤東對15年趕上和超過英國的目標，覺得有把握了。

11月14日到16日，赫魯曉夫主持召開在13個社會主義國家執政的共產黨和工人黨代表大會，會議在克里姆林宮格奧爾基大廳舉行。毛澤東率中國代表團參加會議，並在14日和16日兩次發表講話。毛澤東在會議的第一天發言專門講「以蘇聯為首」的問題 。他說：「我們這裡這麼多人，這麼多黨，總要有一個首。就我們陣營的內部事務說，互相調解，合作互助，召開會議，需要一個首。就我們陣營外部情況說，更需要一個首。我們面前有相當強大的帝國主義陣營，它們是有一個首的。如果我們是散的，我們就沒有力量。」「我們面前擺著強大的敵

人。世界範圍內的誰勝誰負的問題沒有解決。還有嚴重的鬥爭，還有戰爭的危險，要防備瘋子。當然，世界常人多，瘋子少，但是有瘋子。偶然出那麼一個瘋子，他用原子彈打來了你怎麼辦？所以我們必須有那麼一個國家，有那麼一個黨，它隨時可以召集會議，爲首同召集會議差不多是一件事。既然要一個首，那麼，誰爲首呢？蘇聯不爲首哪一個爲首？」

毛澤東說：「有些同志因爲蘇聯在斯大林時期犯了一些錯誤，對蘇聯同志的印象就不太好。我看這恐怕不太妥。」「各國共產黨過去相互關係中間有些不愉快的事，不僅別的國家有，中國也有，但是我建議我們要看大局。」毛澤東談到自己一些親身感受，他說：「要講心裡有氣，我也有一肚子氣，什麼氣我也不準備講。」「時間過去了，斯大林死了。」「應該承認現在蘇聯同志的作風有很大改變。並且還會改變，還會進步。」(2)這次會議，毛澤東幫了蘇共和赫魯曉夫的大忙，把「以蘇聯爲首」的問題定下來，並寫進了《社會主義國家共產黨和工人黨代表會議宣言》。

根據赫魯曉夫提議成立宣言起草委員會，主要以 12 個社會主義國家代表團成員組成，同時也吸收了資本主義國家的共產黨代表參加。起草委員會於 15 日開會，會上爭論了 1 天，有幾個問題波蘭黨不同意，宣言能否達成協議，波蘭是關鍵。赫魯曉夫請毛澤東做波蘭黨代表團工作。毛澤東同哥穆爾舉行第二次會談，從下午 6 時半到晚 10 時，談了 3 個半時，商談取得重大進展。楊尚昆在日記中寫道：「似有好轉，雙方意見較爲接近，明天可能達成協議。」(3)

16 日，社會主義國家共產黨和工人黨繼續開會，通過了會

議宣言，又稱《莫斯科宣言》，除南斯拉夫外，12 個社會主義國家代表團在宣言上簽字。宣言顯示了當時所謂的社會主義陣營的團結和力量。宣言最後一部分，論述了關於從資本主義向社會主義過渡的方式問題。蘇共提出的宣言沿用蘇共二十次代表大會的提法，只提從資本主義向社會主義和平過渡，根本不提非和平過渡，並把和平過渡解釋為「在議會中爭取多數選舉權，把議會從資產階級專政的工具，變為人民政權的工具。」中共認為和平過渡在歷史上沒有先例，是非馬克思主義的觀點。經過討論，做了兩處重大修改，一是在指出和平過渡的可能性的同時，指出非和平過渡的道路；二是爭取議會多數的同時，還要展開議會外廣泛的群眾鬥爭，摧毀反動勢力的反抗。宣言增強了社會主義陣營的團結，在一些重大問題上初步統一了社會主義各國的認識。

11 月 16 日至 19 日，召開了各國共產黨和工人黨代表大會，赫魯曉夫主持了會議。會議一致通過《和平宣言》。宣言提出「戰爭不是不可避免的，戰爭是可以制止的，和平是可以保衛住和鞏固起來的」。宣言率先提出立即停止核實驗，無條件禁止和使用核武器的建議。毛澤東在 18 日會上做長篇發言，集中論述國際形勢和團結問題。毛澤東說，40 年前的十月革命是整個歷史的轉折點，他列舉了第二次世界大戰以來發生的 10 件大事，來證明上述的論斷。這十件大事是：蘇聯在打敗德國、日本中起了關鍵作用；中國革命取得勝利、美國只好坐視蔣介石的失敗；朝鮮戰爭，迫使美國在停戰協定上簽字……

從這 10 件大事中，毛澤東得出兩條結論，第一，「問題是不能用鋼鐵量多少來作決定，而是首先由人心向背來做決定

的。歷史上從來就是弱者戰勝強者」。第二,「一切所有號稱強大的反對派都是紙老虎。美帝國主義也是紙老虎,核戰爭不可怕,世界有 27 億人,死一些人算不了什麼。中國有 6 億人,就是炸死一半還有 3 億人,同帝國主義鬥爭,從戰略上應藐視它,從戰術上我們要重視它,要一個個的戰勝,否則就犯冒險主義的錯誤。關於團結問題,毛澤東說我想講一點方法問題,對同志不管他是什麼人,只要不是敵對分子,破壞分子,那就要採取團結的態度。列寧曾說過,不犯錯誤的人全世界一個人也沒有。任何一個人都要人支持。「一個好漢也要三個幫,一個籬笆三個樁」,這是中國的成語。中國還有一句成語:「荷花雖好,也要綠葉扶持。」你赫魯曉夫同志這荷花雖好,也要綠葉扶持。我毛澤東這朵荷花不好,更要綠葉扶持。

最後,毛澤東說:「同志們,我講講我們國家的事吧。我們今年有 520 萬噸鋼,再過 5 年,可以有 1000 萬噸到 1500 萬噸鋼;再過 5 年,可以有 2000 到 2500 萬噸鋼;再過 5 年,可以有 3500 萬噸到 4000 萬噸鋼。」「中國從政治上、人口上是個大國,從經濟上說現在還是個小國。他們很努力,他們非常熱心工作,要把中國變成一個真正的大國。赫魯曉夫同志告訴我們,15 年後,蘇聯可以超過美國。我也可以講,15 年後我們可以趕上或超過英國。」「我和波利特(英國主席)、高蘭(英共總書記)談過兩次話,我問他們國家的情況,他們說現在英國年產 2000 萬噸鋼,再過 15 年,可能爬到年產 3000 萬噸鋼。中國呢?再過 15 年可能是 4000 萬噸,豈不是超過英國嗎!」

11 月 17 日,星期日,大會休息。下午 6 時,毛澤東在鄧小平、彭德懷、烏蘭夫、陳伯達、楊尚昆、胡喬木、劉曉等陪

同下來到莫斯科大禮堂，看望在這裡的 3500 多名中國留學生。毛澤東在同學生交談中，講了許多充滿熱情的話：「世界是你們的，也是我們的，但歸根結底是你們的。」「你們青年人朝氣蓬勃，正在興旺時期，好像早晨 8、9 點鐘的太陽，希望寄託在你們身上。」「一起動手，人人振奮，移風易俗，改造我們的國家。」「世界上怕就怕『認眞』二字，共產黨最講『認眞』。」這些話，激勵著年輕人奮發前進。

毛澤東對蘇聯爲期半月的訪問就要結束了，臨行前，蘇共中央主席團爲毛澤東和中央代表團舉行了隆重的送別宴會，還在克里姆林宮的葉卡捷琳娜大廳，安排毛澤東和蘇聯各界著名人士見面。蘇方向毛澤東回贈了許多重要禮品，其中以合金鋼人造地球衛星模型最受毛澤東重視。1958 年 5 月 17 日，毛澤東在八大二次會議上提出：「我們也要搞人造衛星。」

11 月 20 日，毛澤東率中國代表乘專機回到北京。

毛澤東從莫斯科回國後，春風得意，感到赫魯曉夫少不了他的支持，他應向蘇提出更多的發展核武器的要求。根據毛澤東的指示，周恩來於 1958 年 6 月給赫魯曉夫寫信，要求蘇聯幫助核潛艇的技術、設備，以及航空母艦和其他軍艦。

赫魯曉夫沒有同意，他建議中蘇建立一個共同艦隊，越南也參加，這樣中國既有核潛艇，蘇聯也可以借用中國直通太平洋的海岸線，兩全其美。尤金大使於 7 月 21 日把這個建議轉給毛澤東。

毛澤東得到尤金的回覆，想了一夜，設了一計。第二天，把尤金叫來，當著周恩來、陳毅等中央領導人大發脾氣，驚人的指責尤金傳達赫魯曉夫的建議是看不起中國人民，侵犯中國

主權，說：「你們幫助中國搞點原子彈建設，就要控制中國領海，就要租借權，你們不信任中國人，認為中國人是下等賤民。只有你們俄國人，才是有智慧的上等人。」罵完之後說：「你們要相信中國人有能力，有智慧。你們幫助我們建設海軍，我們打算搞二、三百艘核艦艇。」最後提出要赫魯曉夫同志到北京一趟，我和他當面談談。

赫魯曉夫接到尤金報告，感到茫然，怎麼會傷害我的這位支持者毛澤東的感情？他急忙於 7 月 31 日飛往北京，毛澤東現出一臉怨氣，到機場去接赫魯曉夫，地面沒有鋪紅地毯，沒有儀仗隊，外觀上表現很冷淡。飛機著地後，兩人見面交談，赫魯曉夫表示歉意說他根本沒有想控制中國領海的想法，我們是兄弟國家，怎麼能做對不起中國黨的事呢？毛澤東仍是裝著好像是受了多大的委屈，傷害了他的民族自尊心，站起來，指著赫魯曉夫鼻子聲色俱厲地說：「我問你，什麼叫聯合艦隊？」他還裝著生氣的樣子說：「要是我們沒有核潛艇艦隊，將來索性把我們的海洋都交給你們，你們去管好了。」毛澤東不愧是訓練有素的一級演員，他這種表演，把赫魯曉夫懵住了。答應幫助中國在黃河領域建立一個製造潛水艇的大工廠，大量生產潛水艇。

毛澤東對赫魯曉夫的許諾，還不放心，必須把這件事情做紮實，赫魯曉夫走後不久，8 月 23 日，毛澤東命令部隊突然炮擊金門，一口氣朝這個靠近大陸最近的國民黨海島發射了三萬枚蘇制炮彈，引發了第二次台灣危機，美國以為毛澤東要打台灣。美國艦隊隨即駛入台灣海峽，9 月 4 日美國務卿宣布，美國不但堅決保衛台灣而且也要保衛金門，威脅要炮轟大陸。赫

魯曉夫緊張了，怕蘇聯被拖進與美國的軍事突擊突中去，第二天派外長葛羅米柯來中國探聽虛實。毛還是故技重演，迫使蘇聯給他的核潛艇技術。毛對葛羅米柯說，當前我們不會打台灣，與美國作戰，將來必有一戰，意思是蘇聯儘早把核潛艇建設任務完成。毛故意嚇唬葛羅米柯說，他希望和赫魯曉夫商量，核戰爭爆發了怎麼打法，他暗示蘇聯將被整個滅掉。經過這一場世界大戰之後，我們在哪裡建立社會主義首都？毛建議在太平洋上人造一座小島，作為社會主義的首都。葛羅米柯聽得毛髮悚然，不敢把這些話在電報裡向赫魯曉夫彙報。

　　毛嚇唬了葛羅米柯後，又說：「我們的方針是我們自己承擔這個戰爭的全部責任，不會把蘇聯拖進來，前提是你們得幫我們，使我們能獨自對付美國。」9月27日，赫魯曉夫給毛寫信說：「感謝您願意獨自承受打擊，不把蘇聯捲進去。」赫魯曉夫幫助中國，有能力抗擊美國。毛的要求得到滿足，便命令國防部長彭德懷發表聲明，宣布暫停炮擊金門，第二次台海危機解除。

　　1959年2月4日，中蘇簽訂了《新技術援助協定》，規定蘇聯幫助中國建造成套先進武器、軍艦，包括常規動力導彈潛艇，潛對地彈道導彈等。赫魯曉夫匍匐在毛澤東的腳下，毛澤東的詭計成功了。

注釋

（1）毛澤東同波利特、高蘭第二次談話記錄，1957年11月19日。

（2）毛澤東在社會主義國家共產黨和工人黨代表會議上的講話，1957年11月14日。

（3）楊尚昆：《楊尚昆日記・上》。中央文獻出版社，2001 年 9 月版，第 293
頁。

（三）掀起烏托邦運動高潮（上）

馬克思、恩格斯提出的共產主義，是一種沒有人實驗的空
想理論。1939 年，斯大林在蘇共（布）十八次代表大會上宣布：
「蘇聯進入了逐漸過渡到共產主義的階段。」隨後爆發的第二
次世界大戰，中斷了蘇聯向共產主義過渡的設想。1958 年，中
國共產黨在毛澤東領導下，主持召開幾次中央會議，認定只要
推廣幾個放衛星公社的經驗，就可以提前實現向共產主義的過
渡。研究這一段歷史，回憶當時的中國狀況，感到毛澤東這位
「偉大領袖」的許多講話荒唐無知和可笑。

1958 年 1 月 11 日至 20 日，毛澤東主持召開南寧會議，參
加者除中央領導人，還有九省二市的第一書記。這是反右派運
動後，中央召開的反對保守主義的會議，為掀起烏托邦運動高
潮，實現空想共產主義做思想準備。

從 1 月 11 日到 14 日，毛澤東連續三次講話，集中批評分
散主義和反冒進。他認為：「反冒進是針對他的，他批評 1956
年 6 月一篇反冒進社論，既反對右傾保守，又反對急躁冒進，
好像有理三扁擔，無理扁擔三，實際重點是反冒進。」他指出
社論中引用《中國農村的社會主義高潮》序言的幾句話來說明
反冒進，「是用毛澤東來反對毛澤東」，他還在反冒進社論上批。
「庸俗辯證法」、「庸俗馬克思主義」、「尖銳地針對我」。他批評
周恩來領導的國務院說：「國務院向全國人大的報告，我有兩年
沒看了。只給成品，不給原料，不行。」「財經部門不向政治局

通報情報，沒有共同語言。」他說：「集中，只能集中於黨委、政治局、書記處、常委，只能有一個核心。」毛澤東批評反冒進，他說：「管『實業』的人當了大官、中官、小官，自以為早已紅了，鑽到裡面出不來。1956 年冒進，1957 年反冒進，1958 年又冒進。看是冒進好，還是反冒進好？」「反冒進吹掉了三條，一為多快好省，二為四十條綱要，三為促進委員會。」毛澤東強調要注意九個指頭和一個指頭的關係，一定要抓住主流，抓錯了就不好。他講了宋玉寫的〈登徒子好色賦〉的故事，反冒進和宋玉一樣，採用的是一個方法「攻其一點，不及其餘」。會上，毛澤東把周恩來 1956 年縮減重工業建設規模的「反冒進」，跟匈牙利事件相提並論，說這兩件事都給右派猖狂進攻以重大影響，指責周的反冒進是犯了路線錯誤。

1 月 16 日，柯慶施彙報。毛澤東插了一大段話，他讚揚柯慶施題為〈乘風破浪，加速建設社會主義的上海〉。毛澤東問周恩來：「恩來同志，你是總理，你看，這篇文章你寫得出來寫不出來？」周答：「我寫不出來。」毛又說：「你不是反冒進嗎？我是反冒進的。」(1)

1 月 19 日，周恩來在大會發言，承擔了反冒進的主要責任。他說：「反冒進是一個問題，一段時間（1956 年夏季到冬季）帶方針性的動搖和錯誤。」「反冒進結果損害了三個東西：促進、四十條、多快好省，使 1957 年工農業生產受到了一些影響，基本建設減少了一些項目。」而且最重要的損失在於方針一偏，群眾和幹部的勁頭就得不到支持，反而受到束縛，使我們的建設走群眾路線這一方針受到某些損害。「這一反冒進的錯誤，我要負主要責任。」(2) 劉少奇檢討說：「《人民日報》反冒進的

社論，基本方針是錯誤的，經過我發表的，我負主要責任。」(3)

在南寧會議上，鄧小平發言說反右派鬥爭帶來新的形勢，來之不易。批評周恩來反冒進是犯了經驗主義錯誤，實際上是說不能算路線錯誤。鄧小平這些話是有分量的，受到毛澤東的重視。毛澤東在會上說：「中央我是統帥，鄧小平是副統帥。」毛澤東這一表態，說明鄧小平不僅是周恩來的婆婆，他的實權也在劉少奇之上。

南寧會議對後來中國的發展產生過嚴重影響，會上提出的一些超過實際可能性的高指標被會議一致通過，這就直接導致「大躍進」的開始發動。

1月26日，毛澤東回北京。1月28日，毛澤東在中南海頤年堂召集最高國務會議第十四次會議上，他首先講話：「七、八年來，都看出我們這個民族有希望，特別是去年一年，使得廣大群眾感覺到光明的前途。幾億人口，精神發揚起來。經過大鳴、大放、大辯論，把一些問題搞清楚，任務也提得適當了。比如15年趕上英國，又多、又快、又好、又省之類。四十條農業綱要重新發表，給群眾以很大的鼓勵。許多人認為做不到的事情，現在群眾覺得做得到。」毛澤東十分自信地認為，有群眾這麼大的熱潮，15年趕上英國是完全可能的。他說，為了達到這個目的，就要有一股幹勁。他特別讚賞元旦社論的兩句話：「鼓足幹勁，力爭上游。」(4)

2月1日至11日，第一屆全國人大五次會議在北京召開。會議文件指出，基本建設總投資145億7700萬元，比1957年增長17.8%，農業和農副業總產值680億3000萬元，比1957年增長6.1%。工業總產值648億7000萬元，比1957年增長

14.6%。鋼產量擬定 624 萬噸，比 1957 年增長 19.2%。這次會議，實際上是實現國民經濟新「大躍進」的動員大會。

3 月 4 日，毛澤東乘專機離開北京，於當天下午到達成都，主持召開中共中央工作會議。當時，從現象上看全國上下熱血沸騰，發展生產積極性很高：在黨內，隨著批評反冒進的範圍越來越大，地方上的一些領導人競相攀比，提出的生產指標越來越高，毛澤東的頭腦發熱，成都會議就是在這種氣氛下召開的。

會議地址在成都西郊金牛壩，參加會議的中央、中央國家機關和全國部分省、市、自治區主要領導人共 30 餘人。3 月 9 日開會，毛澤東講話，他提出 20 幾個問題，要大家討論，主要是經濟方面的，重點講反冒進、反對教條主義。他把反冒進的錯誤提高到是非馬克思主義的，我們要馬克思主義的冒進不要非馬克思主義的反冒進。他批評我們經濟建設制度中搬進了蘇聯的許多東西，束縛了生產力的發展。

成都會議期間，毛澤東心情極為愉快。在 19 天會議中，他講了 6 次話。他要求破除迷信，敢想、敢說、敢幹，提出苦戰 3 年，基本改變各省面貌，7 年內實現農業發展綱要 40 條。他要求農業機械化，爭取 5 年實現。10 年或稍多一點時間趕上英國，20 年或稍多一點時間，趕上美國。從這話裡，可以看到毛澤東的過熱心態。毛澤東講話中引經據典，談古論今，娓娓道來，情趣充沛愉快，他說，歷史上總是學問少的人推翻學問多的人，他講了孔子、耶穌、釋迦摩尼，講了章太炎、康有為。為了活躍大家情緒，還選印了一些有關四川的古詩詞，如李白的〈蜀道難〉、杜甫的〈詠懷古蹟五首〉、王勃的〈杜少府之任

蜀州〉等。

毛澤東在 3 月 10 日，第二次講話中，提出了兩種個人崇拜的問題，他說：有些人對反對個人崇拜很感興趣。個人崇拜有兩種，一種是正確的崇拜，如對馬克思、恩格斯、列寧、斯大林正確的東西，我們必須崇拜，永遠崇拜，不崇拜不得了。真理在他們手裡，為什麼不崇拜呢？我們相信真理，真理是客觀存在的反映。另一種是不正確的崇拜，不加分析，盲目服從，這就不對了。反對個人崇拜的目的也有兩種，一種是反對不正確的崇拜，一種是反對崇拜別人，要求崇拜自己。柯慶施在討論發言時，語驚四座，他說：「相信毛主席要相信到迷信的程度，服從毛主席要服從到盲目的程度。」這同抗戰前期，大漢奸周佛海吹捧汪精衛，提出「相信主義要做到迷信的程度，服從領袖要做到盲從的程度」如出一轍。

會議期間，毛澤東批轉了一些報告，其中相當多的是一些省市和部委的躍進計劃的經驗，目的是藉以推動其他地區和部委也能打破常規，來一個「全面躍進」。

成都會議是繼南寧會議之後，中共中央召開的又一次反右傾鼓幹勁的會議，在發動大躍進的道路上，向前推進了一大步：生產指標進一步提高，完成任務的時限不斷縮短。會議通過了國家計委提出的《關於一九五八年計劃和預算，第二本賬的意見》。同這年 2 月一屆全國人大五次會議通過的 1958 年計劃相比，做了大幅度的調整。鋼的生產指標從 624 萬噸提高到 700 萬噸；糧食指標從 3920 萬億斤提高到 4316 億斤，基本建設投資從 145 億 7000 多萬元增加到 175 億元。

3 月 27 日上午，毛澤東乘專列離開成都，次日凌晨 1 時抵

達重慶。28日上午參觀了重慶鋼鐵廠，下午參觀二九六工廠。29日清晨上船離開重慶駛向武漢。30日早飯後，乘坐的江輪轉航進入瞿塘峽。吳冷西在回憶錄中寫道，快到巫峽時，毛澤東披著睡衣來到駕駛室，毛澤東從船長手中接過望遠鏡，觀望神女峰，講宋玉《神女賦》：「夫何神女嬌麗兮，含陰陽之渥飾；被華藻之好兮，若翡翠之奮翼。其象無雙，其美無極；毛嬙鄣袂，不足程式；西施掩面，比之無色！」其實誰也沒有見過神女，但宋玉浪漫主義的描繪，竟為後世的騷人墨客提供無限題材。直至快過西陵峽，毛澤東才回到艙內客廳。4月1日晨，毛澤東到東湖賓館住下。(5)

4月1日至9日，毛澤東在武漢召集華東和中南地區省委書記會議，依次聽取河南、安徽、山東、江蘇、湖南、廣西、福建、江西、浙江省委第一書記彙報。每天半天會，各省彙報整頓後的新情況和大躍進的新形勢，相互攀比，不甘落後。在6日下午的會議上，毛澤東講話時提問：「過渡時期階級鬥爭的形勢究竟怎樣？」他說：「兩條路線的鬥爭，恐怕還有幾個回合。」「我在成都會議上說國內有四個階級，兩個剝削階級，兩個勞動階級。第一個剝削階級，右派約30萬左右，地、富、反、壞、右是堅決反共的，是敵對階級，是今天的蔣介石。」「對右派的辦法，既要鬥爭又要拉，幾年以後，將心變過來的可以摘掉帽子。另一個剝削階級是民族資產階級、知識分子，上層小資產階級、富裕中農，他們在性質上屬於資產階級。」

毛澤東把右派列為剝削階級、敵對階級，與地主、富農、反革命分子（歷史上當過國民黨、三青團、幹過舊軍隊、舊警察的人）、壞分子（搶劫犯、強姦犯、殺人犯等服刑期滿被釋放

的）並列，合稱黑五類，這是一大「發明」。例如一個小學教員，出身貧農，還是共青團員，只要對現行政策提過意見，或說了不滿現行政策的話，被定爲右派，他就成了剝削階級、敵對階級。右派這個概念像魔術師手裡那塊黑布一樣，黑布一抖，花瓶可以變成鴨子，知識分子可以變成剝削階級。有個青年教師說麻雀是益鳥，結果被打成右派。因爲「四害」是毛澤東定的，說麻雀是益鳥就是反對偉大領袖毛主席，反對毛主席就是右派。

怎樣制伏農村右派呢？毛澤東繼續說：「地富反壞右雖說是3000萬人，但是分散的被包圍著，不要怕。要開右派大會，先罵一頓，再拉一把，指出出路，使他們感到皇恩大赦，全身發燒，滿身舒暢。」「那個青年教師說了一句麻雀是益鳥，當了右派。被摘了右派帽子，寬大處理，給出路。但有一條，帽子拿在群眾手裡，表現不好就給戴上。」經過一戴、一摘、一拿，這個青年教師起了很大變化，由一個老實、本分、思維敏捷的青年，變成了一個大躍進的狂熱分子。鄉村幹部不敢幹的得罪人的事情，例如爲了叫社員們到食堂吃飯，去拔扒老婆婆的鍋灶，爲了讓土高爐找燃料去砍伐社員家的樹木，都派他帶領學生們打先鋒。人就這樣被扭曲，變了樣子。」

4月15日，毛澤東寫了〈介紹一個合作社〉，高度肯定河南封丘縣應舉農業生產合作社，依靠集體力量，戰勝自然災害，改變落後面貌的事蹟。毛文章中說：「6億人口是個決定因素。人多議論多，熱情高、幹勁大。」「中國6億人口的顯著特點是一窮二白。這些看起來是壞事，其實是好事。窮則思變，要幹、要革命。一張白紙沒有負擔，好寫最新最美的文字，好畫新最美的圖畫。」「由此看來，我國在工農業方面趕上資本主義大國，

可能不需要以前所想的那樣長的時間了。」毛澤東堅持十年趕英，二十年趕美，說二十五年是留五年至七年的餘地。毛澤東這篇瞎吹的文章在全黨傳達、隨後在《紅旗》、《人民日報》上發表、轟動了全國，把已經鼓動起來的群眾幹勁推向了新的高潮。

4 月下旬，毛澤東在廣州期間曾和劉少奇議論過，幾十年後，我國的農村將是許多共產主義公社……若干鄉村公社圍繞著城市，成為更大的共產主義公社。前人的「烏托邦」想法將被實現，並將被超過。毛的這些真正的烏托邦想法傳播開來，一些地方聞風而動，開始試辦共產主義雛形公社。

1958 年 5 月 15 日，中共八大第二次會議在中南海懷仁堂召開，1360 人參會，毛澤東主持會議。

5 月 8 日、17 日、20 日、23 日，毛澤東 4 次在大會上講話，主題是破除迷信，解放思想，敢想敢說敢幹，還提出學習列寧，敢於標新立異，敢於插旗子，提出插紅旗，拔白旗。毛澤東說：「現在還有一部分落後的合作社、機關、部門、車間、連隊、學校、企業，那裡插的不是紅旗，而是白旗，灰旗。」（6）「我們要在這些地方做工作，發動群眾，大鳴大放，貼大字報，把白旗拔掉，插上紅旗。」毛澤東這些話傳達下去，就又變了樣，許多被看不順眼的人特別是一些知識分子也被當白旗給「拔了」，傷害了許多忠厚老誠的人。

八大二次會議上，周恩來作了違心的、痛心的檢討發言。會前毛澤東找周談話，要他在會上檢討自己如何犯了「反冒進」錯誤，如何被右派分子利用向黨猖狂進攻，通過反右傾運動才覺醒。周恩來寫這份違心的檢討非常痛苦，花了 10 天時間。天

天關在房間裡，說一句，祕書寫一句，有時 5、6 分鐘也說不出一句。後來祕書走開，讓周靜心思考，周便整夜在房內發呆，等第二天凌晨祕書進屋，周流淚含淚的繼續口授檢討。

劉少奇在報告中也做了檢查，批評自己 1956 年說過的「寧可慢一點好」這一類「錯話」。聽眾不滿意，說劉少奇語氣太輕，不深刻，對劉進行圍攻。

從 5 月 8 日起大會發言。發言的是兩種聲音，一是檢查批評自己跟不上形勢，這種人有的被罷官，如河南省委書記潘復生，說了眞話：「河南地少人多，水旱災情不斷，上交糧食太多，以致農民沒存隔夜糧。」潘因此受到批判、罷官。另一類是說大話、假話的，如吳芝圃說：「誰說災區人民苦得不得了？」「巧婦能爲無米之炊。」他的話受到毛澤東讚賞，升爲河南省委書記。

會上農業部提出，提前 5 年完成全國農業發展綱領（原定 12 年完成已經是脫離實際的）。冶金部提出，1959 年鋼產量計劃 1200 萬噸，1962 年 3000 萬噸，1967 年 7000 萬噸，1972 年 1 億 2000 萬噸。化工部提出，我國化學工業 15 年趕上美國（不是英國），可以用土辦法辦化學工業。鐵道部提出在今後 15 年內修建 12 萬公里鐵路（當時全國共有 3 萬公里）等等。這些高指標，是人們在不斷批評反冒進、批評教條主義，大力倡導破除迷信過程中，頭腦越來越熱，一步一步越抬越高抬起來的。

中共八大二次會議通過了黨的鼓足幹勁、力爭上游，多快好省地建設社會主義總路線，通過了 15 年趕上和超過英國的目標，通過了苦幹 3 年，基本改變面貌等口號。全國「大躍進」，已經進入高潮。林彪參加了會議，沒有發言，他私下不認可，

說這是憑幻想胡來的。

5月25日，林彪出席八屆五中全會，經毛澤東提議，增選為中央政治局常委、副主席。

這個時候，農業已普遍弄虛作假、開始放高產衛星了。河南省委第一書記吳芝圃帶頭放了第一個高產衛星，宣布遂平縣衛星農業社五畝小麥產地創畝產 2105 斤的記錄。湖北、河北不甘落後，6月9日，湖北襄陽，畝產 2000 斤；6月11日，河北魏縣，畝產 2394 斤；6月16日，湖北谷城，畝產 4353 斤；6月16日，河北臨漳，畝產 3650 斤；湖北廣水，畝產 3664 斤；6月18日，河南商丘，畝產 4412 斤；6月21日，河南輝縣，畝產 4535 斤；6月30日，河北安國，畝產 5103 斤；7月12日，河南西平，畝產 7320 斤。河南、湖北、河北，這 3 個省像打擂台一樣，在報紙上爭高下，吹牛皮。

這期間，毛澤東很重視河南嵖岈山衛星公社的經驗，派人去調查，並寫出了《嵖岈山公社章程》，《章程》第 4 條規定，各個農業合作社合併為公社，根據共產主義大協作精神，應該將一切公有財產交給公社，多者不退，少者不補。原來的債務，除了用於當年度生產周轉的應當各自清理外，其餘都轉歸為公社負責償還，這就是將窮隊和富隊拉平。後來「共產風」所謂「一平二調三收款」皆源於這個《章程》。這個《章程》的要害是剝奪了農民的一切：土地、房屋、對農業社的投資、牲畜、林木等等。得到的就是一個不分男女老幼都到食堂吃飯，實行供給制，吃飯不要錢。

遵照毛澤東的批示，陳伯達把嵖岈山衛星公社的章程在《紅旗》雜誌第七期（9月1日出版）全文發表了。毛澤東肯

定過的東西，在當時的中國就像受了「皇封」一樣，具有至高無上的權威。嵖岈山的「共產」經驗一推廣，「共產風」在中國廣大的農村像 8 級颶風一樣，以不可阻擋之勢刮開了，其來勢之迅猛，遠遠超過當年的農業合作化運動。到 9 月底，90%以上的農戶加入了人民公社。全國成立了 2 萬 3 千多個公社，平均每社近 4800 戶，還出現了以縣爲單位的人民公社或縣聯社。

1958 年 8 月 3 日，毛澤東讓李銀橋替他打點行裝，主要帶走需要看的書裝箱。這次帶的書除《三國志》、《楚辭》外還有土壤學、冶金學等著作。1958 年 8 月 4 日，毛澤東專列由北京出發，第一站到河北徐水。中共河北省委書記解學恭、副省長張明河和徐水縣委第一書記張國忠陪同視察。毛澤東頭戴一頂大草帽，步出火車站，看到迎面一大標語牌，上面畫的徐水三年進入共產主義的平面規劃圖。然後驅車來到南菜園鄉大寺各莊農業社，視察了糧食加工廠、供銷部、醫院、豬場，參觀了農業社幼兒園、敬老院、農業社集體食堂，最後來到農業田，一畝產萬斤的山藥地，畝產千斤的棉花地。陪同視察的縣委書記張國忠彙報：今年全縣夏秋兩季一共計劃拿到 12 億斤糧食。毛聽到後睜大眼睛，笑嘻嘻地說：「能收那麼多糧食呀！」「你們全縣 3 千 1 百萬人口，怎麼能吃得完那麼多糧食呢？你們糧食多了怎麼辦啊？」

事後查明，完全是弄虛作假。張國忠要求每畝山藥必須達到 15 萬棵以上，達不到者受罰。農民沒辦法就採取田邊密植、地中間稀植的辦法應付張國忠，被張檢查發現，結果有 5 個小隊長被綁在樹上，接受現場批鬥、喝罵、拳打腳踢，然後送監獄關押。1958 年 8 月和 10 月，張國忠搞過 2 次抓捕高潮。他

親自在漕河公社主持捕人現場會，一次就拘捕了356人。1958年，徐水共逮捕4643人，其中有2名支部書記在內的31人被迫害致死。

1958年9月15日，徐水人民公社成立，縣社合一，經濟上由縣統一核算。9月分起，幹部、工人、職員取消薪金、農民取消按勞取酬，一律改發津貼，縣級每月8元，科級5元，一般幹部3元，平民百姓2元。同時宣布，全縣實行15包：吃飯、穿衣、住房、鞋、襪、毛巾、肥皂、燈油、火柴、烤火費、洗澡、理髮、看電影、醫療、喪葬全部由縣統一包起來。

這樣，徐水這個不出名的小縣就出了大名。當年有40多個國家、930多名外國人去參觀，有3000多個國內單位派人去「取經」學習。赫魯曉夫知道後，特派塔斯社記者前來探索實情。赫魯曉夫聽了記者彙報後說：「中國的共產主義是喝大鍋清水湯，蘇聯的共產主義是土豆加牛肉。」

1958年11月，縣籌款550萬元，給全縣公社社員發了第一次津貼及生活用品。12月，又籌90萬元，終因點金無術，湊不齊必要的款項，只得挪用商業流動資金700萬元，發了第二次津貼和實物，實際是把縣百貨公司和供銷社東西給分了。之後就再也無錢可分了。這個共產主義試點縣就這樣夭折了。

1958年8月17日至30日，中共中央在北戴河召開中央政治局擴大會議，毛澤東在21日會議上說：「空想社會主義的一些理想，我們要實行。」「人民公社有共產主義的萌芽。產品十分豐富，糧食、棉花、油料實行共產。」「如果做到吃飯不要錢，這是大變化。大概十年左右，可能產品非常豐富，道德非常高尚，我們就可以在吃飯、穿衣、住房上實行共產主義。公共食

堂吃飯不要錢就是共產主義。」

8月29日，大會討論通過《中共中央關於在農村建立人民公社問題的決議》。

8月30日，毛澤東在這次會的最後一次會上講話，主要講人民公社問題，全民辦工業問題。他說：「人民公社這個事情，是人民群眾自發搞起來的，不是我們提出來的。」人民公社的特點是兩個，一為大，二為公，叫大公社。人多，幾千戶、一萬戶、幾萬戶，地大物博，綜合經營，工農商學兵，漁鹽林牧副，人民公社都有，這些就是大。大，這個東西可了不起，人多勢眾。公，比合作社更社會主義了，公共食堂、託兒所，勞動婦女可以得到解放。看起來只要把章程搞好，全國發展可能很快。今年一個秋，一個冬，明年一個春，可能搞得差不多了。

10月初，毛澤東審定在北戴河召開中央政治局擴大會議公報，向全世界莊重推出了人民公社制度。公報說：「把規模較小的農業生產合作社合併和改變成為規模較大的、工農商學兵合一的、鄉社合一的、集體化程度更高的人民公社，是目前農村生產飛躍發展、農民覺悟迅速提高的必然趨勢。人民公社是加速社會主義建設和過渡到共產主義的一種最好的組織形式，並將發展成為未來的共產主義社會的基層單位。」

　　評曰：毛澤東幻想的用公社形式過渡到共產主義，歷史已有人進行過試驗，失敗了，已有過歷史教訓了。可是毛澤東以為是自己的新發明，又重蹈了覆轍。馬克思早在《資本論》裡寫下了這樣一段話：「在印度的不同地區存在著不同的公社形式。形式最簡單

的公社共同耕種土地，把土地的產品分配給公社成員，而每個家庭則從事紡紗織布等等，作為家庭副業。除了這些從事同類勞動的群眾以外，我們還可以看到一個『首領』，他兼任法官、警察和稅吏；一個記賬員，登記農業賬目，登記和記錄與此有關的一切事項；一個官吏，捕緝罪犯，保護外來旅客並把他們從一個村莊護送到另一個村莊；一個邊防人員，守衛公社邊界防止臨近公社入侵；一個管水員，從公共蓄水池中分配灌溉用水；一個婆羅門，司理宗教儀式；一個教員，在沙土上教公社兒童寫字讀書；一個專管曆法的婆羅門，以占星家的資格確定播種、收割的時間以及對各種農活有利和不利的時間；一個鐵匠和一個木匠，製造和修理全部農具；一個陶工，為全村製造器皿；一個理髮師、一個洗衣匠、一個銀匠，有時還可以看到一個詩人，他在有些公社裡代替銀匠，在另外一些公社裡代替教員。這十幾個人的生活由全公社負擔。如果人口增長了，就在未開墾的土地上按公社的樣子建立一個新的公社。公社的機構顯示了有計劃的分工，但是它不可能有工場手工業分工，因為對木匠、鐵匠來說市場是不變的，至多根據村莊的大小，鐵匠、陶工等等不是一個而是兩個或三個。調節公社分工的規律在這裡以自然規律的不可抗拒的權威起著作用。」(7)

印度古代史詳細記述了十八世紀印度不同地區公社產生、發展和消亡的過程。這個印度公社，其組

織結構、政權形式、職能部門的作用同二十世紀的中國公社比較起來，基本是一樣的，不同的有些稱呼不一樣。公社領導，他們呼「首領」，我們稱「黨委書記」，把掌握公社武裝維持公社治安的職能部門，他們叫官吏，我們稱部長，把掌管占卜的成員，他們叫「婆羅門」，我們稱「氣象預報員」。但馬克思分析的印度公社是原始的自給自足的自然經濟產物，不能產生大生產的生產方式，是最後要被淘汰、瓦解、消亡的。毛澤東沒有學印度古代史，沒有讀過馬克思的《資本論》，卻把被歷史淘汰的印度公社，重新翻版到中國，下達了「人民公社好」的「聖旨」，向全國推廣，倒退到原始公社去，這種失敗是必然的可悲的。

注釋

（1）薄一波：《若干重大決策與事件的回顧》。1958 年 1 月 16 日，南京會議記錄。

（2）周恩來在南寧會議上的發言提綱，手稿，1958 年 1 月 19 日。

（3）王任重工作筆記，1958 年 1 月 19 日。

（4）毛澤東在最高國務會議第十四次會議上的講話記錄，1958 年 1 月 28 日。

（5）吳冷西：《回憶毛主席》。新華出版社，1995 年 2 月，第 66 頁。

（6）毛澤東在中共八大二次會議講話記錄，1958 年 5 月 20 日。

（7）馬克思：《資本論》第一卷。第 395—396 頁。

（四）掀起烏托邦運動高潮（下）

1958 年 6 月 9 日，毛澤東召開中央政治局常委會，討論周恩來、彭德懷辭職報告，常委一致表示挽留，會議沒有同意周、彭的辭職。

毛澤東認為周恩來的留職，會妨礙他發動大躍進，便採取架空他的辦法。毛提出並經過中央通過，成立了 5 個小組：財經組（陳雲任組長）、政法組（彭真任組長）、外事組（陳毅任組長）、科學組（聶榮臻任組長）、文教組（陸定一任組長）。毛澤東在「決定」文件中明確規定，這些小組是黨中央的，直屬中央政治局和書記處。「只有這一個政治設計院，沒有兩個政治設計院。」「大政方針和具體部署都是一元化，黨政不分。」「對大政方針和具體部署，政府機構及其黨組有建議之權，但決定權在黨中央。」毛澤東改變了常委毛、劉、周、朱、陳、林、鄧的排序，把周排在不是常委的彭真後面，這樣一來，國務院成了有名無實的「影子內閣」，周恩來成了「影子總理」。

毛澤東親臨第一線，直接指揮這 5 個小組，組成了「政治設計院」，毛自當院長，領導全國經濟建設，發動大躍進和人民公社運動，想怎麼幹就怎麼幹。這就是大躍進的領導體制和領導班子。

1958 年 6 月中旬，李富春在提交的《第二個五年計劃要點》中，提出鋼產量指標為 6000 噸，毛閱後批示：「一個很好的文件，值得認真一讀，可以打開眼界。」6 月 16 日，李先念送上關於第二個五年計劃財政支出的預算。提出支出基建投資為 3005 億元，占全部支出 70% 以上。毛澤東批示：「此件甚好。」6 月中旬，薄一波送上鋼產量 2 年超過英國的報告。毛澤東閱

後批示：「超過英國，不是 15 年，也不是 7 年，只需要 2 到 3 年，2 年是可能的。這裡主要是鋼，只要 1959 年達到 2500 萬噸，我們就在鋼的產量上超過英國了。」

大躍進年代，一切以毛澤東爲軸心，緊跟毛澤東的就受到重用晉升，講良心說實話的就被免職。八大二次會議到八屆五中全會期間，緊跟毛澤東說假話、投其所好的柯慶施、李井泉、譚震林被增補爲中央政治局委員，王任重被補選爲中央候補委員。而河南省委第一書記潘復生、浙江省委常委省長沙文漢、安徽省委書記副省長李世農、廣東省委書記古大存等人因爲說眞話，都受到撤職和開除黨籍處分。毛澤東從組織上調整了大躍進班子。從此，毛澤東的話一句頂萬句，一呼百應。

上海市、河南省是毛澤東的兩塊實驗田。1958 年 5 月 26 日到 30 日中央政治局會議期間，毛澤東宣布柯慶施送來的華東 5 省市鋼產量報告（柯兼任華東協作區主任）可以達到 800 萬噸。毛質問：「既然華東可以搞到 800 萬噸，其他地區還不能搞 300 萬噸嗎？」

9 月 1 日，《人民日報》發表社論〈立即行動起來，完成把鋼產量翻一番的偉大任務〉，指出這是「全民當前最重要的政治任務」。一個前所未有的全民大煉鋼鐵運動，在全國轟轟烈烈地開展起來了，在各級領導幹部帶領下，幾千萬人上山大煉鋼鐵。滿山遍野的小土高爐，一到夜晚，幾乎到處可以看到一片一片的火光。大片森林被砍伐用來燒炭煉鋼，大批勞力從農業戰線調出來參加鋼鐵生產，嚴重影響了農業秋收秋播。

河南省委第一書記吳芝圃跟得最緊，率先組織了本省鋼鐵大躍進，趕在 9 月 15 日放了第一顆鋼鐵「衛星」。據《人民日

報》17日報導，9月15日，河南全省建成4萬5千多座煉鋼爐，動員360萬農民，出動40萬7千輛各種運輸車輛，「打了一個日產生鐵18693.92噸的大勝仗」，並說：「河南的鋼鐵日產量比老鋼鐵生產基地遼寧、吉林、黑龍江日產量還高。要求各地像河南一樣，鼓足幹勁，力爭上遊，緊緊地抓，狠狠地抓，爭取9月分內根本扭轉土高爐生鐵生產不正常的局面，完成和超額完成9月分的生鐵計劃。周恩來不相信河南放的「衛星」，「派工業祕書顧明去實地檢查，並抽查一、二處工地。顧明到放了日產生鐵102噸高產衛星的新鄉，向幹部和群眾了解了情況，看了現場，還帶回了一塊生鐵樣品，向周恩來彙報說：「完全是弄虛作假。我們在鞍鋼，煉一噸生鐵需要貧礦石3~4噸，煉焦用煤須要2~3噸，加上石灰石，輔助材料須要10多噸。日產102噸生鐵，原材料要1000多噸的運輸量，新鄉那裡的運輸能力怎麼可能做得到呢？總理請看，最上乘的產品就是這種海綿鐵。」周恩來接過樣品，良久無言，後來才掂量著那塊鐵說：「這哪裡是鐵嘛？」(1)

周恩來沒有把河南煉鐵造假的窗戶紙捅破。工業交通部副部長高揚奉命帶一個工作組去河南登封、禹縣、魯山等大放衛星地方了解煉鐵情況。他發現產量不實，質量不高，欺騙領導的真情，寫信給中央，對所謂「小、土、群」的做法提出異議。毛澤東看後非常生氣，把高揚打成「右傾機會主義分子」，攜兒帶女，發配到貴州勞動改造。這個殺雞給猴看的做法，就給各級要提、想提意見幹部的嘴給封住了。眼睜睜的看著造假，承認造假，表揚造假。這就是當時最大的「政治」。

河南省這個樣板一樹，各省、地、縣書記就知道他們應該

怎麼辦了。《人民日報》1958 年 9 月 24 日報導了第二個典型，湖南邵陽專區。他們組織了全民大辯論，駁倒了「農民煉不出鐵來」的「懷疑論」、「條件論」等保守思想，在全區組織了萬餘幹部、93 萬群眾投入煉鐵運動。沒有礦，他們說：「把地球挖穿，也要挖出來。」「僅一個湘鄉縣，就發動 7 萬多人找到 120 多處鐵礦和 51 處煤礦，焦煤運不出來，他們自己去挑，去搬，僅一個連源縣就發動 2 萬多人排成長蛇陣，從山上運去 6000 多噸焦煤。當群眾發動到這種程度，奇蹟就一定會出現。」

為了在 1958 年年底完成 1070 萬噸鋼的生產任務，9 月 24 日中央書記處召開電話會議，要求到 30 日為止，鋼的日產量必須達到 6 萬噸，而生鐵產量必須達到日產 10 萬噸，要求從省、地、縣到鄉，各級第一書記都要親自掛帥，親臨鋼鐵生產現場，日夜不停地指揮鋼鐵大會戰。為了完成這樣的指標，計劃 10 月分在全國建起 30 幾萬座小高爐。中央要求全國有 30 個到 50 個日產千噸鐵的縣。

10 月 7 日至 9 日，冶金部部長王鶴壽在天津召開全國地方土法煉鋼促進會。11 日，又在河南商城召開同類會議。冶金部連續召開兩次現場會，就是要介紹、推廣土法冶煉方法，宣傳所謂小（小高爐、小轉爐、小平爐）、土（土法煉鐵、煉鋼）、群（大搞群眾運動），大破「保守思想」、「懷疑論」和「條件論」。配合宣傳的《人民日報》社論〈關鍵在於大搞群眾運動〉指出：「在當前的鋼鐵生產中，怎樣才能把廣大群眾的積極性通通調動起來呢？許多地方的經驗證明，大辦土高爐最能把千百群眾的積極性動員起來，最能發揮群眾的智慧和力量，最能在最短的時間內，取得最大的效果。」「9 月 1 日到 20 日生產出的全

部生鐵中有百分之五十左右都是土高爐生產的，可見土高爐在當前的鋼鐵生產中，處於何等重要的地位。許多地方九月分的生鐵生產上升得比較快，重要原因之一就是抓緊了土高爐。廣大的群眾，不管是5、60歲的老太太，不管是十幾歲的小孩子，都能出一份力量，因而出現了男女老少一齊動手的真正的群眾運動，出現了幾萬座土高爐鐵水齊流的興旺局面。」

　　當時的口號是全黨全民大煉鋼鐵。當時流行的說法是「鋼鐵元帥升賬，其他一切都要讓路」。《人民日報》9月5日發表題為〈全力保證鋼鐵生產〉的社論，要求「各部門、各地方都要把鋼鐵的生產和建設放在首要地位」，「當鋼鐵生產的發展與其他工業的發展，在設備、材料、動力、人力等方面發生矛盾的時候，其他工業應該主動放棄或降低自己的要求，讓路給鋼鐵工業先鋒」，要求不惜一切代價，把鋼鐵生產搞上去，實現「一零七零」。大煉鋼鐵成了全國各族人民的行動綱領，爭先恐後地擁向煉鋼前線。吃大苦耐大勞，忍飢挨餓，都毫無怨言，一切為了鋼鐵，一切服從鋼鐵，全國上下簡直到了瘋狂的程度。7月底，用在鋼鐵工業上的勞動力不過幾十萬人，8月底，增至幾百萬人、爐至17萬座。9月底，猛增到5000萬人，爐增60多萬座。十月底，增至6000萬人。小高爐增至幾百萬座，土高爐3萬座。年底，達到9000萬人；加上直接間接支援大煉鋼鐵的，全國投入的勞動力超過一億以上。不但公社煉鋼，而且部隊、學校、甚至外交部和文聯，以至於孫夫人宋慶齡公館的後院，都建起了煉鋼爐。

　　當時神州大地出現一片神奇壯觀景象，鐵路兩側，火光沖天，人聲鼎沸，紅旗招展。晝夜三班倒，人停爐不停。新建的

一座座小高爐拔地而起。還把磚瓦窯、瓷窯改成了小高爐、土高爐，就連侵華日軍和國民黨軍遺留下來的碉堡、炮樓，也都改造成爲土法煉鐵的爐具。煉鐵用的焦煤缺乏，就用普通煤炭，煤炭不夠，就砍伐樹木燒成木炭代替。沒有礦石的地方，就把農民家裡的鐵鍋、鐵鏟，廟宇裡的鐵香爐、鐵鼎，殷實家庭的鐵門、鐵柵等一切能搜羅到的鐵器送進煉爐裡去。煉出來的燒結鐵、鐵絲支支愣愣，還有沒有煉化了的鐵器具。這些都作爲產量放了衛星。

毛澤東從 1957 年 11 月 18 日在莫斯科宣布 15 年鋼產量趕上英國，到 1958 年 10 月不到一年時間裡，思想發生了「飛躍」：由 15 年趕英、20 年趕美，變成 2~3 年趕英、6~7 年趕美。這時的毛澤東頭腦膨脹、神魂顛倒、昏昏迷迷，到處說大話。

蘇共 21 大召開前夕，莫斯科公布了蘇聯 7 年計劃，規劃 1959 年到 1965 年，蘇聯鋼產量將達到 8600 萬噸至 9100 萬噸；石油達到 2 億 3 千萬至 2 億 4 千萬噸；發電量達到 5000 億至 5200 億度；糧食產量將達到 100 億至 110 億普特。這個計劃以空前規模和飛速發展速度，擺開了「向共產主義邁進的雄姿」。1958 年 11 月 16 日《人民日報》發表了題爲〈蘇聯走向共產主義的巨大步驟〉的社論，介紹了蘇聯的 7 年計劃。

毛澤東看到蘇聯這個計劃，提出中國和蘇聯哪個先過渡到共產主義問題。毛澤東說：「依我們現在的速度，我們 10 年後就可以搞到 4 億噸鋼、160 台機器、25 億噸煤、3 億噸石油，到那時候，我們就是第一國了。蘇聯搞了那麼久，落在我們後頭。」毛澤東得意地說：「蘇聯提的口號是技術決定一切、幹部決定一切，我們除了重視技術和幹部外，還有人民公社、群眾

運動，這是我們優越地方。」毛說：「考慮到蘇聯在國際共運的地位和影響，在過渡問題上還應給蘇聯人留點面子，讓它先過渡。」

1958 年 10 月 25 日，《人民日報》根據毛澤東在全國城鄉大辦公共食堂的倡議，發表社論〈辦好公共食堂〉。提出：「辦好公共食堂是人民公社實現組織軍事化、行動戰鬥化和生活集體化的有效措施，是培養農民集體生活習慣和集體主義、共產主義思想覺悟的一個關鍵問題。公共食堂要在農村和城市普遍地建立起來，成為我國人民的新的生活方式。」

河南范縣要在全縣吃食堂的基礎上提出 3 年向共產主義過渡。10 月 28 日范縣縣委書記謝惠玉在全縣萬人大會上做報告說：「人人進入新樂園，吃喝穿用不要錢；雞鴨魚肉味道鮮，頓頓可吃四個盤；天天可以吃水果，各樣衣服穿不完；人人都說天堂好，天堂不如新樂園。」 毛澤東於 11 月 6 日在登載這個報告的《宣傳動態》上批了這樣一段話：「此件很有意思，是一首詩，似乎也是可行的，時間似太促，只 3 年。也不要緊，3 年完不成，順延可也。」

毛澤東的批示和范縣縣委書記的報告，在中共八屆六中全會上印發了，造成了極大的思想混亂。參會的高層幹部普遍認為，共產主義真的要實現嗎？物資財富想要就可以隨心所欲而來嗎？想入非非。

那時候，中國共產黨和毛澤東在人民中享有崇高的威望。中共的機關報傳達的是黨的號召、毛主席的號召，誰敢懷疑呢？於是，大辦公共食堂，在全國一哄而起。到 1958 年年底，全國農村建立公共食堂 391 萬多個。參加公共食堂吃飯的約 4 億人，

占人民公社總人數的 72.6%。河南最徹底，到食堂吃飯的人達到了社員總人數的 99%。

毛澤東熱心提倡吃飯不要錢，是要以糧食多得發愁爲基礎的，他想像的糧食多得很，他在北戴河會議上說：「現在看來搞十幾億人口也不要緊，把地球上的人通通到中國來糧食也夠用！將來我們要搞地球委員會，搞地球統一規則，哪裡缺糧，我們就給他。」

1958 年 8 月 25 日，農業部黨組給北戴河政治局擴大會議報告稱：「1958 年糧食總產量超過 8000 億斤，比 1957 年的 3700 億斤，增產 4000 多億斤，翻了一翻還多。」後來經過核實，1958 年糧食產量爲 4000 億斤。一開始，食堂很「紅火」了一陣子，雖然沒有大魚大肉，但大鍋飯管飽。當時有兩個口號，一個是「放開肚皮吃飯」，一個是「吃飯不要錢」。看到過路的人還強拉他回來，說天晚了還不吃飯？反正不要錢，非要他吃不行。看這種景象，眞如《鏡花緣》中描寫的「君子國」的世界已在眼前出現。不要錢的飯，誰不吃哩！過路的人有做生意的，有探親訪友的，有看熱鬧的，吃飽了飯，摸摸嘴巴就走，連感謝的話都不說。

公共食堂的要命處在於大鍋飯，養懶人。農民幹多幹少一個樣，幹好幹賴一個樣，幹與不幹一個樣，反正可以到食堂放開肚皮吃飯。勞動的農民想，下大力氣起早貪黑，深耕細作，增產多少糧食，也是全部歸公；懶惰的農民原來還隨大伙出工，只是多歇幾次，多吸幾袋煙，隊長見不著他的時候早收工，現在成了什麼都不幹的二流子，甚至過路的人都可以到食堂吃飽飯，這種懶漢索性不出工了。於是，沒有人關心生產，沒有人

下功夫把莊稼種好。社隊幹部本來都是生產能手，現在他們說了不算，得聽報上介紹那豐產經驗。那些畝產萬斤的衛星田，有兩條根本經驗：一是深挖，一是密植。1958 年夏種秋播時，各地普遍對耕地進行深翻，有的地區深挖三尺，甘肅武威縣深翻一丈二尺，下種 700 斤小麥，預計畝產 60 萬斤，實收 600 斤，種子數都不夠。

10 月 31 日傍晚，毛澤東乘專列離開北京，11 月 2 日到達鄭州，一路上，不斷召集當地負責人座談，了解人民公社化的情況。2 日至 10 日，毛澤東主持召開有部分中央領導人、大區負責人、部分省市委書記參加的中央工作會議，後被稱「第一次鄭州會議」，這次會議主要討論人民公社化的諸問題，通過了《鄭州會議關於人民公社若干問題的決議（草案）》。

11 月 13 日下午，毛澤東離開鄭州，15 日凌晨 4 時到達武昌。11 月 21 日到 27 日，毛澤東主持召開中共中央政治局擴大會議，會議圍繞人民公社問題和 1959 年國民經濟計劃安排問題，著重討論高指標和浮誇風問題。在 21 日會議上，毛澤東講了 8 個問題，中心是工業發展了，糧食豐收了如何向共產主義過渡，何時過渡？在談到消滅階級問題時，他說：「消滅階級有兩種，一種是作為經濟上的剝削階級，容易消滅，現在我們就可以說已經消滅了；另一種是政治思想上的剝削階級（地主、富農、資產階級，包括他們的知識分子）不易消滅。」農村地主喜歡看《文彙報》，《文彙報》一到，就造謠了，地、富、反、壞乘機而起。所以「青島會議（按：1957 年 7 月 7 日召開的中央工作會議）」開捉戒、開殺戒、湖南鬥 10 萬、捉 1 萬、殺 1 千，別的省也一樣，問題就解決了。(2)

1958 年 11 月 23 日到 12 月 10 日，毛澤東在武昌主持召開中共八屆六中全會。23 日，毛澤東講話說：「命令 6 千萬人搞鋼鐵是有強制性的，是北戴河會議、幾次電話會議逼上梁山的。這種強制性，強制分配勞動，在現在還不能沒有，如果允許自由報告，自由找職業，誰願意釣魚就釣魚，怎麼能行呢！如果一億人唱歌，一億人跳舞，一億人畫畫，還會有糧食？那就滅亡了。」

12 月 9 日，毛澤東在全會閉幕的前一天，做長篇講話，他說：「人民公社的出現是沒有料到的。這是一件大事，找到了一種建設社會主義的形式，便於由集體所有制過渡到全民所有制，也便於由社會主義的全民所有制過渡到共產主義的全民所有制，便於辦工農商學兵，規模大，人多，便於辦很多事。」

1958 年 12 月 22 日，《人民日報》莊嚴地向全國和全世界宣布：「1070 萬噸鋼——黨的偉大號召勝利實現。鋼產量 1108 萬噸，生鐵產量 1369 萬噸，超額完成了 1958 年鋼產量翻翻的任務。」其中有 308 百萬噸鋼，416 萬噸鐵是湊數的廢品，根本不能加工使用。而冶煉這些土鋼鐵，國家貼補了 50 個億人民幣。當時 1 噸生鐵的市價是 150 元，土法煉 1 噸鐵的成本是 345 元。這就是所謂「要算政治賬，不算經濟賬。」

3 年大躍進（包括大煉鋼鐵和公社化運動）所造成的經濟損失，據官方認可的估計是 1200 億元人民幣。周恩來主持的第一個 5 年計劃基本建設投資共 550 億元。這就是說，大躍進浪費了兩個 5 年計劃的資金。

1958 年，本來是風調雨順的好年景，但在收穫季節，全民煉鋼鐵正在節骨眼上，把青壯勞力都趕到了鋼鐵第一線。大量

的運輸工具和牲畜也被用於大煉鋼鐵。結果，在許多地區，大批的糧食和棉花因無人收割而爛在地裡。據中央農村工作部當時的（當然是最保守的）估計，「1958 年農產物估計有百分之十左右未收回。」

一個虛報產量，一個豐產不豐收，一個公共食堂吃飯不要錢，使人民公社和大躍進的敗象到 1958 年年底就逐漸暴露了。食堂由乾飯變稀飯，而且越來越稀，由糧食而瓜菜代，終於難以為繼了。浮腫病、肝炎病、餓死人、外逃都在發生，許多地方混亂不堪。

1958 年 10 月 25 日凌晨 3 時，彭真用電話通知湖北省委說：「毛澤東專列明天 26 日下午到湖北孝感站外停車 3 小時，要孝感地委、縣委、區委和一名生產隊長、一名婦女代表座談，了解湖北提的今年年產 600 億斤糧食，有沒有把握，究竟能搞多少？」列車按預定時間開進湖北孝感車站。孝感地委、縣委、區委書記，全國勞動模範官木生都來了。王任重因發低燒，由秘書梅白代彙報。梅白說：「我剛從我的家鄉黃梅回來。在黃梅我祕密調查了 60 個生產隊。在國慶節前的一個多月，平均每人每日只有 4 兩 2 錢糧食（註：每兩折合五十克）。李家灣的支部書記說實話，平均每人每日 4 兩 4 錢。從調查情況看，我估計全省 1958 年能搞到 200 億斤左右，至多 220 億斤。」

梅白講完，孝感地委書記王家吉說：「梅白同志說的符合我們孝感的實際情況。」毛澤東轉向勞動模範官木生：「你就是官木生，是國計民生的『生』啊！」官木生說：「現在的生產指標，不告假不見報。省委書記都有責任，省委壓地委，地委壓縣，縣壓到我頭上。我解放以來是勞模，都帶頭幹，就是糧

食產量我不敢帶頭，帶這個頭是無良心，老百姓就要餓飯。我同意梅白同志的彙報，事實上有的人已經開始要餓飯了。老百姓擔心，算盤一響，眼淚一淌，怕要餓死了。」

毛澤東聽完彙報，兩眉緊促，愁緒滿懷地看了大家一眼，很不愉快地說了一聲：「毛澤東啊毛澤東，腦子發熱，決定一切呀！」然後傷感地說：「始作俑者，其無後乎？惡果應由我負。」

毛澤東有些傷感情，流著眼淚說：「你們要我實事求是，我就希望看到你們實事求是。我不該同意給湖北 600 億斤指標。600 億斤是主觀主義、官僚主義，不好。這個問題不怪任重，不怪你們，怪我，怪我這個中央主席。」 基層幹部和群眾離去了。毛澤東對省、地、縣書記們說：「多好的人民啊！我們對不起人民。唐代詩人韋應物有句詩：『邑有流亡愧俸錢。』我現在的心情是『國有流亡愧此生』。」對一個省來說，出現問題是局部的，毛澤東是中共中央主席站出來表個態，流點眼淚，可以敷衍過去，當時發生的問題是全國性的。

1958 年底，大躍進、人民公社化的問題相繼暴露出來，農民外出逃荒、餓死人的現象到處發生。

甘肅省通渭縣，在大躍進，人民公社化中是「先進縣」，縣委書記席道隆，1958 年 5 月以「先進」縣代表身分，列席了中共八屆二中全會。席道隆帶頭響應大辦人民公社的號召，1958 年將全縣原有 169 個高級社合併 14 個人民公社，一個月之內辦起 2759 個食堂，男女老少都到食堂吃飯。他將大量勞力調離農業生產戰線，大搞工業、水利，使得耕地荒蕪，糧食大幅度減產，全縣死亡 6 萬多人，占全縣總人口 20 萬的三分之一，外流 1 萬 1940 人，死絕 2168 戶，土地荒蕪 36 萬多畝，拆毀房屋 5

萬多間，農業生產停頓，學校工廠關門，社會動盪不安。

　　類似通渭這樣餓死人的事件，絕不只有通渭一縣。據《中國人口年鑑》統計，1959 年全國人口增加 1113 萬，淨增率為千分之十點一九；1960 年，人口減少 1100 萬，淨增率負千分之四十三點七，如此相加估算，所謂非正常死亡——餓死人當在 2000 萬以上。

　　毛澤東領導的「大躍進」，造成全國饑荒，餓殍遍野，給國家和民族推到了災難深淵。這種罪惡如果發生在法治國家，必須追究法律責任，給首惡者送上法庭審判台，處以死刑。中國是一黨專政的國家，毛澤東是黨中央主席，他能正視錯誤、承認罪行，還是掩蓋錯誤、推卸責任？毛澤東是視權如命的人，為了權力他什麼手段都用。他經常告訴別人，在權力問題上，他從來不客氣。他一旦承認大躍進帶來的罪過，也必須自動辭職、下台。毛澤東沒有這種氣質，他採用的辦法有三條，一是推卸責任；二是低調認錯；三是找替死鬼。

　　1958 年 11 月底至 1959 年 6 月，毛澤東連續召開 6 次中央工作會議，討論糾正大躍進的重大錯誤，每次會議都發表講話，講的內容很多，主要是推卸「大躍進」災難的責任。他把「大躍進」出現的錯誤歸咎為沒有按照國民經濟綜合平衡規律辦事。他原本是堅決反對綜合平衡的，一下子，說話的口氣變了，他說：「不平衡是絕對的。」他多次批評 1956 年反冒進、堅持綜合平衡的錯誤。毛澤東在 1959 年 6 月 13 日中央政治局會議上批評說：「不曉得講了多少年的有計劃按比例發展，就是不注意，不按綜合平衡辦事。各個工業部門的聯繫、工業部跟農業部門的聯繫，重、輕、農的聯繫，就沒有照顧到。」失敗的責

任在於沒有搞綜合平衡。

大躍進帶來的災難，毛澤東低調任務只是一個指頭的錯誤。他在 1959 年 2 月 27 日召開的中共中央政治局擴大會議上說：「廣大農民從公社運動和 1958 年大躍進中已經得到了巨大的利益，他們堅決要求躍進和鞏固公社制度。這個事實不是任何觀潮派、算賬派所能推翻的。我們的幹部在過去一年中做了許多很好的工作，得到了偉大的成績，廣大群眾是親眼看到的。問題只是我們在生產關係的改變方面，即是說，在公社所有制方面，前進得過遠了一點。很明顯，這種缺點是十個指頭中的一個指頭的問題。」

1959 年 4 月 5 日，毛澤東重申權力集中在政治局、常委和書記處，我是中央主席，主管大計方針，我為正帥，鄧小平為副帥，負責具體工作。這樣他就把大躍進以來發生許多具體錯誤的責任，順理成章的推到副帥鄧小平的頭上。

評曰：中國共產黨是個利益集團，毛澤東是黨魁，「大躍進」帶來的災難，毛澤東是禍首，其他領導成員也要承擔責任。毛澤東把這場災難，說是一個小指頭的錯誤，其他成員按照毛澤東定的調子表態，大家彼此平安無事。全國餓死那麼多人，多少家庭罹亂，對中共高層領導集團來說，並無利害關係，他們照常吃肉喝酒。出了問題，召開共黨高層會議，統一認識、統一口徑，找幾個御用文人寫幾篇自欺欺人的文章，再大的罪惡也就交代過去了。死人是社會、國家最大的事情，毛澤東把「大躍進」餓死幾千萬人說

成是一個小指頭的錯誤，還有什麼錯誤比餓死那麼多人更大呢？沒有。這是因為毛澤東、共產黨不把人當人！這是共產黨的本質，毛澤東的本質。認識到這一點，對一個中國人來說是非常重要的。

6月21日0時30分，毛澤東乘專列離開北京，下午達到鄭州，在鄭州稍事休息，打電話給中央，提議在廬山召開省市委書記座談會，徵求常委意見。當天晚上，劉少奇召開會議，同意這個提議。

注釋

（1）《建國以來重要文獻選編》第 11 冊。中央文獻出版社,第 432──433 頁。

（2）毛澤東在武昌湖會議上講話記錄稿，1959 年 11 月 21 日。

（五）在廬山會議上對彭德懷的錯誤批鬥（上）

1959 年 6 月 23 日，毛澤東離開鄭州到武漢，下午暢遊長江。24 日，乘火車到長沙，王任重陪同，一路上，毛同王任重交談。他講到春秋時期秦穆公用人的故事，他說：「秦穆公用大將孟明伐鄭失敗，他主動承擔責任，繼續重用孟明，後來在討伐晉國的戰爭中取得勝利。」「決策錯了，領導人要承擔責任，不能片面地責備下面，領導者替被領導者承擔責任，這是取得下級信任的一個重要條件。」

毛這是在高姿態地告訴省市級領導人，工農業生產中出現的問題、群眾有意見了，各級領導幹部要首先承擔責任，這樣，

中央和地方領導人大家彼此彼此，誰也不要責怪誰，以求得群眾諒解，消除他們的怨氣，取得信任。毛又說：「陳雲同志主管計劃經濟工作比較好，我們有的人思想方法比較固執，辛辛苦苦的事物主義，不大用腦子想大問題。」毛這些話是想表明他認爲經濟計劃工作做得不好，在於領導幹部不得力。毛澤東不承認中央政策（也就是他的決策）有問題，錯不在他。

25 日下午，毛澤東回到闊別 32 年的韶山，到父母墓前鞠了躬、在韶山水庫游泳之後又到毛震公祠行三鞠躬禮。28 日動身去廬山開會。

6 月 28 日下午，毛澤東從長沙到武昌，準備從武昌動身去廬山開會。在船上召集協作區主任開個小會，他提出廬山會議準備討論的題目，共 14 個，徵求大家意見。（一）讀書。（二）形勢好轉沒有？何時好轉？（三）今年的工作任務。（四）明年的工作任務。（五）四年的任務（五年計劃的框子）。（六）當前的宣傳問題。（七）綜合平衡。（八）工業、農副業中的群眾路線。（九）加強工業管理和提高質量問題。（十）體制問題。（十一）協作關係問題；生產小隊的半核算單位問題。（十二）食堂問題。（十三）糧食三定政策。（十四）如何過日子？

毛澤東提出的議題方方面面，但這卻不是毛組織這次廬山會議的眞實目的，他是讓人在不摸頭腦中掩蓋自己的深層目的。

6 月 30 日下午，毛澤東一行乘的船離開武昌，到達廬山腳下的九江，已經是晚上 11 點半了。第二天（7 月 1 日）一大早，乘車上廬山。毛澤東住牯岑東谷河東路 180 號。這是一座二層樓房，用不規則的石塊砌成，牆上爬滿生長多年的凌霄藤，這原是蔣介石的別墅，那時叫「美廬」，以夫人宋美齡名字命名。

　　劉少奇、朱德、周恩來是 7 月 1 日上山的，陳雲因健康原因未去廬山，鄧小平因運動中不慎腿骨挫傷正在療養中，彭德懷因出國訪問剛回國，有些勞累，讓祕書給中央辦公廳打電話請假。第二天，毛澤東親自給彭德懷打電話，一定要他參加會議，彭德懷只好遵命。

　　毛澤東親自打電話不給別的領導人，單打給彭德懷，這是特殊的，表明彭德懷是這次廬山會議不可或缺的主要人物。毛澤東要在這次會議上清算他的怨恨賬，老賬新帳一起算。彭德懷出身於貧苦農民家庭，和農民有深厚感情。中共執政後，他對毛澤東在全國各地修建別墅、招文工團員伴舞共寢很不滿意，多次指罵。

　　彭德懷反對個人崇拜，對赫魯曉夫譴責斯大林很讚賞。他看到《軍人誓詞》上第一條是「我們要在毛主席領導下……」，他說這句話有毛病，「現在的軍隊是國家的，不能只說在哪一個人領導下。」彭德懷對毛澤東提出的軍事工業化持不同意見，不贊成「國家進口新式機械多數用在國防工業與國防有關的工廠」，他說：「和平時期的國防建設，一定要適合國民經濟的發展。」

　　1958 年 9 月，中共北戴河會議後，彭德懷到河北、河南視察，一路上，他看到、聽到的都是糧食收成減產、農民在挨餓和大煉鋼鐵帶來的種種災難，痛苦難言。招待所服務員告訴他：「家裡房子被拆了，果樹也砍了，把木料拿去給『小、土、群』當燃料，有的煮飯鍋也砸，當煉鐵原料。」火車經過河南時，彭德懷從窗戶向外看到小高爐燃起熊熊大火，他轉頭對祕書說：「這一把把火會把我們的家底燒光了。」

12 月初，彭德懷回到家鄉烏石了解情況。老鄉告訴他：「實際收穫的糧食數字沒有公布的那樣多」。農民家裡缺糧，有的缺三、四個月，有的缺半年的糧。他看到有的農民被強迫幹活，有的地區打人成風，完不成任務就打人、扣分，出工遲到的也挨打。他到過一家幸福院，見到他青少年時代的伙伴，現已 60 多歲了，他們揭開鍋蓋給彭德懷看，鍋裡是清湯菜葉，只有幾粒米，沒有油。他們的床到了冬天還是光光的篾席，連褥單也沒有，被子破爛不堪。彭德懷看到這些，緊鎖眉頭忍不住說：「什麼幸福院？這是討飯院。」

12 月 18 日彭德懷遇到薄一波，向他反映糧食產量沒有毛澤東公布的那樣多，應該減少徵購。薄有同感，當彭德懷提議聯名給中央發電報表示意見時，薄害怕了，說各自反映好。彭德懷自己給毛發電報，力請降低糧食徵購數量。毛沒有回音。毛也聽到有人反映彭德懷反映的類似情況，他說：「託兒所餓死幾個娃娃，幸福院餓死幾個老頭，那能怎樣？如果沒有死亡，人就不能生存。自從孔夫子以來，人要不死那還得了。」

1959 年 4 月 5 日，彭德懷出訪東歐前夕，毛澤東當著全體中央委員的面突然問道：「彭德懷同志來了沒有？」然後提高嗓門大發脾氣說「彭，你是恨死我的」、「彭德懷是一貫反對我的」、「我是人不犯我，我不犯人；人若犯我，我必犯人」，毛澤東有意刺激彭德懷。毛在看了湘劇《生死牌》，見那劇中的海瑞很有勇氣，敢於批評皇帝說：「我們的同志哪有海瑞勇敢？我已把《明史・海瑞傳》送給彭德懷。」

6 月 13 日，彭德懷率訪問東歐幾國的軍事代表團回到北京。隨後，看望時任總參謀長的黃克誠，試探能否以運糧救災

的理由調動軍隊，據彭德懷《自述》說，黃顯出「為難表情」。彭、黃到底談了什麼，是否提出「兵諫」？至今仍然沒有材料披露。

彭德懷的主要活動，早被毛澤東安排在身邊的眼線向他彙報了，在彭德懷上廬山前，毛給彭鑽的圈套已設置好了。彭上山後，指定他住 176 號別墅，距離毛澤東別墅 100 多公尺，彭的一切活動都在毛的視線之內。

參加會議的為中央政治局委員、後補委員、省市委第一書記、中央、國務院各部部長，他們上午遊玩山林，晚上看戲、跳舞。毛澤東的兼職祕書、水電部副部長李銳的〈初上廬山紀實詩〉有「林中夜夜聞絲竹，彌撒堂尖北斗斜」，描寫這種昇平景象。彌撒堂尖系指東谷中路的廬山俱樂部，舞會在這裡舉行，會議前期，毛、劉、朱、周等都到這裡參加過舞會。

7 月 2 日下午，毛澤東召集部分中央領導人和各協作區主任開會。

7 月 3 日開始，按協作區分成 6 個組進行討論。大家一致同意「成績偉大，問題不少，前途光明」三句話。議論的問題，主要集中在形勢問題、農業特別是糧食問題、綜合平衡問題等。朱德在小組會上講了一個比較尖銳的意見，「食堂即使全部都垮了，也不一定是壞事」。這與毛澤東說的「積極辦好，不要一鬨而散」的意見不同，但也未引起多大的反應。

連日來，會議的氣氛是比較輕鬆的，被稱作「神仙會」。毛澤東沒有召開會議，他只是批閱了一些文件，比較重要的是李先念為中共中央起草的關於在大中城市郊區發展副食品生產的指示稿，加寫了兩段話。其中談到「大農業」綜合發展，農

林牧副漁五大業,「互相聯繫,缺一不可」的要求。這比「以糧為綱」的提法更全面,在糧食部副部長陳國棟關於 1959 年至 1960 年度糧食分配和糧食收支計劃調整意見的報告上批示:「陳國棟同志的報告是一個重要文件。」「我基本同意這個文件所述意見。」毛澤東還提出 5 點補充意見。提出「田頭地角、零星土地、誰種誰收、不徵不購」,「恢復私人菜園,一定要酌留自留地」,三、五、七年以內,力爭做到一畝田一頭豬。(1)毛澤東指示印發這些文件,讓與會者了解毛在這些問題的態度,參與並執行。

7 月 8 日上午,周恩來召集李富春、李先念、譚震林、康生、陳伯達、陸定一、胡喬木等商量為會議準備文件的問題,並且確定這次會議以儘快結束為好。

7 月 10 日下午,毛澤東召集會議並做長篇講話。他先講了一下會議最後階段的安排,說這次會議初步安排到 15 日,延長不延長到那時再定。毛在等待彭德懷出來亮相。接著,他著重講對形勢的看法,對黨內越來越多的提出的不同意見已表現出不滿,擔心這樣會全盤否定去年以來的成績,不過他講話的語調還是平和的、說理的、有分析的。關於對成績和缺點、錯誤的估計,他認為,從局部來說,從一個問題來說,缺點、錯誤可能是十個指頭、九個指頭、七個指頭,或者是三個指頭,但從全局來說,還是九個指頭和一個指頭的問題。他肯定總路線,同時又說路線正確與否要用 10 年時間的實踐來證明。他承認「大躍進」中有些得不償失的事,但總得說來,不能說得不償失。總之,他對整個形勢的估計,還是那三句話:「成績是偉大的,問題是不少的,前途是光明的。」但他著重強調的卻是「成

績是偉大的」這個方面。(2)

彭德懷在西北組，幾乎每天都發言，直言不諱地對「大躍進」中的一些問題提出批評，如頭腦發熱、得意忘形；「左」的東西壓倒一切，許多人不敢講話，不是黨委決定而是個人決定。還直接談到毛澤東的責任問題，彭批評毛的腐化，許多省給他建別墅，有的地方農民一個月吃不上油，告誡毛澤東不要忘了老百姓。彭的這些話不登簡報，外組不了解，會開的不死不活，不解決問題，他十分著急。

7月12日，彭德懷從周恩來那裡開會回來，對身邊的人說：這次會議開了10多天，味道不大。我有些問題不好在小組會上講，想給主席寫封信，讓主席講一下才有作用。

第二天中午，彭德懷把擬好的提綱交給隨行的參謀，還口述了要寫進去的具體內容。7月14日，他又仔細修改整理出來的信稿，要參謀抄正，自己在信上署了名，然後讓參謀直送毛澤東的祕書。

信分甲乙兩部分。甲：1958年大躍進的成績是肯定無疑的。列舉了當時公布的各種數字，說：「通過大躍進，基本上證實了多快好省總路線是正確的。」「在全民大煉鋼鐵中，多辦了一些小土高爐，浪費了一些資源（物力，財力）和人力，當然是一筆較大的損失。但是得到對全國地質做了一次規模巨大的初步審查，培養了不少技術人員，廣大幹部在這一運動中得到了鍛鍊和提高，雖然付出了一筆學費（補貼二十餘億），即在這方面也是有失有得的。」

乙：如何總結工作中的經驗教訓。開頭說：「現時我們在建設工作中所面臨的突出矛盾，是由於比例失調而引起的各方

面的緊張。就其性質看，這種情況的發展已影響到工農之間、城鄉各階層之間和農民各階層之間的關係，因此也是具有政治性的。是關係到我們今後動員廣大群眾繼續實現躍進的關鍵所在。」

接著談了兩種情況：「（一）一種假象。大家都感到糧食問題已經得到解決，因此就可以騰出手來搞工業了。在對鋼鐵發展的認識上，有嚴重的片面性，沒有認真地研究煉鋼、軋鋼和碎石設備，煤炭、礦石、煉鋼設備、坑木來源、運輸能力、勞動力增加、購買力擴大、市場商品如何安排等等，總之，是沒有必要的平衡計劃，這些也同樣是犯了不夠實事求是的毛病，這怕是產生一系列問題的起因。浮誇風氣，吹遍各地區各部門，一些不可置信的奇蹟，也見之於報刊，確使黨的威信蒙受重大損失。」

（二）小資產階級的狂熱性，使我們容易犯「左」的錯誤。在 1958 年的大躍進中，我和其他不少同志一樣，為大躍進的成績和群眾的熱情所迷惑，一些「左」的傾向有了相當程度的發展，總想一步跨進共產主義，搶先思想一度占了上風；把黨長期以來所形成的群眾路線和實事求是的作風置諸腦後了。

彭德懷在列舉一些「左」的具體表現後指出：「糾正這些『左』的現象，一般要比反掉右傾保守思想還要困難些，這是我們黨的歷史經驗所證明的。我覺得，系統地總結一下我們去年下半年以來工作中的成績和教訓，進一步教育全黨同志，甚有益處。」

毛澤東看到彭德懷的信後很生氣，於 7 月 16 日批示：「印發各同志參考。」加了一個標題「彭德懷同志的意見書」，對信

沒有做任何評論。批示後，毛澤東怒氣未消，又接連看到兩份基層幹部非議「大躍進」和人民公社的材料，說全民煉鋼鐵「得不償失」、「勞民傷財」，只算政治賬，不算經濟賬，「人民公社沒有優越性」，是「人爲的產物」，是「心血來潮」。

7月17日，黃克誠上了廬山，據他回憶，上山後剛進住房，彭德懷就拿著他寫給毛主席的信給我看；我仔仔細細看了一遍，說：「這封信提的意見我贊成，但信的寫法不好，語言中有些提法有刺激性，你那樣幹什麼？」他說：「實際情況那麼嚴重，會上沒有人敢說尖銳的話，我就是要提得引起重視。」(3)

7月21日下午，張聞天在華東會議上作了3個小時的長篇發言，一共講了13個問題。在肯定成績是偉大的、總路線是正確的以後，系統論述了「大躍進」以來的缺點和錯誤，並從理論上進行了分析。這篇發言，擺事實，講道理，邏輯嚴謹，充滿了作爲執政黨一員的主人翁善意。對彭德懷的信是肯定的，對其中一些受到非議的觀點進行了辯護。最後，他說：「總之，民主空氣很重要，要造成一種生龍活虎、心情舒暢的局面，才會有戰鬥力。過去一個時期就不是這樣，幾句話講得不對，就被扣上帽子，當成懷疑派、觀潮派，還被拔白旗，有些虛誇的反而受獎勵，被樹爲紅旗。」「聽反面意見，是堅持群眾路線，堅持實事求是的一個重要條件。」(4) 發言不時被插話所打斷，會場氣氛緊張。

當日晚上，柯慶施跑到毛澤東處彙報說，大事不好，主席要是再不明確表態，人都被他們拉走了。深夜，毛澤東陷入了沉思。彭、張要求徹底糾「左」口號，順乎黨心民心。但反「左」反到最後得反到我毛澤東頭上，承擔餓死人的責任。自己的名

譽、權力呢？不敢往下想了，如果說，彭德懷的信觸動了毛澤東，對改變毛澤東著力糾「左」的初衷起了主要作用，張聞天的發言更進一步影響了這個變化，那麼，柯慶施等人對毛澤東的進言，則直接促使毛澤東下了「反右傾」的決心。

毛澤東又點燃支煙，來回踱步，反覆思考著，要從根本上扭轉會議的方向，扭轉全國人民的方向。當前的形勢不是反「左」，而是要反右，反對右傾機會主義，保衛總路線、大躍進、人民公社。為了保衛這三面紅旗，要組織隊伍同一切反對派作戰，把這股洶湧蔓延的憤怒和不滿情緒壓下去，堅決壓下去。然後，在實際政策上，悄悄地糾正「左」的偏差，決心定下來，吃下安眠藥片，上床休息。

20日，毛澤東起床後，著手準備他的發言提綱。晚間告訴劉少奇、周恩來開大會。

7月23日早晨，會議祕書處通知大家開會，9點聽毛主席講話。連劉少奇、周恩來、朱德也不知道毛澤東要講什麼。這是毛澤東對全黨的一次突然襲擊。會議在廬山交際處招待所西餐廳舉行。毛澤東提早幾分鐘來到會場，坐在鋪著白台布的桌子前吸煙。等中央委員、省委書記和部長們都到齊了，毛澤東平靜地開腔講話：

「你們講了那麼多，允許我講個把鐘頭，可不可以？吃了三次安眠藥，睡不著。

我看了同志們的發言記錄、文件，和一部分同志談了話，感到有兩種傾向：一種是觸不得，大有一觸即跳之勢。吳稚暉說，孫科一觸即跳。因之，有一部分同志感到有壓力，即是不讓人家講壞話，只願人家講好話，不願聽壞話。兩種話都要聽，

我勸這些同志要聽壞話。嘴巴的任務，一是吃飯，二是講話。長了耳朵，是爲了聽聲音的。話有三種，一種是正確的，二是基本正確或不甚正確的，三是基本不正確或不正確的。兩頭是對立的，正確與不正確是對立的，好壞都要聽。

現在黨內外都在颳風。右派講，秦始皇爲什麼倒台？就是因爲修長城。現在我們修天安門，一塌糊塗，要垮台了。黨內這一部分意見我還沒有看完，集中表現在江西黨校的反應，各地都有。所有右派言論都出來了。江西黨校是黨內的代表，有些人就是右派、動搖分子。他們看得不完全，有火氣。做點工作可以轉變過來。有些人歷史上有問題，挨過批評，例如廣東軍區的材料，也認爲一塌糊塗。這些話都是會外講的話。我們這一回是會內會外結合，可惜廬山地方太小，不能把他們都請來。像江西黨校的人，羅隆基、陳銘樞，都請來，房子太小嘛。

不論什麼話都讓講，無非是講的一塌糊塗，這很好。越講得一塌糊塗越好，越要聽。『硬著頭皮頂住』，反右時發明了這個名詞。我同某些同志講過，要頂住，頂一個月，兩個月，半年，一年三年五年，十年八年。有的同志說『持久戰』，我很贊成。這種同志占多數，在座諸公，你們都有耳朵，聽嘛！難聽是難聽，要歡迎，你這麼一想就不難聽了。爲什麼要讓人家講呢？其原因是神州不會陸沉，天不會塌下來。爲什麼呢？因爲我們做了一些好事，腰桿子硬。我們多數派同志們腰桿子要硬起來。爲什麼不硬？無非是一個時期豬肉少了，頭髮卡子少了，沒有肥皂，比例有些失調，工業農業商業交通都緊張，搞得人心也緊張。我看沒有什麼可緊張的。我也緊張，說不緊張是假的。上半夜你緊張緊張，下半夜安眠藥一吃，就不緊張了。」

接著，毛澤東對彭德懷信中提出的觀點逐一批駁，他說：
「小資產階級的狂熱性，有一點，並不那麼多。我少年中年時，
也是聽到壞話就一股火。人不犯我，我不犯人；人若犯我，我
必犯人；人先犯我，我後犯人。這個原則，我現在也不放棄。」

歷史竟然有這樣的巧合，就在彭德懷上書的第四天，即 7
月 18 日，赫魯曉夫在波蘭的一個農業生產合作社發表了一篇關
於蘇聯歷史上公社失敗原因的講話，實際上是對中國人民公社
含沙射影的攻擊。毛澤東看到赫魯曉夫講話後，非常惱怒，隨
即批示：「將有關材料印發會議代表，請同志們研究一下，看蘇
聯曾經垮台的公社和我們的人民公社是不是一樣的東西，看我
們的人民公社究竟會不會垮台。」批示發出後，毛意猶未盡，8
月 1 日又批示：「我寫了幾句話，其意是駁赫魯曉夫的。將來我
擬寫文章宣傳人民公社的優越性。一個百花齊放，一個人民公
社，一個大躍進，這三件，赫魯曉夫是反對的，或者是懷疑的。」
毛澤東氣憤地宣布，他為此「要向全世界作戰，包括黨內大批
反對派和懷疑派」。

隨著時間推移，這個共產主義烏托邦的弊端日益暴露出
來。1960 年，開始出現全國範圍的大饑荒，千百萬逃荒要飯的
農民餓死街頭，毛澤東哪裡還有心情和勇氣與赫魯曉夫辯論。

注釋

（1）《建國與來毛澤東文稿》。中央文獻出版社，第 8 冊，第 336 頁。

（2）毛澤東廬山全體會議講話記錄，1959 年 10 月 10 日。

（3）《黃克誠自述》。人民出版社，1994 年 10 月版，第 249 頁。

（4）中共中央黨史研究室張聞天選集傳記組，張培森編：《張聞天年譜》。中

共黨史出版社，下卷，第803-804頁。

（六）在廬山會議上對彭德懷的錯誤批鬥（下）

面對國外國內的反對意見，毛澤東怒不可遏，把怨氣集中撒到彭德懷身上。

毛澤東這次講話，是一個轉折，廬山會議的主題，從糾「左」轉到反右，拉開了反右傾的序幕。周小舟、周惠、李銳三個湖南老鄉，聽完毛澤東講話後，在周小舟住處都表示不可理解。他們回憶在7月11日晚上，毛澤東曾召見我們這三位老鄉，談話十分坦誠，對發生問題，引咎自責，他說：「提倡敢想、敢說、敢幹，卻引起唯心主義，我這個人也有胡思亂想，有些事不能全怪下面、怪各部門，否則，王鶴壽會像蔣幹一樣抱怨，曹營之事，難辦得很哩！」說到這裡，毛澤東和三位老鄉哄堂大笑。李銳說：「主席的話言猶在耳，今天主席這個講話不是翻雲覆雨麼？」周小舟提議我們一起到主席那裡去一趟，問問到底為什麼？爭吵一頓也好。李銳說：「主席正在氣頭上，去了也沒法談。」

周小舟提議到黃克誠那裡談談。黃克誠是解放初期湖南省委第一任書記，是周小舟老上級。黃住176號與彭德懷同住一幢房子，聽了毛澤東講話，心情也很沉重。周小舟撥通電話後，黃克誠婉言拒絕，周小舟堅持要去，黃認為周李都是毛的心腹近臣就答應了。

三人一進客廳，請坐、倒茶的慣用客套全免了，站著說話。周小舟說：「主席可能受了蒙蔽。袁世凱稱帝前，籌安會那些人專門印一種報紙給他看。」李銳說：「主席也不能一手遮天。」

黃克誠聞言大驚失色，連忙截住話荏說：「你們是主席身邊的人，有話還是當著主席談談。」這時已是晚上9點多鐘，彭德懷手持西藏軍區要求增派車輛的電報推門進來，他是來找總參謀長黃克誠處理軍務的。周小舟上前打招呼：「老總呀，我們離右派只有30公里了。」彭德懷說：「著急有什麼用。」又說了句，三人告辭出來，偏巧，在回歸路上遇到了羅瑞卿。羅瑞卿回去向毛澤東報告：「彭德懷有非組織活動。」毛澤東聽信了羅瑞卿的讒言，他表示要追查彭、黃、張、周集團的陰謀活動。

7月25日，毛澤東召集中央常委和協作區主任會議，講了四點意見：（一）會議還要繼續開，相互有什麼意見都講完，敞開來講。（二）現在要對事也要對人。（三）前一段主要是糾「左」，現在要反右，因為現在右傾抬頭了。（四）要劃清界線，要跟動搖的、右傾的劃清界線。

7月26日，毛澤東批轉了李仲雲來信的一篇很長的批語。李仲雲是東北協作區委員會辦公室主任，批語首先肯定李仲雲對計劃工作錯誤的批評很中肯，然後筆鋒轉到反右。他說：「現在黨內、黨外出現了一種新的事物，就是右傾情緒、右傾思想、右傾活動已經增長，大有猖狂進攻之勢。這種情況遠沒有達到1957年黨內外右派猖狂進攻的那種程度，但是苗頭和趨勢很顯著，已經出現在地平線上了。這種情況是資產階級性質的。」

毛澤東接著寫道：「另一種情況是無產階級內部的思想性質的。」「他們對於克服當前的困難，信心不足。他們把他們的位置不自覺的擺得不恰當，擺在左派與右派的中間，他們是典型的中間派。」「他們在緊要關頭不堅定，搖搖擺擺，我們不怕右派猖狂進攻，就怕這些搖擺。」最後，毛澤東指出：「反右必

出『左』，反『左』必出右，這是必然性。時然而言，現在是講這一點的時候了。」(1)

　　7月26日傍晚，毛澤東找彭德懷談話。彭德懷對毛澤東在23日講話中，文過飾非，強詞奪理，反感極了。談話中，二人各不相讓，頂起牛來。彭德懷罵街了：「在延安你操了我40天娘；我操你20天娘不行？」彭德懷在這裡指的是七大前的華北座談會，「因爲打了『百團大戰』，你組織人批了我40天，如今你把國家搞得一塌糊塗，盧山會議開了20天，爲了總結經驗，我給你提了點意見，爲什麼就不行？」這個話，當場沒有記錄、錄音。3年後，1962年9月24日下午，毛澤東在八屆十中全會上說：「1959年第一次盧山會議，本來是研究工作的，後來出了彭德懷，說『你操了我四十天娘；我操你二十天娘不行？』」這一操，就被搞亂了，工作受了影響。20天不夠，我們把工作丟了。」毛澤東在25日提出的4點意見特別是「對事也要對人」這一條的傳達和這個批語的印發，使得對彭德懷的批判進一步升級。發言者中不少人指責「彭德懷的錯誤，不僅是立場問題，而且是組織問題，鋒芒是對著毛主席和黨中央的，想用他的思想代替中央的總路線」；彭德懷的信「是別有用心」。到後來，聯繫彭德懷的歷史問題，會議的氣氛越來越不正常。

　　7月27日凌晨，毛澤東召開常委會給彭德懷定性。周恩來說：「對彭德懷的問題還是要三七開，不要全盤否定。」劉少奇、朱德同意周的意見。毛澤東要挾說：「看來我只好再上井岡山了。」於是常委只好屈從毛，毛的一票否定三票，同意打倒彭德懷。

　　7月27日上午，劉少奇召開大組長會議，傳達毛澤東的重

要提示：「繼續批判彭、黃、張、周反黨集團，劃清界限，不僅對事，也要對人。毛主席說，彭德懷與他長期以來是三分合作，七分不合作，要聯繫彭德懷歷史上的錯誤進行批判。」

7月31日、8月1日，連續兩次召開常委會，林彪是7月29日上廬山趕來參加常委會的。在會上，多數時間是毛澤東講話，其他常委也提了意見。彭德懷也有不少對話，直率地講出自己的想法，對一些不能接受的意見，表明了態度。會議很大一部分內容是講彭德懷的歷史舊賬。

毛澤東說，他與彭德懷的關係合作與不合作，是三七開（即三分合作，七分不合作）。彭德懷不同意，說是對半開。第一個出來為即將召開的八屆八中全會批彭定調子的是林彪。他說，彭德懷是「野心家、陰謀家、偽君子」。毛澤東說，彭德懷他們是要瓦解黨，是有計劃、有組織、有準備，從右面向正確路線進攻。上次（7月23日講話）說的不正確，說是無計劃、無準備、無組織，跑到右派旁邊。他又說，彭德懷出身勞動人民，感情站在革命方面，對群眾有感情，問題是經驗主義。(2)

8月2日下午，八屆八中全會在廬山舉行。出席會議的有中央委員和候補中央委員147人，列席會議的15人。這次全會是前一段中央政治局擴大會議的繼續，對彭德懷、黃克誠、張聞天、周小舟的批判進入高潮。

毛澤東在第一天會議上講話，為八中全會定了基調：第一，前一階段反了一個月的「左」，現在主要已不是反「左」的問題，而是要反右的問題；第二，現在是右傾機會主義向黨猖狂進攻；第三，現在黨內出現了分裂的傾向。毛澤東的這些話都應看成是極其嚴重的錯誤結論。

8月2日晚上，毛澤東給張聞天寫封信，迴避張發言中列舉的13個問題，因為那是事實，毛澤東理虧心虛，無法面對現實，採用你打你的，我打我的戰術原則，借用漢代學士枚乘的〈七發〉，嬉笑怒罵，奚落張聞天一番。信中說，枚乘〈七發〉末云：「此亦天下要言妙道也，太子且欲聞之乎？於是據幾而起，曰：渙乎若一聽聖人辯士之言，渙然汗出，霍然病已。」你害的病，與楚太子相似。如有興趣，可以一讀枚乘的七發，真是一篇妙文。你把馬克思主義的要言妙道通通忘記了。於是乎跑進了軍事俱樂部，真是文武合璧，相得益彰。現在有什麼辦法呢？願借你同志之箸，為你同志籌之。兩個字，曰：「痛改」。

信沒有給張聞天本人，直接印成文件。張聞天看到這封牛頭不對馬嘴的信發笑，他說：「哪裡有什麼『軍事俱樂部』，要說文化俱樂部 (3) 倒還差不多。」但這時廬山會議的氣氛，已不允許他平等對局了。只得找退路按毛澤東要做檢討了。

8月13日上午，召開大會，周恩來主持會議。張聞天按照毛澤東來信定的調子，承認陷入了軍事俱樂部，承認自己體內「虐疾原蟲」復活。他說：「現在我認識到了毛澤東路線是已經證明了唯一正確的路線，不能有任何懷疑。廬山會議證明了誰不跟毛主席走誰就犯錯誤。」「今後要老老實實地做毛澤東同志的學生。」(4)

8月13日下午召開大會，仍由周恩來主持，鬥爭彭德懷。彭德懷以低沉、悲愴的語調檢討。他檢討對毛澤東的主張不理解、不贊同、或者支持不力，上綱為錯誤路線。他無可奈何地表示：「7月14日的信，事實上是反對總路線、反對黨中央和毛主席的。」他檢討「我的右傾觀點主要表現在，把黨所領導

的廣大群眾建設社會主義的高度熱情，說成是小資產階級狂熱性，把已經糾正和正在糾正的缺點，片面誇大，說成是『左』的傾向、政治性錯誤，把9千萬人大煉鋼鐵的巨大意義，說成是『有失有得』。」

彭德懷檢討後，李井泉、康生、譚震林等相繼發言，惡語相加，說彭是陰謀家分裂黨、分裂中央，是兩面派、野心家，假張飛、真魏延。還有許多人急於表現，站起來慷慨激昂，對彭上綱很高，以表示對毛澤東的忠誠，劉少奇還拍了桌子。朱德、劉伯承等少數人保持沉默，面對此情此景，兩位元帥內心很痛苦，表露出「飛鳥盡，良弓藏；敵國破，謀臣亡」的悲慘心境。

8月16日，毛澤東在一篇〈機關槍和迫擊炮的來歷及其他〉的批文中寫道：「廬山出現的這一場鬥爭，是一場階級鬥爭，是過去十年社會主義革命過程中資產階級與無產階級兩大對抗階級的生死鬥爭的繼續。在中國，在我黨，這一類鬥爭，看來還得鬥下去，至少還要鬥二十年，可能要鬥半個世紀，總之要到階級完全滅亡，鬥爭才會止息。」「黨內鬥爭，反映了社會上的階級鬥爭，這是毫不足怪的。沒有這種鬥爭，才是不可思議。這個道理過去沒有講透，很多同志還不明白。一旦出了問題，例如1953年高、饒問題，現在的彭、黃、張、周問題，就有許多人感覺驚奇。」(5)

8月16日下午，八屆八中全會閉幕。在閉幕會上，毛澤東再次講話，他說：「這次廬山會議解決了一個大問題，就是總結經驗。應該這樣總結才好，他鋒芒對著右傾。」毛澤東說：「這一次對於彭德懷來說，是第五次路線錯誤了，總要發作。」他

在講話中講到海瑞：「現在聽說海瑞出在你們那裡，海瑞搬家了。明朝的海瑞是個左派，他代表富裕中農、富農、城市市民，向著大地主大官僚作鬥爭。現在的海瑞搬家，搬到右傾司令部去了，向著馬克思主義作鬥爭。這樣的海瑞，是右派海瑞。」他說：「這次會議取得了很大的成功。第一個側面是揭露了多年沒有解決的矛盾，並且把當前的形勢搞清楚了。當前的形勢主要是反右傾、鼓幹勁。第二個側面，是彭德懷、黃克誠、張聞天三位同志對於他們的缺點錯誤有了認識。毛澤東用林彪發言中的兩句話，結束了他的講話，廬山會議『避免了一個大馬鞍形，避免了一次黨的分裂』。」(6) 會下，毛澤東對身邊的人說：「這次把陳雲放過了！這是不足之處。」

8 月 17 日，毛澤東在廬山主持召開中央政治局工作會議，上山的高級幹部都參加了。毛澤東主持開會，這次會議的內容是 3 天前、毛澤東給劉少奇交代的。毛澤東說大約在 17 號，我將講「班有班長」。他說：「集體有個長，班有班長，連有連長，有三個黨員是一個小組，要有個組長，沒有集體不行，光有集體也不行。有集體就要有個長，不然就沒有力量。」「開會要有人發通知，要有秩序，散會也要有人宣布，這是必然性。至於姓張的姓李的來主持，那是偶然性。必然性通過偶然來表現。有統一指揮，是社會鬥爭、自然鬥爭所必須的。」(7) 醉翁之意不在酒，毛澤東以小喻大，是要指明領袖的作用，他本人共產黨主席的地位和作用。

毛澤東做破題講演後，劉少奇做主題講話，他說，在蘇共二十大後，我們黨內也有要在中國反對「個人崇拜」，彭德懷同志就是這個意見。在西樓開會的時候，他幾次提議不唱「東方

紅」，反對喊「毛主席萬歲」。這次又講什麼「斯大林晚年」，什麼「集體領導」，「毛主席沒有自我批評，把一切功勞都歸於自己等等」，「我個人歷來是提倡『個人崇拜』的」，「在七大以前，我就宣傳毛主席，七大的修改黨章報告我也宣傳，現在我還要搞。還要搞林彪同志、鄧小平同志的個人崇拜。」他還說：「彭德懷也不完全反對個人崇拜，對毛澤東同志個人崇拜他要反對，對於彭德懷的個人崇拜他是不是反對？那就很難說。實際上，我看他是高興那個東西。」「彭德懷同志說我篡黨，我也這樣講，與其你篡黨，我看就不如我『篡黨』好。老實說，你篡黨我不贊成，如果你篡黨，我一定『篡』。」(8)

盧山會議閉幕了，在全黨全國，一場更加邪惡的開展保衛毛澤東的權威，保衛三面紅旗、反對右傾機會主義的所謂路線鬥爭的鬧劇又開幕了。這場戲全國有 300 萬人受牽連。

　　評曰：盧山會議是一次非常錯誤的會議。盧山會議開了一個半月，通過了四個決議。這四個決議是顛倒是非、混淆黑白的「傑作」。四個決議把錯誤說成正確，把失敗說成勝利，把身經百戰的開國功臣，說成罪臣，把 6 億人民深惡痛絕的「三面紅旗」說成是「偉大決心和偉大智慧的表現」。四個決議以黨的文件形式莊嚴宣告，證明中國共產黨是文過飾非的政黨，是擁戴毛澤東個人專制獨裁的政黨，是置千百萬中國各族人民生命財產於不顧的政黨，是一個名為共產主義實為封建專制主義的政黨，藉口樹立「班長權威」，把搞個人迷信推向高峰，比斯大林晚年搞的個

人迷信走得更遠，造成以毛澤東個人意志為黨的意志。毛澤東的極端個人主義得到無限量的發展，帶給中華民族的災難一次比一次深重。「慶父不死，魯難不已。」這是當時關心中國人民命運的有志人士的共同認知。

注釋

（1）毛澤東：〈對於一封信的評論〉手稿。1959 年 7 月 26 日。

（2）李銳：《廬山會議紀實》（增訂第三版）。河南人民出版社，1999 年 6 月，第三版，第 181-183 頁。

（3）張聞天指胡喬木、田家英、李銳、吳冷西等人的接觸。

（4）《張聞天年譜》下卷。第 805 頁。

（5）《建國以來毛澤東重要文稿》第 8 冊。第 451-452 頁。

（6）《建國以來重要文獻選編》第 12 冊。中央文獻出版社，1996 年 5 月版，第 509 頁。

（7）毛澤東在廬山會議閉幕會的講話記錄，1959 年 8 月 17 日。

（8）劉少奇在廬山會議閉幕會的講話記錄，1959 年 8 月 17 日。

（七）廬山會議後的民族大災難

在廬山會議上，彭德懷同毛澤東的鬥爭，是正確的反對錯誤的鬥爭。錯誤的毛澤東勝利了，毛澤東愉快地感受到險峰之上，才有美好的風光。

廬山會議後，各省市、自治區負責人回到本地召開擴大會議，傳達廬山會議精神，反右傾鬥爭，在全國掀起更大的浪潮。

　　廬山會議結束後的第 4 天，毛澤東離開廬山到南昌，從南昌乘專列到杭州。休息兩天，瀏覽了西湖景區，後經上海、南京、濟南、天津，於 1959 年 8 月 28 日回到北京。沿途接觸當地市、地、縣級幹部並交談，了解情況。回京後，陸續收到一些省委工業戰線鋼、鐵、煤的生產急劇上升、糧食產量增加、反右傾、鼓幹勁的整風學習成績報告。毛澤東感到欣慰，使他更加相信反右傾決策是完全必要和正確的。毛澤東不滿足於書面報告，他要到實際去親眼看看，心裡才踏實。

　　從 9 月 18 日起，毛澤東到河北、山東、河南三省作為期一週的視察。9 月 19 日，他到天津郊區看到高產水稻農場，21 日到鄭州，參觀鄭州郊區的豐產、高產田，在鄭州待了一天多，北返途中經河北磁縣，下車，他看了人民公社的棉田，後經保定，25 日回到北京。

　　毛澤東此行看到農業生產情況，都是各地事先安排的，是農業研究所的實驗田，或是人民公社特別好的幾畝豐產田，不是全面情況，沒有代表性，但卻被毛當作判斷形勢、做出決策的重要依據。回京後，毛澤東繼續指導全黨的「反右傾」運動，在黨內開展過火鬥爭，許多敢講真話、實情的人遭到無理批判，有的被打成「右傾機會主義分子」，有的被打成「反革命分子」。

　　10 月 23 日，毛澤東離京南下，經天津、濟南、徐州、合肥、馬鞍山、南京、上海，31 日到達杭州。一路上參觀視察，除了農業、重點是工業，特別是鋼鐵生產。看了馬鞍山鋼鐵廠、東風鋼鐵廠和一個化肥廠，還看了一個人民公社的食堂用沼氣燒飯、照明情況。

　　毛澤東在同柯慶施、陳丕顯、曾希聖、劉順元的談話中，

很相信國內形勢已經好轉。他說:「廬山會議後,八月上旬起,設備、條件還是那樣,但是產量產值就變了,而且變得顯著。滬東造船廠今年反右傾以後,說是爭取 60 天就送一條船下水,後頭 19 天把一條船的基本建設就搞成了」。毛澤東又說:「從中央材料看見的,說是株州一個工廠只有 30 輛汽車,壞了 26 輛,只有 4 輛了。「廬山會議後,幹勁起來了,兩三天工夫,就修好了 24 輛。」(1) 這類信息不斷地傳到毛澤東耳裡,他頭腦裡形成了一個概念:通過反右傾運動,把群眾的幹勁鼓起來,就能把生產搞上去,而且立竿見影。

1960 年 1 月 4 日晚上,毛澤東乘專列離開杭州,次日到達上海。7 日毛澤東主持召開中央政治局擴大會議。17 日發表講話,說:「去年這一年的工作有很大成績。這次整風反右傾比歷史哪一次都深刻。」「廬山會議以後,生產月月高漲,看來今年至少不弱於去年,可能比去年更好些。」

上海會議後,全國又開始大辦縣社工業、大辦水利、大辦食堂、大辦養豬場,一些原來確定減縮的基本建設項目重新上馬,高指標、浮誇風、命令風和共產風又泛濫呼嘯而來。

4 月 28 日凌晨,毛澤東乘專列離京南下,考察了天津、山東、河南,同市省委領導人談了話,聽取了彙報,參觀了尖端技術產品展覽、人民公社。聽到的看的情況,毛澤東都信以為真。他對河南省委領導人說:「方針、政策、計劃是否正確,不是理論問題,而是實踐問題,橫直去做,做出結果出來了,就是正確。」(2)

7 月 5 日到 8 月 10 日,毛澤東在北戴河召開政治局常委擴大會議,期間,毛澤東找李富春、薄一波、陳正人等談話,說

要持續躍進，今冬明春要組織全民大煉鋼鐵。彭眞從布加勒斯特回來向中央政治局彙報以後，毛澤東受很大的刺激。強調實力地位、實力政策的重要。他說：「世界上沒有不搞實力的。手中沒有一把米，叫雞都不來，我們處在被輕視的地位，就是鋼鐵不夠，要繼續躍進。不僅資本主義國家看不起我們，社會主義國家也不給技術，憋一口氣有好處，十年搞一億頓鋼、上天。」他給李富春、薄一波、陳正人下達的具體任務是：「辦鋼鐵要大搞小土群、小洋群。各省都要布置一批小洋鋼鐵廠、小洋鐵爐。今冬要動員 7,000 萬人來干。1962 年搞到 3,500 萬頓，可能更多一些。今年可能搞到 2,200 萬頓，如果今年有 2,200 萬頓，後年可以達到 3,800 萬頓。第二個十年可能搞到一億頓。」

　　7 月 26 日中午，北戴河會議期間，中南海北門外宮牆下，一名年約 20 歲的青年女子，雙手各舉一塊硬紙牌，一塊寫著「消滅人民公社，人民公社餓死我叔叔一家 6 口！」另一塊上寫著「打倒毛主席！彭德懷萬歲！」這青年女子被北京市公安局西城分局警察抓走，在北門接待室被戴上手銬。

　　經詢問，青年女子叫劉桂陽，湖南衡南縣人，祖宗三代貧僱農，共青團員，鯉魚江火力發電廠運煤工人。劉桂陽訴說了她叔叔一家 6 口餓死的悲慘情形，她父母早死，由叔嬸養大，叔嬸家 6 口死了，她也不想活了，還說了村裡已餓死 30 多口人，「現在農民生活苦死了！這些情況只要讓中央知道，就是明天槍斃我，也心甘情願。」一邊訴說，她一邊啼哭，而且喊叫：「打倒人民公社！打倒毛主席！彭德懷萬歲、萬萬歲！」警察給她加上了腳鐐，用抹布堵上她的嘴，青年女工就在地上打滾。隨後被押送原籍，判處 5 年徒刑，送進監獄，罪名是「反對毛澤

東」。

平民女子大鬧中南海，北門值班人員不敢隱瞞，上報給北戴河開會的領導。劉少奇批印發會議成員，毛澤東也看到了。毛承認有饑荒，但死了多少人他有懷疑。當時參加會議的政治局委員、中央委員用統計數字證實，死人是普遍現象，各省區的農村人口在成千上萬、成十萬、成百萬地減少，死人再不是個別現象了。

這時毛才知道，最近他的威信在全黨全國人民心中已跌到谷底。他心情煩躁，身體狀況較差，很少下海游泳，經過深慮之後，他向中央請假治病，說他到垂暮之年，「馬克思向他招手了。」

北戴河最後一天閉幕會上，毛澤東心情沉重，一臉病容，他發表了短簡講話，檢討承認自己不懂經濟，闖了大禍，發生這麼大的饑荒，餓死了人，他是始作俑者，難脫責任。在座的中央常委、政治委員、中央委員、省委第一書記，也都難脫責任。他宣布這次全會之後，他要真正退居二線，不再過問經濟、黨務，不再指揮工農業生產，只和林彪兩人管理軍事和國際共運。他再次提議正式通過黨內文件，在他養病期間，由劉少奇同志代行黨主席職務。

鑑於在廬山會議後出現的問題，在一次常委工作會議上，朱德提出應替彭德懷平反，毛澤東堅決反對，他說：「把彭德懷請回來，廬山會議一風吹，三面紅旗不要了，那好，我和林彪常住南方養病，把北京交給你們。」劉少奇只好打圓場說：「彭老總的事放後一步吧，先過了眼下大難再說。」

7月31日，鄧小平在會議上宣布：「最近主席恐怕要脫離

一下工作，完全休息，中央工作由劉少奇主持。只是有件事情，就是對蘇共《通知書》的答覆，我們把文件搞好了，主席過問一下。」毛澤東說：「我贊成，休息一個時期。」

隨後，劉少奇主持召開政治局會議，他說：「現在代不代理不要緊，要緊的是全國救災救人，承認血淋淋的現實，立即調整政策，發放救濟糧，分給社員自留地，允許農民種糧種菜，搞小自由，開放農村集市，生產自救。人民公社那些條條框框先放一放，誰的面子也顧不上了。既然一名貧僱農女兒，青年工人都敢到中南海門口來喊冤，老百姓面對飢餓死亡，還怕你關他班房殺他頭？你不讓人活，人會讓你活？邏輯就這麼簡單。全黨同志立即行動，同心同德，千萬百計度過饑荒。等到出了黃巢、李自成再來補救，就晚了。」

北戴河會議後，有一段時間，毛澤東在杭州養病。他心情很沉重，常常一個人坐在沙發上長時間不說話，飯量大減，睡覺也不好。國際上有來自蘇聯方面的壓力，支持中共路線的黨不多，在國內，由於他堅持反右傾、大躍進運動的失敗，造成全國農村饑荒、餓死人，怨聲載道。對毛澤東的信仰出現嚴重危機。

北戴河會議後，林彪為了討好毛澤東，改變毛澤東的被動局面，於 1960 年 9 月，林彪主持召開軍委擴大會議，做出擁護毛澤東決議。指出：「毛澤東同志是當代偉大的馬克思主義者，毛澤東思想是在帝國主義走向崩潰社會主義走向勝利的時代，在中國革命的具體實踐中，在黨和人民的集體奮鬥中，應用馬克思列寧主義普遍真理，創造性地發展了馬克思列寧主義。毛澤東思想是中國人民革命和社會主義建設的指針，是反對帝國

主義的強大思想武器，是反對修正主義和教條主義的強大思想武器。」「毛澤東思想不但規定了我軍堅定不移的政治方向，而且規定了我軍建設唯一正確的路線。因此，高高地舉起毛澤東思想的紅旗，進一步用毛澤東思想武裝全體指戰員的頭腦，堅持在一切工作中用毛澤東思想掛帥，這是我軍政治思想工作的最根本的任務。」（3）林彪還說：「現在的馬列主義是什麼？就是我們毛主席的思想。它今天在世界上是站在最高峰，站在現時代思想的頂峰。」

這一反常情況的出現，引起理論界思想界輿論大嘩。1945年中共七大以來，宣傳毛澤東思想是黨的第二人物劉少奇。別人只能緊跟，不能超越。黨的八大政治報告和黨章取消了毛澤東思想的提法，這些年來一直只提學習毛澤東著作。廬山會議上劉少奇宣稱，他要繼續搞毛澤東個人崇拜，也沒有提毛澤東思想。林彪突然以軍委擴大會議的名義，搞了一個超越八大、超越黨章的文件，等於從劉少奇手中搶走了個人崇拜的大旗。

中共上層平靜有序的生活被打破了，在林彪和幾百萬軍隊的威懾下，沒有人再敢翻騰「三面紅旗」的錯誤，沒有人再敢追究餓死人的責任。從此，林彪和軍隊處處主動，經常受毛澤東表揚，劉少奇和黨政系統處處被動，經常挨毛澤東批評，而且愈來愈嚴厲。劉少奇接班人的地位受到嚴重挑戰。

林彪的講話和軍委決議，給情緒低沉的毛澤東打了一支興奮劑，非常激動。1960年12月21日，毛澤東代表中共中央對軍委決議寫了一個批示：「決議號召高舉毛澤東思想紅旗，把毛澤東思想真正學到手，堅持在一切工作中用毛澤東思想掛帥。中央認為，決議所提出的這些問題，都是正確的和適時的。中

央批准這個決議，希望能定期檢查、貫徹執行。這個決議不僅是軍隊建設和軍隊政治思想工作的指針，而且他的基本精神，對於各級黨組織、政府機關以及學校、企業部門等都是有用的，可以發給地委以上的機關閱讀。」

毛澤東在發起大躍進、大煉鋼鐵、人民公社化運動中，河南省是他的樣板省，信陽是河南省重點地區，東糧食畝產放衛星，大辦鋼鐵、大辦食堂運動中，處處走在前面，多次受到毛澤東的表揚。1960 年 10 月 23 日至 26 日，毛澤東召集華北、中南、東北、西北四大區的省、市、自治區黨委負責人開會，河南省委負責人彙報了信陽地區餓死 30 萬人事件，到會者感到十分震驚。

信陽事件的材料，26 日送到毛澤東手裡。毛澤東在報告上批示：「信陽出的事件是反革命復辟，是民主革命不徹底，需組織力量進行民主革命補課。」(4) 他又馬上召開政治局常委會，責成周恩來總理起草中央關於農村政策問題的緊急指示信（後稱為十二條）。根據毛澤東批示，中共中央派出由中監委副書記王從吾、中組部副部長安子文、公安部副部長徐子榮為首的幾十人組成的工作組來到河南，中南局第一書記陶鑄也率領龐大的工作組到河南。中央工作組根據毛澤東的批示，給信陽事件定調子，指出信陽事件是由於民主革命不徹底，漏網的地主、富農大批地混進了個革命陣營內部，實行反革命階級復辟所造成的，必須進行徹底的民主革命補課，把領導權奪過來。

信陽事件第一責任人是信陽地委書記路憲文。路憲文領導的遂平縣，建立了受到毛澤東高度讚揚的全國第一個人民公社，然後糧食產量放衛星、大煉鋼鐵、大辦食堂、貫徹廬山會

議精神、反瞞產、繼續躍進，無一不走在全國前面，多次受到毛的表揚。如今被中央工作組定性，這些執行毛澤東路線的「好乾部」一夜之間被定性為混進革命陣營內部、實行反革命復辟的漏網地主和富農。

信陽事件曝光後，吳芝圃下令逮捕路憲文和信陽地區 16 個縣縣委第一書記和縣長，撤職查辦下面的幹部 983 人，逮捕法辦 275 人，並將固始縣委書記楊守績和光山縣委書記馬龍山判處死刑，改組信陽地委。

1960 年 12 月 22 日，改組後的信陽地委給河南省委、並報中央、中南局的報告說：「信陽地區的問題是極端嚴重的，是敵人的大屠殺、大慘案，完全證明了毛主席指示的『壞人當權，餓死了人，糧食減產，吃不飽飯，民主革命尚未完成，封建勢力大為作怪，對社會主義更加仇視，破壞社會主義生產關係和生產力』。這就是信陽問題的實質。」信陽地委報告還說：「目前全區民主革命補課的群眾運動高潮已經出現，廣大群眾的革命情緒十分高漲。在已經開展鬥爭的地方，鬥爭壞人壞事，徹底打倒階級敵人，已成為廣大群眾的輿論中心，街談巷議，奔走相告。群眾說：『毛主席知道了，派幹部來了。』『真共產黨回來了，老八路回來了！』」

毛澤東接到信陽地委的報告如獲至寶，於 1960 年 12 月 30 日批發全國：「這是一個好文件，全國三類縣社都應照此執行。」（5）在全國掀起了民主革命補課的階級鬥爭。

吳芝圃炮製信陽地委報告這一「功」，抵了餓死 294 萬人的罪。1961 年 3 月，在廣州召開的中央工作會議上，吳芝圃灰溜溜地坐在後排。坐在主席台上的毛澤東當著中央和各省大員

的面高聲喊道:「芝圃同志,犯了錯誤,還是要抬起頭來,坐在前面來嘛!要看到光明啊!」這樣,吳芝圃保住了中央委員,不久,調任中南局書記處書記。

在大躍進期間,全國各省都餓死了人,有的幾十萬,有的幾百萬,最多的是四川省。據四川省原政協主席廖伯康在文章記述:「四川省餓死人超過 1,000 萬。」

廖在文中指出:「四川省委下發的一份文件的『注積』表明,1960 年底的四川人口總數是 6,236 萬,國家統計局中國人口統計年鑑上 1957 年的四川人口是 7,215.7 萬,兩數相減約為 1,000 萬。」「實際上恐怕不止此數。」廖說:「從 1957 年到 1960 年還有人口的自然增長數沒有包括進來。從 1960 年到 1962 年上半年,全國形勢有的地方好轉了,四川卻還在餓死人,江北、涪陵、雅安地區都有餓死人的報告。根據這些情況估計,四川餓死的人,還要多出 250 萬。」當時中央辦公廳主任、書記處副書記楊尚昆聽了廖的彙報,並查對辦公廳保存的材料,同意死亡數字為 1,000 萬。

據溫江專區崇慶縣離休幹部鄭大軍回憶:1960 年我任縣農村工作組副組長到東陽公社二大隊公共食堂檢查工作。那天縣工作組到食堂看到社員領取一勺糠米粥,社員喝完後坐在地上舔碗。一會兒,隊長大吼一聲:「歡迎工作組!」於是社員起立鼓掌,一致背誦「公共食堂好,人人吃得飽,感謝毛主席,感謝黨領導!」一連喊三遍,就有五、六人因消耗元氣過度,倒地昏厥過去。平時,1 日 3 餐清水煮紅苕,一人兩小碗;或者清水野菜,撒幾把米糠進鍋攪勻。廣大社員只好上山找食物,撈著啥吃啥,樹葉、樹枝、草根、野菜、地菌、蚯蚓、地蠶,

後來連整張草皮也爭著鏟回家，挖觀音土用來充飢。生產五大隊一隊，全隊共 82 戶，491 口人，僅在 1959 年 12 月至 1960 年 11 月期間，就虐殺並吃掉 7 歲以下女孩 48 名，占全隊同齡女童人數 91%。有的戶，老人死了，就偷偷地把頭、腳五臟埋了，把肉割下來煮熟吃了。83%的家庭有吃人史。

廖伯康在〈我向中央講實情〉文章中說：「四川餓死人那麼多，省委主要領導的對策卻是向中央封鎖消息，不准談餓死人的情況，誰要談，誰就是小資產階級動搖性和軟弱性的表現。」

原溫江地委副書記宋文斌回顧說：「那是一個政治高壓的恐怖時代。餓，不能說，餓死，更不能說，最好別看、別聽、別想，否則會惹出大禍。」「那時儘管有成千上萬的人餓死，處在一定位置的領導幹部是很難親眼目睹的。」他們「不敢去看，你為什麼去看？居心何在？想搜集陰暗面向黨進攻嗎？」「一級一級都在竭盡權力抹殺事實真相。」在「一個不清醒的領導眼裡，只會有面目全非的哈哈鏡世界。」

在整個大躍進期間，沒有人敢向中央告狀，就是有人寫了信，也被郵局扣住追查，李井泉一手遮天。一直到 1962 年 7 月，經鄧小平同意派廖伯康等 70 名幹部回四川老家調查，後被省委發現有人向中央反映四川情況，立即下令追查，把反映意見的有關人員打成「反黨集團」，主要成員廖伯康給予留黨察看兩年處分，重慶市委副祕書長李止明被撤消黨內外一切職務，重慶市團委副書記於克書、趙濟被撤銷團市委副書記職務。

四川餓死 1,000 萬人以上，但清查省委第一書記李井泉的罪行時，他毫不迴避自己的過失，而且他氣粗腰桿硬，嚴令禁止向中央反映真情，不給毛制定的政策抹黑，維護毛的「偉大」

形象。因爲在廬山會議上，毛任命李井泉爲批判彭德懷的西北大組組長，對給他以充分信任，視他爲知己。李井泉堅決封鎖四川餓死人慘情，不讓毛的聲譽受到傷害，是爲了報答毛的知遇之恩。1960 年 9 月，四川問題開始暴露，毛又任命李井泉爲中共西南局第一書記兼成都軍區第一政委，掌管雲、貴、川三省的西南王逃避了四川人民對他的懲罰。

1960 年 12 月 24 日到 1961 年 1 月 13 日，中共中央在北京召開工作會議。會議期間，毛澤東的親戚、韶山農民賀鳳生，來到北京找毛澤東，反映農村食堂存在的嚴重問題。要求解散食堂，不解散食堂，家鄉農村社員活不下去，他就不回去。賀鳳生父親賀曉秋是毛澤東救命恩人。賀曉秋患骨髓病，連病帶餓在饑荒中去世。臨終前，他留下遺囑，要兒子到北京向毛主席反映家鄉農民飢餓情況。見到毛澤東，賀鳳生悲傷地訴說了他父親的囑咐：「他要我一定把眞實情況告訴你。」

毛澤東聽後說：「好，要眞實情況，不要摻水，有一說一，有二說二，罵娘的話也告訴我。只有賀曉秋的兒子才有這樣好的禮物給我。」

「你怕沒人罵娘？下面眞有人罵娘呢！主席我想請你到我們那裡吃幾餐鉢子飯，吃食堂餓死人啦！你不答應解散食堂我不回去了。大躍進來了，要搞公社化。好不容易一家一戶有了房子，一夜之間，全部都要拆了去住居民點，土磚牆要搗碎了漚肥料，弄得到處雞飛狗跳，哭的哭爹，罵的罵娘，一百戶兩百戶連在一起，越大越公，如果老天爺一把火，從東到西幾百間茅棚全會燒成灰。」

「家裡的灶拆了積土肥，做飯的鍋砸了煉鋼鐵，筷子碗碟全部歸公，你不知道下邊幹部的作風有多壞！只允許一個生產隊開一個食堂，大鍋飯、缽子飯、雙蒸飯，頓頓是蘿蔔菜，沒幾個油花，吃得男人大肚子水腫，路也走不動，女人沒崽生，瘦得風都吹得起。」

賀鳳生接著說：「華容縣動員那麼多人去圍墾錢糧湖，幾十萬畝蘆州說要改成良田，想一口吃個胖子。四周要擔土方壘起幾十米寬的大堤，橫直要開十幾米寬的排洪溝，說是為華容人民創造財富挖金山，不論晴天下雨、白天黑夜、颱風下雪都要幹。口號更不得人心，說是『大雨當小雨，小雨當無雨，落雪當晴天，冰凍當好天！』俗話說，吃不得半斗米莫來擔河泥。可這裡偏偏是擔泥的沒得飽飯吃，一餐不到半斤米，還要先完成任務。」

「一個勞動力，一天的任務是十幾方土，餓著肚子也要幹。晚上睡在蘆葦搭的工棚裡，又髒又潮，下雨漏雨，下雪漏雪，颱風進風。幹部作風壞，冰天雪地叫大伙打赤膊幹活，說只有這樣才算鼓足了幹勁。」

「前幾年放衛星，不實事求是，弄虛作假是英雄，還可以升官。紅薯爛在田裡犁掉，稻穀不想收放火燒掉，倉裡沒得幾粒穀，還硬說畝產達到了幾千斤，為了矇騙上邊的檢查，把好幾塊田裡的稻穀移栽到一塊田裡，說大躍進帶來了大豐收，鬼都笑掉牙齒。做假事說假話的是那些人，升官受表揚的是那些人，吃好喝好的還是那些人，幹部作風壞極了。老百姓吃不飽，水腫病，只能在背後衝着天罵娘。」由於憤激，賀鳳生哭了。

過了幾天，毛澤東第二次接見賀鳳生。

「你不是說食堂不散不回家嗎？」毛澤東告訴他：「你上次反映的情況很好。我和劉主席、周總理交換了意見，認為食堂要解散，生產要恢復，浮誇風要制止。感謝你為中央提供了最有價值的真實情況，那是少奇、恩來和我都撈不到的呀！中央領導幹部下去，下面是『三十吃年飯，盡撿好的搬』，很難得到真實情況。」

「食堂真的要散嗎？」賀鳳生最關心的是這件事。

「食堂是肯定要散的。我的意見還是大鍋改小鍋，大碗改小碗。要讓農民吃飽飯。」

賀鳳生臨別前，給毛澤東鞠了個大躬。

毛澤東拉著這個青年農民的手說：「賀鳳生，我給你個權利，有困難時可以隨時找我。」

賀風生反映的湖南餓死人的問題，毛澤東相信，但全國其他省、市、自治區是否也餓死人呢？他派人調查，召開會議聽取彙報，綜合情況證明都餓死人，有些省例如四川、湖北、安徽餓死人比湖南嚴重。他開始反思原因，批評幹部中混進了壞人，幹部作風、工作手法有錯誤。總之，錯誤不是他。

1961年3月5日，毛澤東在廣州主持召開中央政治局擴大會議。會議開始時，毛澤東講了一段話，他說：「在廬山會議前，我們對情況的了解，還是比較清楚的。但在廬山會議之後，就不大清楚了。因為廬山會議之後一反右，有人講真實話、講團結、講存在的問題、講客觀實際情況等等，都被認為是右的東西。結果造成一種空氣，不敢講真實情況了，相反就產生了另外一種情緒，不講實際了，例如河南本來糧食產量只有240億斤，他們說有400多億斤，這都是反右反出來的。右也是要反

的，也不得不反，不反，對我們的工作不利。廬山會議是反右的，接著在群眾中反右，這就壞了。鄭州會議的召開，是為了反『左』。凡貫徹鄭州會議精神比較好的省，工作就比較實些。從3月到6月只反了4月的『左』，如果反下去，那就好了。誰知道彭德懷在中間插一手，我們就反右。右是應該反的，反右是正確的。但是帶來一個高估產、高徵購、高分配。這種教訓值得我們吸取，這件事也教育了我們，反『左』中間插個反右，在群眾中間一反，結果就反出一個浮誇風。廬山會議反右這股氣把我們原來的反『左』割斷了。」

在座談中，毛澤東插話說：「過去我們老是要數字，什麼東西種了多少，產了多少，今天積了多少肥，明天又搞了些什麼，天天統計，天天上報，統計也統計不及。橫直就是那樣，你瞎指揮，我就亂報，結果就浮誇起來了，一點也不實在。包括我們中央發的文件在內，也是那樣。今後不要搞那麼多文件，要適當壓縮。不要在一個文件裡什麼都講。為了全面，什麼問題都講，結果就是不解決問題。（6）不要批文件過多，過去我也是熱心家，也批了許多文件。我就批了關於貴州辦食堂問題的那個文件，結果對各省影響很大。」（7）

1961年5月21日到6月12日，毛澤東召開中央工作會議。會議結束時，毛澤東做了總結：「廬山會議後，不該把關於彭、黃、張、周的決議，傳達到縣以下。」「上海會議食堂問題，供給制問題是講得不正確的。」「1959年4月，我在北京召集中央常委和在京參加人代會的一些同志談了一下，就給六級幹部寫了六條。那六條等於放屁。開會時間短、問題不集中。」「一次會議發很多文件，沒有一個中心不好。」「天津會議後，提倡

幾個大辦：大辦水利、大辦縣社工業、大辦養豬場、大辦交通、大辦文教。這五個『大辦』一來糟糕！那不又是『共產風』來了嗎？」(8)

評曰：這些「自我批評」，有的是強詞奪理、自相矛盾。毛說廬山會議反右傾是錯誤的，但又說批評彭德懷右傾是對的，彭德懷的右傾和別人的右傾有什麼不一樣？他批評「報告太多」，多請示、多彙報不是他要求的嗎？他批評開會沒有「中心」，他通常一次會議研究討論十幾個問題，有時還更多；他批評人民公社颳共產風，人民公社「一大二公好」不是毛澤東親口說的嗎？毛他還要實行供給制、消滅私有制。這些問題，不是餓死人的根本原因，根本原因是中央的方針、政策，是毛澤東的專橫武斷。中國人餓飯時，毛澤東把大量糧食出口，就 1958 年到 1959 年兩年統計，中國就出口糧食高達 700 萬噸，可以為 3,800 萬人每天提供 840 熱卡。這還不包括肉類、食油、蛋類等的大量出口。如果沒有這些出口，中國一個人也不會餓死。這是造成大饑荒餓死人的直接原因。為時 4 年的「大躍進」，為了「提前進入共產主義」，造成 3 千多萬人活活餓死、累死。中國社會農村死屍遍野、盜賊蜂起，人倫道德淪喪、民怨沸騰。這是一個災難深重的國家。是由毛澤東瞎指揮造成的。

中國社會這種局面，急需有人來治理。毛澤東自知他治不

了，他考慮好了要把這個重任交給劉少奇，要他出來幫助解決危難。這時毛澤東對劉少奇表現出異乎尋常的熱情。等待的時機終於來了。

1961 年 9 月 22 日，外交部辦公廳副主任熊向輝，總理辦公室祕書浦壽昌奉周恩來派遣到武漢，安排毛澤東與英國陸軍元帥蒙哥馬利會見。熊向輝見到毛澤東說：「蒙哥馬利對毛主席十分欽佩，他似乎想探尋毛主席的繼承人是誰？」毛澤東說了一段早有準備的話，他說：「這位元帥不了解，我們在延安時，就注意到這個問題，1945 年開七大時就明朗了，當時延安是窮山溝，洋人鼻子嗅不到。1956 年開八大，請了民主黨派，還請了那麼多洋人參加，完全公開。八大通過的黨章，裡頭有一條，必要時中央委員會設名譽主席一人，這一條很特殊，為什麼呢？」毛澤東繼續說：「必要時，誰當名譽主席呀？就是鄙人。鄙人當名譽主席，誰當主席呀？就是劉少奇。我們不叫第一副主席，他實際上是第一副主席，主持一線工作。前年，中華人民共和國主席改名換姓了，不再姓毛名澤東，而是姓劉名少奇，是全國人民代表大會選出來的。過一段時間，兩個主席都姓劉。要是馬克思不請我，我就當那個名譽主席。誰是我的繼承人，何須『戰略觀察』？這裡沒有鐵幕，沒有竹幕，只有一層紙，鄉下糊窗子用的那種薄薄的紙，一捅就破。」

9 月 23 日，蒙哥馬利專機到達武漢，在勝利飯店下榻。黃昏時分，毛澤東在東湖梅岑 1 號會見蒙哥馬利，第一次談話，共進晚餐。24 日上午第二次談話，共進午餐。下午，毛澤東約蒙哥馬利游泳，蒙哥馬利不會游，坐在船上觀看。上岸後，毛澤東到蒙哥馬利住處勝利飯店，第三次談話。蒙哥馬利見毛澤

東吸煙，送給他一盒英國三五牌香煙。毛澤東在書寫他在 1956 年 6 月第一次游長江時寫的〈水調歌頭・游泳〉一詞，回贈蒙哥馬利。

毛澤東同蒙哥馬利進行了三次談話。在第二次談話中，蒙哥馬利問毛澤東繼承人是誰？毛澤東說：「很清楚，是劉少奇，他是我們黨的第一副主席。我死後，就是他。」蒙問：「劉少奇之後是周恩來嗎？」毛答：「劉少奇之後的事我不管。」

蒙哥馬利回到英國寫了一本書，列出專題披露毛澤東談自己的接班人是劉少奇的傳聞，轟動全世界。國內的轟動比世界還要大。外交部將毛澤東關於接班人的重要談話專印了一期簡報，發到全國地、師以上機關，逐漸全黨全軍全國各族人民都知道了。

一位經歷當年此事的新聞記者回憶說，當時三面『紅旗』徹底失敗，國民經濟崩潰，全國饑荒，餓死幾千萬人，誰應負責，向國人認罪？在這骨節眼上，毛澤東大談劉少奇是繼承人並廣為宣傳，蜚聲國內外。人們都在猜疑包括我在內，這裡隱藏著深遠的政治目的。說白了，毛澤東要推卸餓死人的責任。

論曰：中國是個農業大國，農業是國民經濟基礎。毛澤東不顧當時農業生產力的實際水平，提倡實施大辦人民公社、大煉鋼特、大辦食堂，實現三年超英、五年趕美、破壞森林、破壞家庭副業、大批彭德懷右傾反黨集團、大批周恩來反冒進、大批鄧子恢「小腳女人」，高唱共產主義社會就要到了，「糧食吃不完，怎麼處理？」這時的毛澤東不只是小資產階級的

狂熱病發作了，而是到了發瘋、魔性發作的程度。實際還是糧食產量沒有豐收，而是大幅度減產；1958 年減到 4000 億斤，1959 年減到了 3400 億斤，超估多徵購 173 億斤，1960 年減到了 12870 億斤。

2005 年 9 月，中共中央政治局對 1959 年至 1961 年全國大饑荒的歷史檔案有限制解封。官方正式內部公布大躍進時期餓死人的數據：1959 年，全國 17 省級地區，有 522 萬人因飢餓及非正常死亡；1960 年，全國 28 省級地區，有 1,155 萬人因飢餓及非正常死亡；1961 年，全國各地區有 1,327 萬人因飢餓及非正常死亡。3 年相加，「大躍進」時期死亡人總數 3,004 萬人。

中國歷史記載，1949 年中共上台執政之前 2129 年中，共發生 203 次死亡萬人以上的重大氣候災害，死亡 2991 萬多人。而毛澤東發動三年大躍進餓死人總數 3004 萬人，加上 1962 年非正常死亡 751 萬人，共 3755 萬 8 千人，比中國兩千多年間因自然災害而死亡的全部人數還多 764 萬人。

這不是個別政策適失當，是根本理論、道路的錯誤。這是農業合作化、人民公社、集體所有制過渡到全民所有制，空想社會主義造成的罪惡。

注釋

（1）毛澤東同柯慶施等談話記錄，1959 年 10 月 30 日。

（2）吳冷西：《十年論戰》上卷。中央文獻出版社，1999 年 5 月版，第 261

頁。

（3）《毛澤東傳》（下）。吳旭君談話記錄。2002 年 5 月 21 日，第 1098 頁。

（4）毛澤東批件，1960 年 10 月 26 日。

（5）辛子陵：《紅太陽的隕落》上卷。香港書作坊出版，2009 年，第 362 頁。

（6）毛澤東在中共中央政治局常委擴大會議上的講話記錄，1961 年 3 月 5 日。

（7）《毛澤東文集》第 8 卷。中央文獻出版社，1999 年 6 月，第 273-274 頁。

（八）毛澤東在七千人大會上的孤立困窘

　　1961 年，經過 3 年「大躍進」和「人民公社化」運動，全國普遍出現大饑荒。當時一個突出的問題是糧食調不上來。1961 年全國徵購糧食 720 億斤，中央上調 60 至 70 億斤。9 月廬山會議時，中央和各中央局協商，決定第四季度從各地上調 32 億斤。到了 11 月中旬，時間過半，可是各地上交糧食只占 20.1%，京、津、滬三大城市糧食供應告急！毛澤東、中共中央憂心如焚。遂決定召開擴大的中央工作會議。1961 年 11 月 16 日，中共中央發出《關於召開擴大的中央工作會議的通知》。出席會議的有中央、中央局、省市委、地委、縣委和重要廠、礦主要負責人，後又決定吸收軍隊的部分領導幹部參加。因為參加的有 7000 多人，史稱 7000 人大會。

　　1961 年 12 月 22 日到 1 月 10 日，中共預先召開了中央工作會議，研究 7000 人大會如何開。會議的第一天晚上，毛澤東召集政治局常委和各中央局開會，說：「會議不要開得太緊，上午休息，下午開會，晚上看戲。白天出氣，晚上看戲。」

　　1962 年 1 月 11 日，中央擴大的工作會議正式召開。根據毛澤東的指示，不開大會，先把準備由劉少奇做的主題報告發給大家，分組討論。毛澤東計劃 1 月 27 日開大會，由劉少奇讀討論會修改過的報告稿，然後再討論。報告定的調子是「我們的國內形勢總的來說是好的」，「我們的困難時期已經度過了」，「將進入一個新的大發展時期」。代表得到通知，在會上要講責任就講自己的責任，不要把責任往上推、往下推。劉少奇的報告裡毛澤東加進了個「分散主義」的概念，列舉了大量事實，說明分散主義嚴重存在。毛澤東煞費苦心編出這個「分散主義」，原本是想讓大會認可中共過去的政策，走一下過場，然後把注意力自然而然地轉移到批判「分散主義」上去，把「大躍進」造成經濟困難、糧食短缺、餓死人的責任，通過這次會議推卸掉，推到地方去。

　　沒料到，在實際討論中，大家對「分散主義」的提法反應強烈。湖北省長張體學首先提出不同意見：「幾年來，發生的問題是高指標，『左』傾蠻幹，是主觀主義。問題出在主觀主義上，不是分散主義，不反對主觀主義，分散主義也反對不了。計劃大，指標高，還能不出分散主義？」一位縣委書記憤慨地說：「這幾年工作想想真虧心，1958 年、1959 年心裡憋著一口氣，要人給人，要糧給糧，不曉得會出問題。1960 年出了問題不敢講，怕人說攻擊『三面紅旗』，又怕自己擔責任，到揭蓋時，做檢討，挨批評。1961 年生怕出問題，怕餓死人，做工作膽戰心驚，照顧群眾多一些。現在又要檢討本位主義，分散主義。」許多省委書記、地委書記都從不同角度提出，過去幾年政策多數是中央定的，自己有不同看法不便提，跟著中央走。現在出了困難

形勢，又要反對地方上的分散主義，讓地方承擔責任，對此想不通，不服氣。

由於地方各級幹部頂得很厲害，毛澤東只得改變初衷。16日，毛提議重新組織報告起草委員會。起草委員包括政治局常委、書記處書記等主要成員和6個大區書記，執筆的秀才5人，共21人，動手改稿子。17日，劉少奇召集起草報告委員會第一次會議，傳達毛澤東對起草委員會的意見，毛主席說稿子中「不正確的可以推翻，不合理的，不是真理的都可以推翻」，「第二稿拿出去，再推翻也不要緊」。(1)

1月18日，彭真發言說：「我們的錯誤首先是中央書記處責任，包括不包括主席、少奇和中央常委同志，該包括就包括，有多少錯誤就是多少錯誤。毛主席也不是什麼錯誤都沒有，三、五年過渡問題和大辦食堂都是毛主席批的。我們的毛主席也不是花岡岩也是偉晶岩，毛主席的威信不是珠穆朗瑪峰也是泰山，拿走幾噸土，還是那麼高。現在黨內有一種傾向，不敢提意見，不敢檢討錯誤，一檢討就垮台。如果毛主席的百分之一、千分之一的錯誤不檢討，將給我們黨留下負面影響。省市要不要把責任都擔起來？擔起來對下面沒好處，得不到教訓。從毛主席到支部書記，各有各的賬。」這時，鄧小平插話：「毛主席說，你們的報告，把我寫成聖人，聖人是沒有的，缺點、錯誤都有，只是占多占少的問題，不怕講我的缺點，革命不是陳獨秀、王明搞的，是我和大家一起搞的。」(2)

周恩來的發言調子不同，他不提反冒進時毛澤東成立「政治設計院」讓自己靠邊站的問題，以「自我批評」的姿態說：「在目前困難時期，要頂住，承擔責任，全世界都指望我們。」「過

去幾年是浮腫，幸虧主席糾正得早，否則栽的跟頭更大，中風。現在的問題是爭取時機，不怨天，不尤人，發憤圖強，埋頭苦幹，不吹，不務虛名，謙虛謹慎，驕傲總是危險的。主席早發現問題，早有準備，是我們犯錯誤，他一人無法挽住狂瀾。現在要全黨一心一德，加強集中統一，聽『舵公』的話，聽中央的話，中央聽毛主席的話。」(3)

21 人報告起草委員會，從 17 日起對原稿進行反覆討論修改，吸取了各方面的不同意見，幾易其稿，24 日拿出一個報告修改稿，以書面的形式發給大家。由劉少奇在書面報告的基礎上做口頭報告。劉少奇講了幾個問題：

對於形勢的估計，他說：「關於目前的國內形勢，實事求是地說，我們在經濟方面是有相當大的困難的。我們應該承認這一點。當前的困難表現在，人民吃的糧食不夠，副食品不夠，肉、油等東西不夠；穿的也不夠，布太少了；用的也不那麼夠。就是說，人民的吃、穿、用都不足。為什麼不足？這是因為 1959 年、1960 年、1961 年這 3 年，我們的農業不是增產，而是減產了。減產的數量不是很少，而是相當大。工業生產在 1961 年也減產了，據統計，減產了 40%，或者還多一點。1962 年的工業生產也難於上升。這就是說，去年和今年的工業生產都是減產的。」「這種情況是不是應該承認呢？我想，要實事求是，應該承認事實就是這樣。」

關於造成困難的原因，劉少奇說了兩條：「一條是天災，連續 3 年使我們的農業和工業減產了。還有一條，就是我們從 1958 年以來，我們工作中的缺點和錯誤。這兩個原因，哪一個是主要的呢？各個地方的情況不一樣，應該根據各個地方的具

體情況，實事求是地向群眾加以說明。有些地方的農業和工業減少，主要原因是天災，有些地方，減產的主要原因不是天災，而是工作中的缺點和錯誤。去年，我回到湖南的一個地方去，那裡也發生了很大的困難。我問農民，你們的困難是由於什麼原因？有沒有天災？他們說，天災有，但是小，生產困難主要原因是『三分天災，七分人禍』。後來我調查了一下，那個地方有幾個水塘，我問他們，1960年這個水塘乾了沒有？他們說沒有乾，塘裡有水，可見那裡天災不是那麼嚴重。」

劉少奇繼續說：「過去我們經常把缺點、錯誤和成績，比之於一個指頭和九個指頭的關係。現在恐怕不能到處這樣套。有一部分地區還可以這樣講，在那些地方雖然也有缺點和錯誤，可能只是一個指頭，而成績是九個指頭。可是，全國總起來講，缺點和成績的關係，就不能說是一個指頭和九個指頭的關係，恐怕是三個指頭和七個指頭的關係。還有些地區，缺點和錯誤不止是三個指頭。如果說這些地方的缺點和錯誤只是三個指頭，成績還是七個指頭，這是不符合實際情況的，是不能服人的。我到湖南的一個地方，農民說是『三分天災，七分人禍』，你不承認，人家就不服。全國有一部分地區可以說缺點和錯誤是主要的，成績不是主要的。」(4)

（這個報告等於否定了先前那個「國內形勢總的來說是好的」，「困難時期已經度過」的結論，承認了經濟形勢很嚴峻；第一次承認3年災害的主要原因是「人禍」；「一個指頭和九個指頭」，是毛澤東用以回擊彭德懷的一個理論，意在表明中共和毛澤東的決策永遠是正確的，「成績是主要的」。報告對這樣一個人人知其由來的說法也提出了質疑，明確指出這幾年「錯誤

是主要的」。）

　　關於「三面紅旗」，劉少奇說：「三面紅旗，我們都不取消，都繼續保持，繼續爲『三面紅旗』而奮鬥。現在，有些問題還看得不那麼清楚，但是再過幾年、十年以後，我們再來總結經驗，那時就可以更進一步地做出結論。」說以後再進行總結，實際上就是持否定態度。

　　劉少奇這些頗帶刺激的話，不僅是他個人看法，而是彙集了大多數與會者民意的結果。毛澤東聽了心裡卻很不愉快、很痛恨的，會場上有人竟然喊出「劉主席萬歲！」

　　1月29日林彪講話了，他說：「我們黨在近幾年內提出的三面紅旗——總路線、大躍進、人民公社，是正確的，是現實生活的反映，是中國革命發展中的創造，是人民的創造，是黨的創造。」「多快好省，毫無疑問，應該採取這種做法。我們能夠多快好省，需要多快好省，需要鼓足幹勁，需要力爭上游，需要能夠爭得上游。」「當然在執行中，不要把總路線的各個組成部分分離開，它是統一的整體，是不可分割的。如果揀一個，丟一個，那就錯了。說明不是總路線本身的問題，而是執行中的毛病。大躍進，事實證明，可以大躍進，應當大躍進。去年、今年雖然生產數量不那麼多，明年也不那麼多，但是與我國各個歷史時期比較起來，還是大躍進。」「人民公社，具有很多優越性。開始沒有整套的經驗是自然的。但是它把初級社、高級社的優點都吸收過來，具有許多新的特點，它的效果日益顯著，我們的確找到了一個建設社會主義、由社會主義向共產主義過渡的道路。人民公社在實踐中更加證明它是正確的，對社會發展是有利的，使我們找到了正確的發展形式，可以幫助我們更

快更好地發展。」

「在困難時期，要更加依靠中央的領導，更加依靠毛主席的領導，相信毛主席的領導。只有這樣，才更容易克服困難。事實證明，這些困難，恰恰是由於我們有許多事情沒有按照毛主席的指示去做而造成的。如果按照毛主席的指示去做，如都聽毛主席的話，那麼，困難會少得多，彎路會彎得小一些。我在中央的時間是不長的，但是從看得到的、聽得到的、同志們的思想經常出現的三種狀況：一是毛主席的思想；二是『左』的思想；三是右的思想。」「當時和事後都證明，毛主席的思想是正確的。有些同志說是執行毛主席的思想，但是把事情往『左』拉，執行主席思想走了樣，精神並不一致。當然也有右的問題，黨內外都是有的。如彭德懷就算一個，廬山會議暴露得很清楚。」「毛主席的優點是多方面的。我個人幾十年的體會，他的突出優點是實際，總是與實際八九不離十，總是在實際周圍，圍繞實際，不脫離實際。」「我們的世界觀中，最主要的是唯物主義，這就是尊重實際，實事求是，調查研究，把主觀條件、客觀條件綜合起來辦事，而不是毛主席的思想不受尊重，受到干擾時，就會出毛病。幾十年的歷史，就是這個歷史。」(5)

林彪這個發言製造了中共歷史上兩個最大、最離奇的謊言，一個是餓死百姓 3,000 多萬人（有說 3,600 萬人），他還硬說「三面紅旗」是正確的；一個是把「三面紅旗」造成的嚴重後果、嚴重困難，說成「恰恰是由於我們許多事情沒有按照毛主席的指示去做而造成的」。罪在全黨其他人，只有毛澤東是完人。這篇講話有力地支持了毛澤東搖搖欲墜的最高權力統治地位，有如危情病人注射一針強心劑，波濤洶湧的大海中飄來的

一根救命稻草，一時使毛澤東感到興奮、看到了生存希望。他開始鎮定下來了。林彪發完言，毛澤東站起來帶頭鼓掌。隨後，毛澤東說：「林彪同志的講話水平很高，我希望把它整理一下，給你一星期、半個月搞出來。」(6)

林彪講完話，全場冷靜過後出現掌聲，這是帶有中共特點的政治表態。會下地縣委書記們面面相覷，說這是為虎作倀。在小組討論林彪講話時，河南魯縣縣委書記楊毅國發言說，林彪講話是袒護毛主席，「什麼交學費了，毛主席離正確總是八九不離十了，我們心裡清楚，有很多錯誤的東西是毛主席提出來的嘛！林彪講得天花亂墜，不實事求是呀」！

就在這天會場上出現了一條標語：「打倒毛澤東！」

毛澤東破例沒有讓追查，怕擴大影響，嚴禁傳播和擴散。

參加七千人大會的多數是地縣級，他們是中央下發政策的貫徹執行者。這三年大辦人民公社，大辦食堂，搜查農民糧食，逼著人逃荒，餓死人，人吃人，他們內心很痛苦，覺得對不起農民。這些事是中央指示幹的，許多命令是以毛主席的名義下達的，毛澤東是始作俑者，怎麼今天他不承擔責任，還要追查我們這些人的錯誤？他們想不通，怨聲載道，感到這種幹部當得很窩心、煩心、痛心，幾年來都是這樣，沒有出頭之日。他們私下埋怨說，毛主席為什麼不下台，為什麼不得病⋯⋯有人甚至引用《左傳》中的典故比喻：「慶父不死，魯難未已。」但省、部級幹部們為了保住自己的烏紗帽，不敢把錯誤往上推，還得硬著頭皮承擔罪責。此時，毛澤東的威望已經降到谷底。

毛澤東憂心忡忡，怎樣度過難關？他決定當眾檢討。1 月 30 日，毛澤東在大會上做了長篇講話，說：「去年 6 月 12 號，

在中央北京工作會議的最後一天，我講了自己的缺點和錯誤。我說，請同志們傳達到各省、各地方去。事後知道，許多地方沒有傳達。似乎我的錯誤可以隱瞞，而且應當隱瞞。同志們，不能隱瞞。凡是中央犯的錯誤，直接的歸我負責，間接的也有我一份，因為我是中央主席。我不是替別人推卸責任，其他同志也有責任，但是第一個負責的應當是我。」(7)

毛澤東的這個「檢討」是說，3年大躍進造成的嚴重惡果，全黨各級幹部都有責任，從中央主席、省委、地委、縣委、黨支部支書都有一份，錯誤均攤。實際上，看不出他有什麼實質性錯誤。(就連想隱瞞錯誤、推卸責任也變成是「其他同志」的問題。)。毛澤東是大躍進、大辦人民公社的發起者，是高指標、高徵購的命令下達者，要直接承擔餓死人的責任。沒有他「三面紅旗」的錯誤，就不會發生全國饑饉，也不會有餓殍遍野，沒有第二個人能代替他承擔這種罪責。他的檢討發言，空話連篇，實在是掩人耳目，逃避餓死人的責任。

經歷了這次大會，毛澤東反而表現出對劉少奇特殊的友好和尊重。會議結束時，毛澤東告訴中央書記處安排呼兩個口號：「毛主席萬歲」、「劉主席萬歲！」以顯示黨的團結。

劉少奇在大會上的講話，廣大與會者反應強烈，大家感到說了實話。他每天參加各省討論會，陸續講些實際問題，如「三分天災、七分人禍」；「和平時期餓死這麼多人，我們共產黨人應當下罪己詔」；說彭德懷同志應該平反；青年女工劉桂陽因舉著「打倒毛澤東」的標語牌被判處五年徒刑，劉少奇特意告訴張平化回去給她平反。

毛澤東聽到這些情況後，隱忍不發，還面帶笑容，拉著劉

少奇的手說：「我是三天不學習，趕不上劉少奇。官當大了，不做調查研究了。少奇呀，你聽到了嗎？現在是兩個主席，兩個萬歲，很好嘛！『萬歲』的重任，你挑起來啦！」毛澤東用這些虛情假意的話，迷惑著劉少奇。

5 年後，即 1967 年 2 月，毛澤東曾對阿爾巴爾亞代表團巴盧庫說：「1962 年 1 月，我們召開了 7,000 人的縣委書記以上幹部大會，那個時候我講了一篇話，我說修正主義要推翻我們，如果我們現在不注意，不進行鬥爭，少則幾年十幾年，多則幾十年，中國要變成法西斯專政的。」(8) 這個所謂的修正主義，指的就是劉少奇。

1967 年 4 月 12 日，江青在一次中央文革小組會議上說，毛主席在 7,000 人大會上憋了一口氣。他憋的一口氣是什麼呢？就是劉少奇在 1 月 17 日做大會口頭報告時，指出了天災人禍哪一個是經濟困難主要原因問題時，做出了兩個「三七開」的判斷。他說，我到湖南一個地方，農民說是三分天災，七分人禍，你不承認，人家就不服。全國有一部分地區可以說缺點和錯誤是主要的，成績不是主要的。毛澤東聽了這些話心很不愉快，劉少奇不是在跟他唱反調嗎？還有個敏感的三面紅旗問題。劉少奇沒有肯定「三面紅旗」，以後再進行總結，實際上是持否定態度，這與毛澤東要高舉三面紅旗，保住三面紅旗大相逕庭。毛澤東認為劉少奇這種態度是在向他施壓，薄了他的面子。毛澤東憋氣沒有表現出來，考慮到當時的被動局面，他要轉怒為喜，要劉少奇幫助度過難關，保住他的領袖地位。

7,000 人大會期間，毛澤東信譽很低，被迫提出辭去主席職務。據鄧穎超日記記載，7,000 人大會上不少同志提出主席退下

來。1962年2月10日，毛澤東召開政治局常委會，他表示：「願服從會議決定，辭去主席，退下，搞社會調查。」朱德、陳雲、鄧小平表態，歡迎毛澤東辭去主席職務。周恩來堅持說：「主席暫退二線，主席還是主席。」(9) 他這一表態，使一直受到毛澤東提拔重用的劉少奇說不出逼宮太緊的話來，使毛澤東保住了他搖搖欲墜的寶座最高權位。

在 7,000 人大會期間，有跟毛澤東接觸較多的人說，毛澤東在困難時期提出：「國家有困難了，我應以身作則，帶頭節約，跟老百姓一起共同度過難關，不要給肉吃，省下些錢換外匯，吃素不要緊。」並從 1961 年 1 月 1 日起真的不吃肉了，堅持了7 個月。而事實是，毛澤東不吃豬肉了，可牛、羊肉卻沒有斷，廚師做出的花樣多，雞、鴨、蝦、蛋仍有保證。遍傳毛澤東不吃肉，不是他不吃，而是叫別人不吃。實際上在全國人民饑寒交迫的日子裡，毛澤東的生活日益腐化。曾制止他選妃子的彭德懷被他軟禁了，沒有人敢對他的私生活說三道四了。人民大會堂北京廳改成 118 會議室。據知情者評述，裡面的裝潢、家具、陳設、吊燈，遠勝於克里姆林宮。名曰會議室，其實是毛澤東專用的與女服務員密戲的行宮。中南海的春藕齋重新粉刷裝修，成為毛澤東的專用舞廳。舞會由每週一次改為兩次，中南海的女工作人員以及從部隊文工團選去的女演員為毛伴舞，兼供挑選伴寢對象。

1959 年 6 月，毛澤東回韶山，在他的授意之下，興起了為毛澤東大修行宮之風。他指示湖南省委第一書記周小舟為他在滴水洞蓋「幾間茅屋」。後任的省委書記張平化、華國鋒在萬綠叢中，背靠毛氏祖宗墳墓，面朝龍頭山，仿毛澤東在中南海住

房式樣，修建了一座青灰色四屋脊的平房。內部裝修和陳設極盡豪華，有迴廊通二號樓，那裡有客房24間。3號樓是衛隊住地和省委接待處辦公的地方。還有可以防震、防毒、防原子彈轟炸的長約百米的地下室工程。這個別墅主體建築面積3,638.62平方米。從1960年下半年開工，直到1962年底才完成，耗資1億2,000萬元。一個連隊守衛著滴水洞別墅，直到1966年6月才盼到毛澤東主人去住了幾天。毛澤東十分滿意。有位歷史學者指出，那個別墅是在湖南餓死了248萬人的時候蓋起來的。如果1960年毛澤東稍一轉念，提出用建別墅的錢去買糧食賑災，可供248萬饑民吃一年（1億2千萬元均分給這些災民，每人可得50元。全國有20%的農民年收入在40元以下），三湘農民一個也不會餓死。

7,000人大會以後，毛澤東到武昌東湖別墅住下，不久到上海休養去了，中央日常工作由劉少奇主持。

劉少奇同周恩來、陳雲、鄧小平、李富春等人，對全國經濟建設採取調整、鞏固、充實、提高的方針，對毛澤東制定的政策進行大量修改，核潛艇一類大項目下馬不幹，軍工投資減少，民生工業投資增加，外援停止，擴展農業投資，實行「包產到戶」、「責任田」，這樣才慢慢減緩了饑荒。城裡人工作時間也正常了，人民生活開始得到改善，很少再有人餓死了。

1962年，暫時脫離了毛澤東的獨裁專制，政治上比較寬鬆起來，人們可以把精力投入到正常的建設國家上面了。劉少奇為1959年廬山會議上被毛澤東打成右傾機會主義分子的1,000多人平了反，並開始為1957年到1958年被打成右派分子的人「摘帽」。

　　7,000 人大會上，劉少奇帶頭批評毛澤東的錯誤，幾乎使毛失去權力。毛澤東對劉少奇恨之入骨，毛也恨參加會議和劉少奇站在一起的人，復仇成了毛澤東刻骨銘心的毒願。劉少奇也清楚毛澤東的為人，毛是有仇必報的，毛是不會饒過他的。但他面對幾千萬人繼續餓死的前景，不得不走入險灘、鋌而走險。劉告訴關心他的人說：「當時我顧不上想那麼多了。」但劉少奇犯了一個致命錯誤，他當了憐憫將要凍死的毒蛇的農夫，把凍僵的蛇，抱在懷裡，等到蛇更甦醒過來，農夫被蛇咬死，這是歷史的真實教訓。

注釋

（1）劉少奇在擴大的中央工作會議的高高起草委員會會議上的講話記錄，1962 年 1 月 17 日。

（2）彭真在 7,000 人大會上發言記錄，1962 年 1 月 18 日。

（3）周恩來在 7,000 人大會上發言記錄，1962 年 1 月 18 日。

（4）中共中央文獻編輯委員會編《劉少奇選集》（下卷）人民出版社，1985 年 12 月版，第 418-443 頁。

（5）中共中央文獻研究室編：《建國以來重要文獻選編》第 15 冊。中央文獻出版社，1997 年 1 月版，第 107、108 頁。

（6）1962 年 3 月 20 日，毛澤東在審閱林彪講話整理稿後，致信田家英、羅瑞卿，指出這是一篇很好、很有分量的文章，看了很高興。

（7）擴大的中央工作會議記錄，1962 年 1 月 30 日。

（8）同卡博、巴盧庫的談話記錄，1967 年 2 月 8 日。

（9）《鄧穎超日記》。1975 年 11 月 19 日。

（九）和赫魯曉夫激烈爭吵

1959 年中華人民共和國成立七週年國慶，邀請社會主義國家政府代表團參加。9 月 28 日，赫魯曉夫率蘇代表團前來北京。他是剛從美國訪問回國的。赫魯曉夫在美國期間同美總統艾森豪威爾進行 3 天個人會談。赫魯曉夫在美訪問談話中，多次強調核武器的危險性，呼籲和平共處和普遍裁軍，高度讚揚艾森豪威爾。回國後，赫魯曉夫講話讚揚艾森豪威爾「真誠希望結束會戰，改善蘇美的關係」。在 30 日舉行的國宴會上，赫魯曉夫講話警告中國不要企圖「用武力去試試資本主義制度的穩固性。」晚上，毛澤東、劉少奇、周恩來等中央領導人同赫魯曉夫等蘇聯領導人進行會談。

赫魯曉夫告訴毛澤東，他已經找到解決台灣問題的好方法了。毛澤東問什麼方法？赫說：「台灣應該用列寧處理遠東共和國的辦法來解決。」毛澤東反駁道：「遠東共和的國是列寧建立的，並且由共產黨控制，請問赫魯曉夫同志，在你想像中是否今天的台灣也能由中國共產黨來控制？」赫魯曉夫無言以對，便岔開話題，要求中國無條件釋放 8 名在中國關押的美國戰俘，毛澤東、周恩來回答其中 3 名已刑滿釋放，還有 5 名刑期未滿，不能釋放，中國是個有法律的國家。赫魯曉夫立刻紅了臉，堅持說，這幾個人一定要釋放，因為他答應艾森豪威爾了。陳毅插話說：「你要釋放空頭到中國的美國特務，怎麼也不同中國商量？」

這件事情沒有談成，赫魯曉夫轉變話題，在中印邊界衝突上，指責中國為什麼開槍？周恩來、林彪說明了事情經過和責任，赫魯曉夫聽得很不耐煩。毛澤東批評蘇聯在中印邊界衝突

問題上表現很不公平，偏袒印方。會議發生爭吵，赫魯曉夫暴跳如雷地罵著嚷著。毛澤東抬手在他和赫魯曉夫之間劃了一橫道說了句話什麼——赫魯曉夫立即大叫起來。劉少奇、周恩來插話，蘇方葛羅米克等紛紛插話互相指責，雙方吵得一塌糊塗。這次中蘇會談，沒有達成任何協議，也沒發表任何公報。

10月6日，赫魯曉夫從北京回到遠東符拉迪沃斯托克後，發表講話，影射攻擊毛澤東為「好鬥的公雞」。10月31日，赫魯曉夫在蘇聯議會上，再次影射攻擊毛澤東為托洛茨基。1959年12月4日，毛澤東在一份提綱上寫道：「赫魯曉夫很幼稚，他不懂馬列主義，易受帝國主義的騙。」「他不懂中國，又不研究，信口開河，如果不改正，幾年後，就將完全破產。」

1960能2月4日，《華沙條約》締結國在莫斯科召開政治協商會議。在蘇聯政府舉行的宴會上，赫魯曉夫講話，影射攻擊毛澤東提出的「以蘇聯為首」是假的，毛澤東實際是要以他為首，妄言戰爭對人民是不負責任的。

6月下旬，羅馬尼亞共產黨召開第三次代表大會，同時召開世界共產黨和工人黨會議。中國共產黨派彭真為團長的代表團出席會議。

6月23日下午，蘇聯代表團給中共代表團送來一份《蘇共致中共通知書》。下午7點，又送來蘇共起草的會議公報草案。《通知書》充滿了對中共的批評和指責，說中共在時代問題上重複列寧的論述是「教條主義」；中共「拒絕和平共處」「製造緊張局勢」「是左傾冒險主義」；說中共在國際群眾組織中採取「宗派主義立場」，進行「托洛茨基似的分裂活動」；說中國公開發表康生在華約會議上的聲明是「向帝國主義送情報」；說中

共紀念列寧誕辰的三篇文章「是南斯拉夫式的分裂活動。」彭真通過中國駐羅大使館迅速將蘇方的文件報告毛澤東。

6月25日至26日，中國蘇聯等社會主義國家共產黨和資本主義國家的共產黨和工人黨共51個黨代表，在布斯特舉行會談。赫魯曉夫以激烈的語言對中共和毛澤東本人進行攻擊，涉及中國內政外交各個方面。說中國「把帝國主義壟斷資產階級的旗幟撿起來」，「要發動戰爭」，指責毛澤東「忽視除自己外任何人的利益，編造脫離現代世界實際的理論」，是又一個斯大林；說毛澤東是「極左派、極端教條主義者，真正的右傾修正主義者」。

1960年7月16日，蘇聯政府通知中國政府，決定9月1日前召回在華工作的全部專家。不久，又決定廢除中蘇兩國政府簽訂的12個協議，343個專家合同和合同補充書，廢除257個科技合同項目。給中國經濟建設帶來了巨大困難。

12月1日，81黨代表會議全體大會在克里姆林宮舉行，各黨代表團在聲明上簽字，並通過公報、呼籲書。在這次大會上各國共產黨代表團都發了言，多數黨站在蘇共一邊，批評中共，甚至以分裂相威脅，只有朝鮮、越南、阿爾巴尼亞黨未攻擊中共，三和兩全路線已經成為當時國際共運動的潮流。中國共產黨堅持反對三和兩全，成了孤家寡人，極端孤立，少數黨支持中共，也並非都是觀點路線一致。

為了了解決面臨的經濟上的困難、處境，毛澤東決定緩和一下中蘇關係。1960年11月7日晚，毛澤東出席蘇聯大使館國慶招待會，引起世界輿論矚目。赫魯曉夫當時奉行的內政外交政策。也遇到不少的麻煩，緩和一下中蘇關係也很需要。11

月初，劉少奇訪蘇，受到了特別熱情接待。12 月 26 日毛澤東
67 歲生日，赫魯曉夫派駐華大使契爾沃年科代表他當面向毛澤
東表示祝賀，並獻上一只大型花籃。毛心情很好，與蘇大使交
談 3 小時。1961 年元旦後，赫魯曉夫表示在研究米格 21 殲擊
機方面，可以給中國提供技術援助，不久，雙方代表進行商談。
2 月 27 日，蘇駐華大使面見劉少奇，轉交赫魯曉夫致毛澤東的
一封親筆信。信中表示蘇方準備借給中方 100 萬噸糧食和 50
萬噸古巴甘蔗糖。中蘇兩黨的這種和解是基於兩國各自的內部
需要，因而只是意思形態分歧的淡化，中蘇兩黨鬥爭過程的某
種妥協應注意到這種和解是脆弱的、暫短的。

　　1961 年 10 月 17 日至 31 日，蘇共二十二大在莫斯科召開，
公布了蘇共新綱領草案，內容冗長，實質可以用四個字概括，「三
和兩全」，即赫魯曉夫對外要和平共處，和平過渡，和平競賽。
對內要搞全民國家，全民黨。毛澤東據此認定，赫魯曉夫修正
主義已成一個「完整體系」了。

　　1962 年 9 月下旬，中共召開八屆十中全會，赫魯曉夫應邀
出席了大會。此時中國經濟發展困難經過八字方針的貫徹執
行，已得到初步緩解，毛澤東腰桿子硬起來了，重談階級鬥爭，
不要忘記階級鬥爭，強調要堅決反對現代修正主義，稱之為國
際共產主義當時的主要危險。

　　在招待外國黨宴會上，赫魯曉夫多喝了兩杯酒，乘興不點
名地攻擊毛澤東，他說：「我不同意說什麼一旦發生戰爭多少人
會死亡，多少人會活下來。作為領導者，我們應該注意到自己
的責任重大。我們要為人民著想，人民是怕戰爭的，他們不要
戰爭。」他接著說：「有人提以蘇聯為首。『為首』能給我們帶

來什麼呢？既不能給我們牛奶和黃油，又不能給我們土豆、蔬菜和住宅。要是別人以我爲首，我就會說，你滾開吧！共產主義只是一種形式，內容就是麵包和黃油，有人講，以蘇聯爲首，以赫魯曉夫爲首，爲的是看他犯錯誤，然後批評他。『爲首』頂個屁，等於一個公共痰盂，誰都往裡面吐痰。」他攻擊毛澤東是一隻應該扔掉的「老套鞋」。

1963 年 6 月開始，中蘇兩黨就國際共產主義運動公開展開了大辯論。中共發表了九篇反駁蘇共文章，簡稱「九評」，最後一篇是赫魯曉夫下台後發表的，題目是〈赫魯曉夫是怎樣下台的〉，此後中蘇兩黨的爭論告一段落。

赫魯曉夫蘇共第一書記被解除後，蘇共新領導人，仍堅持赫魯曉夫時制定的內政外交政策，極力反對毛澤東，甚至認爲毛澤東是中蘇關係惡化的挑動者，中蘇友好的障礙。

如何正確認識這段歷史？1989 年 2 月 4 日，鄧小平接見戈爾巴喬夫時，回憶這段歷史，他說，上世紀 60 年代中蘇大論戰，我在其中扮演過並無足輕重的角色。他主動承擔了中方的責任，指出，經過 20 多年的實踐，雙方都說了許多空話。和平競爭和平過渡，還是暴力革命？這是一個問題兩方面。鄧小平既然承認暴力奪取政權是錯的，又不敢肯定和平競爭是正確的。這反映出鄧小平認識的局限性。

論曰：20 世紀 60 年代最初幾年，中蘇大辯論、大論戰，涉及政治，文化、經濟、外交諸方面，核心是「三和、兩全」。赫魯曉夫中心策略思想是通過和平競賽、大力發展社會經濟，和平過渡到和平公正的

社會主義。這是適應了時代發展潮流的，也是西方一些民主國家實行的民主社會主義。

毛澤東堅持暴力革命，武裝鬥爭奪取資本主義政權，反對赫魯曉夫的「三和二全」，是錯誤地理解了馬、恩過時的理論。馬恩早年（1848 年前後）曾主張用暴力推翻，消滅資本主義。但到 1859 年，也就是 11 年之後，他們已認識到並得出結論：資本主義在其能夠容納的全部生產力發揮出來之前是絕不會滅亡的，在資本主義還在推動生產發展時，企圖用暴力加以消滅是不可能的。這樣就在實際上否定了他們早年用暴力推翻消滅資本主義的思想。到了晚年他們更強調「社會經濟形態的發展是一種歷史過程」，有其「本身運動的自然規律」；「人們即使探索到了這種規律，也不能跳過或用法令取消自然的發展階段」。

毛澤東無視馬恩晚年這些重要思想，而是死抱住馬恩早年已被他們自己否定的用暴力消滅資本主義的思想不放，妄圖以這種大棒，壓垮赫魯曉夫，贏得世界共產黨和工人黨的擁護和支持，坐上國際共產主義運動盟主的寶座。實際情況，完全相反。蘇共實行赫魯曉夫制定的策略路線，蘇聯經濟大發展，1961 年蘇聯實現了載人航天，美國猛然發現蘇聯已在某部門超過自己。1950 年蘇聯發電量只有美國的 4 分之 1 不到，到 1965 年已追到了美國的一半左右。蘇聯人民安居樂業，歐洲國家共產黨，工人黨遵循民主社會主義路線開展活動，有的國家社會黨取得了國家政權。

中國則是另一種情況，在國際上反對赫魯曉夫現代修正主義，在國內反對右傾機會主義，推行一條極左路線，高喊「三面紅旗」「三年超英」「五年趕美」後來壓縮到「一年超英」，「三年趕美」，嚴重破壞生產發展規律。中共支持的東南亞國家共產黨領導的地下武裝鬥爭，連連失敗。全世界共產黨、工人黨仍擁護蘇共為國際共運領袖，中共很孤立。除了接受中共援助的極少數黨外，支持中共極「左」路線的很少。毛澤東花了近十年時間，用盡心思，把中國人民的命運玩弄於股肱之間，給中國造成巨大災難，他自己也聲名狼藉，夢寐以求的國際共運領袖，最後成了泡影。

（十）毛劉較量

7,000 人大會後，劉少奇主持中央工作，放鬆了工農業政策，國民經濟有發展，全國人民生活逐漸恢復正常。這時，毛澤東也調整好了心態，從「後方」又回到「前線」，重彈階級鬥爭這個主旋律。他說：「不搞階級鬥爭，人們的精神面貌振奮不起來，生產也搞不好。」(1) 毛是名副其實的無事生非、唯恐天下不亂。他習慣了整人，不整人就會感到無聊。

1963 年 5 月 2 日至 12 日，毛澤東在杭州召開中央工作會議，決定在全國農村開展社會主義教育運動，並制定了《關於目前農村工作中若干問題的決議》（草案）。劉少奇出國訪問回京後，看到《決議》（草案），他認為有些政策界限不夠明確具體，打擊面過寬。他於 1963 年 9 月 6 日至 27 日在北京召開中

央工作會議，在彭眞的協助下，制定了《關於農村社會主義教育運動中的一些具體政策的規定（草案）》，重點放在團結兩個百分之九十五。在「團結百分之九十五以上的農民群眾」問題上，提出了「四個區別」，即，把進行復辟活動的階級敵人同落後群眾加以區別；把投機倒把分子同資本主義傾向比較嚴重的農民加以區別；把投機倒把活動同正當的集市貿易活動、臨時性的肩挑運銷以及小量的販運活動加以區別；把資本主義自發勢力同正當的家庭副業加以區別。在「團結百分之九十五以上的農村幹部」問題上，提出要作全面分析，切忌片面性；對犯錯誤的幹部，要以教育爲主，處分爲輔，區別情況，分別對待，批判、退賍從嚴，組織處理從寬；對上中農成分的幹部和地富家庭出身的知識分子，表現好的還可以分配適當工作。

中央工作會議最後一天，毛澤東講話。他說：「農村社會主義教育運動和城市『五反』，要包括意識形態方面，除了文學之外，還有藝術，比如歌舞、戲劇、電影等，都應抓一下。」「要推陳出新。」「推陳出什麼東西？陳就是封建主義、資本主義的東西。」「出社會主義的東西，就是要提倡新的形式。」「現在經濟形勢已經改變了，是社會主義經濟了；上層建築應該適應這個經濟形式，上層建築的形式也應有所改變，內容也應有所改變。」(2)

12月12日，毛澤東在彭眞、劉仁報告上批示：「各種藝術形式——戲劇、曲藝、音樂、美術、舞蹈、電影、詩和文學等等，問題不少，人數很多，社會主義改造在許多部門中，至今收效甚微。許多部門至今還是『死人』統治著。」「社會經濟基礎已經改變了，爲這個基礎服務的上層建築之一的藝術部門，

至今還是大問題。」「許多共產黨人熱心提倡封建主義和資本主義的藝術，卻不熱心提倡社會主義藝術，豈非咄咄怪事。」(3)

毛澤東這些講話，實際上把社會主義教育的範圍，把反對修正主義的問題，從城市「五反」、農村四清，進一步延伸到意識形態方面，特別是文藝領域。

1964 年 2 月，毛澤東說：「要把唱戲的、寫詩的戲劇家、文學家趕出城，統統轟下鄉，不下去就不給開飯。」

1964 年 3 月 3 日，毛澤東與林彪密談，據已解密的《林彪日記》記載：「毛囑要我關注政局在變化，要我多參與領導工作。又問上層也在學蘇聯搞修正主義，怎麼辦？中國會不會出赫魯曉夫搞清算，搞了怎麼辦？毛認為他被人架空，這個人是誰？我吃了一驚，冒了一身冷汗。一場大的政治鬥爭要來臨。」

1964 年 5 月 15 日至 6 月 17 日，劉少奇主持召開中央工會議。毛澤東 6 月 8 日在大會上發言，他說：「現在世界上有兩種共產黨，一種真的，一種假的。」「我們要想一想，我們將來會不會出修正主義？」「如果出了赫魯曉夫怎麼辦？中國出了修正主義的中央，要頂住。」毛澤東不斷地提出中央出修正主義的問題，似乎這已經成為迫在眉睫的事情了。

在這次會議上，毛澤東還說：「有許多事情我們事先料不到。比如，蘇聯出修正主義，也是料不到的一件事呀，它就出了嘛。它不以人的意志為轉移嘛。比如中國的牛鬼蛇神，有鬼無害論，它要出嘛。總的我看，我們是樂觀的。但是要準備另一方面，天要黑。中國一定要出赫魯曉夫？不一定。有兩種可能。出了也不要緊。還是那兩句話：前途是光明的，道路是曲折的。」(4)

1964 年後，毛澤東多次號召各級領導幹部下去抓四清，沒有人主動要求下去，這項工作遲遲推不動。在 6 月中央工作會議上，為了落實毛的指示，劉少奇強調，各級負責幹部都要親自下去蹲點，從始至終參加四清運動。並叫組織部長安子文具體安排，如果「不下去的不能當中央委員、不能當省委書記和地委書記」，於是全黨聞風而動。只北京中央機關和國務院機關，司局長以上幹部就下去了 1000 多人。在 11 月底的一次會議上，毛澤東帶生氣的口氣說：「還是少奇掛帥，四清、五反、經濟工作，統統由你管。我是主席，你是第一副主席，天有不測風雲，不然一旦我死了你接不上。現在就交班，你就做主席，做秦始皇。我有我的弱點，我罵娘沒有用，不靈了，你厲害，你就掛個罵娘的帥，你抓小平，總理。」劉少奇沒有聽懂毛澤東話中弦外之意，回答：「我搞不來這麼多，『四清』我管，『五反』富治、彭真多管，經濟工作由小平、總理管。」(5)

就在這個時候，國際上發生了一件大事，赫魯曉夫下台了。蘇聯新領導人把赫魯曉夫下台的事，在公開宣布前，先通知了中國共黨。蘇駐華大使契爾沃年科回憶：「我到毛住處大約是晚上 11 點，毛聽到消息後，沉吟片刻說：『你們做得好。但是還不夠。』又說：『還有些事你們要改，你們主席團還沒有都做到。』毛要蘇共修改黨綱，否定對斯大林的批判。」契爾沃年科認為，只要毛在台上，中蘇改變關係前景黯淡。蘇聯人認為，毛澤東是中國的斯大林。斯大林從蘇聯來到了中國，同「斯大林」領導下的中國，改善關係絕無可能。

1964 年 11 月 7 日，克里姆林宮舉行「十月革命」節招待會。中共派周恩來、賀龍率代表團出席招待會。蘇聯國防部長

馬利諾夫斯基元帥帶著中文翻譯走到周恩來跟前對周說:「俄國人要幸福,中國人民也要幸福,我們不要任何毛澤東,不要任何赫魯曉夫來妨礙我們的關係。」周恩來勃然變臉,對馬利諾夫斯基說:「你的話我不懂。」立刻轉身走開。馬利諾夫斯基又轉向賀龍,說:「我們已經把赫魯曉夫搞掉了,你們也應效仿蘇聯榜樣,把毛澤東也搞下台去,這樣我們就能和好。」馬利諾夫斯基還說:「我穿的元帥服是斯大林的狗屎,你穿的元帥服是毛澤東的狗屎。」賀龍跟他爭執起來,隨即中國代表團離開宴會大廳。

第二天,勃列日涅夫率領 4 位蘇聯領導人來到中共代表團駐地,周恩來正式提出抗議,要求澄清。勃列日涅夫道了歉,說馬利諾夫斯基喝醉了,不代表蘇共中央。周恩來向毛澤東彙報後,毛澤東疑心大起,懷疑中共高層有人跟蘇共合謀推翻他。對毛澤東來說,只要蘇聯不插手,中共黨內什麼樣的反對派他都不怕,蘇共一插手,和中共黨內的人裡應外合那就難說了。從外蒙古到北京只有 500 公里,一路都是平原,中國沒有反坦克的重型武器,無法阻擋蘇聯的坦克進攻。根據毛澤東的指令,中國軍隊在外蒙古通向北京的路上大築「人造山」。這些「人造山」每座高 20 至 40 公尺,正面寬 250 至 400 公尺,縱深 120 至 220 公尺。在山裡頭建造鋼筋水泥工事,企圖利用這些人造山擋住蘇聯坦克的進攻。

自周恩來參加蘇聯「十月革命」節回國,轉達馬利諾夫斯基元帥的話後,毛澤東心情緊張,脾氣大,疑神疑鬼,總是耽心有人要下手搞掉他。1964 年 12 月 15 日,中共中央政治局在北京召開會議,總結和研究社教運動中的問題,劉少奇主持。

鄧小平認為這是一般的彙報情況，曾好意地對毛澤東說：「毛主席身體不好，可以不必參加了。」毛澤東不滿意，隱忍未發。12月20日下午開會，繼續討論社教問題。毛澤東同劉少奇在會上發生衝突，爭論的焦點是「四清」運動的重點指向哪裡的問題。

會議開始，毛澤東要劉少奇先講話。劉少奇從蹲點問題講起。他說，農村當前主要矛盾是富裕農民階層跟廣大群眾、貧、下中農矛盾。到會的幾個同志也這樣講，說農村已形成富裕階層了。毛澤東不同意，他主張要整那些「走資本主義道路的當權派」，言外之意是層層都要整，直到中央。他說：「地、富是後台老闆，前台是四不清幹部，四不清幹部是當權派。你只搞地、富，貧下中農是通不過的，迫切的是幹部。那些地富已經搞過一次分土地，他們臭了。至於當權派，沒有搞過，沒有搞臭。」

劉少奇主張一切從實際出發，有什麼矛盾解決什麼矛盾。他說：「有三種人：漏劃的地主、新生的資產階級、爛掉了的幹部。有的幹部出身好，犯有四不清錯誤，同地富反壞勾結在一起；有的地富反壞操縱；也有漏劃的地富當了權的。」

毛澤東說：「不要管什麼階級階層，只管這些當權派，共產黨的當權派。管你是掛名的共產黨也算，過去是國民黨也算，過去共產黨變了質的也算，總而言之，你是掌大權。就要發動群眾整我們這個黨。中心問題是整黨，不然無法，不整黨沒有希望。」毛澤東又說，不要提階層，那個東西一提人們就嚇倒了。只提黨、黨委。省委也是黨委，地委也是黨委，縣委也是黨委，公社黨委也是黨委，支部委員會也是黨委。

　　這時，劉少奇又把話題拉到主要矛盾問題上，他說：「現在是黨內外矛盾、敵我矛盾、四清四不清的矛盾，各種矛盾交叉，說主要矛盾是四清四不清，行不行？」

　　毛澤東強調：「首先要抓敵我矛盾性質的問題，重點要整黨內走資本主義道路的當權派。」他接過劉瀾濤分析農村壞幹部的話題說，杜甫一首詩中有四句：「挽弓當挽強，用箭當用長。射人先射馬，擒賊先擒王。」這四句話通俗明了，就是搞那個大的，大的倒了，那些狐狸慢慢清嘛。群眾知道嘛。群眾就怕擒不了大的。

　　毛澤東又說：「一個省委、一個地委、一個縣委、一個公社黨委、一個支部黨委員會，抓住這個東西就有辦法。」劉少奇沒有等毛澤東把話說完，就接著說了一大篇不同意毛澤東的話，強調說：「不能把什麼問題都說是反社會主義性質、是敵我矛盾。還是有什麼問題解決什麼問題。不是到處都有敵我矛盾。煤炭部、冶金部，哪個是走資本主義道路的當權派？」毛澤東脫口而出：「張霖之就是。」張霖之是煤炭工業部部長，就憑毛澤東這一句話定性，文革初期被造反派活活地打死了。

　　毛澤東反問道：「什麼性質？反社會主義就行了，還有別的什麼性質？」

　　劉少奇：「總不是什麼都是反社會主義。」

　　毛澤東：「是資本主義性質，還加個封建主義、帝國主義？搞個資本主義就差不多了。」

　　劉少奇：「政治、經濟、思想、組織四不清，有人民內部矛盾，有敵我矛盾，問題的複雜性就在這裡，不是一個敵我矛盾就解決問題。」(6)

　　會議期間，毛澤東找張平化問及華國鋒的表現。張說：「華國鋒同志是個事務主義者，政策的忠實執行者，老好人，不會搞偏的。」毛澤東說：「社會主義革命正需要對黨的方針政策的忠實執行者，這樣的好同志不多。我見到陽奉陰違的人就討厭，他們喜歡搞自己的一套，修正主義的東西。」

　　12月26日，毛澤東71歲生日，當晚，毛澤東在人民大會堂老北京廳請一些人吃飯，名單是毛澤東自己定的。應邀的有部分中央領導同志，各大區主要負責同志及少數部長、勞模、科學家。毛澤東讓幾位科學家和勞動模範跟他坐在一桌，其他中央常委和政治局同志坐在別的桌上。林彪本來沒有參加中央工作會議，這次毛澤東生日聚會，他被請來了。毛澤東一到場，就宣布說：「今天不是請客，更不是祝壽，我拿自己的稿費請大家吃頓飯，也算是實行『四同』吧！」接著說：「不能光吃飯，還要講講話呀！有些人一摸到一點東西，就翹尾巴，這不好。摸到一點不要翹，摸到兩點、三點也不要翹。」他挨個詢問了全國勞動模範陳永貴、回鄉知識青年代表邢燕子、董加勤等人情況。接著說：「像大學裡那些書，越讀越蠢。」隨後就陸續批評社教運動中的一些錯誤認識和提法，「說什麼四清四不清，說什麼黨內外矛盾交叉？這是非社會主義的；指責中央有的機關搞『獨立王國』；還說到黨內產生修正主義的危險。」席間鴉雀無聲，沒有人順著他說話，參加對他攻擊劉少奇的，只有陳伯達除外。陳伯達在第二天的「全國工作會議」上發言，支持毛澤東。毛對陳的擂鼓助威感激之致，當夜把陳伯達找到家裡面授機宜，說要搞掉劉少奇。陳伯達是最早知道毛澤東意圖的人。

　　1964年12月27日《林彪日記》記載：「好不尋常！我、

伯達、康生，成了毛生日的座上客，還有婆娘（林彪私下對江青的稱呼），毛喝了一瓶白沙液（按：湖南第一酒），翻來覆去問，中央有人搶班奪權，怎麼辦？要搞修正主義，怎麼辦？又問，軍隊不會跟著搞修正主義吧！中央政治局、國務院、中央書記處都要排斥姓毛的。毛還是黨的主席、軍委主席、要逼我造反，我就造個天翻地覆。

今天，毛來電吩咐說：『昨天我生日，心情舒暢，酒喝了過多，發了一通，不算數。』要我們不要傳開，我想毛下一步要從北京市委、從計委、從中辦、從文化部開刀。」

12 月 27 日下午，毛澤東在人民大會堂河北廳主持中央工作全體會議，討論《農村社會主義教育運動中目前提出的一些問題》，共 17 條。陳伯達對文件做了一些說明，當陳伯達說到國民黨也說有黨內外矛盾的交叉時，毛澤東說，我們這個黨至少有兩派，一個社會主義派，一個資本主義派。董必武發言說，文件規定縣以上幹部定期調換好。毛澤東說，現在 15 年了，成了獨立王國，北京，我說的不是北京市委，就有兩個獨立王國，你們去猜，我就不講了。陸定一發言講了文化革命問題。毛澤東說，文化部全部爛掉了，整個單位是資產階級和封建階級聯合專政，並點了文化部長和幾位副部長的名字。文化部是主管文化藝術領域的，老謀深算的毛澤東暗示這場鬥爭將從文化部門開刀。

12 月 28 日下午，中央工作會議繼續進行，毛澤東主持會，他帶來兩本書放在桌子上，一本是《黨章》，一本是《憲法》。這次會議討論《農村社會主義教育運動中提出的一些問題》的第一條「運動性質」，這是這次會議毛劉爭論的焦點。到會的人，

對這個問題，還有其他問題，都發表了意見。最後毛澤東說，如果大家沒有意見了，我再講幾句，請你們回去看一下黨章、憲法3章87條。然後發言說：「我是黨員，我是公民。你們（他指著鄧小平和劉少奇）一個不讓我參加黨的會議，違反黨章，一個不讓我發言，違反憲法。」這一次主要是毛澤東講話，劉少奇講的很少。毛澤東講的話，很尖刻，雖未點劉少奇的名，但與會者都明白他的鋒芒所向。

劉少奇趁著毛澤東情緒激動之機，同他商量召開全國人大會議，選舉國家主席。毛澤東事先沒有思想準備，不好拒絕，表示同意。過了一會兒，毛澤東反應過來了，看出劉的用心，怒氣沖沖地說：「現在就交班，你就做主席。」

1965年1月3日，劉少奇當選為國家主席，全國上下組織了歡慶活動，遊行隊伍舉著彩旗、舞著獅子、放著鞭炮，並排抬著毛和劉的相。報紙上大篇幅地報導：「毛主席、劉主席都是我們最愛戴的領導人。」中央高層有不少領導人暗暗使勁，稱讚劉少奇在制止饑荒上建立了功勞，連毛澤東親近的人也認為劉有能力，辦事實際，逐漸跟劉親近，同毛疏遠起來。有人建議劉當選時在天安門城樓上掛劉的相而不掛毛的，劉當即否決了這種做法。

正當劉少奇當選之的時，王光美也被招到人民大會堂「118」室，毛披頭蓋腦地罵了劉少奇一頓，仇恨之心溢於言表。劉與王光美僵坐在那裡，靜聽毛訓斥。中央高層人誰也沒出來附和毛一起批劉，實際上同情劉的人占多數。

中央工作會議期間，朱德、賀龍等人曾找過劉少奇，希望他顧全大局，要謹慎，要尊重毛澤東。會後，劉少奇主動找毛

澤東談話，做了自我批評。

1月13日下午3時半，劉少奇召集了一個黨內生活會，參加會的有中央政治局部分常委、政治局委員、各中央局第一書記、周恩來、鄧小平等17人，劉少奇誠懇地做了自我批評，會議參加者很受感動。參加者王任重在當天日記標題〈難忘的一天〉寫道：「黨的領袖和他們領導下的幹部在一起開生活會，進行批評和自我批評，這在全世界黨的歷史上也是少見的。」(7)

毛澤東對劉少奇的檢討回話說，這不是尊重不尊重的問題，而是馬克思主義同修正主義的問題。他正告劉少奇說：「斯大林曾對鐵托說過，我動一根小指頭，世界上就沒鐵託了。」「你有什麼了不起的，我動一個小指頭，就可以把你打倒。」

在農村開展的社會主義運動，劉少奇堅持的從實際出發，有什麼問題解決什麼問題，是完全正確的。而毛澤東拿出馬克思主義、社會主義、階級鬥爭三個大棒，幾位長者攝於毛澤東的餘威，不敢正面支持劉少奇，而出來「勸架」。劉少奇違心地屈從了。這是邪惡戰勝正義之爭，劉少奇表面說恭敬毛的話，心裡在流淚。

在農村教育運動開展同時，在國民經濟發展上，毛澤東發起了對劉少奇的鬥爭。1964年6月，召開中央工作會議，毛澤東發言批評李富春任主任的國家計委提出的「大力發展農業，基本解決人民的吃、穿、用問題」的「三五計劃」，「是學習蘇聯做的，不符合中國實際，行不通。」他接口蘇聯陳兵中蒙邊境，戰略導彈指向中國。提出要準備打仗，「三五計劃」應以發展國防工業為重點，大力發展攀枝花三線建設。他派陳伯達到國家計委做調查，成立小計委，派余秋立任小計委主任、黨組

書記，取代了李富春。毛澤東清楚，蘇聯只反對毛澤東，不反對中共，更不反對中國政府，不會出兵進攻中國。因為李富春提出的「三五計劃」是劉少奇支持並批准的，醉翁之意不在酒，反對李富春任國家計委主任提出的「三五計劃」是對準劉少奇的。毛澤東在中央會議上說「中央有兩個獨立王國」中央書記處和國家計委。他說的獨立王國是指不是他領導的，是劉少奇領導的，要求發動群眾推倒他。毛澤東還向周恩來明確交代，以後計委工作直接由你領導，向中央找我彙報，把發展國民經濟的領導權，從劉少奇手中奪了回來，轉到毛澤東手中。搞攀枝花三線建設是針對「吃、穿、用」「三五計劃」，針對劉少奇的，花錢很多、社會責難、批評意見不少。文化大革命開始後，劉少奇靠邊站，攀枝花三線建設也就不了了之。國民經濟發展問題，是關係國計民生的大問題，這一次劉少奇沒有力量向毛澤東抗衡，隨後國民經濟發展陷入了「文革」災難深淵。

　　毛澤東打倒劉少奇的決心已定，這是任何人改變不了的。是什麼時候下的？研究中國文化大革命的中外學者，有人認為是 1962 年 7,000 人大會後，毛澤東就認定劉少奇有篡黨奪權的野心，要打倒他；也有人認為是四清運動後，毛劉矛盾激化，才下決心除掉他，這也是毛澤東自己說的。毛澤東是個權欲極高、有仇必報的人，自己說的打倒劉少奇的時間，也不一定是真心話。

　　劉少奇不是一般的領導人，他是位高權重，聲望極高的高層領導，要扳倒他，要做充分的輿論準備，這一點毛很清楚。毛把注意力，從四清運動轉移到文化領域，與政治掛鈎，指導文化批判運動。

　　1994年夏季開始，在意識形態領域，從哲學、經濟學、歷史學諸多方面，開展了中共在文化戰線上規模最大的批判運動。在哲學以楊獻珍「合二為一」為代表，經濟學以孫冶方的「生產價格論」「企業利潤論」的經濟思想為代表，歷史學以翦伯贊的「歷史主義」和「進步政策論」的史學觀為代表。把他們的學術觀點，同政治鬥爭掛鈎，帶上修正主義帽子，在《光明日報》、《紅旗》雜誌等報刊上連篇累牘的發表批判文章，形成了政治討伐，造成了文化領域的混亂。

　　1965年2月底，毛澤東離開北京，4月到達武漢，4月22日找來林彪單獨密談，交了打倒劉少奇的底。他要林彪把軍隊牢牢掌握住，不要讓在中央主事的劉少奇插手軍隊。

　　其實林彪早就對毛的心事心照不宣。1962年後，特別在1964年、1965年期間，林彪在軍隊高舉毛澤東思想紅旗，大力宣傳毛澤東思想，印發《毛主席語錄》，召開活學活用毛澤東思想積極分子大會，把毛澤東抬上神壇，這一切，都為毛澤東發動文化大革命做了思想準備。

注釋

（1）毛澤東1963年5月12日講話。

（2）毛澤東在中央工作會議上的講話記錄，1963年9月27日。

（3）毛澤東給彭眞、劉仁的批示，手稿，1963年12月12日。

（4）中央工作會議記錄，1964年6月11日。

（5）中央政治局擴大會議記錄，1964年11月25日。

（6）中央政治局擴大會議記錄，1964年12月20日。

（7）王任重：《王任重日記》。1965年1月13日。

七、十年動亂——發動文化大革命的眞實目的（1966年5月（73歲）—1976年9月（83歲））

　　一些中央文件和理論刊物，定性文化大革命是一場內亂，說在「革命無罪，造反有理」的口號下，踢開黨委鬧革命，整個黨政機關全面癱瘓，任憑造反派胡作非爲，想打倒誰就打倒誰，想怎麼辦，就怎麼辦，打、砸、搶、抄、無惡不作。這意思是說造反派是文革的罪魁禍首。造反派是有罪的，但不是禍首，這種定性是錯的。造反派聽誰的，聽中央文革小組的；中央文革小組聽誰的，聽毛澤東的。事實是，文革進程每一階段，怎麼亂？亂到什麼程度？目標指向誰？都是毛澤東策劃的，按照毛澤東的布局進行的，毛澤東是這場大動亂、大破壞的總指揮。這是事情的本質，不明白這點，就不懂得文化大革命。

（一）打倒彭、羅、陸、楊「反黨集團」掃除大動亂的障礙

　　彭眞、羅瑞卿、陸定一、楊尚昆不是「集團」，他們沒有直接的工作關係，更沒有反黨。「反黨集團」罪名是毛澤東強加的。彭、陸、楊是毛澤東要打倒的，羅瑞卿是林彪要打倒的。

毛、林通過祕密協商，交易成功，為打倒劉少奇掃除了障礙。

毛澤東打倒彭眞的直接原因是，彭眞反對〈評海瑞罷官〉論文的發表。

1965 年 9 月 18 日至 10 月 12 日，中共中央在北京召開工作會議。在會議討論過程中，毛澤東有很多重要插話，他說：「如果中央出了修正主義，應該造反。」「我快要去見馬克思了，怎麼交代？你給我留個修正主義尾巴，我不幹。」(1) 毛澤東講這些話是故弄玄虛，中央可能要出修正主義，問題很嚴重。目的是告訴黨的高級幹部，現在必須採取行動了。

中央工作會議結束後不到一個月，1965 年 11 月 10 日，上海《文彙報》發表了署名姚文元的文章〈評新編歷史劇《海瑞罷官》〉。這篇文章是 1965 年元旦過後，江青奉毛澤東之命到上海找到柯慶施，通過柯找到張春橋組織姚寫的。寫好後，江青帶回北京交毛澤東審改，毛說，他改了三遍，認為基本可以，讓江青送上海發表。

《海瑞罷官》的作者吳晗，是明史專家，北京市副市長，民盟副主席。1959 年 4 月上旬在上海召開的中共八屆七中全會上，毛澤東提倡海瑞精神，要求高級幹部敢說眞話。毛澤東祕書胡喬木從上海趕到北京，動員吳晗寫海瑞的文章。吳晗遵命，寫了一篇〈海瑞罵皇帝〉，登在 1959 年 6 月 19 日的《人民日報》上。9 月分京劇演員馬連良請吳晗寫海瑞戲，吳晗寫了《海瑞罷官》。從後來的歷史演變看，毛澤東提倡海瑞精神完全是個圈套，可惡至極。

〈評新編歷史劇《海瑞罷官》〉文章刊出後，毛澤東在上海接見姚文元，指出姚文中談的問題是個大問題，要有足夠的

思想準備。他說：「1959 年，廬山會議我們罷了彭德懷的官，撤了他的職，他很不服氣呦！黨內那些思想右傾的人也不服氣，一直吵吵鬧鬧地要翻案。如果他們翻案，就是我們錯了嘛。」「彭德懷自稱是今日的海瑞，敢於為民請命，三百多年前的海瑞敢罵皇帝，嘉靖罷了他的官，所以就借古諷今，替今的海瑞招魂吶！姚文元的文章很有辣椒味。」

這段時間，毛澤東密切關注姚文發表後的動態。《光明日報》社編印的《情況簡編》有兩期引起了他的重視。一期是吳晗看了姚文元批評海瑞罷官文章後的反應，吳表示不準備寫答辯文章，只給市委寫個報告，直接送交彭真。他說：「姚文元這樣批評我，我也不怕。不過，我覺得這樣牽強附會的批評，亂扣帽子，這種風氣很不好，誰還敢寫東西，誰還敢寫歷史？」(2) 毛澤東看後批道：「我都已看過，一夜無眠。」另一期是〈關於姚文元批評《海瑞罷官》文章反映續聞〉中說：「翦伯贊認為，現在學術界的顧慮並未解除，姚文元亂來一通，不利於百家爭鳴。」(3) 毛澤東看後在旁邊畫了三個圈。

毛澤東密切關注姚文元文發表後全國各省市動態。各省市緊跟形勢，隨即省市級報刊轉載姚文，唯獨北京、中央和市報刊不轉載，處之泰然。北京市和中央報刊敢於持這種態度，是因為負責中央文化事務的彭真不同意轉載。彭真主管北京市委也管中共中央日常文化宣傳事務。彭真趕到上海與毛爭辯，說：「《海瑞罷官》跟彭德懷沒有關係，不是影射毛。由於彭真是中央書記處副總書記，他感到毛要整的，絕不只是一個吳晗，恐要殃及全黨，他不希望這個黨遭到損害。他跟一位日本共產黨領導人說：『《海瑞罷官》不是個政治問題，是個歷史劇，可毛

主席說是政治問題，真麻煩！』」在他的影響下，《人民日報》又拖了一星期轉載姚文，還放在第五版「學術討論」專欄，以示這不是黨在號召開展政治運動。毛看了很生氣，不久《人民日報》主編吳冷西被免職。

在毛對彭真的不重視〈評海瑞罷官〉宣傳期間，1966 年 2 月，劉少奇支持彭真，向全國發出「二月提綱」，中心是不要用政治罪名整文化人。彭真還把毛澤東特別強調的「《海瑞罷官》的要害是罷官，是為 1959 年被我們罷了官的彭德懷張目的，彭德懷自稱是海瑞」，這一段話在形成文件時刪去了，沒有往下傳達。毛澤東在看到文件時勃然大怒，覺得自己被架空了。

「二月提綱」發出後，彭真飛到四川，說是視察三線工程。到達成都當天夜裡，彭真祕密會見了兩個月前被毛遣送到成都的彭德懷。二彭見面後到底交談了什麼無人知曉，瞞著毛來見彭德懷，又只有他們兩人在場，他們有可能談到動用軍隊制止毛的「兵諫」。彭德懷雖不在軍隊崗位上，但他在軍隊有極高影響力。彭真離開四川後，賀龍又去了，也說是視察三線。毛疑心他們到四川去商量發動兵變。這段時間，毛澤東寢食不安，據身邊的人說，毛吃的安眠藥劑量足以殺死一個正常的人，就在他醒著的時候，也要服大量的鎮靜劑。

林彪最忌恨的是羅瑞卿，羅是毛澤東最寵信的人，羅精力充沛、辦事能力強，林彪常年養病，毛給軍隊下達命令，常常通過總參謀長羅瑞卿去辦。羅多年負責保衛毛的安全，毛親切地叫他「羅長子」，說：「羅長子在我身邊，天塌下來，有他頂著。」「羅長子在我身邊一站，我就感到十分放心。」毛的這些表態，使林彪更加不安。1965 年初，林彪就想設計除掉羅瑞卿，

一直找不到機會，他暗中收集、整理羅的材料。1965年11月，林接到江青電話，了解到毛需要用他打倒劉少奇，他想除掉羅瑞卿的機會到了。11月30日，林彪派葉群帶著他的信和11份羅的材料乘專機趕到杭州，單獨向毛澤東做了幾個小時的彙報。

　　林彪給毛澤東信是這樣寫的：

主席：

　　有重要情況需要向你報告，好幾個重要的負責同志早就提議我向你報告。 我因為怕有礙主席健康而未報告，現聯繫才知道楊尚昆的情況，覺得必須向你報告。為了使主席有時間先看材料起見，現先派葉群呈送材料，並向主席作初步的口頭彙報。如主席找我面談，我可隨時到來。

　　　　此致

　　敬禮

　　　　　　　　　　　　　　　　林彪

　　　　　　　　　　　　一九六五年十一月三十日

　　毛澤東看完信聽完彙報，收下材料，吩咐葉群立即回蘇州，不要在杭停留，隨即派汪東興用毛澤東專列送葉群回去，回程時把林彪請來。

　　毛林這次深夜會見，極為神祕，坊間資料透露，談了羅瑞卿的問題，彭真的問題，劉少奇的問題。毛意在倒彭倒劉，囑林「抓緊軍隊的指揮權，千萬不能落到別人手裡，要保證思想文化領域的鬥爭正常進行」。林說：「不解決羅瑞卿問題，軍隊可能發生分裂，我不能保證這個人聽話。」促使毛澤東下了整倒羅瑞卿的決心。毛澤東說：「希望你再做一次像7,000人大會上那樣的報告，說明文化大革命的必要。」林彪會意地答道：「我

回去就考慮準備。」這是一次「路線交底」。林彪心裡明確打倒劉少奇之後他將成為主席的接班人。

1965年12月2日,毛澤東在林彪送來的蘭州軍區黨委《關於五十五軍緊急備戰中突出政治的情況報告》上批示:「那些不相信突出政治,對於突出政治表示陽奉陰違,而自己另外散布一套折衷主義(即機會主義)的人們,大家應當有所警惕。」(4)這裡所指的,就是羅瑞卿。

12月8日到16日,毛澤東在上海主持召開政治局常委擴大會議,批判羅瑞卿。葉群在會上分三次做了10個小時的發言,繪聲繪色地捏造事實,說羅瑞卿如何逼迫林彪退位,要林彪不要擋路。「一切交給羅負責。」這次會議確定處理羅瑞卿問題的五條意見:「一、性質嚴重,手段惡劣。二、與彭、黃(指彭德懷、黃克誠——作者)有別。三、從長期看,工作有一定成績。四、懲前毖後,治病救人的方針。五、領導有責。」處理分兩步走,調動職務,不搞面對面,冷處理。(5)會議討論撤銷羅瑞卿書記處書記、國務院副總理、總參謀長等全部職務的議案時,常委表決:劉少奇、陳雲、鄧小平投反對票;政治局表決:彭眞、劉伯承投反對票,劉少奇、陳雲、鄧小平、賀龍、陸定一、李富春、譚正林棄權。在小會上,劉少奇說:「這些話,難以置信。」鄧小平說:「無人對證。」羅瑞卿沒有出席上海會議,周恩來、鄧小平奉命同羅談話後羅被軟禁。

林彪對羅瑞卿的處理不滿意,他要毛給羅加上「篡黨篡軍」罪名,毛未同意。1966年1月21日,江青找林彪寫一份〈部隊文藝座談會議紀要〉,林彪拖著遲遲不寫。3月,毛澤東同意了林彪的要價,准允召開批羅會議。氣氛驟變,人們發言譴責

羅瑞卿爲「野心家」、「陰謀家」、「定時炸彈」。3 月 18 日，羅跳樓自殺，未遂，雙膝粉碎性骨折。「自殺」又成了新的罪名。

陸定一是中央宣傳部長，毛澤東批評中宣部爲閻王殿，提出打倒閻王，解放小鬼。陸早已被毛列入打擊之列了，陸定一的夫人嚴慰冰患有精神病，幾年內給林家寫了 50 多封匿名信，罵葉群性生活亂，是王實味的情婦，說林的孩子不是林彪的。信的署名有時用大仲馬（《基度山恩仇記》中的基度山）。林彪將對嚴慰冰的仇恨遷怒於陸定一，把帳算在陸定一頭上。

楊尙昆時任中央辦公廳主任，是毛澤東信任的人。楊會俄語，並負責中共同莫斯科的聯絡。毛懷疑楊和中共其他領導人同莫斯科牽線反對毛澤東。直接原因是毛懷疑楊尙昆對他搞竊聽。毛的講話是「最高指示」，不錄音，也沒有白紙黑字，怎麼執行？所以辦公廳在 50 年代後期，開始安裝錄音設備在毛的會議室和個人活動的地方。有次毛的錄音員告訴毛的一位女招待員說，毛跟她在專列的事，他「都聽到了」，毛的女招待員大驚！報告了毛。毛是慣於在地下搞陰謀的，他立即下令拆除所有錄音設備、銷毀所有錄音帶。毛的住處、開會的地方、乘坐的汽車都進行了檢查。這就是轟動一時的「竊聽事件」。被捲入竊聽事件的人都受到處分，楊尙昆被調往廣東。

彭、陸是直接反對毛澤東搞文化大革命的，楊有監探毛搞陰謀的嫌疑，必須清除。林彪權重於羅，孰輕孰重，毛很清楚。犧牲羅換取林的支持，對毛來說，是揮淚斬馬謖，是忍痛割愛，無可奈何之舉。

1966 年 3 月 17 日至 20 日，毛澤東在杭州召開中央政治局常委擴大會議，出席會議的有劉少奇、周恩來，各大區中央局

第一書記和中央有關負責人。毛澤東專門就學術批判問題做了講話。他說，我們解放以後，對知識分子實行包下來的政策，有利也有弊。現在學術界和教育界是知識分子掌握實權。社會主義革命越深入，他們就越抵抗，就越暴露他們的反黨、反社會主義面目，吳晗和翦伯贊等人是共產黨員，也反共，實際上是國民黨……各地都要注意學校、報紙刊物、出版社掌握在什麼人手裡，要對資產階級的學術權威進行切實的批判。

在討論中，毛澤東有很多插話：「我的意見，還要打倒什麼翦伯贊呀，侯外廬呀等等一批才好，不是打倒多了。這些人都是資產階級、帝王將相派。」「學術界、教育界的問題，過去是蒙在鼓裡的，許多事情我們不知道，事實上是資產階級、小資產階級掌握的。」「現在，大學、中學、小學大部分被資產階級、小資產階級、地富出身的人壟斷了。」「這是一場嚴重的階級鬥爭。」(6) 毛澤東在一次小會上嚴厲批評《人民日報》登過不少烏七八糟的東西，提倡鬼戲，捧海瑞，犯了錯誤，《人民日報》社社長吳冷西是半個馬克思主義，要不斷進步，否則要垮台。(7)

3 月 28 日至 30 日，毛在上海同康生單獨談了兩次話，同康生、趙毅敏、魏文伯、江青、張春橋談了一次話，嚴厲批評《二月提綱》混淆階級界限，不分是非，是錯誤的。他嚴厲斥責，中宣部是閻王殿，要打倒閻王，解放小鬼；中宣部和北京市委包庇壞人，壓制左派，不准革命。「如果包庇壞人，中宣部要解散，北京市委要解散，五人小組要解散。」「我歷來主張，凡中央機關做壞事，我就號召地方造反向中央進攻。各地要多出些『孫悟空』大鬧天宮。」(8)

1966 年 3 月 31 日，康生回到北京向周恩來、彭眞等中央領導人詳細傳達了毛澤東幾次講話的內容。4 月 9 日到 12 日，康生在書記處會議上傳達了毛澤東的講話。此時，毛澤東的個人集權已逐步取代了黨內高層的集體領導。根據毛澤東個人意見，在書記處會議上對彭眞自批判吳晗以來所犯的「一系列錯誤」進行了批評。書記處會議決定：一、擬以中共中央名義起草一個通知，徹底批判文化革命五人小組《彙報提綱》的錯誤，並撤銷這個提綱；二、成立文化革命文件起草小組，報毛澤東和政治局常委批准。起草小組由陳伯達任組長，江青、劉志堅任副組長，康生任顧問。《通知》由陳伯達起草後，14 日送在杭州的毛澤東修改。毛澤東作了 3 次修改，並加了許多內容。

4 月 16 日至 24 日毛澤東以中央主席的名義在杭州召開政治局常委擴大會議，各中央局書記被擴大進來。毛澤東煞有介事地說：「出修正主義不止文化界出，黨政軍也要出，特別黨、軍出了修正主義問題就大了。」毛說當前最大的問題是中央出了修正主義，必須當即立斷，「全面地系統地抓」，發動一場大革命，來解決這個已經迫在眉睫的問題。會議結束後，4 月 28 日，29 日，毛澤東在兩次談話中繼續嚴屬批評彭眞和北京市委，說北京市委針也插不進去，水也潑不進去，說彭眞已爲自己準備了垮台的條件，要求對彭眞的錯誤徹底批判。

1966 年 5 月 4 日至 26 日，在人民大會堂北京廳召開中共中央政治局擴大會議，出席會議的有在京的中央政治局委員、候補委員及有關方面負責人約 80 人。毛澤東未出席，他有意滯留外地，委託劉少奇主持會議。對會議的開法和要解決的問題，毛澤東會前沒有向劉交底，劉少奇只起司儀的作用。會議定性

彭眞、羅瑞卿、陸定一、楊尚昆爲反黨集團。

5月5日上午6日下午，康生以傳達「聖旨」的神祕身分在會上講了8個鐘頭。他說：「1962年9月以來，特別是1965年11月以來毛澤東批評彭眞、陸定一，要解散北京市委和中宣部的歷次談話，1966年3月毛與他個人的兩次談話和一次集體談話，概括起來是兩條，一條是批評彭眞、中宣部包庇右派，壓制左派；第二條是確定新的任務，支持左派，建立新的文化學術隊伍，進行文化大革命，貫串一個中心問題是中央到底出不出修正主義？出了怎麼辦？這次會議通過的〈中國共產黨中央委員會通知〉是在主席直接領導下，伯達、春橋等起草的。主席親自作了多處修改和補充。」並告知這個〈通知〉稿一個字也不能改，一個標點符號也不能動。

劉少奇聽後激動地說：「開政治局擴大會議叫大家討論，提了意見不能改，連幾個字都不許改，這不是獨斷專行嗎？」他問彭眞：「對通知有什麼意見？」彭眞無可奈何地回答：「沒有意見。」劉又問：「是贊成還是反對？」彭眞垂下頭默默無語。劉只好叫同意的舉手。會議通過了這個後來被稱爲〈5.16〉的通知。〈通知〉宣布，撤銷彭眞領導的「文化革命五人小組」，重新設立以陳伯達爲組長，江青爲第一副組長，康生爲顧問的「中央文化革命小組」，隸屬於中央政治局常委，直接領導「文化大革命」。

「彭、羅、陸、楊反黨集團」成員不久便被投入監獄。至此，毛澤東在林彪、周恩來、康生等人的大力協助下，順利完成了外圍的清理工作，發動「文革」的障礙已排除，毛澤東得以控制了中樞要地——首都、軍隊和中央辦公廳。

　　參加會議的高層領導人不明白，這個「赫魯曉夫那樣的人物」是指劉少奇。毛澤東所謂「中央出修正主義」和「睡在身邊的赫魯曉夫」一類啞謎，讓人們對文革的目標感到莫測高深。劉少奇、朱德、陳雲、鄧小平等幾位常委像聽天書一樣不得要領，而泛泛談反修防修、警惕赫魯曉夫式的人物，他們又不便反對。這是毛澤東在施展他的權謀，故布疑陣，虛虛實實，從中達到了他要的效果，即，叫他的黨內高級同僚們在莫測中舉手打倒了他們自己。

　　1966 年 5 月 18 日，林彪按照預先的安排，在會上講話，危言聳聽地講了一篇「政變經」。他說，毛主席近幾年來，特別是去年提出防止出修正主義的問題，黨內黨外、各個戰線、各個地區、上層下層都可能出。然後，林彪談政變，從周朝談到民國，從中國談到世界。又拉回話題說：「最近有很多鬼事、鬼現象，要引起注意。可能發生反革命政變，要殺人，要篡奪政權，要搞資產階級復辟，要把社會主義這一套搞掉。資產階級的代表人物，混到我們黨內，混到黨的領導機關，成為當權派，掌握了國家機器，掌握了政權，掌握了軍權，掌握了思想戰線的司令部，他們聯合起來搞顛覆，鬧大亂子。」

　　「我們現在擁護毛主席，毛主席百年之後我們也擁護毛主席。毛澤東思想要永遠流傳下去。毛主席活到哪一天，九十歲，一百多歲，都是我們黨的最高領袖，他的話都是我們行動的準則。在他身後，如果有誰做赫魯曉夫那樣的祕密報告，一定是野心家，一定是大壞蛋，全黨共誅之，全國共討之。」

　　林彪的長篇講話隨即成為會議的主調，與會者人人自危，紛紛在發言中對照林彪的講話，檢討自己對毛澤東的態度；對

彭、羅、陸、楊群起而攻之，唯恐不能劃清界限。會議的氣氛非常緊張，形成人人過關的場面。

林彪講話第二天，5 月 19 日上午，彭真在會上做檢查。他講了約 5 分鐘。略謂：「什麼搞政變、顛覆中央、裡通外國等罪惡活動，我連做夢也沒有想到。至於我同羅瑞卿、陸定一、楊尚昆有沒有反黨的聯繫，請中央審查。」

5 月 20 日，陸定一做檢查。他說：「我主觀上絕沒有思想變天。」林彪馬上反駁說：「你天天在想變天。」林彪抓住不放的是陸定一夫人嚴慰冰匿名信罵葉群的問題。林彪問陸定一：「你跟你老婆勾結在一起，用寫匿名信的辦法，長期誣陷葉群同志和我的全家，目的是什麼？」「嚴慰冰寫匿名信，我不知道，她既沒有跟我商量過，也沒有給我看過，我本人也沒有發現過。」陸定一如實回答。

「你老婆的事，你會不知道嗎？」林彪追問。

「丈夫不知老婆的事，不是很多嗎？」陸定一睜眼看林彪。

林彪忿怒，咬著牙說：「我恨不得槍斃了你。」

在陸定一檢查的那天，每位與會者的桌子上，放了一份由林彪簽名的複印件，上面寫著「葉群和我結婚時是處女，老虎、豆豆是我和葉群的親生子女」一類的內容。聶榮臻看到後，十分生氣地舉著它喊到：「發這個幹什麼？收回。」

毛澤東沒有參加會，會後看到林彪講話，感到突然，有驚恐之憂。他在 7 月 8 日寫給江青的一封長信中，透露了這一心情。信中說：「我的朋友講話，中央催著發，我準備同意發下去，他是專門講政變問題的。這個問題像他這樣講法，過去沒有過。他的一些提法，我總覺不安。」毛澤東相應採取許多重大措施，

調整葉劍英任中央軍委祕書長，實際上掌握軍權；林彪家住在毛家灣，毛派中央警衛局副局長住毛家灣，名爲警衛，實際上是監督林的活動。林彪對於毛澤東的這種安排很不愉快，情緒不高，不想過問黨內、軍內之事，請假住在大連休養。

《5.16 通知》發表後，拉開了文化大革命的序幕。6月1日《人民日報》發表〈橫掃一切牛鬼蛇神〉的社論，第二天，中央廣播電台播出北京大學聶元梓等揭露校黨委修正主義路線的大字報。6月2日，《人民日報》全文刊登，並發表由關鋒、王力、曹軼歐（康生妻子）執筆、以評論員名義寫的〈歡呼北大的一張大字報〉。

這組文章一發表，在全國引起強烈反響，局面頓時大變。北京各大中學校裡，學生紛紛起來造反，校園裡鋪天蓋地貼出矛頭指向黨政領導和教師的大字報。學校黨組織陷於癱瘓，學生分成保皇派和造反派，各派鬧對立，亂打亂鬥的現象開始出現。鬥爭時給被鬥對象臉上抹黑、罰跪、掛黑幫牌子、戴高帽子，一些人遭扭打辱罵。全國各省市大城市裡大中學生效仿北京，停課鬧革命，鬥爭領導幹部，批判教師和學術權威，橫掃「四舊」，城市和機關一片混亂。

注釋

（1）毛澤東在中央會議上的插話記錄，1965 年 10 月 12 日。

（2）《光明日報情況簡編》第 367 期。1965 年 11 月 15 日。

（3）《光明日報情況簡編》第 367 期。1965 年 11 月 20 日。

（4）毛澤東在蘭州軍區黨委關於五十五師緊急備戰中突出政治情況報告上的批語，手稿，1965 年 12 月 2 日。

（5）王任重日記，1965 年 12 月 28 日。

（6）毛澤東在杭州會議上的插話記錄，1965 年 3 月 18 日、19 日、 20 日。

（7）吳冷西：《憶毛主席》。新華出版社，1995 年 2 月版，第 152 頁 。

（8）毛澤東同康生、張春橋等談話記錄，1966 年 3 月 20 日。

（二）撤銷工作組、軟禁劉少奇

　　1966 年 6 月初，北京市委派出工作組到北京大學。同一天，在劉少奇、鄧小平主持下召開中央政治局常委擴大會議，同意北京市委向北京各大中學派出工作組。工作組到校後，制止亂批亂鬥現象，並要求他們提高警惕，嚴防壞人破壞。20 日，根據劉少奇意見，中共中央批轉了北京大學《文化革命簡報》第九號。批語指示：「中央認為北大工作組處理亂鬥現象的辦法是正確的、及時的。各單位如果發生這類現象，都可參照北大的辦法處理。」

　　7 月 18 日，毛澤東回北京，連續聽取各方面的彙報，並看了北大、清華等高校的簡報，對北京地區開展「文化大革命」的情況很不滿意，認為學生受到壓制，運動冷冷清清。張春橋把劉少奇批轉的北京大學《文化革命簡報》第九號上所批的批語送給毛澤東看。毛澤東看後說：「怪不得到處鎮壓群眾，現在才明白有一個資產階級司令部！」

　　毛澤東和劉少奇爭論的焦點，是應該不應該向各大中學校派工作組。7 月 24 日、25 日，毛澤東找人談話，提出不派工作組為好。他說：「最近一個月，工作組是阻礙群眾運動、阻礙革命勢力，幫助反革命勢力，幫助反革命，幫助黑幫。」

　　7月26日，中央政治局召開會議，林彪缺席，決定撤銷工作組。28日，中共北京市委發出《關於撤銷各大專院校工作組的決定》。在毛澤東看來，派工作組不僅是一個領導運動的方式方法，而是一個對待群眾的立場和態度，是贊成還是反對搞「文化大革命」的問題。他認爲，這裡的問題很多、很大，需要召開一次中央全會會議，作出決定。

　　1966年8月1日，在毛澤東主持下，中共八屆十一全會在北京召開。第一天，劉少奇做十中全會以來的中央工作報告，他對派工作組問題，承擔了責任，說：「最近主席不在家，中央常委的工作由我在家主持。主席回來，發現派工作組方式不好，責任主要在我。」「當時我曾考慮，這樣大的運動，北京各院校部分組織已經癱瘓了，怕中斷了黨的領導不好。」毛澤東插話說：「怎麼會中斷呢？」接著，陳伯達講話指責，派工作組的做法是想把那些朝氣勃勃的學生都打下去，把真正積極搞「文化大革命的打下去」；「我們很多同志當了官做什麼事情就不容易聽進別人的意見，他的話不能觸犯」。毛澤東插話：「神聖不可侵犯，侵犯別人還可以，侵犯自己就不行。」

　　同一天，毛澤東給反對工作組的清華大學附中紅衛兵寫一封信，讚揚他們的「革命造反精神」。信中說：「你們的大字報（指他們貼出的三張論〈無產階級造反精神萬歲〉的大字報），說明對剝削壓迫工人、農民、革命知識分子和革命黨派的地主階級、資產階級、帝國主義、修正主義和他們的走狗，表示憤怒和聲討，說明對反動派造反有理，我向你們表示熱烈的支持。」「不論在北京，在全國，在文化大革命運動中凡是同你們採取革命態度的人們，我們一律給予熱烈的支持。」(1)這封信沒

有送出，作爲八屆十一中全會文件印發了，社會上迅速傳開，大中學校中高舉「革命造反」大旗的紅衛兵組織，立刻風起雲湧普遍成立起來。

　　從第二天起，全會繼續討論工作組問題。8月4日，毛澤東召集中央政治局常委擴大會議，對劉少奇提出更尖銳的批評：「中央自己違背了自己的命令。中央下令停課半年，專門搞文化大革命，大家起來了，又來鎮壓。」「什麼群眾路線，什麼相信群眾，什麼馬列主義，都是假的。」「說反對新市委就是反黨，新市委爲什麼不能反？看你站在什麼階級方面，向哪個階級作鬥爭。」

　　接著討論，毛澤東的話越說越重。當劉少奇說到「我在北京，要負主要責任」時，毛澤東說：「你在北京專政嘛，專得好！」他又說：「講客氣一點，是方向性錯誤，實際上是站在資產階級立場，反對無產階級革命。」當葉劍英講到，我們有幾百萬軍隊，不怕什麼「牛鬼蛇神造反」時，毛澤東說：「牛鬼蛇神，在座的就有。」(2) 這時，會議空氣十分緊張。

　　8月5日，毛澤東寫了〈炮打司令部——我的一張大字報〉：
　　全國第一張馬列主義的大字報和人民日報評論員的評論，寫得何等好啊！

　　請同志們重讀這一張大字報和這個評論。可是在 50 多天裡，從中央到地方的某些領導同志，卻反其道而行之，站在反動的資產階級立場上，實行資產階級專政，將無產階級轟轟烈烈的文化大革命運動打下去，顛倒是非，混淆黑白，圍剿革命派，壓制不同意見，實行白色恐怖，自以爲得意，長資產階級的威風，滅無產階級的志氣，又何其毒也！聯想到 1962 年的右

傾和 1964 年形「左」實右的錯誤傾向，豈不是可以發人深醒的
嗎？

5 日下午，劉少奇還在履行共和國主席的職責，在人民大
會堂河北廳接見贊比亞代表團。回到家後，周恩來打來電話，
要劉少奇最近不要公開露面，不要會見外賓。劉少奇知道，這
是毛澤東的聲音，毛澤東利用他自己在黨中央的特權，把劉少
奇軟禁在家。

沒有經過常委、政治局、中央委員會的任何討論，沒有全
國人民代表討論通過，就憑毛澤東幾百字的大字報，停止了國
家主席的工作。在做好這些鋪墊之後，毛澤東在常務會上說：「中
央主席的接班人的問題已經很緊迫了。萬一發生戰爭，發生突
然事變，或者我馬上見上帝，誰來主事？得從我們中選個最年
輕的，林彪就可以。」劉少奇率先表示贊成，全體常委投了贊
成票。

8 月 6 日，周恩來到毛澤東住處開會，商量中央政治局、
書記處名單。會後，周恩來提議保留林彪一人作為黨的副主席，
以突出林彪作為接班人的地位。原有的副主席自他以後不再提
及，改用政治局常委的名義見報。毛澤東同意。

林彪沒有參加八屆十一中全會的開幕式，他在大連養病，
會前曾打電話請假。8 月 6 日晚，毛澤東叫祕書徐業夫打電話
通知林彪立即返京參加大會，林彪執意不來北京。他正在讀《曹
操傳》，深知曹操當丞相後騎虎難下之困境，他眉批「不要輕易
騎上去」。毛澤東讓周恩來給林彪打電話，並派空軍司令員吳法
憲乘專機去接，同時宣布休會，等林彪來後再開會。林彪當晚
到京，毛澤東趕到浙江廳林彪住處看望，單獨談話，要他當黨

的第一副主席、接班人。林彪不接受，並寫了書面意見。毛很生氣，批評他要做出家和尚，脫離紅塵嗎？一定要林彪幹，林最後接受了。八屆十一中全會最後一天，選舉擴大到 11 人中央政治局常委。根據毛澤東意見，常委排名順序：毛澤東、林彪、周恩來、陶鑄、陳伯達、鄧小平、康生、劉少奇、朱德、李富春、陳雲。毛澤東將劉、朱、陳排在陳伯達、康生後面，即不想再保留他們的副主席職務，他想設林彪、周恩來兩位副主席。周恩來主動提出，只設林一人為副主席，以突出他的接班人地位。

8 月 8 日，林彪主持大會，通過《關於無產階級文化大革命的決定》（通常稱為十六條）。《決定》指出，文化大革命「在當前，我們的目的是鬥垮走資本主義道路的當權派，批判資產階級的反動學術『權威』，批判資產階級和一切剝削階級的意識形態，改革教育、改革藝術、改革一切不適宜社會主義經濟基礎的上層建築，以利鞏固和發展社會主義制度。」

會後，林彪接見中央文革小組成員，鼓勵他們：「鼓足幹勁，搞得翻天覆地、轟轟烈烈、大風大浪、打攪大鬧，這半年就要鬧得資產階級睡不好覺，無產階級也睡不著覺。」

八屆十一中全會後，林彪一掃過往的病氣、暮氣，精神振奮，主持中央日常工作，發表講話，對軍隊文革工作也抓得很緊。毛澤東很賞識，但也有恐懼和擔心。9 月中旬，毛澤東在大會堂送林彪《郭嘉傳》、《范曄傳》。林彪看後口述感謝毛澤東的信。郭嘉是曹操重要謀士，隨曹操征戰多年，幫助曹操滅了袁紹，立了大功，英年早逝，留有善名。范曄是南朝宋國人，頗有文采，著有《後漢傳》，官至左衛將軍、太子詹事，掌管禁

旅，參與機要，後轉入了反宋文帝的反叛漩渦，以謀反罪滿門
抄斬。毛澤東要林彪做郭嘉，不要做范曄。林彪感悟到毛澤東
送書用意，表露出對他的不信任，立即改變態度，不主持中央
日常工作，改由周恩來主持。

　　評語： 1966 年 8 月 5 日，毛澤東寫的〈炮打司
令部——我的一張大字報〉，是研究毛澤東發動文化
大革命的一把鑰匙。它揭示了毛澤東發動文化大革命
的目的和原因、肯定了發動文化大革命的方法，找到
了強加打倒劉少奇的直接罪證。毛澤東是中共黨的主
席，劉少奇是黨的第一副主席，法定的毛澤東的接班
人，這種關係是承傳了中國幾千年封建社會的皇帝和
太子的關係。太子不遵照皇帝的詔令辦事，被廢之事
大有先例。毛澤東是發動億萬農民打下天下的綠林好
漢中的山大王，從這個角度上看，毛澤東和劉少奇是
大哥和二哥的關係。二哥必須要無條件的服從大哥，
為大哥兩肋插刀，為大哥拚命。否則就要被除掉。
　　〈炮打司令部——我的一張大字報〉是毛澤東直
接投向劉少奇的殺手鐧、打倒劉少奇的信號，但這時
中共中央多數人是站在劉少奇方面的，沒有人出來指
名道姓反對劉少奇，連林彪也不願意這樣做。毛澤東
只有親自站出來，從後台走到前台，報了積壓多年的
個人仇恨，這時毛澤東的心情是十分激動的。毛澤東
在中央的最後決定權，是 1943 年劉少奇提議經中央
討論通過的，最後毛澤東還是用這一權力把劉少奇打

倒。

注釋

（1）毛澤東給清華大學附中紅衛兵的信，1966 年 8 月 1 日。
（2）中共中央政治局擴大會議記錄，1966 年 8 月 4 日。

（三）大動亂、大破壞、大屠殺

　　中共八屆十一中全會後，毛澤東考慮採取何種有力行動，把群眾大規模地發動起來，形成席捲全國的風暴，達到他最終的目的。毛澤東決定利用那些青年學生，那些高唱「革命造反有理」的紅衛兵身上。中共中央決定 8 月 16 日晚，在北京召開百萬人規模的慶祝無產階級文化大革命的群眾大會。

　　8 月 18 日，即中共八屆十一中全會結束後第 6 天，來自北京和全國各地的百萬群眾大會在北京天安門廣場舉行。毛澤東建國後第一次穿軍裝登上天安門城樓，檢閱紅衛兵。一個叫宋彬彬的女生，將一個「紅衛兵」袖章獻給毛澤東，並給他佩戴在左臂上，他問了這個女孩的名字，當聽到「宋彬彬，文質彬彬的彬時」，他說：「要武嘛。」女孩從此被改名叫宋要武，紅衛兵運動也向「武」的方向發展著，毛澤東成了紅衛兵的紅司令。毛澤東還將「造反」最凶的五個學生領袖——北京大學的聶元梓、清華大學的蒯大富、地質學院的王大賓、北京航空工業學院的韓愛晶、北京師範大學的譚厚蘭，請上了天安門城樓，與中共和國家領導人一起檢閱群眾隊伍。他還命令將 1,500 名

各地紅衛兵代表團安排在金水橋兩側的觀禮台上。總之，紅衛兵小將被捧上了天。他們望著天安門城樓上的毛澤東雙淚長流，拚命揮動小紅書，有節奏地呼喊「毛主席萬歲」。

他們遙想，造反可以上天安門城樓觀禮，文革勝利後，定會受到更大的獎賞，擔當更高的領導職務。這對青年學生們產生了無窮的誘惑。「八一八」大會後，紅衛兵紛紛開始衝出校園，走上街頭，聲勢浩大地開展所謂「向一切舊思想、舊文化、舊風俗、舊習慣發動猛烈的『破四舊』」運動。從 8 月 20 日起，在「破四舊」的旗號下，北京、上海、天津等大中城市裡都相當普遍地發生抄家和侮辱人格、打人等踐踏法治的野蠻行為。更令人痛心的是，一些被任意指責為「黑五類」的人被活活打死，更多的被遣送回鄉。不管平民子弟和幹部子弟，全瘋了。他們衝向社會，在所謂破舊立新的口號下，開展破壞活動。

紅衛兵按照自己的理解，破四舊（即舊思想、舊文化、舊風俗、舊習慣）、立四新。一群紅衛兵殺向王府井百貨大樓，砸了大樓的化妝品櫃檯，理由是他們傳播資產階級生活方式。一位女士從理髮館燙髮出來，幾名女紅衛兵手持剪刀按住她給剪了個陰陽頭。衝進清華園浴池的小將用皮帶將一個搓澡的人拉出來，並要搓澡工起來「革命」，打他的顧客。接下來就是改名稱，把王府井改名為「反修路」，把東安市場改名為「東風市場」，把協和醫院改名為「反帝醫院」。

8 月 23 日，北京體育學院紅衛兵登上頤和園佛香閣，砸了釋迦摩尼佛像。以此為開端，北京市 1958 年第一次普查時，政府明令保護的 6,843 處古蹟，有 4,900 處遭到不同程度的破壞。

8 月 23 日下午，由青年學生組成的紅衛兵，抄了北京市文

化局，把集中在這裡保存的戲裝、道具堆到國子監孔廟大院燒毀，揪鬥北京市文化局領導人趙鼎新、張夢庚以及著名作家老舍、蕭軍、駱賓基、端木蕻良，著名京劇表演藝術家荀慧生、白芸生等 30 餘人，給他們脖子上分別掛上「黑幫分子」、「反動學術權威」、「牛鬼蛇神」等大牌子，遊街後押到孔廟大院，全部剃了陰陽頭，命令他們跪在火堆四周，一面用火烤，一面用皮帶抽打。67 歲的老舍的頭被打得頭破血流，當場暈倒在地。8 月 24 日深夜，一代文豪、人民藝術家老舍投太平湖自盡了。

8 月 29 日晚，北大經濟系一群紅衛兵闖入中央文史研究館章士釗家中，肆意查抄，章士釗極反感，給毛澤東寫了一封信，說：「以章荒耄不才，在公領導之餘，受到本國青少年之督責查抄，此惟罪有應得，亦且情所甘願。蓋此中伏有大革命成功之美好前景，大多數人享受幸福，區區一小撮人沾著屈辱，又算得了什麼也。」信中要求：「在可能範圍內稍稍轉圜一下，當有解鈴之望。」毛澤東當天在信上批示：「送總理酌處，應當予以保護。」(1) 周恩來根據毛澤東的意見，立即採取措施，並寫了一份應予保護的著名的人員名單，包括宋慶齡、郭沫若、章士釗、程潛、何香凝、傅作義、張治中、蔡廷鍇、邵力子、蔣光鼐、沙千里、張奚若、李宗仁等，還寫了國家副主席，全國人大常委會副委員長、常委、政協全國委員會副主席，國務院副總理、部長、副部長、各民主黨派負責人、最高人民法院和最高人民檢察院負責人，要對他們進行保護，努力減輕因紅衛兵的無知行為所造成的嚴重後果，但在中央文革的煽動下，仍有不少人受到衝擊。

8 月 31 日，周恩來代表毛澤東和中共中央表示：「全國各

地的同學到北京交流經驗，北京的同學也到外地串連，我們認為這是一件很好的事情，我們支持你們。」那時候，只要穿一件舊軍裝，紮上腰帶，手持紅寶書，上火車不要票，到各地政府接待站免費招待食宿。

紅衛兵的「全國大串聯」產生巨大的輻射作用，北京的紅衛兵把北京那種對黨政機關的猛烈衝擊的做法「好經驗」傳到地方並迅速擴展到全國。中央到地方的各級黨政機關紛紛被圍攻，被「炮打」。相當多數的黨政負責人因遭到紅衛兵的批判和攻擊被迫一再檢討，始終無法「過關」，有的被揪鬥失去人身自由，無法進行正常工作。許多黨政機關陷入癱瘓或半癱瘓。社會秩序處於失控的無序狀態，全國局勢日趨混亂。

紅衛兵大串聯最大的劣跡就是抄家，期間瘋狂抄家。據不完全統計，全國總共約有 1,000 餘萬戶人家被抄。北京市有 11 萬 4,000 多戶被抄。上海抄了 10 萬戶。上海郊區川沙是 50 多萬人口的小縣，有 7,800 多戶人家被抄。浙江嵊縣，8,000 餘戶被抄。連僻遠的雲南江城哈尼族彝族自治縣，也有 565 戶人家被抄。山東威海市僅工商界、文化界人士就有 275 戶被抄。

曾與毛澤東當面爭論的梁漱溟，回憶紅衛兵抄家的情景說：「他們撕字畫，砸古玩，還一面撕一面唾罵『封建主義的玩藝兒』。最後一聲號令，把我曾祖父、祖父和我父親在清朝三代為官購置的畫箱和字畫、還有我自己保存的，統統堆到院裡付之一炬。紅衛兵自搬自燒，還圍著火堆呼口號。當紅衛兵抱出兩本大部頭洋裝書《詞源》和《辭海》時，我出來阻止了。我說，這是兩部誰都用得著的工具書，而且是一位外地學生借給我的，如燒了就無法物歸原主了。紅衛兵不理我，還是把這兩

部書扔進了火海，還一邊說：「我們革命的紅衛兵小將，有《新華字典》就夠了。」

紅學家俞平伯 50 年代被毛澤東欽定為「資產階級反動學者」，自然是紅衛兵的重點攻擊對象。抄家時用麻袋劫走了俞家幾代積存的藏書，一把火燒掉了俞氏收藏的有關《紅樓夢》全部研究資料。

前交通部長章伯鈞是著名的「大右派」，藏書逾萬冊。他的住所被附近一所中學的紅衛兵占用作為「紅衛兵總部」。冬天到來時，章氏藏書成了紅衛兵頭頭們晝夜燒火取暖的燃料。後來，除少數善本被北京圖書館收藏外，其餘全部被送往造紙廠打了紙漿。

上海畫家瀏海粟珍藏的書畫被紅衛兵抄出後，堆在街上燒了 5 個多小時，焚毀字畫文物不計其數。

中央文史館副館長沈尹默是名滿天下的書法大家，年屆 84 歲的沈老怕自己的「反動書畫」殃及家人，又擔心焚燒時讓外人看見告，罪加一等，他痛心地將畢生積累的自己的作品和一批明清大書法家的真跡一件一件地撕成碎片，在水盆裡泡成紙漿，再攢成紙團，讓家人夜深人靜時拎出家門，倒進蘇州河。

字畫裱褙專家洪秋聲老人，人稱古字畫的「神醫」，裝裱過無數國寶級文物，如宋徽宗的山水畫，蘇東坡的墨竹，文徵明和唐伯虎的作品。他耗盡家財、費盡心血收藏的名人字畫，被紅衛兵付之一炬。他含著眼淚對人說：「一百多斤的字畫，燒了好長時間啊！」

蘇州桃花塢木刻年畫家凌虛，50 年代曾手繪一幅長 50 尺的《魚樂畫冊》，被政府拿去，作為國寶送給印尼總統蘇加諾。

他用了幾十年功夫，收集到的上千張中國各地的古版畫，連同他的國寶級佳作，統統被紅衛兵燒毀。

「破四舊」造孽最為深重的是北京師範大學的譚厚蘭，她帶領 200 餘名紅衛兵到山東曲阜孔廟造反，召開了搗毀孔廟的萬人大會。還給毛澤東發來電報說：「敬愛的毛主席：我們造反了！我們造反了！孔老二的泥胎被我們拉出來了，『萬世師表』的大匾被我們摘下來了，孔老二的墳墓被我們剷平了，封建帝王歌功頌德的廟碑被我們砸碎了，孔廟中的泥胎偶像被我們搗毀了！」

從 1966 年 11 月 9 日到 12 月 7 日，僅譚厚蘭率領的這一支紅衛兵，共毀壞文物 6 千餘件，珍版書籍 1 千多冊，給中華民族造成了無法彌補的損失。其他名人陵墓，如炎帝陵、成吉思汗墓、朱元璋墓、項羽墓、霍去病墓、張仲景墓、諸葛亮墓、岳飛墓、袁崇煥墓、王羲之墓、吳承恩墓、吳敬梓墓、蒲松齡墓、張之洞墓、康有為墓、徐志摩墓、傅抱石墓、徐悲鴻墓、張自忠墓、瞿秋白墓等，都被破壞。

洛陽城東的白馬寺，建於東漢永平 11 年（公元 68 年），明嘉靖年間（1556 年）重修。這座中國第一個佛教寺院被紅衛兵發動附近農民搗毀。十八羅漢堂被徹底破壞。2000 年前一位印度高僧帶來的貝葉經被焚。稀世之寶白玉馬被砸爛。幾年後，流亡中國的柬埔寨國家元首西哈努克親王要來朝拜白馬寺，周恩來只好將北京香山碧雲寺的十八羅漢和故宮收藏的貝葉經運到洛陽白馬寺，掩飾文化大革命的野蠻和罪惡。

四川樂山背靠烏龍山面對青衣江的大佛，高達 70 米，紅衛兵砸不了，就將背後烏龍寺的五百羅漢挨個「斬首」。

山西大學紅衛兵到佛教聖地五台山破四舊。砸爛廟宇佛像，召開和尚、尼姑的鬥爭會，然後強迫 289 名僧尼還俗，回原籍生產隊當了社員。

陝西周至縣內，有存留 2500 年的道教聖地說經台，傳說是《道德經》作者李耳講學的地方。這座道觀，以說經台爲中心，方圓十里之內，散布著 50 多處古蹟，包括唐高祖李淵修建的宗聖宮，文革中都遭破壞。紅衛兵命令道士們剃頭刮鬚，還俗成家。

哈爾濱市尼古拉大教堂，是世界上僅有的兩座東正教大教堂（另一座在俄國），教堂建築連同經卷、器皿全被紅衛兵搗毀。

《5.16 通知》發出後，城市學校發起聲勢浩大的反對走資派，批判學術權威掃四舊的鬥爭；城裡紅衛兵頂著破除四舊，反對走資派的花圜回到農村自動組織貧下中農骨幹分子，發動反對地富反壞右的鬥爭，給他們戴高帽子遊鄉、開批鬥會、罰跪，打死人打傷人的慘狀，更令人目不忍睹。

1966 年 8 月 26 日，北京郊區大興縣公安局系統傳達了公安部長謝富治的講話，大興縣大屠殺開始了，從 8 月 27 日至 9 月 1 日，縣內 13 個公社、48 個大隊，先後殺害了 325 人，最大的 80 歲，最小的才出生 38 天，有 22 戶人家被殺絕。北臧公社位於大興縣西部，那裡有 3 個大隊殺人，它們分別是：新立村死 53 人，馬村死 34 人，六合莊死 11 人，共計 98 人。

中央文件（指 5.16 通知）下達後，一些遊民、不務正業的受管制的分子參加進來，擴大紅衛兵等造反派組織，造成更大的紅色恐怖。1988 年遠方出版社出版的《那個年代中的我們》一書，有一篇張連和先生的文章〈五進馬村勸停殺〉中寫道，

他是 1966 年 9 月 1 日跟隨大興縣縣委書記、靠邊站的「走資派」王振元進村，親眼看到殺人現場：「刑場設在大路西頭路北的一家院子裡，有正房五間，東廂房三間。我們排隊進院時，看見活人被綁跪著，死人橫躺豎臥，鮮血染地。有兩輛小推車往外運屍體（他們把打死的人埋在村西永定河大堤）。審問者個個橫眉冷對，耀武揚威，手持木棒、鐵棍和釘著釘子的三角皮帶，他們高聲逼迫被審者交出「槍支」、「地契」、「變天賬」；只要說沒有或者不吱聲，凶器就會伴隨著呵斥聲雨點般打過去。被打死的，等車外運，沒被打死的，倒地呻吟。我看見過一個 14、5 歲的小男兒，長得非常漂亮，被反綁雙手跪在 70 多歲的奶奶身邊兒，非常害怕地看著持棍者，生怕災難落在自己身上。」「他們在村內東、西、南、北四方設四個監獄，分男老、男壯、婦女、兒童四監，另設一個刑場，隨捉隨入，隨提隨審，隨殺隨埋，真乃一條龍行事。」

縣委書記王振元帶領張連和同大隊書記李恩元談判，從下午直到半夜，才說服他們停止殺人。這位「走資派」冒死救出馬村 108 個「黑五類」分子。

北京是首都，全國學習的「榜樣」。殺「黑五類」的陰風，很快傳遍全國，在農村成分不好的人，所謂「地富反壞右」都被推上祭壇。湖南道縣很具有代表性。湖南有兩位記者在零陵地區監獄接待室訪問了道縣大屠殺主要指揮者和兇手關有志，時任道縣清塘區武裝部長，「紅聯」營前線指揮部指揮。他交代 1966 年 7、8 月分，帶領民兵，用鋤頭、鳥銃、扁擔等工具殺死四類分子包括少數子女 207 人。因抓階級鬥爭有功，當年被評為省活學活用毛澤東思想積極分子。袁甫禮，原道縣祥林鋪

區區長，他組織基幹民兵 120 人，親自主持誓師大會，做報告，宣告要殺盡本區四類分子。3 天後，民兵回到區指揮部彙報戰果，共殺四類分子 569 人。文革後，審問袁甫禮，袁不認罪，他說：「從開始殺人到結束，我沒有見到頭頭有誰出來說一句殺人是錯誤的話，只講造反有理，革命無罪。」

據湖南兩位記者披露的有關部門的調查材料證實，從 1967 年 8 月 13 日到 10 月 17 日，歷時 66 天，道縣的 10 個區，36 個公社，468 個大隊，1,590 個生產隊，2,778 戶，共死亡 4,519 人，其中被殺 4,193 人，被逼自殺 326 人。

此時的中國，由城市到農村，血雨腥風，瘋狂的殺人殺紅了眼，毛澤東爲了達到清除他身邊赫魯曉夫的目的，不惜讓整個中華民族做陪葬，親手把全國人民推到大劫難之中。那時的老百姓廣大人民群眾有話不敢說，有冤無處伸，過著極端恐怖的生活，全國籠罩在紅色恐怖氣氛中。

注釋

（1）毛澤東對章士釗來信的批語，手稿，1966 年 8 月 30 日。

（四）報仇泄恨

江青在監獄中時有記者訪問她，問她發動文革的目的是什麼，她說「報仇」，「報仇革命」。她的仇人是反對她同毛澤東結婚的以及了解她歷史上醜聞的人；毛澤東的仇人是反對他、批評他、威脅他地位、以及同他的仇人接觸多的人。我們看到，這些仇毛也都報了。

　　中共八屆十一中全會以後到十月初國慶節，已一個多月了，從北京到全國，大多數黨員、幹部、群眾對毛澤東發動文化大革命和號召批判劉少奇的資產階級反動路線，表示「很不理解，很不認真，很不得力」，首先是高中級領導幹部對「文化大革命」的牴觸情緒，同八屆十一中全會以前劉少奇、鄧小平派工作組「打擊」、「壓制」群眾運動的做法是一脈相承的。儘管劉鄧兩人實際上已離開中央領導崗位，但他們推行的那一條「路線」依然存在，對這條所謂的資產階級反動路線，在廣大群眾中批不起來。這使毛澤東感到極大不安。於是，10月1日，毛澤東發出了「徹底批判資產階級反動路線」的號召，組織力量，向劉、鄧「資產階級司令部」發起總攻擊。

　　1966年10月1日國慶17週年的一天，毛澤東在天安門城樓接見紅衛兵。參加接見的紅衛兵達150萬人。就是這一天，紅衛兵在天安門廣場打出了「打倒劉少奇、鄧小平」的橫幅，公開呼喊打倒劉少奇、鄧小平的口號，向全世界宣布了毛澤東發動文化大革命的鋒芒所向，在全國掀起了批判所謂「資產階級反動路線」的高潮。

　　10月9日至28日，毛澤東在北京主持召開中央工作會議，劉少奇、鄧小平被迫承認犯了路線錯誤。10月23日，劉少奇按照毛澤東的〈我的一張大字報〉的調子在大會上做檢討，「檢討」第一部分講犯「資產階段反動路線」的錯誤，他說：「工作組的負責人大多數既不理解無產階級文化大革命，又沒有好好向群眾學習，一開始就要對業已發動起來的廣大群眾，按照我們和工作組主觀設想的計劃和步驟行動。這樣，就違背了革命群眾運動發展的規律，發生了許多嚴重事件，這是一種右傾機

會主義的路線錯誤，時間雖然只有 50 多天，但是這種錯誤造成的損失和影響，卻是很大的。」

按照毛澤東在〈我的一張大字報〉定的調子，劉少奇否定了自己領導整頓國民經濟、制止餓死人的情況蔓延、使國家免於崩潰所做的全部工作。接著他檢查 1962 年犯的「右傾」錯誤、1964 年犯的形式上「左」實際上是右傾錯誤，他說：「1962 年 1 月召開擴大的中央工作會議（七千人大會），用我的名義向這個會議作了一個書面報告，以後我又向這個會議作了一個發言。在我的書面報告和口頭發言中，都肯定 1958 年實行黨的社會主義建設總路線、大躍進和成立人民公社以來獲得了偉大的成績，同時，也在工作中發生了一些缺點錯誤。不論在我的書面報告和口頭發言中，對於當時的困難都講得過多了，過頭了，對於前途，有時也說得黯淡，對幹部和群眾中的社會主義積極性，產生了不好的影響。這已經是一種右傾錯誤。」(1)

劉少奇在違心的檢查中表明：「發動大躍進、人民公社化運動餓死 3750 萬人的毛澤東成了一貫正確的，領導國家走出危機、使人民擺脫飢餓的劉少奇卻犯了路線錯誤，理應被打倒。這是毛澤東想要的結果。」毛澤東在審查劉少奇發言稿上批示：「少奇：基本上寫得很好，很嚴肅。特別後半段更好。建議以草案形式印發政治局、書記處、工作組（領導幹部）、北京市委、中央文化小組各同志討論一下，提出意見，可能有些收穫。」(2)

10 月 25 日，毛澤東在中央工作會議上做總結性講話。他講了兩件事，第一件事是回顧歷史，講了一線、二線問題。他說：「十七年來，有些事情，我看是做得不好，比如文化意識方面的事情。想要使國家安全，鑑於斯大林一死，馬林科夫擋不

住，發生了問題，出了修正主義，就搞了一線、二線。現在看起來，不那麼好。我處在第二線，別的同志處在第一線，結果很分散。一進城就不那麼集中了。搞了一線、二線，出了相當多的獨立王國。所以，十一中全會對一線、二線問題，就做了改變。」

「十一中全會以前，我處在第二線，不主持日常工作，有許多事情讓別人去做，想讓他們在群眾中樹立威信，以便我見馬克思的時候，國家不那麼震動。以前的意思是那樣。大家也贊成這個意見。但處在第一線的同志處理得不那麼好。現在，這個一線、二線的制度已經改變了。但紅衛兵還不知道已經改變了，我也有責任。為什麼說我也有責任呢？第一是我提議搞書記處，政治局常委裡頭有一線、二線；再就是過於信任別人。」(3)

毛澤東講的這一件事，用意很深，概括起來是說，從 1949 年進城到八屆十一中全會，17 年來，他都是處在第二線，「不主持日常工作」，總路線、大躍進、人民公社都是別人提出的，餓死 3755 萬人，損失 1200 億，都是「第一線的同志處理得不那麼好」，他的責任有兩條，一是建議分一線、二線，二是過於信任劉少奇和鄧小平。從今以後，毛澤東要親臨第一線了，他要領導全黨全國人民重新幹起來，建立一個紅彤彤的新世界。毛澤東在說話的時候，是想讓全黨忘記他是中央政治局主席、書記處主席、中央決策的最後高責任者。1953 年 9 月，他告誡劉少奇：「中央的一切決定通知沒有我看過簽字，均無效。」

1967 年 1 月 30 日深夜，毛澤東派祕書徐業夫乘一輛華沙牌小轎車接劉少奇去談話。劉少奇隨祕書來到人民大會堂。這是毛劉二人最後一次見面。

毛澤東「關切」地問：「平平（劉少奇女兒）的腿好了嗎？」

劉少奇回答：「根本沒有這回事，是個騙局。」

劉少奇揣測毛接他來的用意，向毛鄭重提出：（一）這次路線錯誤的責任在我，廣大幹部是好的，特別是許多老幹部是黨的寶貴財富，主要責任由我來承擔，儘快把廣大幹部解放出來，使黨少受損失。（二）辭去國家主席、中央常委和《毛澤東選集》編委會主任職務，和妻子、兒女去延安或老家種地，以使儘早結束文化大革命，使國家少受損失。

毛澤東靜靜聽著，吸著煙，待了一會兒才說：「認眞讀幾本書吧，德國人海格爾寫的《機械唯物主義》和狄德羅寫的《機器人》值得一讀。」

海格爾，全稱恩斯特・海格爾（1834-1919），德國動物學家、哲學家，他的《機械唯物論》可稱爲《宇宙之謎》的別稱。他認爲，一切都在流，一切在變，世界萬事萬物，沒有終極目標，有的只是狀態。狄德羅（1713-1784）法國哲學家、啓蒙學家，《機械人》是他的哲學著作。他認爲世界是一個大系統，其中存在的只有時間，空間和物質。物質是運動的屬性，由於物質不斷運動，永遠處於變化的過程中，所以新鮮事物層出不窮，並且是互相聯繫轉化的。毛澤東推薦劉少奇看這兩本書的目的是讓他懂得運動、變化、革命是事物發展的規律，文革是中國社會發展和進步的必然。

臨別，毛澤東把劉少奇送到門口，說：「好好學習，保重身體。」

中央工作會議結束後，造反派對各級黨政機關的衝擊勢頭更猛，而且不受任何約束，對黨政機關打砸搶、負責幹部遭受

侮辱打罵和隨意綁架的事件到處發生。造反派隊伍迅速擴大，那些形形色色對社會現狀存在這樣那樣不滿的人，紛紛加入到造反行列中來，社會秩序更加混亂，各地黨政機關已無法照常工作，連毛澤東要求舉行的四級幹部會議也根本無法召開。

毛澤東對紅衛兵行動中，那些過火以致不法行為不加限制，他還批覆同意林彪提出的「群眾運動天然合理論」，全盤肯定群眾運動自發性，這又給紅衛兵運動火上澆油，使得紅衛兵的造反行為更加肆無忌憚了。一些黨內軍內的陰謀家，趁機製造偽證、謠言進行誣陷，把水攪混。

在 1966 年年底召開的一次中央工作會議上，正在討論《中共中央、國務院關於對大中學校革命師生進行短期軍政訓練的通知》，江青突然出語驚人：「為什麼不把賀龍揪出來？我有大堆的材料，非常確鑿的，他是個大壞蛋！他要搞軍事政變。要把賀龍端出來，你們不敢，我去觸動他！我什麼也不怕，他老婆也不是好人。」這個文不對題的發言使與會者大驚。

毛澤東說：「此事現在不議。」毛澤東對江青的舉動沒有表態，宣布散會。

江青不依不饒地說：「毛主席不讓群眾起來造反，我要造你的反。」1966 年 12 月 30 日，江青、姚文元到清華大學，專門找到賀龍的兒子賀鵬飛，對他說：「你爸爸犯了嚴重錯誤，我們這裡有材料，你告訴他，我可要觸動他啦！」不久又在一次群眾大會上講：「賀龍有問題，你們要造他的反！要把賀龍端出來。」江青講話後，賀龍的家就被抄了。中南海群眾組織分兩派，相互鬥爭很激烈，在中南海不安全，賀龍被抄家以後，周恩來把賀龍夫婦接進了中南海西花廳暫住。

1967 年 1 月 19 日凌晨三點，周恩來派人把賀龍夫婦送往京郊山區。周恩來精心安排，像在上海搞地下工作那樣，中間還換了一次車，以甩掉跟蹤者。賀龍在郊區藏起來，過了幾個月的平靜生活。到了夏天，賀龍的住處被造反派「偵察」到了。9 月 13 日，經毛澤東批准，成立了賀龍專案組，專案組組長由康生擔任。10 月，山區冷得早，林彪控制的賀龍專案組，不僅不給燒暖氣，竟收走了床上的被褥枕頭；藉口供水困難，連續45 天，限制用水，每天只給一壺。賀龍患有糖尿病，限制用水，等於慢性殺害他。賀龍盼望周恩來派車接他，白天盼，晚上盼，總是盼不來，最後他說：「總理不能派人來，說明總理無能為力了。」

賀龍在極其悲慘條件下，度過了兩個春秋，1969 年 6 月 8日早晨，賀龍連續嘔吐三次，呼吸急促，全身無力。這是糖尿病尿酸中毒現象。直到晚上 8 點才來了兩個醫生，治療方案是輸葡萄糖液，吊上瓶子就走了。整整輸入葡萄糖液 2000 毫升，血糖高達 1700 度，這無異於是庸醫殺人，而在醫療要為專案服務的原則下給患者致命的。6 月 9 日，賀龍被送進醫院，下午 3點零 9 分賀龍含冤辭世。

1966 年 12 月 13 日，江青和林彪在人民大會堂接見造反派代表。江青對北京地質學院「東方紅」造反派頭頭朱成昭說：「你們紅衛兵這也能，那也能，怎麼不能把彭德懷揪出來呀？」「讓他在大山裡頭養神，將來好回來反我們，把我們打入十八層地獄呀！」她眼望著林彪高聲地說：「劉少奇在彭德懷去西南之前，就對彭說：如林彪身體不好，還由你當國防部長。他要是再當國防部長，我們就要千百萬人頭落地了。」

12 月 15 日，陳伯達、康生、戚本禹在人民大會堂北京廳接見北京航空學院「紅旗」造反派代表。戚本禹看了造反派整理的打倒葉劍英的材料，對韓愛晶說：「你們的攻擊點沒有選對。你們先不要搞葉劍英。」「海瑞還沒有鬥嘛！彭德懷現在在成都，是三線副總指揮，在那裡沒有人敢動他。要把他揪回北京，打翻在地——這是首長指示，已經毛主席同意。」

會後，戚本禹分別給地質「東方紅」和北航「紅旗」打電話，下達赴川揪彭的指令。12 月 24 日凌晨，北航的紅衛兵綁架了彭德懷，後又被王大賓率領地質學院紅衛兵搶走。彭德懷祕書綦魁英報告北京總理辦公室。根據周恩來的指示，成都軍區派某師參謀長古正岑率部分警衛部隊和景希珍、綦魁英一起監督地質學院學生護送彭德懷回京。1966 年 12 月 27 日晚 8 時，彭德懷乘坐的火車抵京。車一進站，一名軍人登車，向古正岑參謀長行禮，交出衛戍區信件，自我介紹說：「我是北京衛戍區司令部參謀王金岑，奉總理指示接彭德懷同志。」周恩來讓北京衛戍區司令員傅崇碧安排彭德懷住在五棵松東北角五團團部暫時保護起來。1967 年上半年彭德懷沒有遭批鬥。

7 月 26 日下午，北京航空學院「紅旗」和北京地質學院「東方紅」找到彭德懷，在北航操場聯合召開有 1 萬人參加的批鬥彭德懷大會。彭德懷脖子上掛著沉重的鐵牌子，上寫「三反分子彭德懷」，後面陪綁的是張聞天。7 月下旬正是北京天氣最熱的季節，讓兩個七旬老人低頭彎腰幾個小時，接受紅衛兵的口沫橫飛的所謂「批判」。後又將彭德懷和張聞天拋上大卡車，由紅衛兵押解在北京城遊街。

8 月 4 日下午，經過江青、戚本禹精心策劃，把彭德懷揪

到北京師範大學批鬥。陪鬥的除張聞天外,還有彭的夫人浦安修以及師大黨委書記、王若飛的遺孀李培之。王若飛也是不贊成毛澤東和江青結婚的中央領導人之一,王若飛空難死了,如今折磨他的未亡人。

7、8兩個月,彭德懷被批鬥100餘場。他的身軀一次次被推倒,他的頭顱一次次被按捺下去,他的吶喊一次次被打斷,經醫生檢查,除頭部、兩臂的外傷外,他的左側第5根肋骨、右側第10根肋骨被打斷,胸部瘀血,內傷很重,脈搏加快,血壓升高。

在韓愛晶主持的一次批鬥會上,紅衛兵提問:「彭德懷,你說,抗日戰爭時你幹了什麼壞事?」

「百團大戰暴露了我軍企圖,招致日寇瘋狂大屠殺,充分證明你是假抗戰。」

彭德懷憤怒了:「不對!說暴露我軍企圖,是敵人的話。致於說招致日寇瘋狂大屠殺,請問,『九・一八』日本侵占東三省是誰招來的?『七・七』盧溝橋事變是誰招來的?再請問,日本鬼子對我同胞實行慘無人道的三光政策,難道是在百團大戰以後才開始的嗎?至於說百團大戰是不是盲動主義,你們去問問毛主席、朱總司令和周總理,打完仗,我給毛主度彙報了,毛主席說打得好,以後還可以再組織打幾次這樣的仗。」

「你在欺騙我們!」

「不是我欺騙你們,是有人欺騙你們,你們不懂歷史。」

1967年8月16日,《人民日報》摘要發表中共八屆八中全會(盧山會議)《關於以彭德懷同志為首的反黨集團的錯誤的決議》,但刪去標題和正文中彭德懷後面的「同志」二字,這是

昭告全黨全國人民，彭德懷不是同志，而是敵我矛盾。

1973 年春，彭德懷患了直腸癌。4 月住進了三 0 一醫院。經檢查癌擴散了，已到晚期，彭德懷疼痛難忍，靠打止疼針減輕痛苦。這時醫院奉命，治療要爲政治服務，不給打止疼針。專案人員和警衛人員在病房監視著。他的病房北向，把玻璃窗戶用報紙糊得嚴嚴實實，沒有陽光，不通風。彭德懷忍受著人間無法忍受的苦難。他瘋了，給他輸液，他把針頭拔掉，說：「我不用毛澤東的藥！」給他餵食，他把飯碗推到地上，說：「我不吃毛澤東的飯！」他高聲屬罵毛澤東！

1974 年 11 月 29 日 15 時 35 分，彭德懷逝世，終年 76 歲。

陶鑄 1966 年 6 月 1 日調北京工作。毛澤東給他的職銜是中央書記處常務書記、國務院文教辦公室主任、中央宣傳部部長、中央文革小組顧問。

陶鑄一到北京，江青極盡拉攏，讓他住進釣魚台，與中央文革小組一起辦公。

中共八屆十一中全會期間，毛澤東主持了幾次政治局的生活會，組織批劉、批鄧。事前江青找陶鑄談話交底，要求陶鑄在政治局生活會上打頭陣，立頭功，向劉鄧開炮。陶鑄說：「我正在準備。這次運動來得突然，我思想沒跟上，在派工作組問題上，我也有錯誤。」江青說：「你是左派，這一點我們文革小組的人心裡都清楚。你早就同劉少奇有鬥爭嘛！這次生活會就是要批判劉少奇和鄧小平。我來就是向你做路線交底。我是一個傳令兵。」陶鑄說我剛來中央，對情況一點不了解。到了會上，他沉默不語，結果謝富治打頭炮，立頭功。陶鑄作爲常務書記主持會議祕書處，沒有批准在會議簡報中刊登謝富治的發

言，這使毛澤東和江青很不滿。

這年國慶節，新華社要發領導人登上天安門城樓的照片，陶鑄審稿時發現沒有劉、鄧的照片。他認為劉少奇儘管下降到常委第八位，但還是政治局常委，還是國家主席，就令新華社補一張毛澤東和劉少奇站在一起的照片；又在一組領導人照片上作技術處理，加上了鄧小平，因為鄧還是中共總書記。陶鑄認為，對人民群眾、對外國人，還是要顯示黨中央領導核心的團結。這與毛澤東要打倒劉鄧的本意是相違背的。

1966 年 10 月 21 日，陶鑄在中宣布會議傳達中央工作會議精神時講：「劉少奇和鄧小平同志的路線錯誤是需要批判的，但是他們是打不倒的，他們的錯誤是認識問題，還是人民內部矛盾。我很不贊成有些人給他們張貼大字報的做法，這和中央精神是不一致的。你們要問我對劉少奇、鄧小平的態度，我可以坦率地告訴你們，我是要保的。」

毛澤東在文革中所講的偉大戰略部署，是說一套做一套的。他的第一步是把劉少奇拿下來，逼他承認犯了「路線錯誤」，然後慢慢地清算他，將他置於死地，打倒他，再踏上一隻腳。陶鑄並不知道這個底，認認真真地保起劉鄧來，成了最大的保皇派。

江青要陶鑄公開表態支持吳傳啟是造反派，陶鑄不支持，引發了爭論。吳傳啟是《哲學研究》雜誌主編，是中國科學院哲學社會部貼第一張大字報的造反派。那天陶鑄去中央文革小組開會，一進屋江青訓斥陶鑄：「你為什麼遲遲不去宣布吳傳啟為革命左派？」陶鑄說：「吳傳啟的的確確有歷史問題、國民黨員。我怎麼能去支持這樣一個人呢？」

　　江青說:「你不也是國民黨員嗎?」陶鑄說:「你知道我是什麼時候的國民黨員?我是第一次國共合作時期的國民黨員,是在國民革命軍集體參加國民黨的。那時毛主席也是國民黨,周總理也是國民黨,還是黃埔軍校政治部主任,國民革命軍第一軍黨代表。他們都是我的頂頭上司,我不過是國民黨的一個小兵。而吳傳啓是什麼性質的國民黨?他的國民黨能夠與我們參加的國民黨混爲一談嗎?」江青自出任中央文革副組長以來,沒有人敢這樣頂撞她,丟了面子,她要陶鑄立即去學部宣布吳傳啓是左派。陶鑄大怒,霍地站起來說:「你也幹涉得太多了!管得太寬了!你什麼事情都要干涉!」於是江青大哭大鬧,說她一輩子還沒有受過這麼大的氣。說陶鑄「欺負她」,「鎮壓她」。

　　就在江青反陶尋釁事端的時候。陶鑄給毛澤東寫了報告,建議允許原湖北省委第一書記、中央文革小組副組長王任重辭去文革副組長職務,仍回中南局工作,目前主要是治病。毛澤東在陶鑄的報告批示:「王任重同志是文革小組副組長,要離開文革小組,請政治局和文革小組開個『聯席會』,對任重同志提提意見。」於是王任重抱病從廣州趕回北京參加這個「聯席會」。27、28 日,周恩來主持召開「聯席會」,參加會的除了政治局委員之外,中央文革小組全體人員都到會。政治局委員們都不作聲,只聽中央文革的人激昂慷慨地發言。王力、關鋒、戚本禹打頭陣,張春橋、姚文元爲中鋒,江青、陳伯達、康生作總結發言。先是批王任重,後來方向一轉批陶鑄,指責陶鑄支持劉鄧派工作組,鎮壓群眾,保走資派,是中國最大的保皇派,是劉鄧反革命路線的代理人。政治局委員沒有什麼人發言,李

先念講了兩句，是工作方法方式上的意見，李富春說讓老陶回中南工作算了。這次會議上，陶鑄被免職，不能工作了。

第二天，12月29日，毛澤東在自己住處召開政治局常委擴大會議，陶鑄一進會議室，毛澤東就說：「陶鑄，你為什麼不說你是犯了很不理解這一條錯誤呢？」接著又對眾人說：「陶鑄來中央後，工作是積極負責的，忙得很，做了許多工作。」又轉頭批評江青：「江青太任性了。陶鑄是政治局常委，未經中央正式討論，就說他犯了方向路線錯誤，隨便在會議上批判，是違反黨的組織原則的。」(4)

1967年1月4日下午1點40分至2時45分，江青、陳伯達在人民大會堂接見「專揪王任重造反團」，陳伯達對造反團說：「陶鑄同志到中央來，並沒有執行以毛主席為首的無產階級革命路線，實際上是劉、鄧路線的堅決執行者！劉、鄧路線的推廣同他是有關係的。他想洗刷這一點，但洗刷不掉。後來變本加厲！你們從中南區來，了解了很多情況，那裡走資派的確是有後台的！這個後台老闆就是陶鑄。」當晚9時，造反派，在中南海西門呼喊「打倒陶鑄！」廣播車一遍又一遍重複陳伯達的講話。在中央文革指使和策劃下，在毛澤東默允下，陶鑄這位中共第四號人物，就這樣被揪出來了。

1月8日，毛澤東召集江青、陳伯達、王力、關鋒、戚本禹、唐平鑄開會，研究陶鑄被打倒之後，宣傳口由誰接替問題。毛澤東指定王力為中央宣傳組組長（相當於中宣部部長）。毛澤東說：「陶鑄是鄧小平介紹到中央來的。當初我說陶鑄這個人不老實。鄧小平說，陶鑄這個人還可以。陶鑄在十一中全會以前執行了劉、鄧路線，在接見紅衛兵時，在報紙和電視裡有劉、

鄧的照片、鏡頭，是陶鑄安排的。陶鑄領導下的幾個部都垮了。那些部可以不要，搞革命不一定非要部。教育部管不了，我們也管不了，紅衛兵一來就能管了。陶鑄的這個問題，我沒有解決得了，你們也沒有解決得了，紅衛兵一起來就解決了。」

毛澤東自己揭穿了自己在十天前的常委擴大會上，不是不想罷黜陶鑄的官，是罷不了。在周恩來主持的聯席會上，政治局委員多數不發言，發言的兩人還是同情陶鑄的。毛澤東無能為力，他利用江青鼓勵紅衛兵把陶鑄打倒，在全國範圍內造成既成事實，毛澤東立即出來承認。陶鑄一倒，書記處就沒有人了，文革小組取代了書記處。(5)

　　評曰：毛澤東心胸狹窄，睚眥必報，晚年成了孤家寡人。像他這樣凶狠殘暴、容不得別人，歷史上都少見。武則天爭奪李唐皇權時，駱賓王發表〈討武曌檄文〉，罵遍了武則天祖宗三代，什麼樣汙穢惡名都用到了。武則天當皇帝後，不但不殺駱賓王，還擬委以重任。曹操討伐袁紹時，下屬多人給袁紹寫信，準備後路。後曹操打敗了袁紹，繳獲了這些信，呈送曹操面前，操不看，令焚之，並說：「當時袁紹勢強，我勢弱，他們準備尋找後路，人之常情，不當罪。」毛澤東如果有武則天、曹操這樣的胸懷，則共產黨的刀下，不知要少幾多冤魂，共產黨的監獄少幾多囚犯。

注釋

（1）劉少奇的檢討發言記錄，1966 年 10 月 23 日。

（2）毛澤東對劉少奇發言稿的批語，手稿，1966 年 9 月 14 日。

（3）中央文獻出版社編譯：《建國以來毛澤東文稿》12 冊。中央文獻出版社，1998 年 1 月 1 日，第 143 頁。

（4）毛澤東在中央常委擴大工作會議上講話記錄，1966 年 12 月 29 日。

（5）王力：《王力回憶錄》。香港北星出版社，2001 年 10 月，第 1 版，下卷，第 984 頁。

（五）上海奪權，殃及全國

1966 年 12 月 26 日是毛澤東 73 歲生日。這天晚上，毛澤東臨時通知一些人到中南海游泳池吃飯。參加的有江青、陳伯達、張春橋、王力、關鋒、戚本禹、姚文元七人，四菜一湯，每人一小碗麵條，還有烤白薯、煮玉米。吃飯前，毛澤東講了很長一篇的話。

據參加晚宴的王力回憶，毛澤東講了以下一些話：「社會主義革命發展到新階段。蘇聯復辟了，十月革命的策源地不行了。蘇聯的教訓說明，無產階級奪取政權以後能不能保住政權，能不能防止資本主義復辟，這是新的中心問題。問題出在黨內，堡壘容易從內部攻破。階級沒有完結，無產階級文化大革命是同資產階級，特別是小資產階級在黨內代理人的全面較量。」毛澤東講話中反映出他對各級黨政機關領導人的多數失去耐心，認為他們利用領導者身分，頑固地堅持資產階級反動路線，企圖阻撓社會主義革命深入，不排除這個障礙，無產階級文化

大革命便不能進行到底。」他說：「中國現代史上革命運動都是從學生開始，發展到與工人、農民、知識分子相結合，才有結果。這是客觀規律。五四運動是這樣，文化大革命也是這樣。」（1）毛澤東的講話是在宣布，他將掀起一場更大的「全面階級鬥爭」風暴。

吃飯時，毛澤東舉杯祝酒，說：「祝全國全面的階級鬥爭來臨！」

毛澤東發動文化大革命的主要任務是打倒劉少奇和他的支持者。1966 年過去了，打倒劉少奇的目的已達到了，在即將到來的 1967 年裡，要打倒支持劉少奇的地方「走資派」，奪取他們手中掌握的黨權、政權，建立新的支持毛澤東的領導班子。毛澤東在 73 歲生日宴會上向他最親近的文革小組成員講話，是他發出的向全國奪權的信號。

根據毛澤東的指導思想，《人民日報》、《紅旗》雜誌 1967年元旦社論指出：「1967 年，將是全國全面展開階級鬥爭的一年。1967 年，將是無產階級聯合其他革命群眾，向黨內一小撮走資本主義道路當權派和社會上的牛鬼蛇神，展開總攻擊的一年。1967 年，將是更加深入地批判資產階級反動路線、清除它的影響的一年。1967 年，將是一鬥、二批、三改取得決定勝利的一年。」（2）這一下子凝聚起「山雨欲來風滿樓」的緊張氣氛。

1967 年 1 月 4 日，上海《文彙報》造反派宣布接管報社。5 日上海市委機關報《解放日報》的造反派也宣布接管報社領導權。1 月 6 日，上海市「革命造反派」在王洪文的領導下，根據 1 月 2 日的指示，奪了上海市委和市人民政府的權。發布

《第一號通令》，說：「從 1967 年 1 月 6 日起，上海革命造反派和革命群眾，不再承認反革命修正主義分子曹荻秋為上海市委書記和上海市市長。」同日，「工總司」等造反派組織在上海人民廣場召開「徹底打倒以陳丕顯、曹荻秋為首上海市委大會」，把曹獲秋綁在消防車雲梯上遊街示眾。會後，市委、市政府所有機構被迫停止辦公。

1 月 8 日，毛澤東對上海兩報奪權發表談話，他說：「這是一個大革命，是一個階級推翻另一個階級的大革命。這件大事對於整個華東，對於全國各省市無產階級文化大革命的發展，必將起著巨大的推動作用。」「上海革命力量聯合起來，全國就有希望。」「不要相信死了張屠夫就吃混毛豬。」「兩報紙奪權，這是全國性的問題，我們要支持他們造反。」(3)

1 月 9 日，林彪日記記載：「一月革命，上海奪權鬥爭，是 B 五二授權眼鏡蛇（指張春橋）、婆娘（指江青）搞的。從上到下，天南地北開展，奪權鬥爭，誰奪誰的權？婆娘代表 B 五二到處放炮，到處打、砸、搶、抓，鬥，到處埋下仇恨種子。」

1 月 12 日，《人民日報》全文發表中共中央、國務院、中央軍委、中央文革小組給上海「工總司」等 32 個造反派團體的賀電。電文最後說：「你們實行了無產階級革命派組織的大聯合，成為團結一切革命力量的核心，把無產階級的命運，把無產階級文化大革命的命運，把社會主義經濟的命運，緊緊掌握在自己手裡。你們這一系列的革命行動，為全國工人階級和勞動人民，為一切革命群眾，樹立了光輝的榜樣。」(4)

1 月 22 日《人民日報》發表經毛澤東審定的社論〈無產階級革命派大聯合，奪走資本主義道路當權派的權！〉，寫道：「無

產階級革命派最盛大的節日來到了！一切牛鬼蛇神的喪鐘敲響了！讓我們高舉雙手，熱烈地歡呼，無產階級革命造反派的大聯合，奪走資本主義道路當權派的權好得很！就是好得很！」

上海奪權的樣板一樹立，《人民日報》社論一號召，全國大亂。何謂「展開全國全面的奪權鬥爭」？從橫的方面說，包括全國 29 個省市自治區共產黨掌權的地方；從縱的方面說，要「炮打九級司令部」，九級者：中央、中央局、省、市、地、縣、公社、大隊、生產隊之謂也，即各級的權都要奪，除毛澤東繼續當最高領袖外，要整個的改朝換代。各省市奪權，建立新的政權，1 月 14 日，山西奪權；1 月 22 日，廣州奪權；1 月 26 日，江蘇、安徽奪權；1 月 31 日，黑龍江奪權；2 月 3 日，山東奪權。各省市奪權都發表了《文告》和「社論」，這些連篇累牘的歌頌讚美文章都能在《人民日報》和《紅旗》雜誌發表，造成了全國建立擁護毛澤東新政權的「大好局面」。

各地造反派在「奪權」中山頭林立，無政府主義思潮泛濫。各造反派組織都要求「以我為核心」，拉幫結派，對其他組織採取排斥或打擊的態度，相互爭權搶權、指責辱罵，派性武鬥層出不窮、愈演愈烈，全國各地迅速陷入「打倒一切、全面內戰」的混亂、破壞和倒退之中。

地方黨政機關和公、檢、法部門失去或幾乎失去作用。工礦企業停產或半停產，交通嚴重堵塞，國民經濟狀況嚴重惡化。大批黨政軍領導幹部都被造反派「定性」為所謂「叛徒」、「特務」、「走資派」、「黑幫分子」。許多人被揪去任意批鬥或遭到人身摧殘，不少人被造反派迫害致死。中共雲南省委第一書記、昆明軍區第一政委閻紅彥、煤炭工業部部長、黨組書記張霖之

等，相繼被揪鬥含冤身亡，整個局勢幾近失去控制。

面對如此混亂的局面，怎麼辦？毛澤東考慮到只有派軍隊去「支左」，在文革中發揮穩定控制局勢的作用。那時軍隊自身也同樣處在嚴重混亂中，各地在一些軍事院校造反派領頭下，也在衝擊領導機關，揪鬥領導幹部。1月22日，毛澤東接見軍委碰頭會擴大會議的高級將領。許多高級將領對造反派衝擊軍事領導機關的行為十分憤慨，情緒激昂。南京軍區司令員許世友說，戴高帽子，對地、富、反、壞、右可以戴，對我們幾十年的老幹部這樣做，我就想不通。第二炮兵政委李天煥說：我們現在根本不能工作，要求主席允許我們工作。毛澤東說：「要支持造反派，他們人數少，也要支持。」「過去說不介入，其實是假的。」他批評造反派：「軍隊對廖漢生、劉志堅、蘇振華搞『噴氣式』，一鬥就四五個小時，侮辱人格、體罰，這個方式不文明。」他繼續說：「張體學（湖北省省長）、江渭清（江蘇省委第一書記）這些人過去是做過一些工作的，犯了錯誤，要給他們改的時間，錯了就批。現在動不動就戴高帽子，搞『噴氣式』是不好的。」但他還是反覆說：「對群眾我們不能潑冷水，但要說服。」(5)

在嚴重的派性鬥爭中，誰是「左派」是一個極難判斷的問題。一個地區的兩派群眾組織，都說是左派，都有軍隊支持，軍事首長參加群眾組織大會表態支持他們的造反行動。軍隊支左，沒有能解決群眾組織互鬥問題，派性仍在繼續向壞的方向發展。

2月13日下午在懷仁堂開碰頭會，周恩來主持會議，葉劍英、陳毅、徐向前、聶榮臻、李富春、李先念、譚震林、余秋

里、陳伯達、康生、謝富治、張春橋、姚文元、關鋒、王力參加會議。陳伯達首先發言，他說：「軍委搞了8條命令，規定部隊不搞大民主，不成立戰鬥隊，不允許無命令自由抓人，不允許任意抄家封門，不允許體罰或變相體罰。這個文件沒有經過中央文革小組討論，怎麼就送主席批了？」

葉劍英一聽軍委的事中央文革也要管，就怒氣沖沖地對陳伯達說：「你們把黨搞亂了，把政府搞亂了，把工廠、農村搞亂了！你們還嫌不夠，還一定要把軍隊搞亂！這樣搞，你們想幹什麼？」

新任軍委文革組長徐向前拍了桌子，說：「軍隊是無產階級專政的支柱。這樣把軍隊亂下去，還要不要支柱啦？難道我們這些人都不行啦？要蒯大富這類人來指揮軍隊嗎？你們憑空捏造說劉志堅是『叛徒』，我們是帶兵的人，軍隊的幹部，跟我們打過仗，難道我們還不了解嗎？」

葉劍英質問張春橋，說：「上海奪權，改名為上海公社，這樣大的問題，涉及到國家體制，不經政治局討論，就擅自改變名稱，又是想幹什麼？」

葉劍英嘲弄陳伯達說：「我們不看書，不看報，也不懂得什麼是巴黎公社原則，請你解釋一下，什麼是巴黎公社原則？革命，能沒有黨的領導嗎？能不要軍隊嗎？」

中央文革的人不回答問題，張春橋等只刷刷地作記錄。

根據王力回憶，這種「碰頭會」從1967年2月下旬到3月中旬，周恩來主持，斷斷續續抽空開過多次。2月16日下午3點，周恩來主持召開政治局常委碰頭會，參會的譚震林在懷仁堂門口遇到張春橋。

譚問：「陳丕顯同志來了嗎？」

張答：「群眾不答應啊。」

進到會議室，譚震林接著剛才的話茬，說：「陳丕顯同志從小參加革命，是紅小鬼，他有什麼問題？幾個大區書記，許多省委書記有什麼問題？為什麼不讓他們來北京？」「什麼群眾，老是群眾、群眾，還有黨的領導哩！不要黨的領導，一天到晚，老是群眾自己解放自己，自己教育自己，自己鬧革命這是什麼？這是形而上學。你們的目的，就是把老幹部一個一個打倒光。蒯大富是個什麼東西？是個反革命！這一次，是黨的歷史上鬥爭最殘酷的一次，超過歷史上任何一次。」

謝富治插話說：「江青同志和中央文革是保譚震林同志的。」

「我就不讓她保！我是為黨工作，不是為她一個人工作！」說著譚震林站起來，夾起皮包要走，他說：「照這樣，讓你們這些人幹吧，我不幹了，不跟了！砍腦袋、坐監牢、開除黨籍，也要鬥爭到底！」

周恩來說：「不要走，你回來。」

陳毅說：「不要走，要跟他們鬥爭！」「這些傢伙上台，就是他們搞修正主義。」

譚震林折回，面向會場說：「陳老總，我講就不怕，怕就不講。好，我哪也不走。」

葉劍英說：「老幹部是黨和國家的寶貴財富。對犯錯誤的幹部，我們黨向來是懲前毖後，治病救人，哪有隨便打倒的道理？照這樣，人身都不能保證，怎麼做工作！」

余秋裡正被計委造反派「勒令」檢討，氣憤之下也拍了桌

子：「這樣對待老幹部怎麼行？計委不給我道歉，我就不去檢討。」

李先念、聶榮臻、譚震林相繼發言，批評指責中央文革小組。

這次會議有些人是新參加的，有江青、葉群、關鋒、谷牧、汪東興、楊成武等，周恩來叫王力整理一份16日會議記錄。整理後，清樣由周恩來、康生審定。周讓王力把記錄在會上念一遍，核對實際情況。陳毅說，有句話他沒有講，要求刪掉。周說：「講了，不用刪。」署名：張春橋、王力、姚文元。江青看到這份記錄很生氣，說：「這是一次新的路線鬥爭。陳毅、譚震林、徐向前是錯誤路線的代表，葉劍英、李先念、余秋里是附合錯誤路線的，陳伯達、康生在路線鬥爭中動搖。」江青馬上給毛澤東打電話，電話是由毛澤東祕書徐業夫接的，江青說：「張春橋、姚文元就要回上海了，請主席今晚接見。」過了一會兒，徐業夫回電話說：「主席在人民大會堂北京廳接見他們。」張春橋、姚文元、王力都去了。談了大約兩個小時。

譚震林回到家中提筆給林彪寫了一封信：

「昨天碰頭會是我第三次反擊。第一次是前天在電話中，第二次是昨天一早寫了一信。我所以要如此，是到了忍無可忍的地步。他們（註：指江青一伙）不僅不聽主席的指示，當著主席的面說『我要造你的反』。他們把主席放在什麼地位，真比武則天還兇。大批老幹部、省級以上的高級幹部，除了在軍隊的、住在中南海的幾乎都挨了鬥，戴了高帽，坐了『飛機』，身體搞垮了，弄的妻離子散、傾家蕩產的人不少，譚啓龍、江華同志就是如此。我們黨被

醜化到無以復加了。北京百醜團出籠後，上海、西安照辦。真正的修正主義、反革命分子無人過問，他們有興趣的是打倒老幹部，只要你有一點過錯，抓住不放，非整死你不可。」「他們能當政嗎？能接班嗎？我懷疑。」「決不允許他們，再如此蠻幹。」「這個反，我造定了，下定決心，準備犧牲，斗下去，拼下去。」(6)

林彪收到譚震林的信，在信上批了這樣幾句：

主席：譚震林最近的思想竟糊塗墮落到如此地步，完全出乎意料之外。現將他的來信送上，請閱。

此致

敬禮

林彪十八日

林彪通過江青把譚震林的信轉給毛澤東。叫江青知道有人罵她「武則天」了。

毛澤東見譚信倒很冷靜，批示：

已閱。恩來同志閱，退林彪同志。

當信轉了一圈退回的時候，林彪勃然大怒，將毛澤東的批示撕成碎塊，拋到牆角的痰盂裡了。祕書趁林不在的時候，又把信的碎片撈起晾乾，拼湊修補復原，交到了中央檔案館。

2月19日凌晨，毛澤東召開政治局會議。參加者名單是他親自定的。他們是：周恩來、葉群（代表林彪）、康生、李富春、葉劍英、李先念、謝富治。沒讓陳伯達、江青等中央文革小組的成員參加。毛澤東忿怒，他說，中央文革小組執行十一中全會精神，錯誤是百分之一、二、三，百分之九十七都是正確的。誰反對中央文革，我就堅決反對誰！葉群同志你告訴林彪，他

的地位也不穩當啊，有人要奪他的權哩，讓他做好準備，這次
文化大革命失敗了，我和他就撤出北京，再上井岡山打游擊。
你們說江青、陳伯達不行，那就讓你陳毅來當中央文革組長，
譚震林當副組長，余秋裡當組員。再不夠，把王明、張國燾請
回來。力量還不夠，請美國、蘇聯一塊來。把陳伯達、江青逮
捕、槍斃！讓康生去充軍！我也下台，你們把王明請回來當主
席麼！你陳毅要翻延安整風的案，全黨不答應！你譚震林也算
是老黨員，為什麼站在資產階級路線上說話呢？我提議這件事
政治局要開會討論，一次不行就開兩次，一個月不行就開兩個
月；政治局解決不了，就發動全體黨員來解決。(7)

　　毛澤東發完脾氣，周恩來出來轉圜，主動承擔責任，並建
議陳毅、譚震林、徐向前「請假檢討」。毛澤東同意了。

　　根據毛澤東的意見，從 2 月 25 日到 3 月 18 日，召開了 7
次「政治局生活會」對陳毅、譚震林、徐向前以及李富春、李
先念、葉劍英、聶榮臻進行批評。江青、張春橋等猛烈攻擊他
們是「資產階級復辟逆流」，以後稱他們為「二月逆流」。

　　批判「二月逆流」，使葉劍英、陳毅、徐向前、聶榮臻、
李富春、李先念、譚震林七位政治局委員處於被「半打倒」的
狀態；加上劉少奇、鄧小平、陶鑄、賀龍已被打倒的；朱德、
陳雲早已是「半打倒」狀態；劉伯承沉疴在身；剩下的中央政
治局委員只有毛澤東、林彪、周恩來、陳伯達、康生五人，再
加上政治局候補委員謝富治。從 3 月分起，「中央文革碰頭會」
代替了中央政治局「碰頭會」，毛澤東指定由周恩來主持。4 月
6 日，林彪主持制定的《中央軍委命令》，通常稱為「軍委十條」。
「十條」的重點在對過去衝擊過軍事機關的造反派組織概不追

究。「十條」下達後，全國武鬥的局勢不是走向緩和，而是更趨惡化。6 月以後，各地派性武鬥大幅度升級。有些造反派組織搶武器庫，奪走機槍、衝鋒鎗、手彈、手榴彈等。有些是支持這一派的軍隊支左人員聽任他們搶奪的。6、7 月間，江西贛州地區發生武鬥，人員傷亡很大，斷糧斷水，交通全部堵塞。湖南、湖北、河南等地局勢也非常緊張，一觸即發。

注釋

（1）王力：《王力反思錄》下卷。香港北星出版社，2001 年版，第 693-694 頁。

（2）1967 年 1 月 1 日《人民日報》社論。

（3）毛澤東談話記錄，1967 年 1 月 8 日

（4）1967 年 1 月 12 日《人民日報》，1 月 16 日《人民日報》

（5）毛澤東同軍委碰頭會擴大會議人員談話記錄，1967 年 1 月 22 日。

（6）譚震林給林彪的信，原件，1967 年 2 月 17 日。

（7）毛澤東在中央常委擴大會議上講話記錄，1967 年 2 月 19 日。

（六）7.20 事件加大了毛澤東對林彪的倚重

1967 年 7 月 13 日下午，毛澤東召集林彪、周恩來、中央文革小組碰頭會成員和蕭華、楊成武開會。他認為「文化大革命」的群眾發動階段已經過去，說：「一年開張，二年看眉目，定下基礎，明年結束。這就是文化大革命。」毛說局勢不難控制，「亂也沒有什麼大不了的，天垮不下來」。(1) 他提出要到湖北、湖南去看一下。大多數與會者說武漢武鬥嚴重，安全沒

有保障，不贊成毛去武漢。毛說我不怕亂，讓楊成武跟我去，就這樣定了。

毛澤東在武漢期間，王力、謝富治也到達武漢。他們支持「工人總部」，反對「百萬雄師」。「百萬雄師」這個組織對「走資派」的態度比較溫和，傾向於不應把一切當權者都當成走資派。不少軍隊幹部選擇參加這個組織。武漢軍區司令陳再道支持「百萬雄師」，加入新當權者行列。

毛澤東到武漢後，打算叫陳再道改變立場。當毛的指示被傳達到陳再道耳朵，說：「百萬雄師不是造反派，是保守組織，武漢軍區支持它是犯了方向路線錯誤。」陳再道當面頂撞說：「我們不承認犯了方向路線錯誤。」使毛聽後大吃一驚。「百萬雄師」成員，還有支持「百萬雄師」的官兵反應更為強烈。7月20日凌晨，他們湧向大街遊行示威，反對毛的指示。幾百輛卡車載著數萬手持長矛、鐵棍的工人，上千名帶槍的官兵，車頂上架著機關槍，群情激昂。人們只敢公開反對「中央文革」，但矛頭暗地指向毛澤東。他們看到神祕的「東湖賓館」的燈亮著，猜到毛澤東來了，車上高音喇叭對著賓館大聲抗議。大街上貼出大標語：「江青靠邊站！」陳再道收到許多群眾聲援信，請求他「一不做、二不休」，「把這些不要歷史、不要文化、世界上空前的獨裁分子從地球清除掉」。

數百名群眾跟著帶槍的官兵衝進毛住的東湖賓館的大院裡，闖進毛住的樓不遠處的另一座樓裡，「中央文革」成員王力住在那裡。群眾質問王力，為什麼說「百萬雄師」是保守組織？憑什麼把「工人總部」（另一派對立組織）封成「革命左派」？謝富治出來接見代表說，下午回答他們提出的問題。這些代表

離去後，又有數百人衝進東湖賓館，多數是部隊戰士。他們毆打了王力，又把王力揪到軍區大院。這一天發生的事件，被稱爲「7.20」事件。

剛從武漢返回北京的周恩來聽到彙報後，立即轉身再飛回武漢，帶來 200 多名全副武裝的中央警衛團人員。到武漢等到天黑後，再乘汽車駛向毛澤東駐地，換了衣服，戴上墨鏡。7月 21 日凌晨 2 點，毛趁夜色從東湖賓館後門逃出。周爲毛準備了海陸空三方面交通工具：列車、專機、長江上艦艇。毛澤東說先坐專列，上了專列又說乘坐飛機，趕到機場後，毛沒有上自己的專機，上了另一架飛機。機長問飛哪裡，毛說：「先飛起來再說。」等飛機升空後毛才下令飛往上海。

毛澤東到上海後，驚魂未定，自言自語說：「陳再道怎麼會反對我搞兵變呢？」他找隨機到上海的楊成武尋問情況，他問陳再道這個人怎樣？楊成武安慰他說：「這個人不錯，我們的關係也很好。」毛問：「他會反對我嗎？」楊答：「主席，誰也不會反對你，老紅軍、老幹部、老黨員、老百姓，都把你當大救星，軍隊裡都是跟你革命的。」毛說：「是啊，我也這樣想啊！陳再道不會反對我，如果陳、鍾要整我，我們從武漢也出不來啊！」「他們不會反對你。」楊又補充一句。然後毛澤東問：「他們在哪裡？」楊說：「不清楚。」「你去告訴周總理，把陳再道、鍾漢華、牛師長、蔡政委接到京西賓館去。你轉告陳再道三句話：一是有錯誤就檢查，二是注意學習，三是注意安全。」(2)

留在武漢的周恩來去看王力，熱情擁抱，還流了淚。周先期回到北京，組織萬人歡迎王力，在天安門廣場舉行萬人大會，聲討武漢「百萬雄師」，把王力當成英雄。7 月 27 日，林彪主

持中央工作會議，決定先在內部撤銷陳再道、鍾漢華的職務。由劉豐代替陳再道。捲入抗議事件的部隊被改編，有的官兵被押送農場勞動，「百萬雄師」被解散。中央文革小組在京西賓館召開碰頭會批判陳再道，拳打腳踢、坐「噴氣式」，陳低頭彎腰6、7個鐘頭，跪倒在地。有人發言指責「陳再道是武漢反革命暴亂的罪魁禍首，屠殺革命群眾的劊子手，然後提高嗓音咆哮，武漢問題，徐向前是要負責任的，這個責任應該追究。」徐向前退出會場。會上陳再道起來檢討時，吳法憲等人衝上來，撕掉陳再道等人領章、帽徽，帶頭動手打了陳再道、鍾漢華等人。

8月4日，毛澤東在上海給江青寫了一封信。信的開頭稱謂江青，末尾署名潤之。這是一封極左的信。王力在回憶錄中說，這封信是極錯誤的，其中有兩個極大的錯誤：一是武裝左派，好像軍隊不可靠了，要搞第二武裝。他認為軍隊75%是支持右派的；二是提出群眾專政，搞亂公、檢、法，私設公堂。這封信是在林彪主持的中央常委擴大會議上，讓江青拿出來傳閱的。

在毛澤東的縱容和林彪、江青的煽動下，各地造反派組織更加無所顧忌的衝擊軍事機關，大肆搶奪武器、彈藥，全國範圍內的流血武鬥繼續升級，人民生命財產和國家資產蒙受巨大損失，國內局勢進一步惡化。

8月25日凌晨一時，周恩來單獨約見剛從上海毛澤東處到北京的楊成武，向他談了對近來發生的一系列事件的看法，特別提到王力的八七講話，外交部造反派奪權，火燒英國駐華代辦處，以及外國報刊輿論反映，還談了關鋒主持起草的《紅旗》社論〈揪軍內一小撮〉問題。周恩來說：「這樣下去怎麼得了？

我擔心的是連鎖反映，現在，一個是中央威信不能動搖，一個是解放軍的威信不能動搖。他要楊成武將有關材料立刻送給毛澤東看。」楊成武在周恩來同他談話的當天上午飛回上海，向毛澤東彙報了周恩來的意見。楊成武回憶錄記載，毛澤東邊聽邊抽煙，不說話，也不提問。聽罷彙報後說：「成武啊！你累了，先回去休息吧！我考慮考慮，看看材料，有事找你。」

次日上午，毛澤東找楊成武對他說：「你馬上去準備飛機回北京。」準備好了飛機，又回到毛澤東住處。毛澤東喝了一口茶，說：「我考慮好了，我說你記。」毛澤東繼續說：「王（力）、關（鋒）、戚（本禹）是破壞文化大革命的，不是好人，你只向總理一人報告，把他們抓起來，要總理負責處理。」毛澤東將記錄過目後，說：「就這樣，你回去請總理馬上辦。」當楊走出客廳後，毛澤東又把楊叫回去，說：「是不是可以考慮一下，戚先不動，要他做個檢討，爭取一個。」中午，楊回到北京，立即趕赴釣魚台，單獨向周恩來彙報了毛澤東的決定。周恩來決定，「事不宜遲，馬上開會」。當晚，周恩來主持召開中央小碰頭會，陳伯達、康生、江青等人參加。周說：「今天會議是傳達毛主席的一個重要決策。」他嚴肅地逐字逐句宣讀毛澤東的指示。隨後便把王力、關鋒隔離起來。後來又根據毛澤東在一次會議上的指示把戚本禹抓了起來。(3)

王力、關鋒是 8 月 30 日被捕的。一個月前，王力是耀武揚威的武漢事件英雄，在天安門城樓上受到百萬人的歡呼。毛澤東在上海看到王力站在城樓上，對著攝影機，一邊是林彪，一邊是周恩來，心裡很不痛快，說：「王力膨脹起來了，要消腫。」隨後王力被關進監獄，這是他做夢也沒想到的。

王力、關鋒、戚本禹三人，以中央文革小組成員的身分，到處指使支持造反派採取極端行動，幹盡了壞事。毛澤東決定把他們抓起來，在社會上引起了很大震動。對江青、文革小組是一次打擊，江青聽到傳達毛的決定後，心情沉重，精神恍惚，有兔死狐悲的傷痛。

評曰：王、關、戚是毛澤東豢養的幾條獵犬，需要巡捕獵物時，將其放出，當獵物已到手，獵犬的作用已完成時，就關到狗巢裡。放、關只是毛澤東的一句話而已。王、關、戚曾經是中央文革大員，寫文章，發表講話，聲色俱厲，風光一時，他們想不到他們也是一條犬，一條獵犬，一條惡犬，到頭來只能落得狡兔死走狗烹的下場，可嘆也夫。

陳再道問題解決了，但軍隊是否穩定？毛澤東很擔心。靠誰來穩定軍隊呢？考慮再三，還得是林彪。對林彪，毛知根知底，並且有過多次考驗，林彪是靠得住的。1967 年 8 月 17 日，毛澤東授權林彪成立「軍委辦事組」，負責軍隊日常事務，職權相當於軍委辦公廳。成員有葉群、邱會作、黃永勝等。

林彪主管軍委後，讓邱會作當總後勤部長。楊成武原為代總參謀長、軍委辦事組長，後被誣陷反對毛澤東，免職入獄。林彪趁機讓親信黃永勝當了總參謀長兼軍委辦事組長。跟楊成武一起投入監獄的還有空軍政委余立金、北京衛戍區司令傅崇碧。這兩個職位，林彪都換上了他的親信將領。毛澤東還同意中央

軍委常委停止辦公，所有元帥靠邊站，停止接收文件，一切大權都交到林彪手中。毛澤東只保留一項要緊的軍權，即調動一個營以上的兵力必須經他批准。

毛澤東如此重用林彪，但他心裡還是有保留的，並不完全相信林彪。毛派中央警衛局在林彪家裡安上竊聽器，監聽林彪是否有反毛行為。竊聽器沒有竊聽到林彪的不軌行為，卻竊聽到葉群與黃永勝私通。電話錄音摘抄如下：

葉：在北戴河都沒講，而且我又採取了那個措施。萬一要有懷孕，如果弄掉的話，我希望你親眼看我一次。（哭聲）

黃：我一定來！一定來。你不要這樣，這樣我也難受。

葉：再就是你不因我受拘束。你對周圍的人可以開開玩笑。我不能老陪著你，我這裡也忙。我心中不狹窄，你跟別的女人，可以跟她們熱一點，不要顧慮我，我甚至把她當小妹妹一樣。

黃：那我不贊成，我只忠於你一個。

毛澤東聽完這一段錄音話，不忿怒，態度釋然！

注釋

（1）張子申：《楊成武將軍訪談錄》。中國文聯出版公司，1994年10月版，第39頁。

（2）楊成武：《楊成武將軍自述》。遼寧人民出版社，1997年8月版，第284頁、第289頁、第294頁。

（3）張子申：《楊成武將軍訪談錄》。中國文聯出版公司，1994 年 10 月版，第 43-45 頁。

（七）毛、江密謀害死劉少奇

　　中國是一個沒有法治的國家。共產黨掌權後，從中央到地方被關押審查的人，大多數都沒有經過司法機關立案、審查、批捕、起訴，程序，個別的雖經法院審判，也只是根據中央或地方黨委的決定，法院辦個法律審判手續，走走形式而已。劉少奇堂堂的中華人民共和國主席，要撤銷他的職務，按照憲法規定，必須經過全國人民代表大會及常委會，按照法定程序辦理。但劉少奇遭遇的一切，居然從未立過案，本人更沒有被告知立案審查，沒有被提審過，沒有向本人核實材料，經過任何法律程序。毛澤東從立意打倒劉少奇，採用的是造輿論、設立專案組、搜集編造偽證、定罪都是在毛澤東暗箱操作下進行的。

　　1967 年 3 月 10 日，毛澤東覆信章士釗說：「為大局計，彼此心同。個別人情況複雜，一時尚難肯定，尊計似宜緩刑。」這裡「個別人」是指劉少奇，所謂「情況複雜」是指歷史「複雜」。（1）1967 年 3 月 21 日，中央政治局常委決定，將涉及劉少奇 20 年代被捕的材料交「王光美專案組」調查研究。在江青、康生等控制下，這個專案組實際上成為「劉少奇專案組」。

　　1967 年 5 月到 1968 年 10 月，「劉少奇、王光美專案組」集中力量狠抓「劉少奇自首變節問題」這項專案工作完全在江青直接控制下進行。擔任專案組組長的謝富治曾明確批示：「大叛徒劉少奇一案，主要工作都是由江青同志親自抓的。今後一

切重要情況的報告和請示，都要直接先報告江青同志。」(2)

在江青、康生等人看來，若要徹底打倒劉少奇，只能從歷史上找問題，證明他是叛徒，才能永世不得翻身。專案組採用刑訊逼供、斷章取義、弄虛作假等極端卑劣的手法，製造出大批偽證材料。而對否認劉少奇有變節行為的材料，或當事人推翻過去因逼供而被迫提供偽證的聲明（如與劉少奇同時被捕的人在殘酷逼供下被迫寫過劉少奇自首變節的偽證，以後多次書面、聲明那份材料口供是不真實的），全部扣下不報，以此證明劉少奇在 1925 年、1927 年、1929 年曾叛變革命，充當過內奸、工賊。

比如為證明劉少奇於 1929 年在滿洲工作時叛變，專案組將劉少奇在滿洲時的部下孟用潛定為「隔離審查」的重大突破對象。肖孟當時參與了審訊孟用潛，按他事後回憶：「每次審訊，專案組幾乎全體出動，七嘴八舌，拍桌子瞪眼睛，威脅恐嚇。如『交代不清』，『休想出去』。『頑抗到底，死路一條』，還有指供、誘供情況。」就這樣，經連續 7 天日夜突擊審訊，孟用潛做了違心交代。但他事後 20 次口頭和書面申訴，推翻假供，一再說明這些交代材料「都是編造的」，寫材料是在審訊小組幫助下「集體創作」的。但這些申訴材料都被扣押和銷毀。有幾次還強迫孟用潛本人當場撕掉，並一再警告他不許翻案，否則以現行反革命論處。因為一再翻供，孟用潛一直被關押到 1972 年放出來時劉少奇已經去世了。

根據最高人民法院 1980 年 9 月前的統計，因劉少奇冤案被錯判的案件有 22,057 件，因此而受刑事處分的達 28,000 餘人，其他受批鬥、審查、隔離、關牛棚的人更是難以計數。像

時任中央監察委員會專職委員王世英，河北北京師範學院（1956
年 8 月，河北師範專科學校擴建為河北北京師範學院）教授張
重一等人，更是在重病纏身時被專案組逼死。張重一和劉少奇、
王光美並不熟悉，「甚至連話都沒說講過」。(3)

　　毛澤東對劉少奇的所謂叛徒問題，在多次發表講話中談
到，1967 年毛澤東同萬捷爾、莫依修、繆菲特、穆希說：「劉
少奇的問題不簡單，不單是思想右傾問題，他過去在國民黨統
治區至少 4 次被捕。現在有人證明，他是向敵人自首過。所以
1936 年在北方局保叛徒出獄，不是偶然的。」(4) 1968 年 5 月
20 日，毛聽了江青彙報後說：「劉少奇這個案子，現在差不多
了。」(5)

　　10 月 31 日，中共八屆十二中全會擴大會議在最後一天通
過決議，批准中央專案審查小組 10 月 18 日提交的《關於叛徒、
內奸、工賊劉少奇罪行的審查報告》，宣布「把劉少奇永遠開除
出黨，撤銷其黨內外一切職務，並繼續清算劉少奇及其同夥叛
黨叛國的罪行。」劉少奇對《審查報告》的內容及審查情況一
無所知，被剝奪了申辯的權利。直到知道 20 多天後的 1968 年
11 月 24 日，他 70 歲生日這一天，才被告之自己已定為「叛
徒、內奸、工賊、永遠開除出黨、撤銷黨內外一切職務」。選擇
這樣的時機在劉少奇生日這一天告訴他是大有用意。因為這時
劉少奇已病入膏肓，生活不能自理，生命垂危，再也沒有為自
己辯護的能力和機會了。殘酷無情，令人髮指。第二年，即 1969
年 11 月 12 日，重病的劉少奇，在河南開封囚禁處含冤而死。
終年 71 歲。死前持續高燒，骨瘦如柴，蓬亂的白髮一尺多長。
北京專案組派來的特派員早已命令不許給用藥了。

　　評曰：毛澤東發動文化大革命的目的是打倒劉少奇。只靠給劉少奇扣上執行資產階級反動路線的罪名是打不倒的，這一點毛澤東、江青心知肚明。文化大革命快要結束了，如何打到劉少奇？劉少奇歷史上曾經被捕過，抓住劉少奇歷史上被捕問題，把他打成叛徒、特務，才能真正被打倒，叫他永世不得翻身。這個決策是毛澤東定的。江青領導一個龐大的專案組，將劉少奇被捕過程的知情人抓起來，進行嚴刑逼供，屈打成招，製造偽證。據最高人民法院 1980 年 9 月前的統計，因劉少奇案件的涉及，被判案件有 22,057 件，因此而錯受刑事處分的達 2,800 餘人，其他受批判、審查、隔離、關牛棚的人難以計數。

　　採用極卑劣手段，網絡罪名，編造偽證，打倒毛澤東的勁敵，這也是一件很難很危險的事。一旦被披露就會全黨共誅之，全民共討之，遺臭萬年。這樣一個重擔，對一個生性多疑的毛澤東來說，不會給任何人擔當，只有落在他信得過的老婆江青身上。毛澤東、江青憑藉手中的權力，瞞天過海，製造中國亙古未有的大冤案，天人共怒。這種人還有什麼資格奢談品質、道德、信仰、實事求是。這一切都是騙人的謊言。

　　打倒劉少奇，了卻了毛澤東復仇的心願。在這場搏鬥中，最得力的幹將是江青，這是別人不能代替的，江青立了「頭功」。這為江青進入共產黨高層領

導圈創造了條件。

注釋

（1）毛澤東給章士釗的信，1967 年 3 月 10 日

（2）謝富治對「劉少奇、王光美專案組」報告批語，1968 年 2 月 26 日。

（3）〈小康〉、〈今晚報〉引自黃崢《劉少奇冤案始末》。

（4）毛澤東同萬捷爾、繆菲特談話記錄，1967 年 8 月 26 日。

（5）毛澤東同中央文革碰頭會成員談話記錄，1968 年 5 月 8 日。

（八）召開中共九大的陽謀與陰謀

召開中共九大的任務是什麼？毛澤東講過三年結束文化大革命。毛澤東發動文革的目的是打倒劉少奇及其支持者，這個目的在九大前已經實現了。林彪根據毛澤東三年結束文革的思路，提出中共九大應宣布結束文化大革命，全黨中心任務轉移到發展經濟、提高人民生活水平上來。陳伯達贊同林彪的設想。在林彪指示下，起草了以發展生產為中心的九大政治報告。沒想到毛澤東在研究九大政治報告時突然變卦，提出以總結文化大革命經驗、繼續開展文化大革命為中心任務。毛否定了陳伯達的報告，改由張春橋、姚文元起草繼續開展文化大革命、要解決的問題，就是確立毛澤東需要的接班人的報告。這實際上是毛發動文化大革命的第三個目的。「九大」將要通過的黨章，規定林彪為接班人，這是「陽謀」。其實毛不要林彪接班，他要林彪做二傳手，把黨主席職位傳給他毛家人，這是陰謀。

1969 年 4 月 1 日，中共第九次全國代表大會在人民大會堂

開幕。開幕式上，毛澤東出語驚人，他微笑地提出請「林彪同志當主席團主席，大家同意不同意？」林彪趕緊在擴音器前大聲說：「我們偉大領袖毛主席當主席團主席，同意的舉手。」代表們一致舉手通過。毛澤東接著說：「他這個人啊，講客氣了，那就請林彪同志當主席團副主席，贊成的舉手。」代表們再次舉手，熱烈鼓掌。按照慣例，代表大會主席團主席，就是將要選出的中央委員會主席。毛澤東這個姿態，給與會者的印象是，充分信任林彪，隨時準備讓林彪接班黨中央主席。

這是一種假象。毛澤東此舉有兩個目的，一是試探林彪是否急於當黨主席；二是安慰一下林彪沒有採用他指導寫的政治報告的傷害。

4月1日，林彪代表第八屆中央委員會作政治報告。這個報告用很大篇幅來回顧「文化大革命」準備和發展的過程，充分肯定作為「文化大革命」指導思想的「無產階級專政下繼續革命理論」的正確性，使這種錯誤理論和實踐進一步合法化，形成所謂的九大的政治路線。林彪心裡是不同意這個報告的，對報告隻字未改。

4月2日，討論通過中國共產黨章程草案。新黨章總綱明文規定：「林彪同志一貫高舉毛澤東思想偉大紅旗，最忠誠、最堅定地執行和捍衛毛澤東同志的無產階級革命路線。林彪同志是毛澤東的親密戰友和接班人。」這是毛澤東的意見。

據林彪日籍記載：

「總理送來黨章草案定稿，把我列為毛的戰友和接班人，寫入總綱。我心不安，向總理提出：『是否不妥？誰提的？主席意見呢？』總理告知：『是主席親自提議的，有指示。既然定了

黨的副主席,當然是接主席的班,名正言順。』

「婆娘來電恭祝我是主席唯一的接班人,又表示在任何情況下捍衛我,保衛我的一套!話的主題還是要求安排她在軍隊擔任高職。」(1)

江青討好林彪,換取林彪支持她進入高層領導圈,早就開始了。1968 年 10 月 17 日,中共八屆十二中全會討論黨章時,江青提出:「林彪同志很有無產階級革命家的風度。」「他那樣謙虛,就應該寫在黨章上。」「作為接班人寫進黨章。」她進一步強調說:「一定要寫。」張春橋第一個贊成。他說:「是這樣,寫在黨章上,這就放心了。」(2)

4 月 24 日進行選舉。到會代表 1510 人,毛澤東獲全票,周恩來獲 1509 票,林彪和葉群沒有投自己的票,獲 1508 票。江青自己和毛澤東沒有投江青的票,她估計應得 1508 票,實得 1502 票,經祕密查票,林彪、葉群、黃、吳、李、邱沒有投江青的票。江青拚命地恭維林彪,是想林彪投桃報李,提名江青為常委,但林彪沒有這樣做,只提黃永勝為常委,江青只好自己出來大鬧,黃永勝當常委她也得當。毛澤東拍板,兩個都不進。政治局常委最後由毛澤東、林彪、周恩來、陳伯達、康生組成。

九大以後,毛澤東打破從不看望下屬的慣例,帶上張春橋親自到林彪蘇州別墅看望林彪,摸一摸能否同「後黨」合作。寒暄幾句,單刀直入問林彪:「我年紀大了,你身體也不好,你以後準備把班交給誰?」林彪毫無思想準備,一時語塞。短時間沉默後毛澤東又說:「你看小張(張春橋)怎麼樣?」這句最重要的問話,林彪未領悟,不知這句話的真實的意思是明說張

春橋實是想引林彪評論江青。林彪繞山繞水地說：「還是要靠黃（永勝）、吳（法憲）、李（作鵬）、邱（會作），這些從小就跟主席革命的人，要防止小資產階級掌權。」(3) 毛澤東還問了林彪身體狀況走了。

　　這次毛林談話結果，毛澤東認定林彪不會當二傳手，只會做毛想要的接班人的絆腳石，必須找機會創作條件搬掉這塊絆腳石。林彪此時還沒有意識到毛的險惡用心，只是感到毛澤東有改變接班人的考慮，預感到自己前途兇險，為自己處境擔心。此後，毛林之間的心結日深。

　　九大後，林彪權勢得到了大發展，成了法定接班人，控制了軍委辦事組，比過去任何時候更多、更直接地掌握軍隊，「三支兩軍」以來，軍隊在全國各地和中央各部門中有舉足輕重地位。林彪的心態也隨之發生了一些變化，領袖慾望膨脹起來。這時的林彪錯誤地以為毛澤東信任他，讓他接班。他開始做接班的準備，培養和宣傳他的兒子、扶持他信任的勢力、注意自己的形象。他被毛澤東的假象所迷惑，他沒有想到毛澤東是在利用他，要他當好二傳手。

　　1969 年 8 月下旬，林彪帶著葉群、吳法憲、林立果、林立衡和一百多名工作人員、警衛人員，分乘兩架「子爵」號專機和一架「伊爾——一八」飛機抵達江西省漳樹鎮機場。次日換乘「安——二四」型小飛機在吉安機場降落。然後改乘從北京運來的兩輛美造凱迪拉克高級轎車，林彪、葉群各乘一輛，後面是十幾輛轎車、吉普、卡車組成的大車隊開進井岡山，住井岡山賓館。林彪這時心情很好，因而身體好，不怕風，也不怕水了。連日在各處尋蹤懷舊，看了黃洋界、步雲山、大小五井、

七溪岑、攀龍書院。林彪在朱毛領導下，打了很多勝仗，展現了他的少年軍事才華，唯一的遺憾是不該給毛澤東寫那封信，本來是拜年的話，是求教、謙虛一類客套的話的意思，卻引發了毛澤東那樣一大篇「星星之火可以燎原」的議論，給自己留下一個疵點。他想否認這個歷史舊案，葉群請來一位清客，會作詩詞寫毛筆字，幫林彪作了四首西江月詞其中有一首：

壯志堅信馬列，豈疑星火燎原。

輝煌勝利盡開顏，鬥志不容稍減。

回北京後，林彪將這四首詞讓祕書抄清送給毛澤東。毛澤東展卷一看，是林彪作的。他瀏覽兩遍，在「壯志堅信馬列，豈疑星火燎原」兩句下面，劃了兩條紅槓，批道：「這是歷史公案，不要再翻了。」毛澤東問江青這幾首詞的情況，江青告訴毛這詞不是林作的，是請人代作的。毛澤東說：「林彪要樹立一貫正確的形象。他一貫正確，我對他的批評就錯了。」這件事，在毛澤東心中留下一個疙瘩。

1969 年 3 月 2 日，中蘇邊界邊防軍在珍寶島發生武裝衝突後，中蘇交惡，大戰有一觸即發之勢。毛澤東發出了準備打仗的號召。戰備費用比上年猛增 34%。8 月 27 日，中央做出成立全國性人民防空領導小組和各省市自治區人民防空領導小組的決定，在全國大中城市組織群眾「深挖洞」。10 月 15 日，中央政治局開會研究蘇軍動向，得到情報說，蘇聯同意舉行副外長級會談這是個煙幕彈，蘇軍內部有人主張對中國實行核打擊。黨中央討論決定，在 10 月 20 日以前，必須將在京的中央黨政軍主要領導人（包括受審查的）疏散到外地安置，毛澤東到武漢，林彪到蘇州，只留周恩來在京坐鎮，朱德、陳毅、劉少奇、

鄧小平、陶鑄等都是在這種背景下疏散的。

10月18日，林彪讓其祕書張雲生給總參謀長黃永勝打電話，口授六條戰備內容，原文如下：一、兩天來，美帝、蘇修等有許多異常情況，蘇修所謂談判代表團預定明（19）日來京，我們必須百倍提高警惕，防止蘇修搞欺騙，尤其是19、20、21日應特別注意。二、各軍區特別是三北（即東北、華北、西北）軍區，對重型武器如坦克、飛機、大炮，要立即疏散隱蔽。三、沿海各軍區也應加強戰備，防美帝、蘇修突然襲擊，不要麻痺大意。四、迅速抓緊，布置反坦克武器生產，如四零火箭筒、反坦克炮等（包括八二無座力反坦克炮）。五、組織精幹的指揮班子，進入戰時指揮。六、各級要加強首長值班，即時掌握情況。(4)

當日7時左右，張雲生照林彪口授記錄向北京黃永勝電話傳達。黃永勝和作戰部長閻仲川研究後，除軍工生產，不普遍下達（只向生產單位傳達），其餘內容向全軍下達。下達時，閻仲川將林彪指示定名爲「林副主席第一號命令」。閻仲川定的這個名字給林彪幫了一個大倒忙。如果按口授原文下發也許什麼事也沒有。葉群19日以「電話記錄傳閱件」向毛澤東、周恩來報告。住在武昌東湖賓館的毛澤東，每天仍是閱讀書報、審批文件和思考問題。就在這時，林彪的「第一號命令」傳到了。這是他沒有料想到的，毛澤東立刻強烈地感到林彪的權欲威脅到他了，做出強烈反應。陪同毛澤東來武漢的汪東興後來回憶：「我拿此急件送到主席住處，給主席看。毛主席看後，一臉不高興的樣子，對我說：『燒掉。』主席自己拿起火柴一劃，把傳閱件點著，給燒了。接著，他又拿起傳閱件的信封要燒。我趕

緊對主席說：『主席，不能燒，你都燒了，以後查問起來，我無法交代。留下這個信封上面還有傳閱件的編號，你不要燒了。』主席聽我這樣說，這才作罷。」

毛澤東沒有否定或撤銷這個「命令」，但十分不滿。這件事，很快林彪就知道了，認爲葉群這樣做太草率，太不謹慎了。當日（19 日），林彪寫了內容相同的兩個條幅，一副掛在自己起居室的牆上，另一幅送葉群：

悠悠萬事，唯此唯大，克己復禮。

書贈葉群同志

育容一九六九年十月十九日

林彪強調「克己復禮」的意思，是提醒自己和葉群對毛澤東要謙恭尊敬，不可越位，不可越權，這是大事中的大事。

此事發生後，並未影響林彪接毛班的願望，他還是繼續培養他的兒子林立果做接班的準備。

1969 年 10 月 12 日，林彪在毛家灣召見吳法憲，了解林立果在空軍的表現，二人進行一段很長時間的交談。林彪主要提出：「爲了更好了解空軍作戰情況，戰鬥問題，可以讓林立果兼任作戰部副部長，這樣就可以提一些有益意見。」這次談話之後，1969 年 10 月 17 日，任命 23 歲的林立果爲空軍司令部辦公室副主任兼作戰部副部長。吳法憲把他作爲林彪在空軍的代表。在空軍宣布：「立果同志可以指揮一切，調動一切。」群眾中流行著一首打油詩：「一年兵，二年黨，三年副部長，四年太上皇。」

林立果 1967 年畢業於北京大學物理系，學習成績優秀，學習、工作都吃苦認眞。曾在一個連隊用兩個小時教會戰士開

坦克。在空軍搞過一些科研項目，他參與設計了一種小型噴氣殲擊機，讓江西飛機廠試製，後來製成了。林立果讓人把張家口背面的黃陽山劈去一半，對著莫斯科方向裝上雷達兵部研製的新式雷達，蘇聯一發射洲際導彈，這部雷達就能馬上發現目標。1969 年 10 月林彪就將這一方案親批「呈主席閱」。這一工程尚未完成，就使毛澤東高興不已，毛澤東批示誇獎林立果是敢想敢闖的小將，還接見了他，與他一起合影。毛澤東對林立果的恩寵，轟動了空軍。

　　1970 年 7 月 31 日，林立果在空軍直屬機關做了一個活學活用毛澤東思想講用報告，近 7 萬字，從上午講到下午，講了 7 個多小時。吳法憲聽完後說：「林立果這個講用報告，是我們空軍放了一顆政治衛星，林立果是一個偉大的天才，是第三代接班人的傑出代表。」主持會議的空軍司令部副參謀長王飛說：「吳司令一向很欣賞林立果同志的天才。」「認識一個領袖不容易。林立果同志具有領袖的條件，現在認識了，就要跟一輩子，風吹浪打不回頭。」辦公室副主任周宇馳說：「立果同志的講用報告是馬列主義的第四個里程碑。立果同志是天才、帥才、超群之才，是第三代接班人。」會後，將林立果報告印製了 70 多萬冊，在空軍廣為散發。

　　毛澤東獲悉空軍大捧林立果的消息，並收到林立果講用報告和材料，他把江青、康生、張春橋找到自己的書房，讓他們傳閱這些材料。大家瀏覽了一遍，毛澤東說：「你們看到了吧，人家已經開始吹上了，我還沒有死呢。林彪同志身體不好，有點迫不及待地準備自己的接班人了。一個二十幾歲的娃娃，被捧為超天才，這不是我們這個黨的天然領袖嗎？講天才名曰樹

我，實際是想樹自己的兒子。這就是我的那個接班人哪！」

毛澤東吸了一口煙繼續說：「當初林彪說我天才地、創造性、全面地繼承、捍衛和發展了馬克思主義，我就對那個副詞表示了不同意見。黨的九大刪去了那三個副詞，就是逐步糾正林彪的錯誤，可是他還要繼續這麼講，不但用到我的頭上，連他的兒子也成了天才。」(6)

毛、林之間展開了中共黨內另一場權力之爭。

注釋

（1）《林彪日記》。1969 年 3 月 20 日。

（2）張耀祠：《回憶毛澤東》。中共中央黨校出版社，1996 年 9 月版，第 113-115
　　頁。

（3）高文謙：《晚年周恩來》。香港明鏡出版社，2003 版，第 276 頁。

（4）《第一個號令》。1969 年 10 月 18 日。

（5）《汪東興回憶——毛澤東與林彪反革命集團的鬥爭》。當代中國出版社，
　　1997 年 11 月版，第 14 頁。

（6）毛澤東同江青、康生、張春橋談話記錄，1970 年 8 月 5 日。

（九）「設國家主席」、「天才論」爭論的背後

林彪對毛澤東總是以順從為總決。毛澤東實在抓不住林彪反毛的把柄。經過反覆思考，毛澤東提出設國家主席又不設國家主席不定向觀點，引出林彪上套。毛澤東批判林彪、陳伯達的「天才論」，把理論上爭論問題，變成政治分歧問題，上升到反毛澤東的高度，逼林彪檢查、承認錯誤。林一旦承認了錯誤，

毛就立刻批轉全黨，林彪就得主動下台。這是他毛澤東慣用的手法，彭德懷、劉少奇就是這樣違心地做檢討後被免職的，失去話語權，然後再一步步被害死的。可是林彪明白這一套，就是不承認自己有什麼錯誤，不做檢討，毛澤東設置的陷阱也就落空了，毛白折騰一番。

據吳法憲回憶：「1970年3月8日，主席在武漢派汪東興回京向林彪傳達準備召開四屆人大的意見。主席的意見大意是，要開四屆人大，選舉國家領導人，修改憲法，政治局要立即著手做準備工作。國家機構究竟設不設國家主席要考慮，要設國家主席由誰當好？現在看來要設國家主席只有林彪來當，但我的意見是不設為好。傳達完了，來不及討論，早早地散會了。葉群、黃永勝和我跑到汪東興家裡，又問了一遍，汪東興又這樣說，還是那幾句。葉群很高興。記得那次汪東興還請我們吃地瓜。」(1)

汪東興在他的回憶錄中，把上面那段話簡略為「3月7日，毛主席要我馬上回北京傳達他的意見，在憲法中不寫設國家主席一節，堅決表示他不再當國家主席。」這裡隱瞞了「現在看來要設國家主席只有林彪來當」這句關鍵的話。毛澤東關於修憲和國體的意見，包括兩個要點：一，設國家主席，由林彪來當；二，我的意見是不設為好。王兆軍在《誰殺了林彪？》一書中披露，林彪在「九一三」前夕曾對黃、吳、李、邱說：「我告訴一件實事，廬山會議前，是毛澤東自己親自對我最少兩次說到，他不想再當黨的主席了，要當國家主席，國際上走走，擴大中國的影響，並提醒我發起這個建議，我是奉命做事。」

毛澤東前後兩次談話是矛盾的，林彪做了難，他不表態就

等於默認自己有資格出任國家主席，他要同意不設國家主席，又與毛澤東跟他達成君子協定相悖，逼著林彪表態。

4月11日夜，林彪在蘇州通過祕書向政治局打電話轉達他的2條意見：一、關於這次『人大』國家主席的問題，林彪同志仍然建議由毛主席兼任。這樣做對黨內、黨外、國內、國外人民的心理狀態適合，否則，不適合人民的心理狀態。二、關於副主席問題，林彪同志認爲可設可不設，可多設可少設，關係都不大。

第二天周恩來主持中央政治局會議，討論林彪的上述意見。會上，有相當一部分政治局成員附和林彪的意見，同意由毛澤東擔任國家主席。周恩來會後將政治局討論情況報告毛澤東。毛澤東在接到報告的當天（4月12日）就明確批示：「我不能再做此事，此議不妥。」(2)

4月下旬，毛澤東和林彪幾乎同時回到北京。毛澤東在中央政治局會議上第三次提出他不當國家主席，也不要設國家主席，並當著林彪的面說：「孫權勸曹操當皇帝，曹操說，孫權是要把他放在爐火上烤。我勸你們不要把我當曹操，你們也不要做孫權。」(3)

5月中旬，林彪告訴吳法憲，還是要設國家主席，不設國家主席，國家沒有一個頭，「名不正言不順」。在憲法小組會上吳法憲、李作鵬繼續提出設國家主席的問題。毛澤東了解這一情況後，他在7月中旬召開的在修改憲法起草委員會全體會上，尖銳地指出，吳法憲主張設國家主席，張春橋主張不設國家主席，設國家主席，那是形式，不要因人設事。(4) 這是毛澤東第4次明確表態。

毛澤東不當國家主席，林彪想當嗎？王兆軍《誰殺了林彪？》一書第二十章記述林彪對林立果一次談心話：「老虎，我告訴你一句話，你記住了，我治理不了這個國家。不要說現在千瘡百孔，就是正常情況，我也不知道怎麼管理國家。這樣大的國家，經濟、政治、文化和各種事業，都是非常複雜的。我不喜歡政治事務，不喜歡交往，身體狀況也不好，不能管理國家，這就是我覺得委屈的原因。我有自知之明，從來沒想當什麼國家主席，我只懂得點軍事，對國家的統一、生產的發展和人民生活的改善，有很大的熱情，但是能力有限。我希望保持參與政治生活的權力，保障軍隊發揮正常作用，就行了。」

林彪認為，打倒劉少奇之後，九大把自己的名字寫入黨章，選舉主席團時毛在九大代表面前動議兩次向自己表示交班的談話，都是毛澤東真誠的表示。他不相信毛澤東會作弄他，會給他下套。當他看清了毛澤東的陰謀詭計的時候，憤憤地跟家人說：「你們不覺得他像個痞子嗎？太像啦！如果我將來輸給他，一定會輸在我痞子勁不夠上。」(5)

這一系列反反覆覆的複雜過程，使林彪真正認識到毛澤東並不信任他，也不是真正想讓他接班，他只不過是毛澤東棋局中的一粒棋子，用得著時，表彰你、重用你、給你榮譽；當你不聽使喚時，就拋棄你、在你面前假許諾，騙你入套，後整治你。此後，毛澤東再說什麼、許諾什麼，林彪心裡就有數了。

1970 年 8 月 18 日下午，毛澤東乘坐專列從杭州出發，赴江西廬山出席中共九屆二中全會。住廬林 1 號。8 月 22 日下午，毛澤東召開中央政治局常委會，商量九屆二中全會的會期和日程等，會上談到設國家主席的問題。五個常委除毛外，林、周、

陳、康都主張設，實現黨的主席和國家主席一元化。他們4人之所以這樣做，是因為毛澤東公開幾次聲明不當，背後又布置林彪提出動議推薦他當。大家對他的眞實意圖不明確。毛說：「設國家主席，那是個形式。我提議修改憲法，就是考慮到不要設國家主席。如果你們願意要國家主席，你們當好了，反正我不做這個主席。」(6)

8月23日下午，中共九屆二中全會在廬山禮堂開幕，毛澤東主持開幕式。周恩來宣布全會的三項議程後，毛澤東問主席台上的其他幾個常委：「現在請哪一位講呀？」這時，林彪拿出一份講稿，在會上發表了長達一個多小時的講話，主要是就修改憲法問題談毛澤東的領導地位。他說：「這次憲法修改草案，表現出這樣的特點，就是毛主席和毛澤東思想在全國的領導地位。肯定毛主席的偉大領袖、國家元首、最高統帥的這種地位；肯定毛澤東思想作為全國人民的指導思想，是全國一切工作的指導方針。這一點非常重要，非常重要。用憲法的形式把這些固定下來非常好，非常好！很好！可以說是憲法的靈魂，是三十條中間在我看來最重要的一條。」他又著重地強調：「我們說毛主席是天才，我還是堅持這個觀點。」(7)

林彪發表的這篇顯然有充分準備的講話，事前並沒有正式打過招呼。22日下午召開的中央政治局常委會上，毛澤東和林彪都表示在開幕會上不做發言，到全會臨開幕前一刻，林彪突然向毛澤東和幾個常委提出「要講點意見」。說明他這篇講話是事前經過精心設計的。

林彪講完後，康生也講了話。康生說：「我完全同意、完全擁護林副主席的講話，在要毛主席當國家主席、林副主席當

國家副主席的問題上，所有意見都是一致的。如果主席不當國家主席，就請林副主席當國家主席。如果主席、林副主席都不當國家主席，那麼，國家主席這一章就不設了。」「到底怎麼樣，要請毛主席最後指示，最後定。」(8)

康生講完後，毛澤東立即宣布：「今天會開到這裡為止，散會。」

當天晚上，周恩來主持召開有各組召集人參加的中央政治局擴大會議，安排分組討論憲法草案和計劃問題。吳法憲在會上提出，林副主席開幕式上的講話很重要，各小組應該首先學習討論，並要求重新播放林彪講話錄音，這個意見被通過了。

8月24日早晨，葉群將吳法憲、李作鵬、邱會作招到一起，傳達林彪四點意見：一、對林總的講話要表態擁護，堅持天才論的觀點；二、堅持設國家主席，讓毛主席當國家主席；三、可以串聯空軍、海軍、總後的中央委員發言，注意不要點名；四、把主要矛盾對準張春橋，不准擴大打擊面。8月24日下午，在連續收聽兩遍林彪在開幕式上的講話錄音後，各組開始進行討論。25日上午，各組繼續討論。反映華北組討論情況的第6號簡報寫有這樣的話：大家「認為林副主席的講話，對這次九屆二中全會具有極大的指導意義」。還說，大家聽了陳伯達等發言後，「知道了我們黨內竟有人妄圖否認我們偉大領袖毛主席是當代最偉大的天才，表示了最大、最強烈的憤慨」。「這種人就是野心家、陰謀家、是極端的反動分子，是地地道道的反革命修正主義分子，是沒有劉少奇的劉少奇反動路線的代理人，是帝修反的走狗，是壞蛋，是反革命分子，應該揪出來示眾，應該開除黨籍，應該鬥倒鬥臭，應該千刀萬剮，全黨共誅之，全

國共討之」。(9) 一時間，全會的氣氛驟然緊張起來。

江青帶著驚恐不安的張春橋、姚文元到毛澤東處反映情況。毛澤東聽了彙報後感到必須下決心了。下午，毛澤東找林彪個別談話。林彪一進毛澤東書房，毛澤東滿臉嚴肅，開門見山：「林彪同志，我一上山就說，要把這次會議開成團結勝利的會，不要開成分裂失敗的會。這兩天，氣氛不對頭啊！」

林彪：「主席，出什麼問題了？」

毛澤東說：「陳伯達帶頭，一是堅持國家主席，一是堅持天才論。鼓動一些人，矇騙一些人起鬨，大有把廬山炸平、停止地球轉動之勢。我也不當國家主席，我勸你也別當。」「如果再繼續搞下去，我就下山，讓你們鬧；再不然，就辭去黨中央主席職務。」(10)

林彪：「我原主張設國家主席，是讓主席當，不是我想當，也許我在開幕會上的講話講得不當。」

毛澤東：「你和陳伯達堅持天才論，是一致的，但你們兩個情況不一樣，他是混入共產黨內的反共分子，我今天跟你打個招呼，要和他保持距離，劃清界限。」

毛澤東故意將這場鬥爭說成是陳伯達與張春橋的鬥爭。他在把陳伯達拋出來的同時，又對林彪說：「張春橋這個人再看他兩年，兩年以後，我不幹了，交你處理。」(11)

接著毛澤東又找周恩來、陳雲、康生談話，常委都同意不設國家主席了。下午，毛澤東要汪東興立刻通知召開有各組召集人參加的中央政治局常委擴大會議，他向到會的人宣布，現在各組討論的問題不符合全會原定的三項議程。設國家主席的問題不要再提了。根據毛澤東的意見，會議決定全會分組會立

即停止討論林彪的講話，收回第6號簡報，責令陳伯達等做出檢查。

　　8月31日，毛澤東在陳伯達整理的那份論述「天才」的語錄上，寫下一大段批示：「這個材料（指《恩格斯、列寧、毛主席關於稱天才的幾段語錄》——引者注）是陳伯達同志搞的，欺騙了不少同志。第一，這裡沒有馬克思的話。第二，只找了恩格斯一句話，而《路易・波拿巴特政變記》這部書不是恩格斯的主要著作。第三，找了列寧的有五條。其中第五條說，要有經驗、受過專門訓練和長期教育，並且彼此能夠很好地互相配合的領袖，這裡列舉了四個條件。別人且不論，就我們中央委員會的同志來說，夠條件的不很多。例如，我跟陳伯達這位天才理論家之間，共事三十多年，在一些重大問題上就從來沒有配合過，更不去說很好的配合。這一次，他可配合得很好了，採取突然襲擊，煽風點火，唯恐天下不亂，大有炸平廬山、停止地球轉動之勢。至於無產階級的天下是否會亂，廬山能否炸平，地球是否停轉，我看大概不會吧。上過廬山的一位古人說：『杞人無事憂天傾。』我們不要學那位杞國人。最後關於我的話，肯定幫不了他多少忙。我是說主要地不是由於人們的天才，而是由於人們的社會實踐。我同林彪同志交換過意見，我們兩人一致認為，這個歷史家和哲學史家爭論不休的問題，即通常所說的，是英雄創造歷史，還是奴隸們創造歷史，人的知識（才能也屬於知識範疇）是先天就有的，還是後天才有的，是唯心論的先驗論，還是唯物論的反映論，我們只能站在馬列主義的立場上，而決不能跟陳伯達的謠言和詭辯混在一起。同時我們兩人還認為，這個馬克思主義的認識論問題，我們自己還要繼

續研究，並不認為事情已經研究完結。希望同志們同我們一道採取這種態度，團結起來，爭取更大的勝利，不要上號稱懂得馬克思，而實際上根本不懂馬克思那樣一些人的當。」(12)

在這個批語的抄清件上，他又加了一個標題：〈我的一點意見〉。在原批示件上，曾有一句：「陳伯達摘引林彪同志的話多至七條，如獲至寶。」在印發文件前，毛澤東刪去了這句話，並讓林彪看了原件。(13)

9月1日，毛澤東在有各組召集人參加的中央政治局擴大會議上指出，凡是在這次廬山會議上發言犯了錯誤的人，可以做自我批評、檢查。會上，他點了陳伯達的名，要他做檢查，還要林彪召集吳法憲、葉群、李作鵬、邱會作等人開會，聽取他們的檢查。

9月6日下午，九屆二中全會舉行閉幕式，毛澤東要林彪主持閉幕會議，這時，主席台上已沒有陳伯達。全會基本通過《中華人民共和國憲法修改草案》、批准國務院關於全國計劃會議和一九七〇年國民經濟計劃的報告、中央軍委關於加強戰備工作的報告，並宣布對陳伯達進行審查。

9月9日下午，毛澤東離開廬山。離開廬山後，毛澤東的專列先到長沙，停在支線休息。15日到武漢。16日，他批閱了汪東興在廬山會議上跟著主張要毛澤東當國家主席所犯錯誤而寫的第二次書面檢討，並約汪東興談話。他把汪東興的檢查當做樣板，加以鼓勵。

9月19日，毛澤東回到北京。幾天後，周恩來根據毛澤東的意見，要求黃永勝、吳法憲、李作鵬、邱會作效法汪東興在想通後「寫一書面檢討，揭露事實真相，與陳（伯達）完全決

裂」。過了一個星期，吳法憲向毛澤東交上第一篇書面檢討。9月末的一天，毛澤東派汪東興去毛家灣現身說法，臨行前交待：「要求汪東興和他好好談一談，爭取讓林彪寫出檢查來，只要他能認識他的錯誤，我還是歡迎他的。這個檢查要聯繫歷史上的錯誤，不要讓人家說他一貫正確的，其實並不是嘛。」

汪東興硬著頭皮進了毛家灣。他東拉西扯，講了許多無關的「重要」廢話，勸林彪為了主動，還是向主席寫個檢查比較好些。

林彪雙目放著寒光，直看汪東興：「怎麼，你是想讓我授人以柄嗎？是你個人關心我，還是有人派你來當說客的？」

林彪接著說：「我要寫了檢查，主席馬上批發全黨，那就等於我在全黨全國人民面前承認了我的所謂『錯誤』。不，我不會上那幾個筆桿子的當。我沒有什麼錯誤，我也不會違心地寫什麼檢查。」(14)

毛澤東在林彪問題上碰了釘子，這在黨史上從來沒有過的。毛澤東丟了面子，毛認識到林彪比劉少奇、彭德懷難對付，軟硬不吃！怎樣才能拔掉這顆釘子呢？他在縝密艱難的思考著。

10月8日，毛澤東給林彪寫了一封短信，寫道：「秋風又起，保重身體。」10月12日，林彪給毛回信：「我深感在路線上思想上跟不上主席教導，不能適應革命形勢的發展，不適合再做主席的接班人，請主席酌定，我完全擁護主席的決定。」

毛澤東看完後又回一信：「此議不妥，黨章的規定，黨的決定，我不能違犯。你我在路線上、在大是大非的原則問題上，還是基本一致的。」

注釋

（1）訪問吳法憲談話記錄，1983 年 11 月 18-25 日。

（2）《周恩來年譜》下卷。第 361 頁。

（3）《汪東興回憶——毛澤東與林彪反革命集團的鬥爭》。第 21 頁、第 22 頁、第 26 頁。

（4）《汪東興回憶——毛澤東與林彪反革命集團的鬥爭》。第 21 頁、第 22 頁、第 26 頁。

（5）辛子陵：《紅太陽的隕落》下卷。2007 年 7 月版，第 629 頁。

（6）毛澤東在中共中央政治局常委會上講話傳達記錄，1970 年 8 月 22 日。

（7）林彪在中共九屆二中全會開幕會上講話記錄，1970 年 8 月 23 日。

（8）中共中央九屆二中全會記錄，1970 年 8 月 23 日。

（9）中共九屆二中全會第六號簡報（華北組第二號簡報），1970 年 8 月 24 日。

（10）《李德生回憶錄》。解放軍出版社，1997 年 8 月版，第 400 頁。

（11）高文謙：《晚年周恩來》。香港明鏡出版社，第 300 頁。

（12）毛澤東：《我的一點意見》手稿。1970 年 8 月 31 日。

（13）毛澤東：《我的一點意見》手稿。1970 年 8 月 31 日。

（14）辛子陵：《紅太陽的隕落》下卷。2007 年 7 月版，第 629 頁。

（十）發起批陳整風，林彪被逼外逃

林彪不肯就範的強硬態度，使毛澤東的計劃不能進行下去。毛澤東能想到的唯一辦法，還是慣用伎倆：掀起一場大的鬥爭運動，亂中找機會打倒林彪。誰能領導這場鬥爭呢？毛澤東眼下信得過的外人已經沒有了，毛澤東決定給江青委以重任。

1970 年 11 月 6 日，經毛澤東批准中共中央下發了《關於成立中央組織宣傳組的決定》。「中央組織宣傳組設組長 1 人，由康生擔任，設組員若干人，由江青、張春橋、姚文元、紀登奎、李德生擔任。中央組織宣傳組管轄中央組織部、宣傳部、中央黨校、《人民日報》、《紅旗》雜誌、新華總社、中央廣播事業局、《光明日報》。」康生這個組長是掛名的，紀登奎、李德生各有軍政要職，實際也是掛名。中央組織宣傳大權落在江青手中，這個組織是中央書記處的雛形，是與「軍委辦事組」相對抗的「中央辦事組」。

11 月 16 日，經毛澤東批准，「中央辦事組」起草了《中共中央發出關於傳達陳伯達反黨問題的指示》。指示中說：「在黨的九屆二中全會上，陳伯達採取了突然襲擊，煽風點火，製造謠言，欺騙同志的惡劣手段，進行分裂黨的陰謀活動。」(1)同時，向黨內地、師級以上領導小組或核心小組印發〈我的一點意見〉一文，使黨的高、中級幹部對廬山會議的情況有所了解，「批陳整風」運動由此展開。

1971 年 2 月 20 日，軍委辦事組對毛澤東批評軍委座談會不批陳的問題寫了檢討報告，毛澤東在報告上批示：「你們幾個同志，在批陳問題上為什麼老是被動？不推一下，就動不起來。這個問題應該好好想一想，採取步驟，變被動為主動。」「為什麼老是認識不足？」「原因何在？應當研究」。實際上是要他們揭發批判林彪。

3 月 29 日，周恩來根據毛澤東意見，同黃永勝等軍委辦事組成員前往北戴河，向在那裡的林彪彙報毛澤東有關揭批陳伯達的一系列指示，以及中央準備在最近召開批陳整風彙報會等

問題。周恩來說，「此行目的，是毛主席要林彪出來參加一下即將召開的批陳整風彙報會，講幾句話，給他個台階下。」(2)

周恩來在同林彪談話中，林對毛的批示表示擁護，對黃、李、邱三人的檢討表示「高興」，對吳、葉寫的書面檢討，表示「完全同意」。但林彪對自己的問題始終避而不談，毫無認錯之意，也沒有表示他將出席中央批陳整風彙報會。(3)

4月15日至29日，批陳整風彙報會在北京召開，中央和各地黨政軍負責人共99人出席，主要批黃、吳、葉、李、邱的問題。29日，毛澤東授權周恩來做會議總結，基調是他們5人犯的錯誤是嚴重的，但性質是人民內部問題，同反共分子陳伯達的性質根本不同。會議期間，周恩來曾給19日回京的林彪送去文件和毛澤東有關指示，並示意林彪到會講話，但林彪表示「堅決不講」，也沒有要出席會議的意思。(4)

5月23日，林彪給毛澤東寫信提出：1.實行四個不，即在10年之內對現任中央政治局委員，候補委員的大軍區第一、二把手不逮捕、不關押、不殺、不撤職；2.將以上規定傳達到北京以及其他城市擔任衛戍部隊每一士兵；3.調換守衛首都三個人造山的部隊；4.調離38軍出華北。信中還提出，我很想和主席談談，如主席什麼時候有時間，請約我一談。(5)

毛澤東逼迫林彪檢討的目的仍未達到，林彪多次提出要見毛澤東，當面把事情說清楚，毛澤東自知理虧，像當年對付高崗一樣，就是不見林彪。

林彪對廬山會議以來開展的批陳整風，特別是毛澤東對黃永勝等抓得很緊的批評不滿，他要求見毛不成，有意見無處申訴，忍耐到了極限，這種情緒甚至在公開場合明顯地表露出來。

中央批陳整風彙報會結束時，恰逢「五一」節。這天晚上，勉強來到天安門城樓觀看焰火的林彪一臉沮喪，始終不同毛澤東說話。在城樓上，他坐在毛澤東側面，幾分鐘後便不辭而別。林彪這一舉動，引起在場目擊者的議論和猜測。

為了穩住林彪，毛澤東讓江青於 6 月 9 日為林彪拍了大幅學習毛著的免冠像，登在 1971 年 7、8 月合刊的《人民畫報》封面上，作者署名「峻岑」。向林彪暗示，儘管批陳整風搞的激烈，黃、吳、葉、李、邱做了檢討，但到此為此，不會動搖你的接班人地位。同時也向全黨、全軍、全國人民表明毛林之間親密無間的關係。

毛澤東和林彪在逐漸決裂過程中，林立果是林彪的主要依靠力量，林彪對林立果是寄予厚望的。林立果在當了空軍司令部辦公室副主任兼作戰部副部長之後，林彪向兒子祕授機宜，他說：「一員猛打猛衝的的大將，充其量只有匹夫之勇，而成不了帥才。真正的帥才應該會組織人、指揮人、利用人。要做到這點，首先是攏絡人。要導之以高爵，養之以厚祿，任之以重權。」

林立果按照林彪的要求，在空軍司令部成立了一個調研小組，自任組長，組員有空軍司令部副參謀長兼辦公室主任王飛、辦公室副主任周宇馳、劉世英、處長劉沛豐、副處長於新野。林立果繼續壯大他的組織，綱羅各方面人才。他們是一群有識人士，反對文化大革命、反對暴政、有正義感，願意學習張良在博望坡除掉秦始皇的壯舉。

1971 年 3 月 21 日至 24 日，在上海巨鹿路 889 號一幢日式樓房的地下室裡，林立果找上週宇馳、於新野、李偉信，研究

起草了《武裝起義計劃》。這個《571工程紀要》是「9.13事件」後從空軍學院一個樓內林立果常住的房間裡發現的手寫文件。文中指責毛澤東「不是一個真正的馬列主義者，而是一個行孔孟之道，借馬列主義之皮，執秦始皇之法的中國歷史最大的封建暴君」、「知識青年上山下鄉為變相失業，『五七幹校』是變相勞改，中央高層政治是絞肉機」。這是牢騷的積蓄，對文革不滿情緒的發洩，文中聲稱「與他的鬥爭是一場你死我活的鬥爭！」、「或者我們把他吃掉，或者他們把我們吃掉」，這是篇手抄文件，與其說是政變計劃，不如說是一篇聲討毛澤東的政治檄文。

毛澤東似乎察覺到林彪決定不當二傳手，日後必亂。他決心除掉這個心頭之患。毛離開南京南下，為除掉林彪做輿論準備。

1971年8月15日，年近八旬的毛澤東再次乘專列離京南下到中南、華東等省市巡視。他決定去南方一些地區邊調查、邊「吹風」，把話說得比過去更明白，來統一各地黨政軍領導幹部的思想。

從8月中旬到9月中旬的20多天裡，毛澤東先後抵達武漢、長沙、南昌、杭州、上海等地，同湖北、湖南、廣東、廣西、江蘇、江西、福建、浙江和上海的主要領導人談話。他到處都談中國共產黨內路線鬥爭史，談廬山會議的問題，許多話都講得很直率露骨。

8月28日專列到達長沙，毛澤東分別同湖南、廣東、廣西等省黨政軍負責人華國鋒、卜占亞、劉興元、丁盛、韋國清談話。當著他們的面，指著廣州軍區司令員丁盛、政委劉興元說：

「你們同黃永勝關係這麼密切，來往這麼多，黃永勝倒了，你們怎麼得了？」這一方面是叫丁、劉與黃永勝劃清界限，另一方面是叫在座的其他黨政軍領導人與丁、劉以及黃永勝劃清界限。毛澤東在長沙還說：「預計我於23日回京，25日至29日召開九屆三中全會。會議上端出林彪的錯誤，要增補張春橋、李德生為常委，張春橋增補為副主席。」

8月31日，毛澤東到南昌，聽取江西負責人程世清的彙報，程世清揭發了三件事情：一、這年7月周宇馳曾兩次祕密來江西活動；二、廬山會議期間葉群確有「不設國家主席，林彪往哪裡擺」的說法；三、林彪之女林立衡關於「同林彪家人來往，搞不好要殺頭」的警告。毛澤東聽了這些反映後，略有所思，把眼睛眯成一條線，遠眺窗外，沒說一句話。(6)

9月3日零點，毛澤東從南昌到杭州。在專列上，召見了浙江省革委會主任南萍、省軍區司令員熊應堂、空五軍政委陳勵耘。一見陳勵耘，毛嚴厲質問：「你同吳法憲關係如何？吳在廬山找了幾個人，有你陳勵耘，有上海王維國，你們空軍有8個中央委員，你們都幹了什麼？」陳勵耘不敢仰視，狼狽不堪。毛澤東說：「你們是受騙、受蒙蔽，對犯錯誤的，還是懲前毖後，治病救人。要搞馬列主義，不要搞修正主義；要團結，不要搞分裂；要光明正大，不要搞陰謀詭計。他還要求大家唱〈國際歌〉，唱〈三大紀律，八項注意〉，要「團結起來到明天」，要「一切行動聽指揮」。「廬山這件事還沒有完，還不徹底。」陳勵耘聽了毛澤東一席話，如五雷轟頂，哪裡還敢執行小艦隊林立果的任務啊！(7)

9月5、6日，在北戴河的林彪、葉群先後得到周宇馳、黃

永勝的密報,獲知有人透露毛澤東南巡談話的主要內容,覺得自己「末日」即將來臨的林彪惶恐不安。

9月10日下午,毛澤東下令專列從杭州開往上海。在上海只停留了一晚,而且沒有下車。第二天上午,他在車上會見許世友、王洪文。王維國想一起上車,被警衛人員攔住。中午,毛澤東突然說:「我們走,不同他們打招呼。誰也別通知,馬上開車。」專列隨即離滬北上,一路不停留,經過南京、蚌埠、徐州、濟南、天津各站,在12日午後抵達北京豐臺車站。

毛澤東因摸不清北京虛實,先不進北京,他在車上把北京軍區司令員李德生、第二政委紀登奎、北京革委會主任吳德、北衛戍司令員吳忠召去,詢問了北京情況,說:「黑手後面還有黑手。」命令李德生從38軍調一個師到北京南口待命。專列12日16時抵達北京站,後坐汽車回到中南海。

9月11日晚,王維國從上海打電話給林立果、周宇馳,告訴他們毛澤東離滬北上的消息。住在北戴河蓮峰山96號別墅的林彪,聞訊後,臉色鐵青,兩眼發直,坐在沙發上像泥塑木雕。他意識到,毛澤東回京後,即將召開三中全會,解決清算他的問題,要逃必須在三中全會之前,三中全會後,想走也走不了。他暗示:「反正我活不多久了,死也死在這裡。一是坐牢;二是從容就義。他已做了死的準備。」

毛澤東南巡途中,同經過的省市黨政軍領導人打招呼,要批林彪,爲召開九屆三中全會解決林彪做準備。同時也考慮到林彪可能外逃,做了精心安排。毛爲林彪準備了可能外逃乘坐的一架256號三叉機。毛澤東1967年發生「7.20事件」時就是乘坐這架飛機從武漢逃往上海的。駕駛員潘景寅長相和毛澤東

長子毛岸英很像，毛澤東視他為兒子，潘對毛澤東很忠誠。毛
澤東極其祕密地安排潘給林彪使用。9月12日18時，潘接到
命令去北戴河執行任務。林彪的外逃行動，都在毛的掌控中。

　　9月12日下午3點，葉群讓林立衡和男朋友張清林舉行訂
婚儀式，林立衡順從了。晚上8點在96號放映香港電影《假少
爺》、《甜甜蜜蜜》，把不執勤的警衛、服務人員都吸引過去了。
8點10分，林立果從北京回來了，背著手槍，獻給姐姐一束鮮
花作為祝福，然後，林立果就急急忙忙到林彪房裡去了。林立
衡悄悄出來，通過警衛部隊向中央報告在北戴河的林彪等的外
逃動向，一連5次才打通電話，中央指示林立衡一起乘機外逃，
並說這是命令。王飛（空軍副參謀長）把林彪乘車去山海關機
場的訊息報告給周恩來。當時從北戴河到山海關的路是剛修
的，路面很窄，車走得很慢，派車去阻攔完全可以截住，但周
沒有派人阻止。周即時把林彪去山海關機場準備外逃的情況報
告給毛澤東，請示毛要不要阻止？毛說：「天要下雨，娘要嫁人，
誰也管不了，林彪是黨的副主席，他要哪裡去，就讓他去吧！」

　　林彪乘坐的飛機飛到外蒙古溫都爾罕往回飛時起火，不是
油料用完了在空中起火，而是蘇聯駐外蒙古的情報機關發現
後，懷疑是敵人情報機低空飛行，用導彈打下來在地上起火的，
發現機骸上有導彈彈孔。飛機回飛，是要回山海關機場，不是
飛往廣州逃台灣，因為在廣州沒有任何準備跡象。李作鵬的兒
子說，他父親生前說林彪乘車到山海關機場逃走，完全可以阻
止，為什麼毛澤東不阻止？他想了7年，最後想清楚了，毛澤
東不是怕林彪外逃，而是怕林彪不外逃。意思是說，林彪乘坐
的是毛控制的飛機，逃是也逃不走的。林彪不外逃，加不上外

逃叛國的罪名，外逃逃不出去，可以加上叛國的罪名。可見毛澤東極其險惡用心。

林彪外逃這個事件之後，毛澤東常常失眠，飯量減少，在夢中呼叫、狂躁、發怒、猜疑、恐懼。他借用唐代詩人杜牧的一首七言絕句，抒發心中的思緒：

折戟沉沙鐵未銷，自將磨洗認前朝。

東風不與周郎便，銅雀春深鎖二喬。

借用「折戟沉沙」四字，表明林彪乘坐的「三叉戟」飛機墜落蒙古沙漠。

論曰：「9.13 事件」疑點很多，周恩來在事件中扮演什麼角色？林立衡在事件發生後為什麼被軟禁？林彪表示他也不走，為什麼上了飛機，怎麼上的？林彪下令謀殺毛澤東，命令內容是什麼？黃、吳、李、邱具體罪行是什麼？黑匣子為什麼不公布？

「9.13 事件」是繼劉少奇冤案後的最大冤案。「主犯」除林彪、葉群、林立果之外，還有黃、吳、李、邱、江騰蛟。在軍隊中有 1000 餘名軍級以上將領受牽連和被清洗，包括成都軍區司令員梁興初、副司令員溫玉成、福州軍區政委周赤平、武漢軍區政委劉豐、新疆軍區司令員龍書金、江西軍區政委程世清等，這些將領的部屬受牽連的、被處理的達數萬計人。

中共當政後 20 幾年裡，毛澤東個人專斷獨行，沒幹過什麼有利於國家和老百姓的好事，為了樹立自己的「偉大」形象、維穩自己的權力寶座，一直在搞

運動整人，製造了無數冤假錯案，害死了幾千萬人，罪惡滔天。林立果立意謀殺毛澤東，符合了億萬中國人的心願，歷史上兩種敵對勢力的抗爭，總是勝者王侯敗者寇。若林彪真的處決了毛澤東，勝利者是林彪而不是毛澤東，擺在歷史學家面前將要改寫這段歷史，是為民除了害，可惜造化弄人，功虧一簣。但歷史卻給我們更真切的展示了毛澤東真實的嘴臉，讓我們不再被中共一貫宣傳的假象迷惑，大惡毛澤東提醒我們，不要再搞個人崇拜，不要再搞階級鬥爭，不要再維護沒有監督機制、凌駕於法律之上的獨裁體制，沒有了這些，中華民族才會真正走上和平幸福的發展之路。

注釋

（1）《中共中央關於傳達陳伯達反黨問題的指示》。中發（1970）62 號，毛主席批示：照辦。1970 年 11 月，16 日。

（2）《緬懷毛澤東》（下）。中央文獻出版社，1993 年 12 月版，第 126 頁。

（3）周恩來在北戴河林彪處談話記錄，1971 年 3 月 30 日至 31 日。

（4）訪問吳法憲談話記錄，1993 年 11 月 18 日到 25 日。

（5）吳忠口述：《炎黃春秋》。2012 年第一期。

（6）張耀祠：《會議毛澤東》。第 104、105 頁。

（7）毛澤東同南萍、熊應堂、陳勵耘談話記錄，1971 年 9 月 3 日。

（十一）「9.13 事件」後的思緒和心境

　　「9.13 事件」對毛澤東打擊很大，他意識到發動文化大革命第一個可能會是失敗的結局，將成為現實。由於文革這些年，帶來國家經濟困難，人民生活痛苦，老幹部大片的被打倒，為了自己的聲譽冤枉了很多好人。想到這些，內心愧疚！他批評拉幫結派，但他又不得不利用「四人幫」整人；他依靠周恩來，但又不敢完全信任周恩來；他一言九鼎，但又怕過火了，不得不收回成命；在全黨全國有幾個人是真心擁戴他的？他身體多病，行動困難，但又要強打精神，迎接外賓、強顏歡笑；耗費精力去算計別人，但又力不從心了，他擔心文化大革命被否定，更擔心的是他打的黨天下，不能傳給毛家後代；他不想做的，勉強也要做；他真想要做的，又不敢公開說出來。高處不勝寒。毛澤東是在「9.13」事件後，處在思緒複雜、心境萬分困惑中，苦苦煎熬著。他最恐懼的是一旦造神運動停止、歷史展現出真相、他的權力受到威脅時，他的罪責、他手裡的人命將會被清算。毛心頭掠過陣陣灰暗，他有時流淚，甚至嚎啕大哭。

　　「9.13」事件後，華國鋒奉調北京，任國務院副總理、公安部長、中央政治局委員並經常列席常委會議。這時起，毛澤東的健康逐漸惡化。「9.13」事件發生時，毛澤東快滿 78 週歲，已患有各種老年疾病，加上精神上受到種種刺激，心情不好，體力越來越支持不住。1971 年快入冬季時，被診斷為大葉性肺炎，肺部病影響到心臟。10 月 8 日，他會見埃塞俄比亞皇帝塞拉西時說：「幾星期前，我因為心病已經死了一次，上天去了，見了一次上帝，現在又回來了。」(1)

　　1972 年 1 月 6 日深夜，陳毅去世。陳毅在井岡山時期同毛

澤東密切共事，兩人長期以來有著不平常的交往。在「文化大革命」中，陳毅受到不少衝擊和不公正的對待。陳毅去世，觸發了毛澤東的哀思。幾天來，毛澤東精神不好，吃飯、睡覺都不正常，心情沉重。1月10日，陳毅追悼會在八寶山革命公墓禮堂舉行，毛澤東參加了追悼會。從陳毅追悼會回來後，毛澤東憂鬱沉悶，很久沒有休息好。2月12日凌晨，毛澤東由於肺心病在心律失常情況下嚴重缺氧，突然休克了。送到醫院搶救，心臟病專家胡旭東扶起毛澤東，用力有節奏地捶他背部，不停的呼喊著：「毛主席，毛主席！」周恩來趕到醫院毛澤東病床邊，雙手握住毛澤東的一隻手，大聲呼喊著：「主席啊！主席啊！我是恩來呀！您聽見了嗎？」搶救工作大約進行了20多分鐘，毛澤東的面部由青紫漸漸泛起了淡紅色，胸部起伏的呼吸動作也隱約可見了，毛澤東的神態慢慢地清醒過來。(2)

在毛澤東患重病的這一年裡，沒有出席重要會議，沒有長篇講話，在文件上做的批示也少。現在保存下來這一年寫有批語為數很少的材料中，絕大部分是關於解放幹部的。他在原新華社社長、《人民日報》總編輯吳冷西的來信上批示：「歡迎進步。」在原海軍政委蘇振華的信上批示：「此人可以解放了。」在楊成武女兒關於楊成武是受林彪等人政治陷害的來信上批示：「此案可能有錯，當時聽了林彪一面之詞。」其中最重要的是對鄧小平和陳雲來信的批示。7月21日，陳雲給毛澤東和中共中央寫信：「請求中央根據我身體情況，分配給我做些力所能及的工作。」(3) 毛澤東在第二天閱後批示：「印發。請中央商定，我看都可以同意。」(4) 8月3日，鄧小平給毛澤東寫信，要求工作，毛澤東看了鄧小平來信，批示：「請總理閱後，交汪

主任印發中央各同志。鄧小平同志所犯錯誤是嚴重的。但應與劉少奇加以區別。他列舉了一、二、三條,並說這些事我過去講過幾次,現在再說一遍。」(5)

「9.13 事件」後,毛澤東開始把視線從國內引向國外,重視參加國際活動。10 月 25 日,聯合國大會通過了阿爾巴尼亞、阿爾及利亞等 23 個國家的提案,恢復中華人民共和國在聯合國的一切合法權利,立即把台灣代表從聯合國一切機構中換出來。26 日下午,周恩來在人大會堂召集外交部黨組和有關人員討論派不派人出席正在紐約召開的第 26 屆聯大會議?到會人員根據毛澤東過去說過的「中國不急於進聯合國」的主張,竟然提出回電聯合國祕書長吳丹目前不派代表出席的意見。毛澤東聽取彙報後,明確表示:「要去,為什麼不去?馬上就組織代表團去,這是非洲黑人兄弟把我們抬進去的,不去就脫離群眾了。」根據毛澤東的意見組成以喬冠華為團長、黃華為副團長的代表團,11 月 8 日晚,毛澤東接見代表團成員。他說:「我國今年有兩個勝利,一個是林彪倒台,另一則是恢復聯大席位。」(6)

1972 年 2 月 21 日 11 點 27 分,尼克松總統的專機「空軍一號」在北京首都機場徐徐降落。周恩來率領葉劍英、姬鵬飛、喬冠華等中國官員到機場歡迎。隨後,周恩來陪同尼克松登上一輛防彈紅旗轎車進城。尼克松到達中國的時候,距毛澤東前面所說休克的時間只有 9 天,他的健康仍處在不穩定的狀態,隨時都有惡化和發生危險的可能。但毛澤東還是決定會見尼克松。

22 日,周恩來舉行午宴歡迎尼克松,午宴後休息了片刻,中南海給周恩來打來電話:「主席要會見尼克松總統,請基辛格

博士也來。」

尼克松在那天日記中記載了初次會見毛澤東的情形：「我們被引進一個陳設簡單、放滿了書籍和文稿的房間。在他座椅旁邊的咖啡桌上攤開著幾本書。他的女祕書扶他站起來。我同他握手時，他說：『我說話不大利索了。』每個人，包括周在內，都對他表示他所應有的尊敬。他伸出手來，我也伸出手去，他握住我的手約一分鐘之久。這一動人的時刻在談話的記錄裡大概沒有寫進去。他有一種非凡的幽默感。儘管他說話有些困難，他的思維仍然像閃電一樣敏捷。這次談話本來就想只進行十分鐘或十五分鐘，卻延續了將近一個小時。」(7)

他們分賓主落座後，毛澤東對尼克松說：「我是世界上頭號共產黨人，而你是世界上頭號反共分子，歷史把我們帶到一起來了。」在談到這次會晤的歷史背景時，毛澤東說：「是巴基斯坦前總統把尼克松介紹給我們的。當時，我們駐巴基斯坦的大使不同意我們同你接觸。他說，尼克松總統跟約翰遜總統一樣壞。我不知道他怎麼會有這個印象，不過我們不大喜歡從杜魯門到約翰遜你們前任的幾位總統。中間有 8 年是共和黨人任總統。不過在那段時間，你們大概也沒有把問題想通。」

「主席先生，」尼克松說：「我知道，多年來我對人民共和國的態度是主席和總理全然不能同意的。把我們帶到一起來的，是認識到世界上出現了新的形勢；在我們這方面還認識到，事關緊要的不是一個國家內部的政治哲學，重要的是它對世界其他部分、對我們的政策。」

尼克松繼續說：「例如，我們應該問問自己——當然這只能在這間房子裡談談——為什麼蘇聯人在面對你們的邊境上部

署的兵力，比面對西歐的邊境上部署的還要多？我們必須問問自己，日本的前途如何？我知道我們雙方對日本問題的意見是不一致的，但是，從中國的觀點來看，日本是保持中立並且完全沒有國防好呢，還是和美國有某種共同防禦關係好呢？有一點是肯定的，我們決不能留下真空，因爲真空是會有人來填補的。例如，周總理已經指出，美國在到處伸手，蘇聯也在到處伸手。中華人民共和國面臨的危險空間來自何方？是美國的侵略，還是蘇聯的侵略？這些問題都不好解答，但是我們必須討論這些問題。」

「這些問題你同周總理去談，我只談哲學問題。」

尼克松說：「主席先生，我讀過你的一些言論，知道你善於掌握時機，懂得『只爭朝夕』。」

毛澤東說：「『只爭朝夕』，我這個人說話像放空炮。比如這樣的話：『全世界人民團結起來，打倒帝國主義、修正主義和各國反動派！』。」

「像我這種人，」尼克松微笑著引火燒身。「你，作爲個人，也許不在被打倒之列。」毛又指指基辛格：「這個人也不屬於被打倒之列。如果你們都被打倒了，我們就沒有朋友了。」

在尼克松告辭的時候，毛澤東說：「你那本《六次危機》寫得不錯。」(8)

這次會見，因考慮到毛的身體狀況，所以原計劃 15 分鐘，而實際上談了 65 分鐘。

1973 年，毛澤東的病情穩定了一些，批閱的文件、參加活動、會見外賓都比 1972 年明顯增多了，但身體還是很虛弱，隱藏的病很多。毛澤東自己也意識到了，在接見外賓時多次談起

他的健康狀況。2月1日，他會見越南客人黎德壽，黎說：「看了毛主席身體很健壯。」毛澤東說：「沒有那回事，我是虛有其表，害了一年多病，主要是肺病，還有腿病。快了，要消滅了。」(9) 2月17日，他會見基辛格。3月26日，他會見喀麥隆總統阿希喬。6月5日，他會見越南黨政領導人黎筍、範文同時都說：「我不行，一身是病。」他對周恩來說：「你們政治局討論一下，要宣傳，造輿論嘛。突然有個死亡就不好了。」(10) 毛澤東的眼力下降，看東西越來越不清楚，老年白內障發展的很快。8月2日，毛澤東會見美籍醫生李振翩和夫人湯漢志說：「我這個人不行了，一身病。你是醫生，給我治一治吧。腿也不行，氣管也不行，眼睛也不行。」湯漢志說：「主席為什麼不戴眼鏡啊？」毛澤東說：「什麼眼鏡對我都沒有用。」「兩個月前，我還能看書，兩個月以來就困難了。」(11)

　　隨著毛澤東意識到自己來日無多，很多人在林彪事件後對這場「文化大革命」從根本上產生懷疑，毛澤東極其擔心，人們將來怎樣看待「文化大革命」。毛澤東把它看作自己一生中做的兩件大事之一。據毛澤東護士長吳旭君回憶說：「見過尼克松後，有一天他對我說，我這輩子就做了兩件事，一件事把蔣介石趕到台灣那個小島上，另一件是發動文化大革命。我說，你做了那麼多事，怎麼只是兩件？他說，值得提的就是這兩件。」(12)

　　1973年3月29日晚，周恩來主持中央政治局會議，商討這年下半年召開中共第十次代表大會的問題。在籌備召開十大過程中，毛澤東十分擔心人們全面否定「文化大革命」，因而他發動文化大革命的真實目的無法實現。因此，他認為黨的十大要解決的主要問題，仍然是把「文化大革命」繼續進行下去。

針對社會上流傳的「文化大革命失敗了」的說法，毛澤東在1973年3月25日政治局會議上批駁道：「怎麼能這樣說呢？文化大革命把劉少奇集團揪出來了嘛！又把林彪集團揪出來了嘛。這是個偉大的勝利。」(13)

怎樣才能說服那些否定文化大革命的人把文化大革命繼續下去呢？毛澤東借用法家的法治觀點，法家主張法治殺人，厚今薄古，這也許是肯定文化大革命繼續堅持下去的一顆救命稻草。

1973年8月5日，江青來看毛澤東，毛澤東向江青講述中國歷史上儒法鬥爭的情況，說：「歷史有作為、有成就的政治家是法家，他們主張法治，厚今薄古；而儒家則滿口仁義道德，主張厚古薄今，開歷史倒車。」並當場口授七律一首〈讀封建論——呈郭老〉，江青手記。

8月23日，毛澤東在會見埃及副總統沙菲時說：「秦始皇是中國封建社會第一個有名的皇帝，我也是秦始皇。」11月，毛澤東會見基辛格，問他是否見過郭沫若，說郭是尊孔派，現在還是我們的中央委員。

毛澤東這首〈讀封建論——呈郭老〉詩，成為批林批孔的指導文獻，隨後批林批孔運動在全國展開，這首詩重點是首聯、尾聯。首聯是告誡人們，不要反對秦始皇，我就是秦始皇，我的殘忍比秦始皇大一百倍；尾聯是要人們反覆學習〈封建論〉。毛澤東要求多讀、讀懂，了解封建專制主義，堅決實行封建專制主義。走資本主義道路是行不通的，退回到周文王仁政時期也是不允許的。毛澤東這是打著社會主義、共產主義的招牌，行封建專制獨裁之實，他要向世人表明堅持封建獨裁專制到

底，決不改變初衷。這與其說是批判郭沫若，不如說是回答林彪，向全國各族人民聲明，這就是我毛澤東的真正政治主張。

當時，毛澤東的權勢如日中天，他說他是法家，是秦始皇，誰敢反法家、反秦始皇、否定文化大革命呢？誰敢這樣做，就要被揪出來打倒，誰也不敢說話了。

1973 年 8 月 24 日晚，中共第十次代表大會開幕，毛澤東帶著氧氣罐參加會。十大會議後，在全黨影響較大的事，是經毛澤東允准的江青出面向周恩來等發起猛烈攻擊，批判周恩來。在「四人幫」看來，周恩來是他們奪取黨和國家權力的最大障礙。

1973 年 11 月 10 日，基辛格第二次抵達北京，打算在上次訪華的基礎上，再就中美雙方的戰略意圖、軍事技術合作等具體問題同中方交換意見，達成默契。一次會談時，基辛格提出了為防止北方的霸權主義，中國可以利用美國核保護傘的問題。周恩來一時未做回答。殊知參加會的兩個「小人物」當天就趕到毛澤東處，報告周恩來沒有立刻反駁回擊這個「保護傘」。毛澤東聽後很生氣，擔心大權旁落，批評周「大事不報告，小事天天送，此調不改正，必定出修正」。

根據毛澤東的意見，中央政治局從 11 月 21 日起開了幾次會，批評周恩來和葉劍英。會上，江青、姚文元向周、葉進行圍攻，嚴厲指責這次中美會談是「喪權辱國」、「投降主義」，是「第十一次路線鬥爭」、「污衊周恩來是「錯誤路線的頭子」，誣陷周恩來「迫不及待要當黨的主席。」

毛澤東又怕批周過頭了，不得人心，不能控制局面，引起軍變民反。他於 12 月 9 日，同周恩來、王洪文談話時，一方面

說「這次會開得很好，很好」，一方面又批評江青，說「有人講錯了兩句話。一個是講十一次路線鬥爭，不應該那麼講，實際也不是」；「一個是講總理迫不及待。他（指周恩來）不是迫不及待，她自己（指江青）才是迫不及待」。(14) 毛澤東在一次接見高級幹部時說：「是這兩個小娘們兒，把總理、葉帥整得好苦，話也不敢說了。」而且還叮囑，要把他的這段話，寫進記錄裡面去。一個「小人物」說：「主席，不能啊。」毛澤東堅持說：「寫上，寫上，就是這樣。」(15)

　　1974 年 1 月 25 日，在江青策動下，中共中央、國務院直屬機關在北京工人體育館召開萬人參加的「批林批孔」動員大會。會前竟沒有跟周恩來打招呼。為了使大會的主要發言者遲群明白開這次會的背景，江青在會前私下對遲群講了許多攻擊周恩來的話。會上，江青以中央主要領導人的姿態，操縱大會。

　　遲群在會上發表了長篇煽動性講話，有意把到會的周恩來、葉劍英置於被指責地位。借宣傳《林彪與孔孟之道》的材料，大談所謂「抓大事」和「反復辟」問題，說黨內歷次機會主義頭子，「都是實行孔孟之道的」，「修正主義仍然是當前的主要危險」，不抓「大事」而埋頭「小事」，就要變修。江青、姚文元在會上不斷插話，提出「不准批孔就是不准批林」，「要反對折中主義」，他們所說的「折中主義」、「中庸之道」就是指周恩來。遲群還聲稱，「批林批孔」要聯繫批「走後門」。這裡講走後門，直接針對葉劍英一個兒子當空軍飛行員，一個女兒在北京外語學院學英文。謝靜宜在大會上聯繫意大利拍的影片《中國》中河南唐河縣馬振扶中學女學生死亡事故，含沙射影批周恩來。江青坐在主席台上，指揮號令大會，她要用這種姿態表

明自己將代替毛澤東君臨天下。

江青在大會上，指使人讓 80 高齡的中國科學院院長郭沫若站起來三次，就像慈禧太后對清廷的「大學士」們那種派頭。她說：「郭老對待秦始皇、對待孔子那種態度和林彪一樣。」她像口宣聖旨一樣：「我們主席說秦始皇是一個厚今薄古的專家，他說秦始皇算什麼？他只坑了 460 個儒，就是儒生啊！儒生，我們坑的比他多，我看有 4 萬 6 千個反革命的知識分子就被我坑掉了。我跟民主人士辯論過，你罵我們是秦始皇，是獨裁者，我們一概承認，可惜的是他們說的不夠，往往還要我們加以補充。」江青是念的一張紙，把毛澤東這段話抄來宣講，以壯聲勢。

1974 年上半年，毛澤東的身體情況越來越不好。一次他的表親王海容去看望他，他說：「離去馬克思那裡報到的日子，是一天比一天接近了。我不是悲觀主義者，世界萬物都有生有滅，從最大的恆星、星系，到最小的基本粒子，都免不了一死，沒有死，哪有生呀！人更是這樣，長江後浪推前浪，世上新人換舊人。這是不可抗拒的自然規律。」

兩人說了一陣閒話，又回到批林批孔上來。王海容說道：「我總感到周總理雖然他很有才華，給黨和人民做了不少好事，但他對文化大革命，卻是貌合神離。造反派在哪裡點火，他總到哪裡去滅火；造反派要打倒哪個人，他也總是要去保哪個人。他嘴裡也擁護文化大革命，但他在行動上又總是同文化大革命分庭抗禮的。」

毛澤東靜靜地聽著，不停地吸煙，突然說出了一句石破天驚的話：「現在是到了批周公的時候了！」

王海容衣兜裡裝著個袖珍錄音機，錄了毛澤東同他交談的話。

她手持尚方寶劍回到外交部，組織一幫人大反周恩來，她由司長升到副部長，漸漸地，外交部大權被她控制了。「四人幫」垮台後，王海容成了過街老鼠，外交部堅決追她的根子，奉了誰的指示大反周總理？群眾要把他同江青身上掛，一掛上就是敵我矛盾。在這種情況下，王海容急了，無可奈何地拿出了一盤錄音帶。一放，是毛澤東的聲音：「現在是到了批周公的時候了！」外交部一位領導說：「不要再追了，事情就是那樣子。」

在毛澤東「批周公」這種思想指導下，江青提出批「宰相儒」，於是各報刊連續登出含沙射影批宰相的文章。北京大學、清華大學大批判組，炮製一篇〈孔丘其人〉。在這篇文章中，含沙射影地把孔子刻畫成「言必稱仁義，口不離中庸」，「重病在床」做魯國「代理宰相」，「還拚命掙扎著爬起來搖搖晃晃地去朝見魯君」，並用「開歷史倒車的復辟狂」、「虛偽狡猾的政治騙子」、「不學無術的寄生蟲」、「到處碰壁的喪家狗」這些最汙穢的語言影射攻擊周恩來。江青稱讚這篇文章寫得較生動、「通俗」，(16) 被安排在《紅旗》雜誌和《人民日報》上發表。

1974 年 5 月 17 日《北京日報》上發表的署名「柏青」的〈從「鄉愿」看孔老二〉一文，有意在孔子的形象上加上「端起胳膊」（註：1939 年夏，周恩來在延安中共中央黨校做報告、騎馬返回楊家嶺時，墜馬摔傷右肘，治好後落下殘疾，周習慣似的端著右臂）4 個字，說「此人極端虛偽奸詐，是一個可惡的政治騙子」、「你看他為了騙取到正人君子的名聲，在大庭廣眾之中，是如何裝模作樣的吧」，「四人幫」給周恩來畫的像，

不僅中國人看懂了，連法國人也看懂了，法共《人道報》撰文評論說，中國現代的大儒在是指周恩來。

1974 年 6 月中旬，江青又召集「梁效」寫作班子成員開會，明確地提出要批除了林彪、陳伯達以外的「現代的儒」。她說：「難道現代沒有儒了嗎？如果沒有，爲什麼批孔？爲什麼要搞這樣大的運動？」「不要以爲到了社會主義就沒有儒了，我們黨內就出了不少儒。」(17) 6 月下旬，江青又到天津一些工廠、農村和部隊繼續煽動要「揪現代大儒」、「批黨內大儒」。她還借用國外傳媒某些提法，暗示周恩來就是她所說的「現代的儒」。(18)

正當批周最激烈的時候，社會反響很大，同情周恩來的人很多，有高層幹部、軍隊、工人、農民。毛澤東考慮把周恩來打倒了，誰來接替呢？江青、王洪文、張春橋能行嗎？全國軍民能接受嗎？這太危險啊。他感得時機未到，還得緩和批周的氣氛，殺一殺江青、張春橋的氣，看看再說。毛澤東看重的是王洪文、張春橋。因爲他們是眞心支持、擁護毛澤東、肯定文化大革命的。

1974 年 10 月建國 25 週年，國慶節過後，要召開四屆人大，解放一批高層領導幹部參加工作。圍繞黨中央和國家領導權問題，「四人幫」和中共元老派展開了激烈的爭鬥。10 月 3 日下午，毛澤東讓祕書打電話給王洪文，提議由鄧小平出任國務院第一副總理，並要王洪文向政治局傳達這個意見。王洪文沒有立刻向周恩來、葉劍英以及其他在京的中央政治局成員傳達毛澤東意見，卻在當晚先向江青、張春橋、姚文元 3 人進行了通報。

10 月 17 日晚，中央政治局召開例會。當會議快要結束時，江青又突然提出「風慶輪」問題，強迫在場的鄧小平表態。鄧小平表示：「這件事還要調查一下，首先應該把情況弄清楚，不能搞強加於人的做法。」理屈詞窮的江青竟對鄧小平肆意謾罵，張春橋、姚文元也跟著一起攻擊鄧小平，鄧小平忍無可忍，憤然退場。當夜江、王、張、姚密謀，江青提出要王洪文儘快去長沙，向毛澤東告鄧小平和周恩來的「狀」，設法阻止由鄧小平出任國務院第一副總理。(19)

18 日上午，王洪文背著周恩來和中央政治局多數成員飛赴長沙。他一見到毛澤東就說：「周總理雖然有病，但還晝夜忙著找人談話，去總理那裡的有鄧小平、葉劍英、李先念等；他們頻繁來往，一定和四屆人大的人事安排有關。」毛澤東一聽，早已明白是怎麼一回事，十分不滿，立刻嚴厲批評道：「有意見當面談，這麼搞不好！要跟小平同志搞好團結。」又說：「你回去要多找總理和劍英同志談，不要跟江青搞在一起，你要注意她。」(20) 碰了壁的王洪文當晚便返回北京。

10 月 20 日，毛澤東通過陪同外賓前來長沙的王海容、唐聞生向中央轉達毛的意見，總理（指周恩來。——引者注）還是我們的總理。毛說到王洪文、張春橋、姚文元三人不要跟在江青後面批東西。毛澤東建議：「鄧做第一副總理兼總長，這是葉的意見，我贊成照他的意見辦。」(21)

11 月 19 日，江青又給毛澤東寫信說：「自九大以後，我基本上是個閒人，沒有分配我什麼工作，目前更甚。」第二天，毛澤東在她的信上批道：「你的職務就是研究國內外動態，這已經是大任務了。此事我對你說了多次，不要說沒有工作。至囑。」

（22）由於毛澤東對全國人大常委會一、二把手還在「再考慮中」,江青又託人向毛轉達她提名王洪文當全國人大常委會委員長,毛澤東一針見血地說:「江青有野心,她是想叫王洪文作委員長,她自己作黨的主席。」（23）

1974 年 12 月 23 日,周恩來、王洪文到長沙向毛澤東彙報,毛澤東同他們做了四次談話,應周恩來要求,其中有一次是毛周單獨談話。周談到江青、張春橋歷史上有嚴重的政治問題,是叛徒。毛表示已經知道了。

1975 年 1 月 5 日,中共中央發出經毛澤東圈閱的第一號文件,任命鄧小平為中共中央軍委副主席兼中國人民解放軍總參謀長,任命張春橋為中國人民解放軍總政治部主任。（24）毛澤東知道張春橋是叛徒還做此任命,說明他實在沒有可信任的人了,他要捂蓋子。

1 月 8 日至 10 日,中共十屆二中全會在北京召開,周恩來主持會議,根據毛澤東的提議選舉鄧小平為中共中央副主席、中央政治局常務委員。（25）

5 月 3 日深夜,毛澤東在中南海住地召開中央政治局會議。在會上,毛澤東講了很長的話,他批評姚文元〈論林彪反黨集團的社會基礎〉等文章,批評經驗主義,把矛頭指向周恩來、鄧小平、葉劍英。什麼「三箭齊發」、「批林批孔、走後門」。毛澤東生氣地說:「我們要搞馬列主義,不要搞修正主義。」「要光明正大,不要搞陰謀詭計。不要搞『四人幫』,你們不要搞了。」

在權力分配上,毛澤東也是控制著雙方基本平衡,王洪文任黨的副主席,鄧小平也任黨副主席;鄧小平任軍委祕書長,張春橋任總政治部主任。這時的毛澤東心境複雜,他對元老派

不信任，怕他們否定文化大革命；對「四人幫」不放心，怕他
們穩定不了全國政局。毛澤東心目中的接班人不是他們。毛澤
東此時憂心如焚，那麼毛澤東選定的接班人到底是誰呢？

在會上，毛澤東最後講起了三國的故事，談到吳王孫權
時，還讓葉劍英當場背誦辛棄疾的〈南鄉子·登京口北固亭有
懷〉。

何處望神州？滿眼風光北固樓。千古興亡多少事？悠
悠。不盡長江滾滾流。

年少萬兜鍪，坐斷東南戰未休。天下英雄誰敵手？曹
劉。生子當如孫仲謀。

毛澤東心中的孫仲謀是誰？怎樣才能找到這位接班人？
辛棄疾的〈南鄉子·登京口北固亭有懷〉詞，反映了毛澤東的
迫切願望，這也是他當時最大的心結。

注釋

（1）毛澤東同塞拉西談話記錄，1971 年 10 月 8 日。

（2）張佐良：《周恩來的最後十年》。上海人民出版社，1997 年 12 月版，第
　　245、247 頁。

（3）陳雲給毛澤東和中共中央的信，手稿，1972 年 7 月 21 日。

（4）毛澤東對陳雲來信的批語，手稿，1972 年 7 月 22 日。

（5）毛澤東對鄧小平來信的批語，手稿，1972 年 8 月 14 日。

（6）外交部外交史研究室編：《新中國外交風雲》第 3 輯。世界知識出版社，
　　1994 年 3 月版，第 99 頁。

（7）（美）尼克松：《尼克松回憶錄》中冊。商務印書館，1979 年 1 月版，
　　第 249、250 頁。

（8）吳旭君錄像談話。見《大型電視紀錄片（毛澤東）》第 146，147 頁。

（9）毛澤東同黎德壽的談話記錄，1973 年 2 月 1 日。

（10）毛澤東同比蘭德拉等談話記錄，1973 年 12 月 9 日。

（11）毛澤東同李振翩和夫人的談話記錄，1973 年 8 月 2 日

（12）訪問吳旭君談話記錄，2002 年 1 月 18 日。

（13）周恩來在中央工作會議上傳達毛澤東講話記錄，1973 年 5 月 26 日。

（14）毛澤東同周恩來、王洪文等談話記錄，1973 年 12 月 9 日。

（15）汪文鳳：《從童懷周到審江青》。當代中國出版社，2004 年 1 月版。

（16）江青、張春橋、姚文元對《孔丘其人》送審稿，原文批語，1974 年 3
月 26 日。

（17）江青接見梁效成員時講話記錄，1974 年 6 月 15 日。

（18）梁效成員揭發材料，1977 年 12 月 14 日。

（19）見《中華人名共和國最高人民法院特別法庭審判林彪、江青革命集團
主犯紀實》，群眾出版社，1982 年 4 月版，第 93、94 頁、95 頁。

（20）見《中華人名共和國最高人民法院特別法庭審判林彪、江青革命集團
主犯紀實》，群眾出版社，1982 年 4 月版，第 93、94 頁、95 頁。

（21）毛澤東關於四屆人大籌備工作和人事安排的意見的傳達記錄，1974 年
10 月 20 日。

（22）毛澤東對江青來信的批語，手稿，1974 年 11 月 20 日。

（23）毛澤東同王海容、唐聞生談話，1974 年 11 月。

（24）中央文獻研究室編：《周恩來年譜》下卷。中央文獻出版社，1997 年 5
月，第 689 頁。

（25）中央文獻研究室編：《周恩來年譜》下卷。中央文獻出版社，1997 年 5
月，第 690 頁。

（十二）最後時日

1975 年入秋以後，毛澤東身體健康狀況很壞，吃飯困難，吃的少，睡眠不足，精神萎靡，出現了幻覺。中央領導人中找他的人很少，社會上「三呼萬歲」的幾乎不見了。毛感到孤獨、煩躁。

1975 年 5 月 8 日至 29 日，鄧小平主持了 17 個省市自治區和 11 個大鋼鐵廠及國務院有關部門負責人參加的座談會。萬里在會上介紹了鐵道部鐵路整頓的經驗，鄧小平兩次發表講話，提出經毛澤東批准的「三項指示」為綱，把國民經濟搞上去。經過鄧小平幾個月大刀闊斧的整頓，1975 年上半年的經濟形勢基本好轉。

全國工業總產值，上半年完成全年計劃的百分之四十七點四，全國財政收入完成全年計劃的百分之四十三，收支平衡，略有結餘。(1) 6 月 27 日至 7 約 15 日，葉劍英、鄧小平主持召開軍委擴大會議，鄧小平在會上講話，提出軍隊要整頓，要抓五個字：「腫」、「散」、「驕」、「奢」、「惰」。(2)

1975 年 7 月中旬開始起，國家紀委起草《關於加快工業發展的若干問題》，鄧小平提出：「世界上工業落後的國家趕上工業先進的國家，都要靠最先進的技術，我們也要這樣做。」「有計劃重點地引進國外的先進技術，為我所用，以加快國民經濟的發展速度。」鄧小平主持國務院工作，狠抓整頓，工農業得到發展，全國人民衷心擁護鄧小平，江青、王洪文、張春橋被冷落了，毛澤東感到他被架空了，大權落到鄧小平手裡，產生了失落感。

8 月初，毛澤東閱讀南宋陳亮寫的〈念奴嬌・登多景樓〉。

詞曰：

　　危樓還望，嘆此意，古今幾人曾會？鬼設神施，渾認作，天限南疆北界。一水橫陳，連崗三面，做出英雄勢。六朝何事，只成門戶私計。

　　因笑王謝諸人，登高懷遠，也學英雄涕。憑卻江山，管不到，河洛腥膻無際。正好長驅，不須反顧，爭取中流誓。小兒破賊，勢成寧問強對！

　　毛澤東先小聲低吟什麼，繼而嚎啕大哭，哭得白髮亂顫，悲痛又感慨，好久不能止住。陳亮是南宋愛國思想家，曾幾次奏書皇上抗金，反對偏安定命，遭到皇上貶斥，當權者忌恨陳亮，把他兩次下獄。毛澤東把陳亮的愛國情懷遭到反對無人理解、遭到迫害，和他發動文化大革命的失敗、遭到全國全黨反對聯繫起來。陳亮的「危樓還望，嘆此意，古今幾人曾會」，這一感嘆，引起了毛澤東的共鳴。他感動得很深，哭了，引起悲鳴。毛澤東這個極端自私自利的生命，是不會為那些冤死在他的專制暴政和鬥爭中死去的幾千萬無辜生命哭的。

　　哭過之後，毛澤東從傷感中振作起來，不甘認輸，毛澤東突然於1975年8月14日發表談話，評論《水滸》，說「《水滸》只反貪官，不反皇帝，」宋江「摒晁蓋於一百零八人之外。宋江投降，搞修正主義，把晁的聚義廳改為忠義堂，讓人招安了」，「宋江投降了，就去打方臘」。8月下旬，江青召集于會泳（文化部長）等人開會說：「主席對《水滸》的指示有現實意義。評論《水滸》的要害是架空晁蓋，現在政治局有些人要架空主席。」

　　評《水滸》的目的是批鄧，要啟用江青。在評《水滸》運動中，毛澤東亮出對江青的真實看法，當著政治局成員的面表

揚她,在政治上予以充分肯定說:「江青鬥爭性強,階級立場堅定,這點我倆是一致的。她不會搞兩面派,但不懂策略,不懂團結,所以吃了虧。她身邊如果有個好參謀,她是可以扛大旗的。」還說:「我清楚,頑固派是反對她的,是反對我起用江青,說違反黨的決議。難道決議就不能改正嗎?決議也是有錯誤的。」毛澤東在這裡所說,「頑固派」指的是周恩來、葉劍英、鄧小平一干人。(3)

毛澤東在黨的高層領導人中一宣講,江青的名聲就在黨的一些機關傳開了。姚文元主管的報刊緊跟著連續發表〈法家人物介紹・呂后〉、〈古代傑出的女政治家武則天〉等文章,說什麼「劉邦死後,呂后掌權」、「她為人剛毅,曾佐高祖定天下,當政時繼續推行法家路線」,是「中國歷史上著名的女政治家」。又說:「武則天是一個敢作敢為的革新政治家」,「武則天做皇帝上表擁戴的就有 6 萬多人」,「武則天政治統治的社會基礎比唐太宗時期更寬了。」

1975 年第十期《紅旗》雜誌,發表了姚文元〈研究儒法鬥爭的歷史經驗〉一文,文章說:「西漢王朝的前期和中期所以能在反復辟鬥爭中取得勝利,就是因為漢高祖死後,法家路線經歷了呂后、文、景、武、昭、宣六代,基本上得到了堅持。」由於「在中央有了這樣比較連貫的法家領導集團,才保證了法家路線得以延續下去,毛澤東的革命路線,只有讓中央法家領導集團主政,才能夠堅持。」這樣,毛澤東成了二十世紀的劉邦、江青要當毛澤東死後的法家皇后。

毛澤東晚年患有多種疾病,下肢萎縮,雙腳浮腫,行走困難;心臟病日益加重;眼睛患白內障,近幾失明。但他緊緊抓

著權力不放，黨國大事都得他最後拍板定案。他不相信外人，只相信他的親屬。他把侄子毛遠新調到身邊。毛遠新在進中南海之前是中共遼寧省委書記，省革委副主任，瀋陽軍區政委。從 1975 年 10 月 10 日起，毛遠新當毛澤東聯絡員。中央政治局開會，毛遠新就坐在主席的位置上，傳達「主席口諭」。對待政治局成員，好像對待下級，引起一些領導人反感。

1975 年 9 月 27 日和 11 月 2 日，毛遠新兩次向毛澤東彙報遼寧省情況說：「今年以來，在省裡工作，感覺一股風，主要對文化大革命怎麼看？是三七開還是倒三七；批林批孔運動怎麼看？主流，支流；似乎遲群、小謝講了批走後門的干擾，就不講批林批孔的成績了；劉少奇、林彪的路線還需要不需要繼續批？劉少奇路線似乎不大提了；1975 年整頓，路線有問題，工業現代化主要強調加強企業管理，規章制度，但工業戰線主要矛盾是什麼？農業、財貿戰線似乎也有類似問題，教育戰線、文藝戰線主流、支流怎樣看待？總之，文化大革命中批判了劉少奇、林彪的路線，批判了建國後 17 年中各條戰線的修正主義路線。這種鬥爭還應不應該堅持下去？」

「我很注意小平同志的講話，我感到有一個問題，他很少講文化大革命的成績，很少提批劉少奇的修正主義路線。『三項指示為綱』，其實，只剩下一項指示即生產上去。鄧小平 1975 年主持中央工作執行的路線、方針同主席關於文化大革命的路線、方針是完全對立的。根本分歧是肯定還是否定文化大革命？工作重點是搞階級鬥爭，路線鬥爭，還是把國民經濟搞上去？擔心中央，怕出反覆。」(4)

毛澤東聽進了毛遠新這一番似是而非的話。這時，又發生

另外一件事，清華大學黨委副書記劉冰等給毛澤東寫信，先後寫過兩封，通過鄧小平轉交的。這件事引起毛澤東不滿。他對李先念、汪東興說：「我看信的動機不純，想打倒遲群和小謝。他們信中的矛頭是對著我的。」「你們告訴小平注意，不要上當。小平偏袒劉冰。」「你們六人（小平、先念、東興、吳德、小謝、遲群）先開會研究處理。」(5) 毛澤東把這件事同毛遠新反映的情況聯繫起來，對他說：「有兩種態度，一種是對文化大革命不滿意，二是要算賬，算文化大革命的帳。」「他們信中的矛頭是對著我的。」「清華涉及的問題不是孤立的，是當前兩條路線鬥爭的反映。」「你找小平、先念、東興、錫聯談一下，把你的意見全講，開門見山，不要吞吞吐吐，你要幫助他（小平）提高。」(6)

11 月 20 日毛澤東指示由王洪文主持召開中央政治局會議，討論對文化大革命的評價問題，批評鄧小平。這時毛澤東對鄧小平仍採取「拉」的政策，他提出由鄧小平主持作一個肯定文化大革命的決議，總的評價是三七開，七分成績，三分錯誤，只要答應這一條，鄧小平就有了和江青合作的政治基礎。毛澤東表示他還要做工作，把他們捏在一起，江青監國，鄧小平執政。

鄧小平在會上表示：「由我主持寫這個決議不適宜，我是桃花源中人，不知有漢，何謂魏晉？」意思是我在文化大革命中是被打倒的人，你那些決策，我一概沒參與，一概不知道，我不能稀哩糊塗出來給文革唱這個讚歌。」

毛澤東聽了毛遠新的彙報，對鄧小平深深失望，乃決心發起「批鄧，反擊右傾翻案風」。

11 月 24 日，根據毛澤東的指示，在北京召開所謂「打招

呼」會議。參加會議的有 130 多名駐京黨政軍機關的負責人。王洪文宣讀經毛澤東批准的《打招呼的講話要點》。毛澤東指出：「清華大學劉冰等人來信告遲群和小謝，我看信的動機不純，想打倒遲群和小謝，他們信中的矛頭是對著我的。」王洪文說：「中央認為，毛主席的指示非常重要。清華大學出現的問題絕不是孤立的，是當前兩個階級、兩條道路、兩條路線鬥爭的反映。這是一股右傾翻案風。儘管黨的九大、十大對無產階級文化大革命做了總結，有些人總是對這次文化大革命不滿意，總是要算文化大革命的賬，總是要翻案。根據懲前毖後、治病救人的方針，通過辯論，弄清思想，團結同志，是完全必要的。」(7)

隨後，中共中央將《講話要點》轉發給各省市自治區、各大軍區、軍委各總部、各兵軍種黨委常委。「反右傾翻案風」運動迅速展開，全國又一次陷入混亂。

11 月 26 日，康生病逝。康生死前向毛澤東揭發了江青、張春橋是叛徒的問題。章含之於 1976 年 4 月 25 日給毛澤東寫了一封信，概述了此事的經過：「去年（按：1975 年）夏天，大約 8 月，一天晚上，海容、小唐兩位同志來找我說有件事要了解。她們說她們看了康生同志，是鄧小平帶話給他們說康老想見他們，後來康老的祕書直接打電話與他們聯繫約時間。接著，他們說康老病很重，恐怕不久於人世了，因此有件心事要託她們轉報毛主席。康老說，江青、春橋兩位同志歷史上都是叛徒，他曾看過春橋同志檔案，是江青同志給他看的。康生要海容、小唐找兩個人去了解情況，一個叫王觀瀾，一個叫吳仲超。康老說這兩個人可以證實江青、春橋同志是叛徒。」

康生揭發的事情是真的。毛澤東接到王海容、唐聞生的報告後未置可否。

1975 年 12 月 20 日，鄧小平在政治局會議上做檢討。他說：「首先感謝主席的教導，感謝同志們的幫助，特別是青年同志的幫助，我自己對這些錯誤的認識也是逐步的。先談談我的思想狀態。九號文件以前一段時間，看到相當部分工業生產上不去，事故比較多，不少地方派性比較嚴重，確實很著急。二、三月間，鐵路運輸問題較多，影響到各方面的生產，所以我提出首先從鐵路著手解決問題。在這個問題上，除了在管理體制上提出強調集中統一外，特別強調了放手發動群眾，批判資產階級派性，強調了搶時間，企圖迅速解決問題。因此，在方法上強調對少數堅持打派仗頭頭，採取堅決調離的方法。徐州問題的解決，鐵路上的面貌很快地改觀，當時我覺得，用這種方法的結果，打擊面極小，教育面極大，見效也最快。同時我還覺得江蘇運用鐵路的經驗解決了全省其他問題，也得到較快較顯著的效果，所以我認為這個方法可以用之於其他方面。緊接著，把這樣的方法用之於鋼鐵，用之於七機部，用之於某些地區、某些省，用之於整頓科學院工作。在這次會議之前，我自認為這些方法是對頭的，所以，當有同志對這些方針和方法提出批評的時候，我還覺得有些突然，有些牴觸情緒。」(8)

這個檢討，實際上是如實反映整頓工作的情況。

12 月 26 日，是毛澤東 82 歲生日，那天，工作人員發現毛有些心不在焉，好像心事重重，「反右傾翻案風」所導致的動盪局面，這不是毛澤東所希望看到的情況。這時他的心境已陷於難以擺脫的深深矛盾之中。第二天，江青給毛澤東寫信說：「盼

望在主席認為方便的時候，讓我去看看你。」(9) 毛澤東當天批示：「我今日有些不適，以不見為好。」(10)

這一年是毛澤東度過的最後一年。進入新的一年，毛澤東的健康狀況迅速惡化，吃藥吃飯都要靠人餵，每天只能吃一、二兩飯，行走更加是困難。

就在這個時候，周恩來於 1 月 8 日在北京病逝。

8 日上午，中央辦公廳負責人向毛澤東報告了周恩來逝世的消息。他聽後沉默很久，微微點頭表示知道啦。下午，中央政治局送來《訃告》清樣，工作人員流著淚為毛澤東讀這《訃告》：「周恩來同志，因患癌症，於 1976 年 1 月 8 日 9 時 57 分在北京逝世，終年 78 歲。」毛澤東聽著聽著，緊鎖起眉頭，慢慢地閉上眼睛。工作人員看到，不一會兒，從他閉上的眼睛裡漸漸溢出兩行濁淚，而他仍一言未發。在周恩來病危期間，毛澤東拒絕探視。據鄧穎超日記記載：

1975 年 5 月 3 日，毛澤東召開中央政治局會議。會上，葉劍英、陳錫聯提出：「主席能否安排到醫院探望一下周恩來？」毛澤東遲疑一下說：「我可不是大夫。」

1975 年 9 月 28 日，在第三次發出周恩來病危通知後，葉劍英、李德生、朱德、李先念、許世友、陳錫聯、韋國清等聯名上書毛澤東：「盼主席能到醫院看望自己 50 年的戰友。」毛澤東委託毛遠新傳話：「我從不勉強別人，也不希望別人來勉強自己。」

1976 年 12 月，中央政治局請示毛澤東：「主席是否出席追悼會，是否由鄧小平致悼詞？」毛澤東口述指示：「不要唯心，也不要勉強，鄧悼詞恰當。」

據鄧穎超日記還記載，周恩來在病危期間，幾次談到毛澤東制定的路線錯誤：

1975 年 5 月 30 日：「小超，我百思不解的是，鬥爭沒有完沒有了地搞下去，馬克思主義哲學是一部鬥爭哲學嗎？和誰鬥？怎麼會造成今天的局面？」

1975 年 10 月 3 日：「我常在總結自己走過的路。我堅信馬克思主義道路，堅信共產主義是人類奮鬥理想的目標。建國 26 年了，政治鬥爭一個接一個，把國家帶到災難境地，這還叫社會主義、還叫人民當家做主的人民共和國？我的一生還留著書生氣、失望，走向歸宿。」

1975 年 12 月 3 日：「一場戰爭政治疾風暴雨要降臨，還要鬥，鬥到何時何日方休呢？共產黨哲學是一部鬥爭哲學嗎？社會主義現代化建設是靠鬥爭建成的嗎？」

周恩來一生對毛澤東低三下四、曲意奉迎，給毛抬轎子，把毛捧為終身領袖，給中國人民帶來巨大災難，周恩來臨終前的後悔，為時已晚。

在很多關鍵時刻都無條件支持毛的錯誤和荒唐，起到了助紂為虐的關鍵作用。在溫文爾雅的表象後面，每一次給中國人民造成的巨大災難中都有周恩來默默支持的身影。他確實表面上「救」過一些無辜者，但都是面子事，每次人死了，他都是第一時間趕到現場說：「我來晚了。」他是來晚了，而且每次都晚來。人之將死，其言也善，周恩來臨終前的懺悔為時已晚。歷史給了他許多機會站在正義一邊阻止毛澤東的邪惡，但他都放棄了。

周恩來去世後，國內外輿論密切關注的一個重大話題，是

由誰來接替中國總理的職務。1975 年 12 月以來，根據毛澤東的意見，中央政治局繼續開會，聽取鄧小平的檢討。在這期間，鄧仍暫時留在原來的崗位上，中共中央和國務院的許多重要事務，還由鄧小平具體負責。1976 年 1 月 15 五日，鄧小平出席周恩來追悼大會並致悼詞。會後，周恩來遺體送八寶山火化，百萬人冒嚴寒在十里長街默哀送靈。毛澤東看了簡報後沉默多時。張玉鳳 3 次請毛吃飯，他不作聲。後來汪東興又來請他吃飯，毛怒罵：「滾！滾！都滾開！你們對我封鎖新聞。」1 月 20 日，政治局會議後，鄧小平致信毛澤東，再次提請「解除我擔負的主持中央日常工作的責任。懇請予以批准。」「我自己再不提出實在於心有愧。」「至於我自己，一切聽從主席和中央的決定。」(11)

在這種情況下，迫切需要確定一位國務院主要負責人。據張玉鳳交待，1 月中旬，毛澤東曾就總理人選問題，徵求江青、汪東興、毛遠新三人的意見。汪東興推薦毛遠新，毛澤東說，太年輕，當不好；江青推薦張春橋，毛說，太自負、黨內軍內不買他賬的人不少，當不了；毛遠新提了華國鋒，毛說，除華，暫無人選。就這樣，毛提議華代總理。

2 月 2 日，中共中央發出通知：一、經毛澤東提議，中央政治局一致通過，由華國鋒任國務院代總理；二、經毛澤東提議，中央政治局一致通過，在葉劍英生病期間，由陳錫聯負責主持中央軍委的工作。(12) 當天晚上毛澤東問汪東興、毛遠新、張玉鳳和張耀祠：「人事安排，下一步我駕崩了，誰來當主席？」沉默了一段時間，汪東興說聽主席安排，我們照辦。毛說：「我在問你們，不要說我太獨裁。」大家還是沉默著。毛遠新先開

口提出中央常委：「江青、華國鋒、王洪文、汪東興、紀登奎。」毛澤東又加了陳錫聯的名。(13)

2月25日，華國鋒代表中共中央在各省、自治區和各大軍區領導人會議上講話，號召大家在「批鄧」問題上轉彎子，「深入批判鄧小平的修正主義路線錯誤」、「對鄧小平同志的問題，可以點名批判」。會上傳達了「反擊右傾翻案風」的指導性文件——《毛澤東重要提示》，並部署各地各部門的運動。這個所謂的《重要提示》的主要內容是毛遠新整理經毛澤東批准的1975年10月至1976年1月毛遠新幾次彙報時的談話。《指示》強調階級鬥爭的重要性，明確規定「三項指示爲綱」中，只有階級鬥爭是綱，其餘都是目。在「指示」中，毛澤東點名批評鄧小平，說他「這個人是不抓階級鬥爭的，歷來不提這個綱」。但表示：「他還是人民內部問題，批是要批的，不應一棍子打死。」毛澤東發表這個《指示》，最主要目的是在他生命的最後時刻，爲他親自發動的「文化大革命」做一個後人不能推翻的結論。

3月2日，江青擅自召集12省、區會議並發表長篇講話，謊稱「鄧小平是謠言公司總經理」、「代表買辦資產階級」、「國際資本家的代理人」和「大漢奸」，「現在他已經走得很遠了，我們要共同對敵，就是對著鄧小平」。她又迫不及待地爲自己當女皇大造輿論，說：「有人寫信給林彪說我是武則天，有人又說是呂后，我也不勝榮幸之至。武則天，一個女的，在封建社會當皇帝啊，同志們，不簡單啊！誹謗呂后，誹謗武則天，誹謗我，就是誹謗主席嘛！」(14)毛澤東知道後，因說話困難，用筆寫下：「江青干涉太多了，單獨召開十二省講話。」(15)這個批評是很輕微的，僅說不該召集會，對「誹謗」呂后、武則天，

等於「誹謗」江青,「誹謗」江青等於「誹謗」主席的說法不表示異議,實際上是默認了。

4月4日是清明節,這一天到天安門廣場的人數達200萬人次。上午7點,青雲儀器廠職工,分四路縱隊共1000多人抬著34個花圈,從西單來到天安門廣場,繞場一週,舉行隆重的悼念儀式。曙光電機廠3000多名工作人員,浩浩蕩蕩地來了。北大、清華、人大等學生隊伍開過來了,中國科學院的隊伍開過來了,國家機關幹部的隊伍開過來了,人民解放軍第二炮兵後勤部也送來了花圈。那天在紀念碑前送花圈2073個,單位1400多個,詩詞、悼詞、小字報不計其數,有48起是批評指責毛澤東中共中央的。毛澤東在聽了華國鋒、江青、毛遠新、王海蓉、唐文生、汪東興等多人彙報後說:「以悼念總理,反的是當代秦始皇毛潤之,打倒、剷除的是江青、洪文、春橋、文元、加上華國鋒,迎接鄧小平復辟上台。」(16)

4月4日晚,王洪文主持中央政治局開會,討論天安門廣場群眾活動問題,認定這是反革命事件。決定「在全國揭露敵人的陰謀,發動群眾追查政治謠言,立即清理天安門廣場的花圈和標語,抓反革命」。毛遠新向毛澤東報告了政治局會議的決定,得到毛的批准。

4月7日上午8時零5分至9時15分,毛澤東躺在病榻上聽取毛遠新的彙報。根據毛遠新的手記,毛澤東指示:「開除鄧的一切職務,保留黨籍,以觀後效。」「華國鋒任總理。」後又補充說:「華任中共中央第一副主席。」毛澤東的這些「最高指示」,需要政治局在形式上通過一下才算合乎組織原則,他特別叮囑,不叫鄧小平、葉劍英、蘇振華參加會議,以保證決議一

致通過。當晚，中央政治局開會，一致通過《關於華國鋒任中國共產黨中央委員會第一副主席，中華人民共和國國務院總理的決議》和《關於撤銷鄧小平黨內外一切職務的決議》。(17)

天安門事件後，一些堅決執行全面整頓方針的領導人萬里、胡耀邦等被罷官批判，教育部長周榮鑫連日遭到殘酷批鬥，在 4 月 12 日的批鬥會上，被迫害致死。這時鄧小平的安全處在極端危險之中，「四人幫」有可能隨時唆使造反派揪鬥鄧小平，江青更可能為當黨中央主席害死鄧小平。4 月 7 日，毛澤東指示汪東興把鄧小平祕密保護起來。汪東興派警衛局處長東方安排一部不顯眼汽車把鄧小平夫婦從寬街家裡祕密轉移到東交民巷老 8 號。毛澤東擔心天安門事件繼續發展，全國大亂，「四人幫」壓不住陣腳，那時還得靠鄧小平出來收拾殘局，他已是風燭殘年，無力處理這些具體事情。

毛澤東想的很多，許多事使他耽心憂慮，感到自己也無法控制局面了。他已是風燭殘年，身體狀況一天不如一天，去日無多了，不能再繞山繞水兜圈子了，回顧左右而言他，不得不把後事做出交代。據張玉鳳回憶，毛澤東認為江青結怨不少，但又認為江鬥爭性強，正是華國鋒的弱點。毛最後圈了五個人的班子：華國鋒、江青、汪東興、毛遠新、陳錫聯。據姚文元在回憶錄中披露，天安門事件後，毛澤東曾多次提出他死後中央領導班子的名單：

黨主席：江青；

總理：華國鋒；

人大委員長：王洪文或毛遠新；

軍委主席：陳錫聯。

毛澤東將這一名單徵求過政治局委員的意見。

4月30日晚，毛澤東會見新西蘭總理馬爾登後，華國鋒留下來向他彙報近期工作。華說，國際上有些事他拿不出主意，看主席有什麼考慮。毛說：「國際上的事，大局已定，問題不大。國內的事，要注意。」當時，毛的話已講不清楚了，華聽不大明白，毛要紙和筆，在紙上寫道：「慢慢來，不要著急。」「照過去方針辦。」「你辦事我放心，有問題，找江青。」(18)

5月10日，毛澤東會見華國鋒時，曾拿出一隻歐米茄手錶贈給華國鋒留作紀念。據中央文獻記載，這隻表是董必武送給毛澤東的。

毛澤東進入晚年後，多次對身邊工作人員說：「人哪有長生不死的？古代帝王都想盡辦法去找長生不老、長生不死之藥，最後還是死了。在自然規律的生與死面前，皇帝與貧民都是平等的。」「不但沒有長生不死，連長生不老也不可能。有生必有死，生、老、病、死，新陳代謝，這是辯證法的規律。人如果都不死，孔夫子現在還活著，該有兩千五百歲了吧？那時節該成個什麼樣子那？」他對一位工作人員說過：「我死了可以開個慶祝會。你就上台去講話，你就講，今天我們這個大會是個勝利的大會，毛澤東死了，我們大家來慶祝辯證法的勝利，他死的好。人如果不死，從孔夫子到現在，地球就裝不下了。新陳代謝嘛，沉舟測伴千帆過，病樹前頭萬木春。這是事物發展的規律。」(19)

6月15日，毛澤東在病情加重的情況下，召見華國鋒、王洪文、張春橋、江青、姚文元、汪東興、王海容等人，說了如下一番話：「人生七十古來稀，我八十多了，人老總想後事，中

國有句古話叫蓋棺定論，我雖未蓋棺也快了，總可以定論吧？我一生幹了兩件事，一是與蔣介石鬥了那麼幾十年，把他趕到那麼幾個海島上去了，打進北京，總算進了紫禁城。對這些事持異議的人不多，只有那麼幾個人，在我耳邊嘰嘰喳喳，無非是讓我及早收回那幾個海島罷了。另一件事你們都知道，就是發動文化大革命。這事擁護的人不多，反對的人不少。這件事沒有完，這筆遺產得交給下一代，怎麼交？和平交不成就動盪中交，搞不好就血雨腥風了，你們怎麼辦？只有天知道。」(20)

毛澤東說這話的時候，頭腦非常清醒。他回顧、總結了自己的一生，說幹了兩件事，一件是打敗蔣介石；一件是發動文化大革命。這話是說，從 1949 年到 1965 年，建國 17 年他沒插手，什麼事也沒管，什麼事也沒幹。把 17 年的一切錯誤、罪責，包括大躍進餓死 3000 萬人、損失 1200 個億元，全部推給劉少奇。這個大的歷史框架，文革之初他就想好了，一以貫之，一直堅持到最後。他希望後人這樣寫他的歷史。

1965 年 7 月 6 日，朱德辭世。毛澤東囑咐要辦好後事。

7 月 12 日，華國鋒主持朱德逝世追悼會後，向毛澤東彙報工作，毛叫張玉鳳拿出三套線裝書送給華國鋒留念。

7 月 15 日，毛澤東召開毛遠新、華國鋒、江青、汪東興、和張玉鳳開會，提出他死後政治局常委名單，毛遠新、汪東興、張玉鳳做記錄。名單順序為：毛遠新、華國鋒、江青、陳錫聯、紀登奎、汪東興、張玉鳳。

江青聽後，毛澤東再重複一次。

毛澤東最後提出的這個名單，不讓王洪文、張春橋進常委。明顯目的是要拆散「四人幫」削弱江青勢力，但江青不聽

毛澤東的，堅持自己當「女皇」。8月1日，在全國計劃工作會議閉幕會上，江青要求講話。江青在政府部門沒有任何職務，華國鋒本可以拒絕她的講話，但還是把「壓軸戲」讓給了她。沒有想到江青在講話中以特殊的身分、口氣，不僅大罵鐵道部長萬里，而且對中央領導人橫加指責，批評李先念是鄧小平的「黑幹將」，批評華國鋒不堅持原則，跟著鄧小平跑。這就給到會者一個信息，她的地位在華國鋒之上。

「四人幫」被捕後，查獲一份江青內定的中央領導人名單：

中共中央委員會主席：江青；

副主席：華國鋒、張春橋、姚文元、王洪文；

國務院總理：張春橋；

中央軍事委員會主席：江青；

副主席：張春橋、王洪文、陳錫聯、丁盛。

進入 7、8 月，毛澤東的健康狀況日趨惡化。毛澤東患有白內障、運動神經元萎縮症，大腦主管右側肢體及語言神經和咽喉的延髓神經受損，從而導致右側神經質變或死亡。這是當時世界醫療界罕見的。毛澤東還患有肺心病、冠心病等病症，常處昏迷狀態。此這時毛澤東還有個心願：「落葉歸根」，回到故鄉韶山休養。鑑於毛澤東身體現狀，任何移動都可能對他的生命造成威脅，中央政治局沒有同意這一要求。

毛澤東在生命垂危之際，幾次背誦南北朝時期著名文學家庚信的〈枯樹賦〉：「此樹婆娑，生意盡矣！昔年種柳，依依漢南。今看搖落，悽愴江潭。樹猶如此，人何以堪！」從一個側面反映毛澤東此時的心境和無奈之態。

9 月 7 日，毛澤東經過搶救甦醒過來後，示意要看日本首

相三木武夫的書，看了幾分鐘又昏迷過去。根據醫療組護理記載，入夜，中央政治局成員分批前往看望處於彌留狀態的毛澤東。毛澤東這時還沒有完全喪失神志，報告來人姓名時他還能明白。當時葉劍英走近床前時，毛澤東忽然睜大眼睛，並動了動手臂，彷彿想同葉說話，葉劍英一時沒有察覺，緩步走向房門，這時，毛澤東又吃力地以手示意，招呼葉回來。當葉劍英回到床前時，毛澤東用一隻手握住他的手，眼睛盯著他，嘴唇微微張合，似乎有話要講。但已說不出話來了。

9月9日零時10分，經連續四個多小時搶救無效，毛澤東的心臟停止了跳動。

論曰：應該怎樣真實公正的評價文化大革命中的毛澤東，這是一篇大文章。毛澤東本來準備在中共九大召開之前結束文化大革命，但他未這樣做，直到他去世，也未結束文化大革命。因為他發動文化大革命的真正目的沒有完全達到。據毛澤東身邊的人說，他的第一個目的是在打到劉少奇後，確定他理想的接班人，安排好這個接班人；第二個目的是肯定文化大革命，肯定了文化大革命，就肯定了江青，江進入黨的領導高層，接好班。這兩個問題，實際是一個問題。毛澤東的去世，留下來這個遺願。

共產黨領導下的中國，在一個很長的時間內，毛澤東一人說了算，不管正確的還是錯誤的決定只要他堅持就能通過。但這和封建王朝不一樣，共產黨的天下不是家天下，毛澤東不敢將共產黨領導的天下，直

接傳給毛家後代，需要通過股肱大臣，做「二傳手」把皇權傳給他的家族，主要繼承人是江青、華國鋒、毛遠新。這樣是最理想的，既當了婊子，又立了牌坊。所以在「二傳手」上，毛澤東費盡了心機。先是找到林彪，給了林彪許多條件、稱謂。林彪未上套，後同林彪決裂，林彪外逃。只得倚重周恩來，周的老謀深算，成了阻礙江青上台的障礙。他們從批陳整風轉向批林批孔批周公。後毛澤東把注意力投向鄧小平，高度評價鄧小平主持黨政軍領導工作，以為鄧知恩圖報會迎合毛的意圖，鄧不抬舉江青，還公開反對江青，毛澤東失望了，鄧小平被趕下台。

毛澤東多次提出要鄧小平給文革作出決議，肯定七分成績，三分錯誤。鄧小平未接受這個任務，說他是被打倒的，不知道箇中情況，他不能替毛澤東掩蓋文革的罪行。文化大革命罪惡滔天，據 1978 年 12 月 13 日，中共中央工作會議閉幕式上，葉劍英透露，文化大革命死了 2000 萬人，整了 1 億人，浪費了 8000 億人民幣，加上李先念 1977 年 12 月 20 日在全國計劃會議上說的國民經濟損失 5000 億，共計 1 萬 3000 億人民幣。近 30 年國家經濟建設投資總額為 6500 億元。這次大折騰的損失，是我國前三十年建設投資總額的兩倍多。這就是說，本來可以用於建設國家和改善人民生活的寶貴資金，有三分之二以上被毛澤東折騰掉啦。

有不少史學家認為，毛澤東對江青有過很多批

評，最嚴厲的一次是在 1975 年 5 月 3 日毛澤東召開的中央政治局會議上，毛做了長篇講話，嚴厲地批評了江青、張春橋，批評他們「批經驗主義是錯誤的」，「三箭齊發是錯誤的，要他們不要搞小團體，搞四人幫」，要同二百多位中央委搞團結，特別指出「江青要謹慎，守紀律，不要自作主張，不要個人擅自以中央名義發表什麼文件，以我的名義送材料」。之後，他又說：「我看問題不大，不要小題大作。」在批評江青錯誤的同時，又肯定江青在反對劉少奇反革命集團是有功的。從這篇講話不難看出毛澤東的用心。他批評江青的方面很多，但都是工作作風問題，肯定江青的是路線問題。這叫作小罵大幫忙。鄧小平如果同意毛澤東要求的肯定文化大革命七分成績三分錯誤的結論，也就肯定了江青在文革中功績，這就順理成章的進入中央領導核心，把黨權接過來，再傳給毛家，既是接班人，又是二傳手。鄧小平看清了毛澤東的險惡用心，沒有鑽進毛澤東設制的這個套。

毛澤東晚年心地陰暗，虛偽狡猾，壞事做盡。江青在審判庭上呈述：「你們說林彪、江青集團，不對。林彪是個集團，包括陳伯達；我、康老、張、姚、王是一個集團。林彪集團頭子是林彪，我們這個集團頭子不是我，是毛澤東。」「黨內有許多事，只是你們這些人不知道罷了。你們清楚，在那個年代，共產黨做了那麼多你們抱怨的事，你們把什麼事都推到我身上。天啊，我好像是個創造奇蹟、有三頭六臂的巨

人。我只是黨的一個領導人，我是站在毛主席一邊的！逮捕我，審判我，就是詆毀毛主席！」還說：「我是毛澤東的一條狗，他叫我咬誰就咬誰。」江青在這文革中到處胡言亂語，但這些話是說明了事實真相的。站在金字塔頂端作威作福、發號施令、迫害劉少奇、周恩來、鄧小平等等高層領導人，愚弄全黨、全軍、全國人民的，不只是那四個人「四人幫」，而是「五人幫」，幫主是毛澤東。

中國如果是個法治國家，法庭判處江青死刑，對毛澤東則應判處極刑，送上絞刑架絞死。對於毛澤東，群眾是有公正評論的，1992年春，香港《鏡報》報導，北京市某宣傳機構進行了一次民意測驗，採用了問卷筆答的方法，讓被調查者寫出自己最尊敬的十位領導人的姓名，按獲選率高低，選出的前十位人中沒有毛澤東。而答卷中提到毛澤東的不到2%。文革中地動山搖地被億萬人三呼「萬歲」的毛澤東，在人們心中的威望竟一落千丈。劉少奇在臨終前說：「好在歷史是人民寫的」。

人民既已覺醒，繼續把毛澤東的肖像掛在天安門、在天安門廣場毛澤東紀念堂還保留著毛澤東遺體，在一些公共場所豎立毛澤東的塑像供人瞻仰，在一些領導人講話中、報刊社論中仍不時提出學習毛澤東思想，在一些歌唱晚會上高唱〈東方紅〉。這些習慣作法，就有落後於群眾了！我們的國家應該從毛澤東神壇上走下來，從毛澤東個人迷信中徹底醒悟過

來。

　　毛澤東幾次在中央召開的會議上，問厚重少文的許世友，你看過《紅樓夢》嗎？許說：「上次主席提醒後，我看了一遍。」毛說：「看懂了嗎？」許說：「基本看懂。」毛說：「要多看幾遍，最少五遍。」毛說：「曹雪芹在《紅樓夢》中把真事隱去，用假語村言寫出來。書中有兩個人，一名甄士隱，一名賈雨村。真事不能講，這是政治鬥爭。封建社會末期的腐敗沒落的宮廷生活，爭權奪利，爾虞我詐的殘酷鬥爭，用弔膀子，談情說愛掩蓋起來。」毛澤東暗示文化大革命也是一部《紅樓夢》。文化大革命期間，用一篇一篇的革命理論，一次一次「偉大戰略部署」，一場一場的群眾運動，指揮打倒走資派，揪鬥牛鬼蛇神。這種現象是假的，真真假假，真相是什麼，已隱蔽起來。毛澤東要許世友和到會的領導人，讀懂曹雪芹的《紅樓夢》更要讀懂「文化大革命」這部《紅樓夢》，了解發動文化大革命的真實目的，更了解毛澤東的良苦用心。

注釋

（1）《鄧小平文選》上卷。人民出版社，1993 年 11 月版，第 59 頁、第 68 頁。

（2）同（1）第 59 頁。

（3）高文謙：《晚年周恩來》。香港明鏡出版社，第 579 頁。

（4）毛遠新筆記，1975 年 9 月至 11 月。

（5）毛澤東在鄧小平、李先念、吳德、汪東興來信上批註，手稿，1975 年

10 月 28 日。

（6）毛澤東對劉冰等人的來信意見（見毛遠新筆記），1975 年 11 月初。

（7）毛澤東關於打招呼的批語，手稿，1975 年 11 月 13 日。

（8）中共中央文獻研究室編：《鄧小平年譜》上卷。中央文獻出版社，2004 年 7 月，第 136-137 頁。

（9）江青給毛澤東的信，1975 年 12 月 27 日。

（10）毛澤東對江青來信的批語，手稿，1975 年 12 月 27 日。

（11）鄧小平給毛澤東的信，手稿，1976 年 1 月 20 日。

（12）同（8）第 146-147 頁。

（13）張耀祠《回憶毛澤東》一書中被中央文獻刪節的內容。

（14）中共中央印發的《毛主席重要提示》（經毛澤東審閱），1975 年 10 月至 1976 年 1 月。

（15）江青在中央打招呼會議期間召集部分省、自治區座談會上談話記錄，1976 年 3 月 2 日。

（16）同（11）

（17）毛澤東對江青在中央打呼會議座談會上講話的批語，手稿，1976 年 3 月 10 日。

（18）張玉鳳：《回憶毛主席去世的一些情況》未刊稿。1980 年 11 月 20 日下午 3 時，最高人民法院特別法庭公審林彪、江青革命集團時江青供詞。

（19）林克、徐濤、吳旭君：《歷史的真實》。中央文獻出版社，1998 年 12 月版，第 149-151 頁。

（20）參見葉劍英在中央工作會議閉幕會上的講話記錄，1971 年 3 月 22 日。

國家圖書館出版品預行編目資料

惡魔毛澤東／李達第著. －初版. －臺中市：白象
文化，2019.03
　　面；　公分
　ISBN 978-986-358-728-6（平裝）
1. 毛澤東 2. 傳記
782.887　　　　　　　　　107015716

惡魔毛澤東

作　　者　李達第
校　　對　李達第
專案主編　林榮威
出版編印　吳適意、林榮威、林孟侃、陳逸儒、黃麗穎
設計創意　張禮南、何佳諠
經銷推廣　李莉吟、莊博亞、劉育姍、李如玉
經紀企劃　張輝潭、洪怡欣、徐錦淳、黃姿虹
營運管理　林金郎、曾千熏
發 行 人　張輝潭
出版發行　白象文化事業有限公司
　　　　　412台中市大里區科技路1號8樓之2（台中軟體園區）
　　　　　出版專線：（04）2496-5995　　傳真：（04）2496-9901
　　　　　401台中市東區和平街228巷44號（經銷部）
　　　　　購書專線：（04）2220-8589　　傳真：（04）2220-8505
印　　刷　基盛印刷工場
初版一刷　2019 年 3 月
定　　價　650 元

白象文化　印書小舖　出版‧經銷‧宣傳‧設計
www.ElephantWhite.com.tw　PressStore　自費出版的領導者　購書 白象文化生活館

這是中共製作的一幅關於世界共產主義運動的五大導師的宣傳畫，在畫中將毛澤東思想與馬克思列寧主義相提並論。

毛澤東的原配妻子楊開慧與他們的兒子岸英、岸青於 1924 年在長沙的留影。
楊開慧在 1920 年與毛結婚。

1938年毛澤東和江青在延安。毛在臨死前，一度試圖將中共最高負責人的職位交給他的妻子江青來確保其紅色江山不落他人之手。

1931年11月7日，毛澤東在江西瑞金成立了其祖國為蘇聯的「中華蘇維埃共和國」。這是中共蘇區中央局成員的留影：(從左至右)顧作霖、任弼時、朱德、鄧發、項英、毛澤東、王稼祥。

一位藝術家筆下美化中共北上逃竄的景象。1934年10月，中共紅軍為擺脫中華民國國民政府軍的圍剿而開始向人煙稀少、高山群立之地奔走保命，即後來被中共自稱為「北上抗日」的兩萬五千里長征。

1935 年，42 歲的毛澤東（中）37 歲的周恩來（左）和 28 歲的博古（右）在延安。

1937 年毛澤東和張國燾在保安。張國燾是中共創始領導人之一。他在與毛的權鬥中落敗轉投國民黨。

中國藝術家楊克山和崔闊霞繪製的油畫《七七事變：盧溝橋》。1937 年 7 月 7 日，侵華日軍在宛平城外盧溝橋打響了侵華第一槍。

蔣介石和張學良於 1936 年在西安。

中共間諜潘漢年的肖像。

1938 年 9 月 29 日至 11 月 6 日,在延安舉行的中共六屆擴大會議的主席團成員合影:(前排左起)康生、毛澤東、王稼祥、朱德、項英、王明;(後排左起)陳雲、博古、彭德懷、劉少奇、周恩來、張聞天。

毛澤東和林彪在 1969 年召開的中共九大會議上。

蔣介石和毛澤東在重慶會談期間的留影。

1938 年在延安的毛澤東。

1948 年 10 月 19 日，中共佔領了原偽滿州國首都——長春城之後，在圍城期間逃難的三名難民返回了長春城。中共東北野戰軍總司令林彪在毛澤東的指揮下，對易守難攻的長春城展開了長達 10 個月的圍困，採取人禁出、糧禁入的餓死戰術，導致數十萬非戰鬥人員——平民活活餓死。

1949 年 12 月 21 日，毛澤東與各國共產黨領導人在莫斯科給斯大林
70 歲生日祝壽。

在 1950 年至 1953 年的韓戰中被美軍抓獲的中國人民志願軍中的一名士兵。

在 1951 年的鎮壓地主和反革命運動中，一個農民正在斥責一名地主。

攝影師王世龍在 1958 年拍攝的工人們正在自建的小高爐旁奮戰試圖煉出鋼鐵來。

1958 年，四川省南部縣南隆鄉新華一社實現居住集中化社員遷
入新房慶祝大會留影。

這是無產階級文化大革命運動中的一幅歌頌毛的
豐功偉績的宣傳畫：《永遠跟著毛主席》。

毛澤東和鄧小平在 1959 年。

1959 年毛澤東和蘇共領導人赫魯曉夫在北京。

中南海舞會上，毛澤東與一名女文工團員跳舞。

《炮打司令部》宣傳畫。1966 年 8 月毛澤東寫出
名為《炮打司令部》的大字報，這是毛向他的政敵
劉少奇發出的戰鬥號角，也標誌著無產階級文化大
革命的爆發。

藝術家申嘉蔚的油畫《再見革命》。這幅油畫描繪的是遭到毛澤東蓄意殺害的國家主席劉少奇和國防部長彭德懷，後兩者均被毛視為不共戴天的政敵。

中国共产党第九次全国代表大会

1969 年 4 月 1 日，中共第九次全國代表大會在北京秘密開幕。

藝術家魏景山和韓辛合作的油畫《毛澤東和華國鋒》。

攝影師李振盛在 1968 年 4 月 5 日在哈爾濱郊區拍攝的「反革命集團主犯」即
將被處決的一幕。

1975 年 6 月，毛澤東會見柬埔寨共產黨中央委員會書記波爾布特。

中共官方繪製的世界革命宣傳畫《毛主席是世界人民心中的紅太陽》。

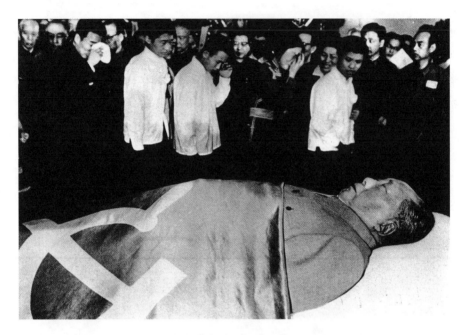

1976 年 9 月 9 日，毛澤東撒手歸西，一些群眾代表排隊瞻仰其遺體。